塾講師が公開！中学入試

塾技 100 国語

ジュクワザ

井上 秀和 著

文英堂

はじめに

国語力とは「技術」である

本書は、中学入試国語に特化し、とりわけ**「文章読解テクニック」**を向上させるために書かれたものです。

一般的に、どのような分野においても上達するためには、テクニック、つまり**「技術」**や**「型」**と呼ばれるものが必要です。

しかし、国語の学習となると、「漢字や知識事項以外には何を勉強したらよいのかわからない」「国語は幼少期から身につけた日本語力で決まるため、あとから勉強しても成績を伸ばすのは難しい」と考える人が多い傾向にあります。国語は、「勉強のしかたがわからない教科」あるいは「勉強しても無駄な教科」として、不遇な目（？）にあってきたのかもしれません。

私自身も、学生時代には、国語は日本語のセンスで解くものだと思っていました。また、国語の授業でも、読み方や解き方の体系的な指導は行われていませんでした。

しかし、現在では、**「国語も論理的に読み解く教科である」**という認識が広がりつつあります。文章を読む際には、筆者が何を伝えたいのかを理解し、文章全体の意図をつかむことが重要です。また、文章を書く際にも、適切な文章構成や表現方法を選ぶことで、自分の意図を読み手に伝えることができます。

このように、国語は「言語技術」であるため、論理的思考力が必要不可欠です。しかし、**それが「技術」である以上、誰でも身につけることが可能です。**

「普通の」小学生が論理的思考力を身につけるために

私は長い間、塾講師やオンライン講師として国語の指導をしてきましたが、私が指導してきた生徒さんは、大部分が**「普通の」小学生**でした。その「普通の」小学生が、御三家をはじめ難関校と呼ばれる中学に見事合格しているのですから、「まったく普通ではないぞ！」とお叱りを受けそうですが、そうではありません。

彼らは努力こそしましたが（中学受験では、そこが一番大事です）、はじめから教養のある大人のように「論理的思考」ができたわけではありません。国語においても、他教科同様に**きちんと手順を踏んで学習し、「技術」を身につけたからこそ、難関校の合格を勝ち取れた**のです。

100の「塾技（ジュクワザ）」で志望校合格をつかむ

本書では、志望校合格に必要な国語の「技術」を、**100の「塾技」**として体系立ててまとめています。

現代の世の中では、とかく簡潔さがもてはやされます。中学入試の国語の学習においても、それは例外ではありません。たとえば、「たった三つの解法ですべての問題が解けます！」などと言われたら、とても魅力的（みりょくてき）に感じるでしょう。でも、中学入試の国語を本格的に指導した経験のある講師なら誰でも、中学入試の国語がそんなに単純ではないことを知っています。

本書の100の「塾技」は、そのどれもが、**私の講師経験から導き出した、合格に必要な「技術」**です。

『中学入試 国語 塾技100』は、次のような構成になっています。

第1章　読み方
「論説文」「物語文」「随筆文（ずいひつぶん）」「詩・短歌・俳句」について、読み方のポイントを細かく解説しています。

第2章　解き方
文章を正しく読めるようになったら、確実に得点するための「解き方」を学びます。「記号選択（せんたく）問題」「ぬき出し問題」「空欄（くうらん）補充（ほじゅう）問題」「脱文挿入（だつぶんそうにゅう）・文整序問題」「記述問題」を掲載（けいさい）し、中学入試に必要な問題の解法をほぼ網羅（もうら）しています。
また、近年出題が増えている「図表・グラフ」などの「新傾（しんけい）向（こう）問題」についても、アプローチの方法を説明しています。

第3章　知識
中学入試で出題されやすい知識事項をまとめています。知識問題に正解するだけでなく、読解にいかしていけるように、考え方や覚え方のコツも説明しています。

新しい「技術」を学んでも、ただ知っているだけでは実際に使えるようになりません。大事なのは、**「技術」がしっかりと身につくまで繰り返（く）すこと**です。本文に印をつけたり、問題をパターン化したりして、積極的に「塾技」を使っていきましょう。

本書が一人でも多くの生徒さんの志望校合格に寄与（きよ）できることを心から願っています。

井上　秀和

もくじ

はじめに …… 2

本書の特長 …… 8

本書の使用法 …… 9

「塾技（ジュクワザ）」の前に …… 10

第1章 読み方

重要度

塾技1 ★★★ 「キーワード」の発見 …… 論説文 20

塾技2 ★★★ 「筆者の主張」の発見 …… 論説文 22

塾技3 ★★★ 内容の「かたまり」と文章構造 …… 論説文 24

塾技4 ★★★ 「問いかけ」と「答え」 …… 論説文 26

塾技5 ★★★ 「一般論（いっぱんろん）」と「筆者の主張」の対立 …… 論説文 28

塾技6 ★★★ 定義のカタチ「AとはB」 …… 論説文 30

塾技7 ★★★ 強調のカタチ「AこそB」 …… 論説文 32

塾技8 ★★★ 比較（ひかく）のカタチ「AではなくB」「AだけではなくB」 …… 論説文 34

塾技9 ★★★ 「対比」の発見 …… 論説文 36

塾技10 ★★★ 「類比」の発見 …… 論説文 38

塾技11 ★★☆ 「対比」と「類比」 …… 論説文 40

塾技12 ★★★ 指示語の活用 …… 論説文 42

塾技13 ★★★ 接続語の活用 …… 論説文 44

塾技14 ★★★ 助詞「〜は」「〜も」「〜や」 …… 論説文 46

塾技15 ★★★ 数を示す言葉 …… 論説文 48

塾技16 ★★★ 「具体例」と「まとめ」 …… 論説文 50

塾技17 ★★★ 「原因・理由」と「結果」 …… 論説文 52

塾技18 ★★☆ 序論・本論・結論 …… 論説文 54

塾技19 ★☆☆ 「皮肉」と「逆説」 …… 論説文 56

塾技20 ★☆☆ 「 」のはたらき …… 論説文 58

塾技21 ★★★ 人物の気持ち① 気持ちを表す言葉 物語文 60
塾技22 ★★★ 人物の気持ち② 原因・理由と気持ち 物語文 62
塾技23 ★★★ 本心とは違う言動 物語文 64
塾技24 ★★★ 人物の気持ちの変化 物語文 66
塾技25 ★★★ 人物の成長 物語文 68
塾技26 ★★★ 気持ちの葛藤 物語文 70
塾技27 ★★★ 場面分け 物語文 72
塾技28 ★★★ 回想シーン 物語文 74
塾技29 ★★☆ 比喩表現 物語文 76
塾技30 ★★☆ 情景描写 物語文 78
塾技31 ★★☆ 象徴・暗示 物語文 80
塾技32 ★★☆ 登場人物の性格（人柄） 物語文 82
塾技33 ★★☆ 表現の工夫 物語文 84
塾技34 ★★☆ 時代背景の知識 物語文 86
塾技35 ★★☆ 恋愛感情が描かれた物語文 物語文 88
塾技36 ★★☆ 大人の視点で描かれた物語文 物語文 90
塾技37 ★☆☆ SF・ファンタジー 物語文 92
塾技38 ★☆☆ 寓話的な物語文 物語文 94
塾技39 ★☆☆ 外国文学 物語文 96
塾技40 ★★★ 随筆文の読解 随筆文 98
塾技41 ★★☆ 「エピソード」と「主張」の読み分け 随筆文 100
塾技42 ★★☆ 筆者のオリジナル表現 随筆文 102
塾技43 ★★☆ 詩の分類と表現技法 詩・短歌・俳句 104
塾技44 ★★☆ 詩の読解① 映像化 詩・短歌・俳句 106
塾技45 ★☆☆ 詩の読解② 主題 詩・短歌・俳句 108
塾技46 ★☆☆ 詩＋解説文 詩・短歌・俳句 110
塾技47 ★☆☆ 短歌の知識と読解 詩・短歌・俳句 112
塾技48 ★☆☆ 俳句の知識と読解 詩・短歌・俳句 114

第2章 解き方

重要度

塾技49 ★★★ 設問文の理解 記号選択問題 116
塾技50 ★★★ 本文と選択肢の照合 記号選択問題 118
塾技51 ★★★ 言い換えの選択肢 記号選択問題 120

塾技52 ★★★ 選択肢(せんたくし)の部分チェック……記号選択問題 122
塾技53 ★★★ 選択肢同士の比較(ひかく)……記号選択問題 124
塾技54 ★★☆ 消去法の活用……記号選択問題 126
塾技55 ★★☆ 誤り選択肢のパターン①
言いすぎ・本文に書かれていない……記号選択問題 128
塾技56 ★★☆ 誤り選択肢のパターン②
内容不足・因果関係のねじれ……記号選択問題 130
塾技57 ★★☆ 誤り選択肢のパターン③
問題にきちんと答えていない……記号選択問題 132
塾技58 ★★☆ 本文の内容を問う問題……記号選択問題 134
塾技59 ★★☆ 表現の特色を問う問題……記号選択問題 136
塾技60 ★☆☆ タイトル・小見出しをつける問題……記号選択問題 138
塾技61 ★★★ 答えを探す前の準備……ぬき出し問題 140
塾技62 ★★★ 答えを探す範囲(はんい)をしぼり込(こ)む……ぬき出し問題 142
塾技63 ★★☆ 答えの形式をそろえる……ぬき出し問題 144
塾技64 ★★☆ 同内容のぬき出し問題①
――線部をパーツに分ける……ぬき出し問題 146

塾技65 ★★☆ 同内容のぬき出し問題②
――線部を含(ふく)む一文に注目する……ぬき出し問題 148
塾技66 ★☆☆ 字数指定のあるぬき出し問題……ぬき出し問題 150
塾技67 ★★★ 接続語の空欄補充(くうらんほじゅう)問題①
空欄の前後に注目する……空欄補充問題 152
塾技68 ★★★ 接続語の空欄補充問題②
解きやすいものから処理する……空欄補充問題 154
塾技69 ★★★ 副詞の空欄補充問題……空欄補充問題 156
塾技70 ★★★ キーワードの空欄補充問題……空欄補充問題 158
塾技71 ★★☆ 複数の空欄補充問題……空欄補充問題 160
塾技72 ★★☆ 候補のある脱文挿入(だつぶんそうにゅう)問題……脱文挿入・文整序問題 162
塾技73 ★☆☆ 候補のない脱文挿入問題……脱文挿入・文整序問題 164
塾技74 ★☆☆ 文を正しく並べ替(か)える問題……脱文挿入・文整序問題 166
塾技75 ★☆☆ 会話文を並べ替える問題……脱文挿入・文整序問題 168
塾技76 ★★★ 原因・理由の説明……記述問題 170
塾技77 ★★★ ――線部の説明……記述問題 172
塾技78 ★★★ 人物の気持ちの説明……記述問題 174

塾技79 ★★★ 人物の気持ちの変化の説明……記述問題 176
塾技80 ★★★ 「対比」の記述……記述問題 178
塾技81 ★★☆ 「類比（共通点）」の記述……記述問題 180
塾技82 ★☆☆ 「皮肉」と「逆説」の記述……記述問題 182
塾技83 ★★☆ 記述の注意点① 指示語・代名詞の扱い……記述問題 184
塾技84 ★★☆ 記述の注意点② セリフの扱い……記述問題 186
塾技85 ★★☆ 記述の注意点③ 間接的な表現の扱い……記述問題 188
塾技86 ★★☆ 記述の注意点④ 無駄な言葉を省く……記述問題 190
塾技87 ★★☆ 字数指定のある記述問題……記述問題 192
塾技88 ★★☆ 字数の多い記述問題……記述問題 194
塾技89 ★☆☆ 字数の少ない記述問題……記述問題 196
塾技90 ★☆☆ 語句が指定されている記述問題……記述問題 198
塾技91 ★☆☆ 自由記述の問題……記述問題 200
塾技92 ★★☆ 図表やグラフの問題……新傾向問題 202
塾技93 ★★☆ 写真やイラストの問題……新傾向問題 204
塾技94 ★★☆ 会話形式の問題……新傾向問題 206
塾技95 ★★☆ まとめのノートの問題……新傾向問題 208

第3章 知識

重要度
塾技96 ★★★ 熟語……漢字・語句 210
塾技97 ★★★ 対義語・類義語……漢字・語句 212
塾技98 ★★★ ことわざ・慣用句……漢字・語句 214
塾技99 ★★☆ 文の組み立てと品詞の種類……文法 216
塾技100 ★★☆ 敬語……文法 218
入試実戦演習① 論説文……220
入試実戦演習② 論説文……228
入試実戦演習③ 物語文……236
巻末付録1 覚えておきたい 同音異義語・同訓異字……248
巻末付録2 覚えておきたい 熟語……250
巻末付録3 覚えておきたい ことわざ・慣用句……252
巻末付録4 覚えておきたい 心情語……254
巻末付録5 覚えておきたい カタカナ語……255

本書は、中学入試突破に必要な国語の読解力が身につくように、以下の特長を持たせています。

1 入試国語で高得点を取るための読解法が一冊で学べる！

・入試国語で高得点を取るために必要な読解法を１００の「**塾技**」にまとめました。論理的に読み解く方法をていねいに解説しているので、この一冊で、**合格に直結する国語力**を身につけることができます。

2 「読み方」「解き方」「知識」をバランスよく学べる！

・**入試国語で高得点を取るために必要な技**を三つのカテゴリーに分け、バランスよく学べるように構成しています。

・順番に学習することはもちろん、苦手な項目を選んで学習することもできるので、**学習のスタートから入試直前のチェックまで、自分に合った使い方ができます**。

3 厳選した入試問題によるパターン学習で得点力を養成！

・「入試問題にチャレンジ！」では、入試頻出問題を厳選して取り上げました。**良問によるパターン学習**で、正しい解き方がしっかりと身につきます。

・「入試実戦演習」では、**難関校の入試問題**に挑戦し、力試しができるようになっています。

4 難関中学受験の基礎固めに！

・一つひとつの解法を「塾技」としてマスターすることで、難関中学受験に求められる**複合的な応用力を身につけるための基礎作り**ができます。

5 短期間での巻き返しを可能に！

・一冊で効率よく網羅的に学習できるため、**短期間で成績を向上させることも可能**です。

6 わかりやすさはもちろん、使いやすさも追求！

・**見開きで一つの塾技が完結**。「塾技解説」でポイントをまとめているので、気をつけるべきことが具体的にわかります。

本書の使用法

塾技

入試国語で高得点を取るために必要な読解法である「塾技」をていねいに解説しています。しっかり読んで身につけましょう。

入試問題にチャレンジ！

「塾技」の定着にぴったりな問題を、入試問題から抜粋して掲載しています。「塾技」で学んだことをいかして取り組みましょう。

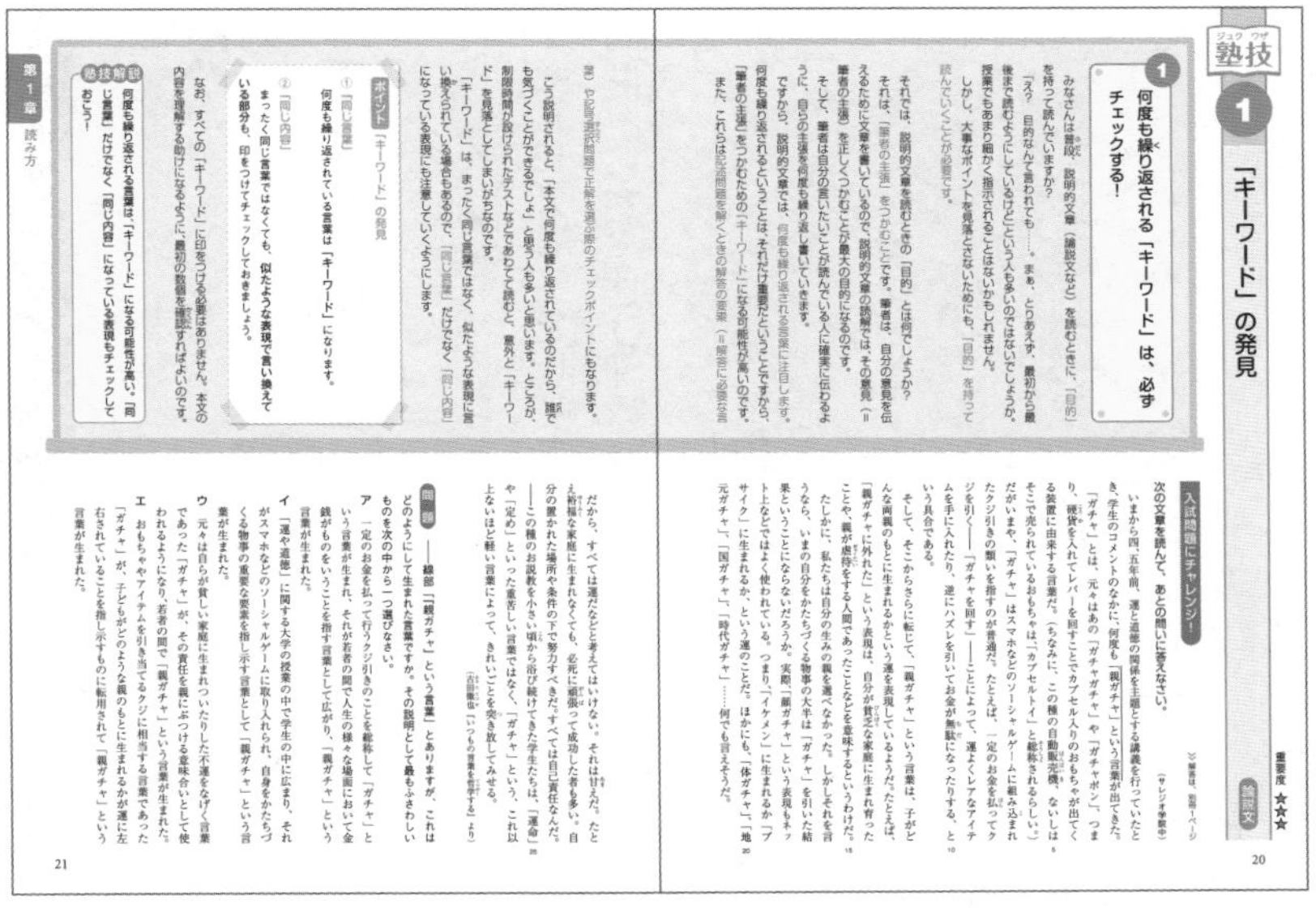

塾技 1 「キーワード」の発見

1 何度も繰り返される「キーワード」は、必ずチェックする！

重要度の目安

★★★ 出題頻度の高いもの。絶対におさえておくべき重要な読解法です。

★★☆ 出題頻度の高いもの。安定して高得点を取るために必要な読解法です。

★☆☆ 出題頻度があまり高くないもの。難関校をねらうなら知っておきたい読解法です。

入試実戦演習

難関校の入試問題（大問）を掲載しています。力試しとして、ぜひ挑戦してみてください。

本書の購入特典

本書の特典として、「誤り直しレポート記入欄つき 解答用紙」と「塾技 100 のまとめ」をパソコンやスマートフォンからダウンロードすることができます。本書での学習に役立ててください。

パソコンから

URLを入力

https://www.bun-eido.co.jp/store/detail/21600/

文英堂のサイトの『中学入試 国語 塾技 100』書誌情報ページからもダウンロードできます。

スマートフォンから

QRコードを読み取る

「誤り直しレポート記入欄つき 解答用紙」

「入試問題にチャレンジ！」の問題を解くときに使える解答用紙です。誤り直しレポートの記入欄を使って復習することで、学んだことをしっかり定着させせられます。

「塾技 100 のまとめ」

それぞれの「塾技」の冒頭に記載されている要点と「塾技解説」を抜粋してまとめたものです。コンパクトに持ち運べるので、いつでも「塾技」を確認できます。

PROLOGUE

「塾技」の前に

効果的な学習のために知っておきたいこと

ここでは、「塾技」を具体的に説明する前に知っておいてもらいたいことを解説します。国語の学習の前提として、ぜひ確認しておいてください。

1 学習の基本

☑ 定期的に読解問題に触れる

何かが上達するように頑張るときに、一回や二回行っただけでは、なかなかうまくいきません。やみくもに繰り返しても上達するわけではありませんが、かといって、「塾の授業でしか国語の読解問題を解く機会がない」というような限られた学習では、読解力の向上は望めないでしょう。

中学入試における国語は、主要科目である算数と同じ配点なので、本来ならば、算数に費やすのと同じくらいの時間を国語の学習にも割くことが望ましいのです。実際にはそこまでの時間を国語にはかけられないかもしれませんが、**最低でも二日に一度は読解問題を解くようにしましょう。**

国語は、成績を上げるのに比較的時間がかかる教科ですが、定期的に読解問題を解く機会を作り、練習を続けることで、確実に力をつけることができます。「ローマは一日にして成らず」という言葉もあります。焦らずに着実に学習していきましょう。

☑ まずは「型」を身につける

「国語の文章は型通り読めるものではないから、読み方のルールなど存在しない」と主張する先生もいらっしゃいます。もちろん、テストに出題される文章は毎回違いますし、その都度、文脈を読み取って理解していく必要があることはたしかです。しかし、解き方や読み方には**「共通するパターン」**や**「ルール」**が存在します。ですから、この読み方と解き方の「型」を習得してほしいと思います。

剣道や茶道などで、修業の段階を示す言葉に**「守破離」**というものがあります。**「守」**とは、先生に教わったことを忠実に行い、正しい形や動作を覚える段階です。それを発展させて自分なりの技や動きを追求する**「破」**を経て、最終的には「型」にとらわれることなく自由自在に動けるようになる**「離」**の段階に至ります。

剣道や茶道だけでなく、国語の読解でも、基礎が身についたうえで自分なりの発展を追求することで、より高いレベルに到達することが可能になります。ですから、**まずは基礎である「型」を大切にしましょう。**

「客観的」な読み方を意識する

ここでは、「読書」と「読解」の違いについて説明していきたいと思います。

「読書」が好きな人は、たとえば小説を読むときに「私だったら、きっとこうするだろうな」とか「僕がこんなことをされたら悲しくなってしまうな」などと、登場人物の気持ちに寄り添ったり、感情移入したりしながら読み進めていくと思います。「読書」には決まった読み方はないので、このように自分なりに自由に楽しく読んでいけばよいのです。

ところが、**国語のテストの「読解」では、感情移入しながら読んではいけません。**なぜなら、国語のテストは「あなただったらどう思いますか?」「あなたならどうしますか?」ということを問うているのではなく、「登場人物の気持ち」や「行動の理由」などが「文章中にどのように書かれているか」をたずねているからです（自由記述・作文の問題を除く）。

先ほど例に挙げたような、感情移入しながら読んでいく読み方を**「主観的」な読み方**といいます。「主観的」とは、自分だけが感じるものの見方のことです。

それに対して、文章に書いてあることを正しくつかむ読み方のことを**「客観的」な読み方**といいます。「客観的」とは、特定の立場にとらわれず、誰が見ても同じになるものの見方のことです。

国語のテストでは、文章に書いてあることを正しくつかむ「客観的」な読み方が求められているのです。

テストの際に、物語文を読んで「面白かった」と感じたものの、案外点数が取れていない場合は、登場人物に感情移入しすぎて「客観的」に読解できていない可能性があります。

国語のテストで求められている読み方は、「主観的」な「読書」ではなく「客観的」な「読解」であるということを、常に意識するようにしましょう。

文章を読むのが遅いのはなぜか？

「文章を読むのが遅くて、テストで時間が足りなくなる」というのは、多くの受験生が抱えている悩みではないかと思います。

「文章を読むのが遅い」原因としてまず考えられるのは、**読み方の「技術」を知らないために、無駄な時間がかかっている**ことです。私はこれまで多くの受験生を指導してきましたが、どの生徒さんも「文字」そのものを読み進めるスピードに大きな差はありません。しかし、読み方の「技術」を知らないと、大事なポイントを読み落としてしまい、文章のどこに何が書いてあったのかをつかみきれないため、問題を解く段階になって何度も文章を読み直すことになります。この時間のロスによって、時間が足りなくなってしまうのです。

はじめのうちは時間がかかってしまっていても、**「技術」を自分のものにできれば、的確にポイントをつかみながら速く読めるようになっていきます。**ですから、焦らずに、読み方の「技術」を身につけるようにしましょう。

ただ、**「マイペースすぎて読むのが遅い」**というケースもたしかにあります。テストには必ず時間の制限がありますから、普段から**時間を意識して読み進める練習をする**ことも必要です。タイマーなどをセットして、読む時間を計りながら学習しましょう。

文章の内容を簡単な図にして理解する

専門的な内容が含まれた論説文を読んでいると、頭の中で整理するのが難しくなることがあります。そういった場合には、**簡単な図にまとめてみる**ことが役立つ場合があります。本書では、対比や類比、因果関係などの文章の構造を学習します。文章で長々と書かれているだけではポイントがつかみづらくても、自分で図にまとめてみると、大事なポイントを整理することができます。

ただし、先にも述べたように、国語の試験時間は限られているので、余裕がありません。そのため、**あくまでもメモ書き程度にとどめ、簡潔な方法で自分の理解を整理する**ことが大切です。

線引きや印つけは「目的」ではなく「手段」である

国語の文章を読解する際には、大切なところに線を引いたり印をつけたりすると思います。こうすることで、あとで問題を解くときに重要な箇所が一目でわかるので、とても有効な作業です。

ただし、**この作業が「目的」になってしまうと、とても危険です。**たとえば、「接続語に印をつける」というのは確かに大事なことなのですが、印をつけること自体が「目的」になってしまってはいけません。接続語に印をつけるのは、接続語の前後の関係に注目するための**「手段」**なのです。

筆者の主張が書かれている部分に線を引く、キーワードに印をつけるなどの作業も同様です。これらは、文章の主題やテーマをつかむための**「手段」**です。

真面目に線引きや印つけを頑張っている生徒さんほど、「手段」が「目的」になってしまいがちなので、**「文章の内容を理解するために線引きや印つけをするのだ」**ということを再確認するとよいでしょう。

また、線や印が多すぎると、どこが重要なのかがわからなくなってしまいます。また、その反対に少なすぎると、役に立ちません。**文章の内容を理解するために必要な分量で、バランスよく線引きや印つけをする**ことが大事です。

さらに気をつけたい点を一つ挙げましょう。国語の問題を解くときに、**マーカーや色ペンなどで線引きや印つけをするのは避けてください**。入試本番ではこのような筆記用具を使用できない場合が多いので、普段から鉛筆を使って線引きや印つけをするようにしましょう。

2 国語のテストについて

文章を最後まで読んでから問題を解く

国語の読解問題の冒頭に、必ず書かれている注意書きがあります。**「次の文章を読んで、あとの問いに答えなさい」**というものです。ほとんどの人が読み飛ばしている文言ですが、これは、**「文章を読んで」から問いに答えるのが原則だということを示しています。**

中学入試の国語の問題は、小学生が解くことを考慮して、文章を読んだあとに問題を解けば対応できるように作られています。「先に設問を読む」ことや「文章を読みながら解く」ことは、特殊な場合を除けば必要ありません。

また、「――線の引かれている段落だけを読んで答えを出す」などということもできません。文章中で述べられている筆者の主張を説明する問題や、登場人物の気持ちの変化を答える問題などは、文章の全体像をつかまないと正しく答えられないからです。

ですから、まずは本文を最後まで読んでから問いに答えるという

「正攻法（せいこうほう）」を身につけるようにしましょう。

問題作成者の存在を意識する

私はよく、生徒さんに「テスト問題を『誰（だれ）が』作成しているのかを考えたことがありますか？」と質問します。実はこれこそが、入試国語に取り組むうえで大事なポイントになります。

国語の読解問題は、多くの場合、本の一部を素材文として使い、その素材文に——線を引いたり空欄（くうらん）を設けたりして作成します。

ここで重要なのは、**国語の読解問題を作成しているのは、素材文を書いた人（著者）ではない**ということです。**素材文を「読解問題」にしているのは、問題作成者（学校の先生）**です。

たとえば、素材文の著者は複数の読み方を認めているような場合でも、それが「読解問題」になったら、問題作成者が決めた答えが正解になります。

このように言うと、「じゃあ、問題を作った人にしか正解はわからないんじゃないの？」と思う人もいるかもしれませんが、そんなことはありません。国語の読解問題では、「客観的」な読み方が求められるのでしたね。ですから、**問題作成者は、文章を正しく読んだ結果としてわかることが答えになるように問題を作っています。**

ただし、——線部の位置や問い方によって問題の難易度が大きく変わるので、注意が必要です。**受験国語は「著者ではなく問題作成者との勝負である」**と心得ましょう。

文章が正しく読めるだけでは正解できない

中学受験生（小学生）を見ていると、**「設問をあまりよく読んでいないなぁ」**と感じることがしばしばあります。

国語の読解問題では、文章（素材文）が正しく読めることは正解するために必要なことですが、**文章が正しく読めたとしても、必ずしも正解できるとは限らない**のです。

先ほども説明したように、国語の読解問題には、必ず問題作成者がいます。ですから、**文章の内容を正しくつかんだうえで、設問で問われていることに正しく答えられなければ、問題に正解することはできません。**

たとえば、記述問題で聞かれていないことを延々と書き連ねても点数は0点ですよね。

これは記号選択（せんたく）問題でも同じです。たとえ文章に書いてあることであっても、設問で問われていることと無関係の内容の選択肢は、当然正解にはなりません。

細かいことで言えば、「すべて選びなさい」「あてはまらないものを選びなさい」などの条件を読み飛ばしてしまうこともあります。また、ぬき出し問題で「はじめの五字」ではなく「終わりの五字」を答えて不正解になってしまったというような経験をしたことがある人も多いのではないでしょうか。

国語のテストの点数がよくなかったときに、「次はもっとしっかり文章を読もう」と考える人が多いと思いますが、実は**設問の理解が不十分なために失点している**ということもよくあります。

確実に得点するためには、設問で何が問われているかをしっかりと確認することが必要です。文章の大事なところに線を引いたり印をつけたりするのと同じように、**設問で注意すべき箇所には線引きや印つけをしておく**ようにしましょう。

☑ 国語のテストは、そもそも時間が足りない

「国語の問題をていねいに解こうとすると時間が足りなくなる」というのは、よく聞かれる声です。

中学入試の国語の読解問題には、高校入試や大学入試でも出題されるような難解な文章が出題されることもめずらしくありません。文章の字数もかなり多いため、テストなどできちんと解こうとすると時間に余裕はありません。ですから、**「ギリギリ解ききればよい」**というイメージで問題はないでしょう。

「きちんと解こうとすると時間に余裕がない」と言いましたが、その逆として「いいかげんに解くと時間が余る」と言えるかもしれません。問題の文章をていねいに読んで、設問にしっかりと向き合っているからこそ、「ギリギリ」になってしまうのです。点数を取りたいと思う受験生はみんな「ギリギリ」まで粘ります。ですから、**制限時間いっぱいまで考え続ける**ようにしましょう。

ただし、**適切な時間配分**は必要です。一つの問題に時間をかけすぎると、他の問題の解答時間が削られてしまい、最終的に点数が伸びないということもよくあります。難しい問題に時間をかけすぎて、正答率の高い問題を落としてしまうのは非常にもったいないですね。制限時間内で1点でも多く得点するために、優先して取り組む問題を決めておき、**「どこにどのくらいの時間をかけるべきか」**をきちんと考えながら問題を解くようにしましょう。

「世間の常識」を試す問題が出題されることもある

国語の読解問題は、文章中から読み取れることをもとに解答するのが大原則です。

ところが、物語文や随筆文だと、ごくまれに「世間の常識」から正解を推しはかる問題が出題されることがあります。これを私は**「常識的判断の問題」**と呼んでいます。

たとえば、物語文で「家族」が描かれている場合には**「親子の愛情」**が読解の前提になっていたり、「戦争」を描いた文章では**「平和の大切さ」**がテーマに設定されていたりします。これらは、世間一般の人々が当然のこととして認めている意見や判断（＝常識）なので、文章中に特に記載や説明がなくても、「世間の常識」として、そのように読んでいくことが求められます。

もちろん、すべてが「世間の常識」にあてはまるわけではありませんが、多くの人が「常識」だととらえている意見や判断を知っておくことは、文章読解の助けにもなります。

「世間の常識」は、文章読解を通じて身につけることもできるので、「世間の常識」とされるような考え方や価値観に出会ったら、**「そういう考え方もあるんだな」**と、柔軟に吸収していくとよいでしょう。

3 テストで気をつけること

知識問題で不要な失点をしない

国語が苦手な生徒さんに共通して見られる特徴として、読解問題だけでなく、**知識問題（漢字の読み書き・熟語・ことわざ・慣用句・文法・敬語など）での失点が多い**ことがあります。

こういった知識問題は、反復練習や暗記によって確実に得点できるものです。そのため、正答率も比較的高い傾向にあります。ですから、知識問題を落とさないようにするために、**まずは知識事項を固め、安定して得点できるようにする**ことが必要です。また、失点が多い分野を中心にトレーニングをすることで定着させていくことも大切です。

「取るべきところをしっかり取る」というのは、受験勉強の基本なのです。

ぬき出しミスをしない

「本文からぬき出しなさい」「本文中から書きぬきなさい」というタイプの問題を**「ぬき出し問題」**といいます。この問題は、文字通り文章中から一字一句変えずに答えを「書き写す」ことが求められています。ところが、中学受験生の中には、いいかげんに書き写して、×をつけられている人が意外と多いのです。

ぬき出しミスを防ぐには、**注意力**しかありません。文章を見ながら一字ずつ確実に解答用紙に書きましょう。漢字とひらがなで字数が変わらないものや、小学校で習わない漢字が含まれているときは、特に注意が必要です。

字は適切な大きさでていねいに書く

答案に書く字は、**適切な大きさで書く**ことが大切です。罫線の解答欄に細かすぎる字でびっしりと答えを書いたり、一行の中に無理に二行書き入れたりしてはいけません。

美しい字でなくてもよいので、**「他人がストレスなく読める字」**を書きます。自分が入学したいと思っている学校の先生に読んでもらう答案ですから、一字一字ていねいに書くようにしましょう。

最もよくないのは、**「薄い字」**と**「判読できない字」**です。薄すぎて読み取れない字では採点ができませんし、「ア」なのか「イ」なのかわからないような書き方では、もちろん正解にはなりません。

また、漢字の書き取り問題では、**「トメ・ハネ・ハライ」**とともに、**「長さ」「字のバランス」「総画数」**にも十分に注意しましょう。

一文を長くしすぎない

記述問題の解答を書く際に、一文を長くしすぎないように気をつけましょう。一文が長くなりすぎると、主語と述語のねじれなどのミスが生じやすくなります。**記述問題では、一文を三十〜四十字くらいにする**とよいでしょう。

ちなみに、塾のテストなどの「模範解答」では、八十字以上の長い記述であっても、一文でまとめられている場合もあります。これは、国語の先生が時間をかけて作った「模範的な」解答なので、受験生がこれと同じように長い一文を書く必要はありません。短文をきちんとつなげていけば減点されることはないので、**短い一文でミスのないように書いていく**ようにしましょう。

また、文を**接続語**でつなぐと、さらに読みやすくなります。

自分の書いた答案を読み返す

テストでは、必ず**自分が書いた答案を読み返す**ようにします。よく、「見直しをしっかりしましょう」と言われますが、ただ答案を眺めているだけでは、ミスに気づくことができません。次のポイントをふまえて、自分の書いた「答え」が「設問」に正しく対応しているかどうかをチェックしましょう。

記号選択問題

- 「ふさわしいものを選ぶ」「ふさわしくないものを選ぶ」という条件に合ったものを選べているか
- 複数の答えを選ぶ問題で、解答の個数が条件に合ったものになっているか

ぬき出し問題

- 文章中の表現と同じようにぬき出せているか
- 句読点などの記号に関する指示を守れているか
- 漢字やカタカナをひらがなにしてしまったり、ひらがなを漢字やカタカナで書いてしまったりする間違いがないか
- 「はじめの五字」「終わりの五字」などの条件に合った箇所をぬき出せているか
- 答えを探す範囲が指定されている問題では、指定された範囲の中から解答をぬき出せているか

記述問題

- 設問で問われていることに答えられているか
- 文末表現のミスがないか
- 指定された字数を満たしているか
- 主語と述語が正しく対応しているか
- 「てにをは（助詞）」の間違いがないか

テストの復習をしっかりとする

これは国語に限ったことではありませんが、**テストの復習は徹底的に取り組みましょう**。

算数などでは、「同じ問題をもう一度解き直す」ことが反復練習にもつながりますが、国語の場合には、一度解いた問題の答えをなんとなく覚えてしまっていることが多いので、「同じ問題をもう一度解き直す」ことにはあまり意味がありません。

そこで、私は**「誤り直しレポート」**を作成することをおすすめしています。

「誤り直しレポート」では、**「なぜ自分が不正解だったのか」「どう考えれば正解だったのか」「どういうパターンの問題だったのか」**などを分析してまとめていきます。

具体的には、次のような手順で行います。

①レポート用紙の上段に、テストで間違えた問題の「自分の解答」と「模範解答」を記入する

これは、「自分の解答」と「模範解答」の違いを確認するために行います。特に、記述問題では「模範解答」と「自分の解答」を見比べることが、よりよい解答を書く力をつけるのに非常に有効です。

②レポート用紙の下段に、自分の解答の根拠をまとめる

これは、自分の思考の過程を振り返るために行います。ただし、特に思いつかない場合には省略してもかまいません。

③レポート用紙の下段に、正解の根拠を「できるだけくわしく」「わかりやすく」まとめる

この作業が最も大切です。設問や本文のどのようなところに目をつけ、どのように考えていけば正解できるのかを、自分自身で説明できるようにします。ただし、「○○すればよかった」「次回は気をつけたい」などの、感想や反省文のような内容は必要ありません。

国語は、テストで解いた問題が「まったく同じ形」で出題される可能性は極めて低いのですが、出題形式のパターンは決まっています。誤り直しは、**出題形式の類似性を確認し、次のテストにつなげるために行う作業**なのです。

誤り直しレポートの例 ※塾技87をモデルにしています

問題

自分の答え

花がなぜ綺麗なのかという大問題の答えを見つけたいのに、答えを出すことができず、悔しい気持ち。

↓

模範解答

日常的な疑問にも答えられない力不足を悔しく感じながらも、知らないことについて考えるのを楽しんでいる。

——線部の直前に、「花がなぜ綺麗なのかという大問題に一つの答えが見つかるのに」とあるから、答えが出せずに悔しい気持ちになっていると考えた。

↓

解答の要素を「短く・多めに」そろえる

- 「くっそう」
  →悔しがる気持ち
- 「僕は科学者なのに」
  →科学についての知識はあるはずなのに
- 「こんな毎日の問いにも答えられないボンクラなのか」
  →日常的な疑問にも答えられないほど、力不足（知識不足）である

＋

- 「でも実は楽しい。なぜなら、知らないということは、一番ワクワクすることだからだ」
  →考えることを楽しんでいる

解答のポイント

- 前半の「答えが出せずに悔しい」という部分に字数を使いすぎてしまった
- 後半の「考えることを楽しんでいる」という要素が必要だった

★——線部の言葉だけでなく、そのまわりの部分も見て、筆者の気持ちをつかむ！

「キーワード」の発見

重要度 ★★★

論説文

1 何度も繰り返される「キーワード」は、必ずチェックする!

みなさんは普段、説明的文章（論説文など）を読むときに、「目的」を持って読んでいますか?

「え? 目的なんて言われても……。まぁ、とりあえず、最初から最後まで読むようにしているけど」という人も多いのではないでしょうか。授業でもあまり細かく指示されることはないかもしれません。

しかし、大事なポイントを見落とさないためにも、「目的」を持って読んでいくことが必要です。

それでは、説明的文章を読むときの「目的」とは何でしょうか?

それは、「筆者の主張」をつかむことです。筆者は、自分の意見を伝えるために文章を書いているので、説明的文章の読解では、その意見（＝筆者の主張）を正しくつかむことが最大の目的になるのです。

そして、筆者は自分の言いたいことが読んでいる人に確実に伝わるように、自らの主張を何度も繰り返し書いていきます。

ですから、説明的文章では、何度も繰り返される言葉に注目します。何度も繰り返されるということは、それだけ重要だということですから、「筆者の主張」をつかむための「キーワード」になる可能性が高いのです。

また、これらは記述問題を解くときの解答の要素（＝解答に必要な言

入試問題にチャレンジ!

次の文章を読んで、あとの問いに答えなさい。

（サレジオ学院中）

≫解答は、別冊1ページ

いまから四、五年前、運と道徳の関係を主題とする講義を行っていたとき、学生のコメントのなかに、何度も「親ガチャ」という言葉が出てきた。

「ガチャ」とは、元々はあの「ガチャガチャ」や「ガチャポン」、つまり、硬貨を入れてレバーを回すことでカプセル入りのおもちゃが出てくる装置に由来する言葉だ。（ちなみに、この種の自動販売機、ないしはそこで売られているおもちゃは、「カプセルトイ」と総称されるらしい。）

だがいまや、「ガチャ」はスマホなどのソーシャルゲームに組み込まれたクジ引きの類いを指すのが普通だ。たとえば、一定のお金を払ってクジを引く――「ガチャを回す」――ことによって、運よくレアなアイテムを手に入れたり、逆にハズレを引いてお金が無駄になったりする、という具合である。

そして、そこからさらに転じて、「親ガチャ」という言葉は、子がどんな両親のもとに生まれるかという運を表現しているようだ。たとえば、「親ガチャに外れた」という表現は、自分が貧乏な家庭に生まれ育ったことや、親が虐待をする人間であったことなどを意味するというわけだ。

たしかに、私たちは自分の生みの親を選べなかった。しかしそれを言うなら、いまの自分をかたちづくる物事の大半は「ガチャ」を引いた結果ということにならないだろうか。実際、「顔ガチャ」という表現もネット上などではよく使われている。つまり、「イケメン」に生まれるか「ブサイク」に生まれるか、という運のことだ。ほかにも、「体ガチャ」、「地元ガチャ」、「国ガチャ」、「時代ガチャ」……何でも言えそうだ。

葉）や記号選択問題で正解を選ぶ際のチェックポイントにもなります。

こう説明されると、「本文で何度も繰り返されているのだから、誰でも気づくことができるでしょ」と思う人も多いと思います。ところが、制限時間が設けられたテストなどであわてて読むと、意外と「キーワード」を見落としてしまいがちなのです。

「キーワード」は、まったく同じ言葉ではなく、似たような表現に言い換えられている場合もあるので、「同じ言葉」だけでなく「同じ内容」になっている表現にも注意していくようにします。

ポイント 「キーワード」の発見

① **「同じ言葉」**
何度も繰り返されている言葉は**「キーワード」**になります。

② **「同じ内容」**
まったく同じ言葉ではなくても、**似たような表現で言い換えている部分**も、印をつけてチェックしておきましょう。

なお、すべての「キーワード」に印をつける必要はありません。本文の内容を理解する助けになるように、最初の数個を確認すればよいのです。

塾技解説
何度も繰り返される言葉は、「キーワード」になる可能性が高い。「同じ言葉」だけでなく「同じ内容」になっている表現もチェックしておこう！

だから、すべては運だなどと考えてはいけない。それは甘えだ。たとえ裕福な家庭に生まれなくても、必死に頑張って成功した者も多い。自分の置かれた場所や条件の下で努力すべきだ。すべては自己責任なんだ。――この種のお説教を小さい頃から浴び続けてきた学生たちは、「運命」や「定め」といった重苦しい言葉ではなく、「ガチャ」という、これ以上ないほど軽い言葉によって、きれいごとを突き放してみせる。

（古田徹也『いつもの言葉を哲学する』より）

問題 ――線部「『親ガチャ』という言葉」とありますが、これはどのようにして生まれた言葉ですか。その説明として最もふさわしいものを次の中から一つ選びなさい。

ア 一定のお金を払って行うクジ引きのことを総称して「ガチャ」という言葉が生まれ、それが若者の間で人生の様々な場面において金銭がものをいうことを指す言葉として広がり、「親ガチャ」という言葉が生まれた。

イ 「運や道徳」に関する大学の授業の中で学生の中に広まり、それがスマホなどのソーシャルゲームに取り入れられ、自身をかたちづくる物事の重要な要素を指し示す言葉として「親ガチャ」という言葉が生まれた。

ウ 元々は自らが貧しい家庭に生まれついたりした不運をなげく言葉であった「ガチャ」が、その責任を親にぶつける意味合いとして使われるようになり、若者の間で「親ガチャ」という言葉が生まれた。

エ おもちゃやアイテムを引き当てるクジに相当する言葉であった「ガチャ」が、子どもがどのような親のもとに生まれるかが運に左右されていることを指し示すものに転用されて「親ガチャ」という言葉が生まれた。

塾技（ジュクワザ）

2 「筆者の主張」の発見

重要度 ★★★　論説文

2 文末表現や書き出しの言葉が「筆者の主張」を見つけるヒントになる！

塾技❶でもお話ししたように、説明的文章の読解では「筆者の主張」を読み取ることが最も重要です。今回は、「筆者の主張」を見つける目印（＝ヒント）を紹介していきましょう。

ポイント 「筆者の主張」を見つける目印

① **文末表現**

「筆者の主張」がはっきりと表れている文末表現です。

例 「～と思う」「～と考えている」

例 「～重要だ」「～大切（大事）だ」「～必要だ」「～不可欠だ」

例 「～すべきである」「～ねばならない」

例 「～してほしい」「～であればよい」

② **反語**

「反語」とは、疑問の形を取りながら反対の主張を述べる表現で、「～いいや、（いけ）ない」という思いが込められています。

入試問題にチャレンジ！

》解答は、別冊1ページ

（鷗友学園女子中）

次の文章を読んで、あとの問いに答えなさい。

新聞は実は、世の中のことを知ったり、メディア※リテラシーを身につけたりする上で「初心者向け」のメディアだと私たちは考えています。「新聞＝古い／大人向け」「ネット＝新しい／若者向け」という先入観でつい見落としがちになってしまうのですが、世の中で起きていることについて、自分なりに考えることができるようになるには、世の中の動きに関する基本的な知識が必要です。

いま何が起き、いま世の中は何に関心があり、将来、どんな方向に向かおうとしているのか。そうしたことを考えるベースになる情報をニュースのプロが無駄なくざっくり選んでくれるのが新聞なのです。この章の最初でも話しましたが、世の中の動きを効率的に集められるメディア。それが紙の新聞です。

対して、ウェブはニュース上級者向けのメディアです。日々、リアルタイムに更新される膨大なニュースの中から、自分にとって重要な情報をピックアップするのは大変なことですし、それだけではなく、その情報が信用できるかどうかのリテラシーも求められます。最近のウェブメディアでは、ユーザーの好みを分析して、そのユーザーが好きそうな記事を目立つ場所に置いていることが多いです。これでは知識に偏りが生まれる恐れがあります。

学校の教科書とは違って、ネット上には膨大な情報と多様な意見があふれかえっています。誰がどんな考えで、どんな情報を流しているのか。スマホの画面に映るその先を想像できる目がなければ、効率的に情報を

例 私たちはこのまま環境破壊を続けてよいのだろう**か**。

③ まとめの言葉

論説文では、「筆者の主張」が形を変えて何度も繰り返されることがあります。それまでの説明をまとめている部分には「筆者の主張」が書かれていることが多いので、注意しましょう。

例 **「つまり」「要するに」「このように（このような）」**

例 **「このような○○」「そのような○○」「こうした○○」**

④ 結論を導く言葉

これまでに述べていたことをまとめ、改めて主張を展開するときに用いられる言葉です。

例 **「ともかく（ともあれ）」「いずれにしても（いずれにせよ）」**

⑤ 筆者独自の主張を表す言葉

一般的な考えとは異なる、「筆者独自の主張」を発見するのに役立ちます。

例 **「実は」「本当のところは」「思うに」**

塾技解説

「筆者の主張」を見つける目印となる言葉があったら、その直前や直後に書かれている内容をしっかりチェックしよう！

集めるのは難しいばかりか、デマにだまされてしまう、なんてことも起きるかもしれません。

一つ、たとえ話をしましょう。

レストランでワインを注文しようとしたときに、分厚いワインリストを手渡され、「どれにしますか？」って言われたら、みなさんはどう感じますか？

ワインに対する知識やこだわりがない人はきっと困惑しちゃいますよね。「いや、細かい銘柄とかわからんし……」という声もあるでしょうし、そもそも、リストに載っている値段が適正なものかどうかも分かりません。

逆にワインに詳しい人であれば、分厚いワインリストは苦にならないし、むしろ情報量が多い方が楽しめるかもしれません。リストの中から自分の好みや料理に合うワインを探したり、場合によっては、見たことがない未知のワインに挑戦したりして楽しむこともあるでしょう。

つまり、新聞は新聞社がニュースの※ソムリエになって、読者のみなさんに世の中で起きている出来事を、責任をもって伝える媒体なのです。特にKODOMO新聞や中高生新聞といった、世代ごとに作られている新聞は、それぞれの世代に必要な情報を厳選して紹介することを心がけています。

（新庄秀規・藤山純久『伝える技術はこうみがけ！』より）

※リテラシー＝ある分野に関する知識や能力。
※ソムリエ＝客の相談を受けてワインを選定・提供する専門家。

問題 ——線部「『初心者向け』のメディアだと私たちは考えています」とありますが、新聞のどのような点が「初心者向け」なのですか、説明しなさい。

内容の「かたまり」と文章構造

重要度 

論説文

3 内容の「かたまり」を意識すれば、文章の構造が見えてくる。

塾技①・塾技②では、「筆者の主張」をつかむために「キーワード」や「目印」に注目するという方法を説明しました。今回は、もう少し視野を広げて、内容の「かたまり」を意識することを学んでいきましょう。

普段の読書ならば、じっくり時間をかけながら何度も読んでいくことができますが、テストには制限時間があるので、文章を何度も読み返すというのは現実的ではありません。最初に読んだときに「どこにどんなことが書いてあるのか」をつかむことが、限られた時間を有効に使うカギなのです。

ここで、「形式段落」と「意味段落」について確認しておきましょう。

形式段落とは、始まりを一字下げ、形式的にひとまとまりであることを示したものです。

そして、意味段落とは、複数の形式段落が集まってできている、意味によって分けられる文章のまとまりのことを指します。

文章を読むときには、内容の「かたまり」を意識して読み進めていくことが大切です。意味段落ごとに書かれている内容を整理していきましょう。

入試問題にチャレンジ！

»解答は、別冊2ページ

次の文章を読んで、あとの問いに答えなさい。（開智日本橋学園中）

1 ひと口に「読む」、といいますが、読むとはどういうことか、あまり考えたことのない人が非常に多いようです。（中略）「読む」ということを考えると、読み方には二通りあることがわかります。

2 ひとつは、文字に書かれていることが、既知、つまり、あらかじめ知っていることのとき。「さいた、さいた、さくらがさいた」という文章なら、小学一年生でも、なんのことかすぐに理解できます。このような読みの場合は、声に出して読むだけで、読書は完了してしまいます。これを「既知の読み」といいます。

3 同じように、遠足から帰ってきたこどもが、いっしょに行った友達の書いた遠足の作文を読むようなときや、前の晩、テレビでじっくり観たプロ野球の試合の記事を、翌日の新聞で読むときも、この既知の読みになります。（中略）

4 このように、わかっていることの書いてある文章は読んでおもしろく、よくわかります。こういう読み「既知の読み」を、かりに「アルファ読み」と呼んでおきます。

5 これに対して、「ベータ読み」という読み方があります。書いてあることが、読者のまったく知らない、未知のことがらの場合です。たとえば、ある小学六年生が、「ことばと、それを表す、ものごとの間には、切っても切れぬ結びつきはない」という文章を読んで、まったく意味がわからなかったといいます。（中略）

6 それは、内容が、読む者の理解を超えているからです。つまり、自

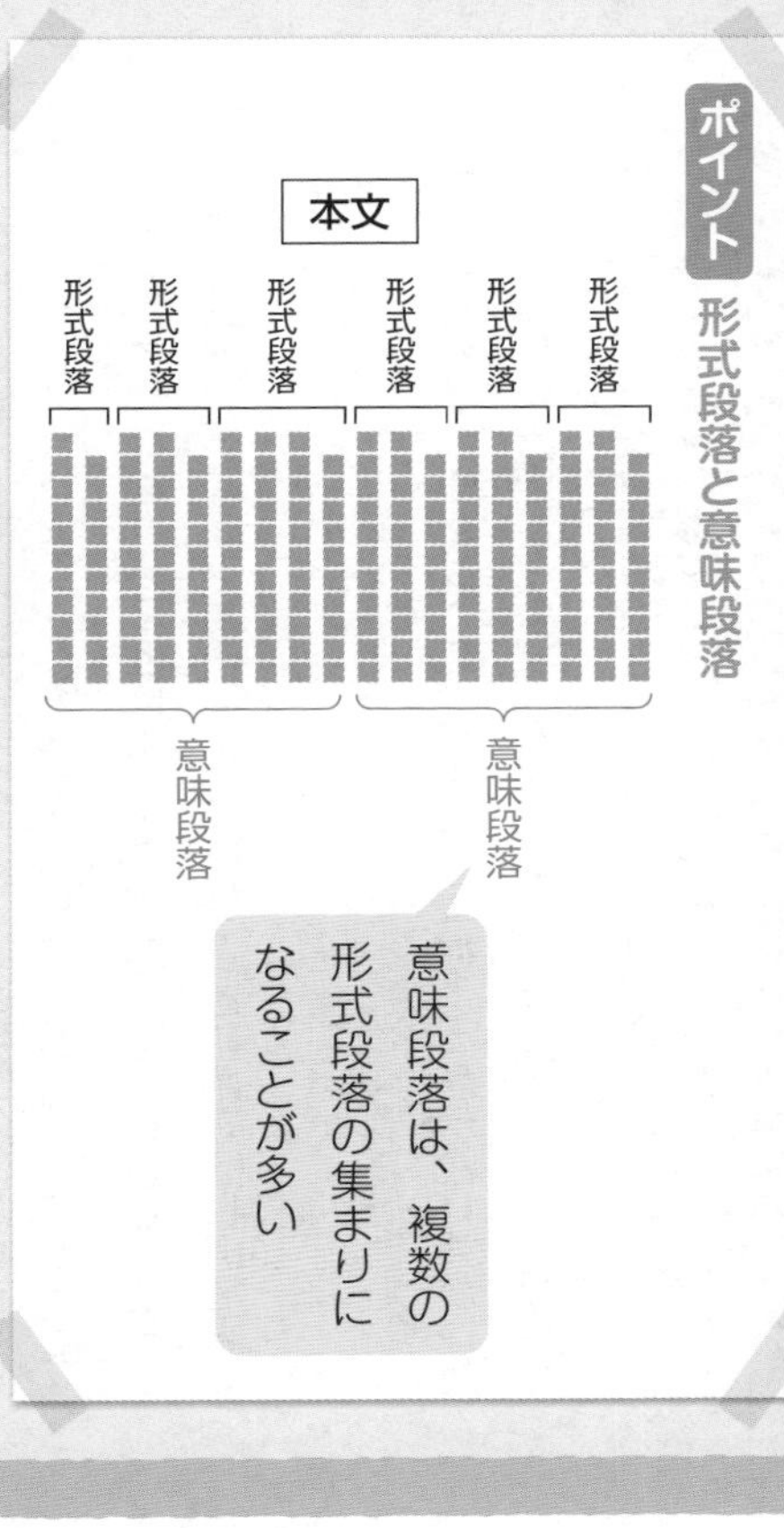

文章を「かたまり」に分けていくときには、「キーワード」に注目しましょう。新しい「キーワード」が登場していたら、意味段落が変わったと考えることができます。

文章を意味段落に分ける際には、それぞれの意味段落に小見出し（タイトル）をつける感覚で取り組むとよいでしょう。

また、筆者は伝わりやすい文章を書こうとするため、一つの形式段落に複数の主張をつめ込むことはあまりありません。「一つの形式段落につき、筆者の言いたいことは一つ」という目安を覚えておきましょう。

塾技解説

文章を読むときには、内容の「かたまり」を意識しながら読み進め、「どこにどんなことが書いてあるのか」をつかむ!

分の知らないことを活字から読み取るためには、ベータ読みという読み方が必要です。それをすでに知っていることを読むアルファ読みで、読もうとしたからわからないのです。

7 アルファ読みは、すでに知っていることを読むときの読み方ですから、新しい世界が広がることはありません。アルファ読みしかできない人は、本を読んでも、本当に読んだとはいえないのです。

8 これに対して、ベータ読みができれば、わからないことを読んで、きちんと理解することができます。知らないことを読んで、知見をひろめ、こころの世界を拡大していくことができるのです。ベータ読みができてこそ、本当に読める、ということができるのです。

9 ベータ読みをするには、思考力を使わなくてはなりません。想像力を働かせ、わからないことがあっても、自分の頭を使って解釈しながら読むのが、ベータ読みです。そうやって読み進めていくと、どうにか、自分なりにわかった、というところまでいくことができます。すると、やがて、ベータ読みができるようになります。そうして、人は、活字から未知を読み取ることができるようになるのです。これが本当の読書というものです。

（外山滋比古『わが子に伝える「絶対語感」』より）

問題 この文章を内容から四段落に分けると、どのように分けられますか。最もふさわしいものを次の中から一つ選びなさい。

ア 1—〔2・3〕—〔4・5・6〕—〔7・8・9〕
イ 1—〔2・3・4〕—〔5・6〕—〔7・8・9〕
ウ 〔1・2〕—〔3・4〕—〔5・6・7〕—〔8・9〕
エ 〔1・2・3〕—4—〔5・6・7〕—〔8・9〕

塾技 4

「問いかけ」と「答え」

重要度 ★★★　論説文

4 筆者の「問いかけ」があったら、その「答え」を必ず確認する。

みなさんは、論説文の中で、「これは一体なぜなのか」「どうしてこんな問題が起きたのだろうか」というように、筆者が疑問文の形で「問いかけ」をしている表現を見たことはありませんか?

「筆者も知らないようなことを聞かれても困るよ……」と思ってしまうかもしれませんが、もちろん、筆者は読者に答えを要求しているわけではありません。

論説文の中で登場する「問いかけ」は、「問題提起」のはたらきをしています。「問題提起」とは、問題や課題を相手に投げかけることです。筆者は、疑問文で問いかけることによって「問題提起」をして、読んでいる人に「なぜなのかな?」「どうしてなのかな?」と考えてほしいと思っているのです。

そして、もしも「問いかけ」だけがあって「答え」が示されなかったら、全然すっきりしないですよね。ですから、本文には必ず「問題提起」に対する「答え」が書かれます。「問題提起」が出てきたら、それとセットになる「答え」を探しながら読んでいくようにしましょう。

入試問題にチャレンジ!

次の文章を読んで、あとの問いに答えなさい。（専修大松戸中）

≫解答は、別冊2ページ

そもそも科学とは何でしょうか。

科学というと「法則」や「理論」、たとえば学校で習った「万有引力の法則」や「相対性理論」を思い出す人もいるかもしれません。私たちは法則や理論を「一〇〇パーセント正しい」と思いこんでしまいがちです。ところが、科学の法則や理論はそのような絶対的な真理ではないのです。

テレビ番組では「驚きの真実が明らかに!」という言い方をよく使います。こういう言い方をすると、視聴者は一〇〇パーセント正しい絶対的な真実があるように思ってしまいますから、私が担当する番組では「そういう言い方はしないでほしい」とお願いしています。人間の物の見方は完璧ではないのですから、一〇〇パーセント正しい真実を把握することはできません。そんなことができるのは、全知全能の神様だけでしょう。

科学も同様です。「真実は、もしかしたらあるかもしれない。ならば、少しでもそこに近づきたい」。科学とはこのように、限られた認識の手段を使って、少しずつ真理に近づいていこうとする営みだと思います。

では、科学はどのようにして真理に近づいていくのでしょうか。

その第一歩は、「疑うこと」から始まります。

「みんなはAだと考えているけど、本当かな?」

「なぜ、こんなことが起こるのだろう?」

自然科学であれ社会科学であれ、科学的な態度を持つ人は、まわりの

「答え」は、「問題提起」の直後に書かれることもありますが、その「問題提起」が本文のテーマに関わるような重要なものである場合には、文章の後半の「結論」にあたる部分に書かれることが多くなります。「答え」は「筆者の主張」につながる重要な部分ですので、必ずチェックします。

ポイント 「問いかけ」と「答え」

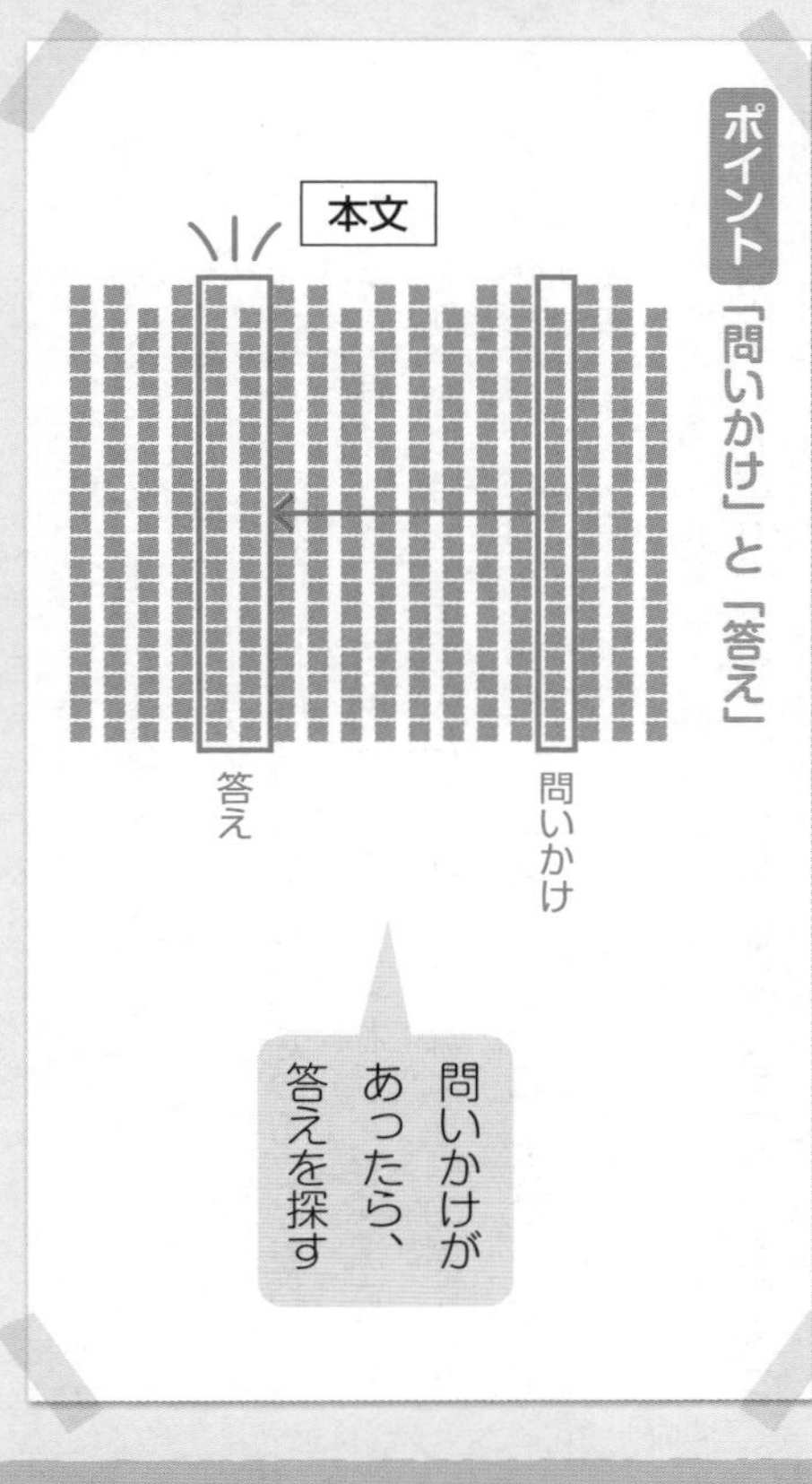

ただし、たとえば、「そんなことが許されてよいのだろうか」という表現は、「問いかけ」や「疑問」ではなく「反語」です。この場合には、その文に込められている「筆者の主張」を読み取るようにします。

塾技解説

「問いかけ（＝問題提起）」が出てきたら、「答え」を探しながら読み進めていく。その「答え」は問題でも問われることが多いので、線を引いてチェックしておこう！

意見を鵜呑みにせず、それが本当かどうかと疑い、「なぜだろう？」「どうしてだろう？」と問いを発します。

問いを発したら、次にそれの解答（回答）のための仮説を立てます。科学という営みでは、それぞれの学者が仮説を立て、それを検討していきます。仮説というのは、文字どおり「仮につくりあげた説明」なので、それが正しいかどうかを確かめなければなりません。つまり、「検証」しなければなりません。

検証にはさまざまな方法があります。わかりやすいのは実験することです。実験をしてみて、仮説が裏づけられれば、その仮説は真理に近い説明だということができるでしょう。それでも、当然、仮説とは異なる実験結果が出てくることもあります。

仮説どおりの実験結果が出ない場合は、仮説を修正しなければなりません。そして、修正した仮説が正しいかどうか、再び検証をしてみる。このように、仮説と検証を繰り返して、真理に少しでも近づこうとすることが科学という営みなのです。

（池上彰『はじめてのサイエンス』より）

問題 ——線部「科学はどのようにして真理に近づいていくのでしょうか」とありますが、どうすることで近づいていくのですか。三つの段階を「〜を繰り返すこと。」に続くように、十五字以上二十字以内で説明しなさい。

塾技（ジュク　ワザ）

5

「一般論」と「筆者の主張」の対立

重要度 ★★★

論説文

5 「たしかに…しかし〜」は、筆者が一般論をバッサリ切って、主張を展開する合図！

論説文には、「一般論」と呼ばれるものが書かれることがよくあります。

ここでいう一般論とは、世の中の人々が当たり前だと思っていることがらです。「世の中の常識」といってもいいでしょう。

しかし、論説文でこの一般論が登場する場合、たいていは筆者によって否定されることになります。

なぜでしょうか？　それは、世間が当然だと思っていることをわざわざ主張しても、「まぁ、それはそうだよなぁ」と言われ、軽く流されてしまうからです。筆者は、普通の人が考えないような「独自の考え」を持っているからこそ、それを文章にして発表します。そのため、筆者の主張は、一般論と対立することが多くなるのです。

一般論と対立させて筆者の主張をはっきりと述べる型には、次のようなものがあります。

例 **たしかに**、勉強は大切だ。（A）**しかし**、子どもには遊びだって大切だ。（B）

例 **もちろん**、君を助けるべきだ。（A）**でも**、どうやっても無理なのだ。（B）

入試問題にチャレンジ！

≫解答は、別冊3ページ

次の文章を読んで、あとの問いに答えなさい。（愛光中）

東日本大震災のときに、日本人はパニックを起こすことなく、秩序を保ちながら長い行列を作った。そして、被災者どうしが思いやり、助け合いながら、困難を乗り越えたのである。その冷静沈着で品格ある日本人の態度と行動は、世界から賞賛された。

災害のときに、もっとも大切なことは助け合うことである。人は一人では生きていけない。ましてや災害の非常時にはなおさらである。（中略）

おそらくは度重なる災害が、日本人の協調性をさらに磨き上げた。そして、その協調性によって、日本人は力を合わせて稲作を行ってきたのではないだろうかと思えるのである。

外に向かわず、内向きな国民性。個人の意見を言わず、個人では判断しない同質集団。このような日本人の気質は、手を掛ければ生産性が高まる日本の田んぼや、力を合わせて行う日本の稲作によって培われてきた。

ただ一方で、こうした日本人の特徴は、外交的で、個性を尊重する欧米からは理解されずに、ときに批判を浴びてきた。そして、日本人は批判されるたびに、欧米流のものの考え方を取り入れようと努力してきた。もちろん、集団を優先し、個人を犠牲にしがちな日本人の気質には、欠点もある。

しかし、悪いところばかりではない。

大災害にあったときに、パニックや暴動を起こさずに、泣きわめくこともなく、ときには笑顔でインタビューを受ける姿を見て、世界の人々

例 **なるほど**、それは理想的なプランだ。**けれども**、現実的ではない。

いずれも、いったん「A」で「たしかに、こういう意見もありますよね」と一般的な意見に理解を示しつつ、「B」の部分でバッサリと切っていますね。「たしかに（もちろん・なるほど）」＋「逆接」のカタチになっていたら、それは筆者が一般論をバッサリ切る合図です。

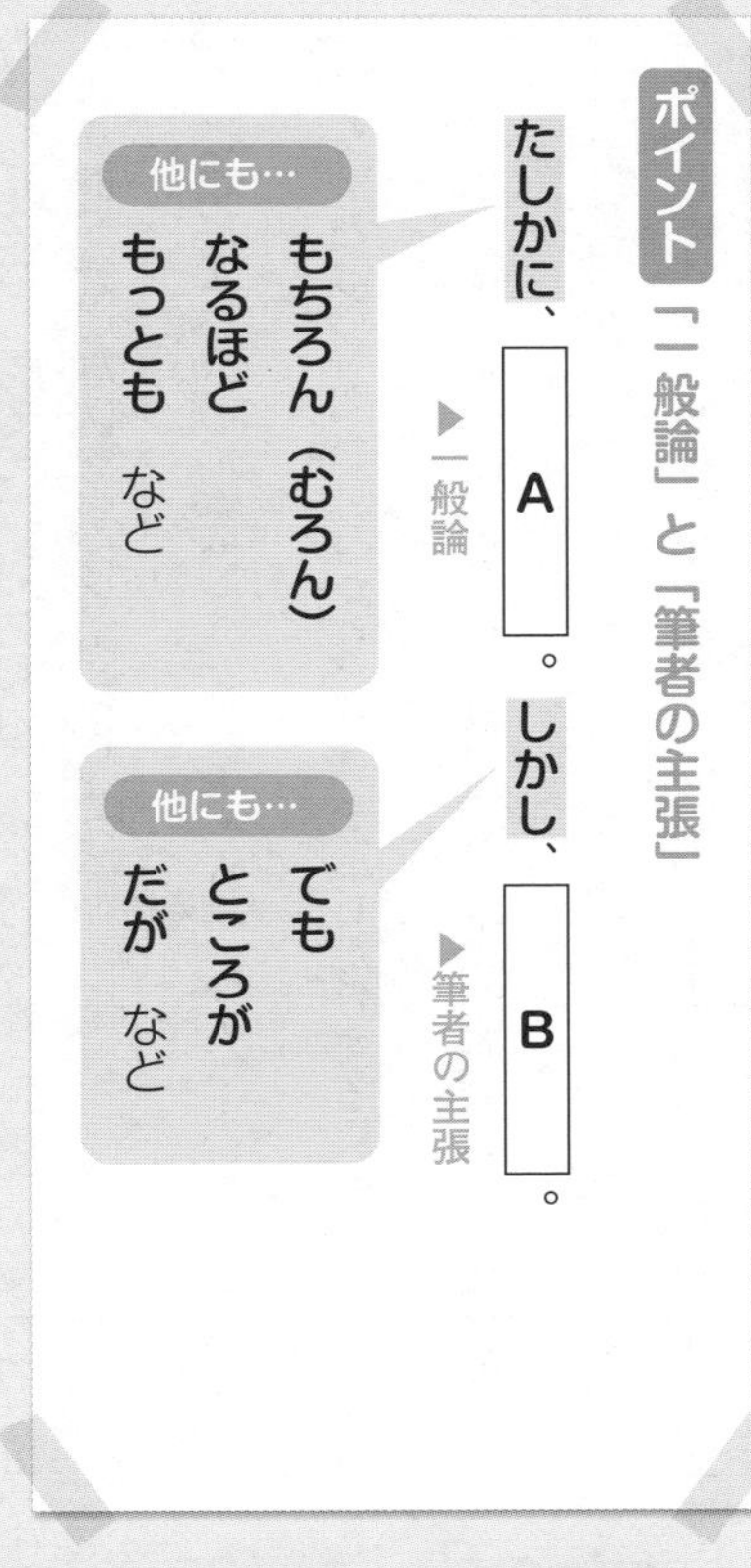

「たしかに」などの言葉のあとの「A」には一般論が入ります。そして、逆接をはさんだ「B」には筆者の主張が入ります。ただし、「たしかに（もちろん・なるほど）」は省略されるケースもあります。でも、後ろの逆接が省略されることはありません。逆接に注意して、そのあとの筆者の主張をチェックするようにしましょう。

塾技解説

読解の際に大切なのは、「B」に注目すること。一般論は、あくまでも筆者の主張の引き立て役にすぎないので、「しかし」「でも」「ところが」などの逆接に注意して、筆者の主張をつかもう！

は不思議がった。しかし、日本人であれば、この行動はよくわかる。

もちろん、悲しくないはずはない。大声をあげて泣きたいに決まっている。しかし、それでは相手が悲しい気持ちになってしまう。相手に悲しい思いをさせないために、じっと耐えて、笑顔を見せているのだ。そして、相手の心に同調して、悲しい気持ちを共有できる日本人。相手の気持ちを慮って笑顔を見せる日本人気質がそこにはあるのだ。

グローバル化の時代である。自分の国の欠点は反省し、他の国の良いところは取り入れることはもちろん大切である。しかし、外国をうらやむだけでもいけないだろう。

（稲垣栄洋『イネという不思議な植物』より）

問題 ——線部「泣きわめくこともなく、ときには笑顔でインタビューを受ける」とありますが、インタビューを受ける人がそのようにするのはなぜですか。最もふさわしいものを次の中から一つ選びなさい。

ア 日本人は集団内が同質であることを求めているので、個人的な感情を表せばそれを見た人から批判されることになるから。

イ 日本人は長い歴史における度重なる自然災害の経験があるので、自分が被災した悲しみを押し殺すことにも慣れているから。

ウ 日本人は思いやりの心を大切にしているので、自分が笑顔を見せることでそれを見た日本中の人を笑顔にしようとするから。

エ 日本人は相手の心に同調する気質があるので、自分が悲しみを表に出せばそれを見ている人まで悲しませてしまうと考えるから。

オ 日本人は他人の感情を読み取ることに長けているので、むしろ笑顔でいた方がそれを見た人に心の中の悲しみが伝わるから。

6 定義のカタチ「AとはB」

6 「AとはB」が出てきたら、定義される「A」とその説明の「B」をチェックしよう!

論説文には、「Aとは（というのは）Bである」という表現がよく出てきます。「AとはB」の「A」は本文におけるキーワードになることが多いのです。そして、「B」には「A」の説明（定義）が書かれます。

まずは、簡単な例を挙げてみましょう。

例 **野球とは**、ボールを投げたり打ったりするスポーツのことである。

例 **時計とは**、時間を計ったり、時刻を示したりする機械のことである。

このように、「とは」のあとには、「A」の説明が書かれるのです。

ただし、このような簡単な例とは違い、中学入試で「AとはB」のカタチを使うのは、「A」が少し難しい言葉である場合がほとんどです。次の例を見てみましょう。

例 誰でもおそらく中学生、高校生の頃に「自分」を発見する。と同時に、その反対側にある「世界」と出会う。自分を包み込んでいるもっと大きな世界。自分がその中で生きている社会環境としての世界。あるいは人によっては自然環境としての世界かもしれない。（中略）

重要度 ★★★

入試問題にチャレンジ!

≫解答は、別冊3ページ

次の文章を読んで、あとの問いに答えなさい。

（フェリス女学院中・改）

あなたは、だれかと対話をした経験があるだろうか。会話ではなく、対話である。

よほど特別の事情がない限り、私たちは日常的に会話をしている。（中略）そのいくつかは軽いやり取りであったり、ただ楽しむためであったりする。他方、仕事の打ち合わせなどはかなり真剣に、ときに厳しいやり合いをしなければならない。

だが、このどれもが会話であっても対話ではない。

対話とは、真理を求める会話である。対話とは、何かの問いに答えようとして、あるいは、自分の考えが正しいのかどうかを知ろうとして、だれかと話し合い、真理を探究する会話のことである。ただ情報を検索すれば得られる単純な事実ではなく、きちんと検討しなければ得られない真理を得たいときに、人は対話をする。それは、自分を変えようとしている人が取り組むコミュニケーションである。

ショッピングや仕事でのやり取りは、自分の要望と相手の要望をすり合わせようとする交渉である。友人や恋人との会話は、よい関係を保ち、相手を理解し、たがいに話を楽しもうとする交流である。これらの会話は有意義かもしれないが、真理の追求を目的としてはいない。対話は、何かの真理を得ようとしてたがいに意見や思考を検討し合うことである。

私たちは日常生活の中で、ほとんど対話する機会がないのではないだろうか。それは、真理の追求が日常生活で行われなくなっているからで

自分を発見すること。世界と出会うこと。この二つは表裏一体の出来事だ。世界と出会うことによって改めて自分を発見しなおす、と言ってもよい。

「世界と出会う」とは、もう少し詳しく言うと「自分にとって手も足も出ないような、人間のスケールを超えた、ある大きな力と出会う」ことだ。そういう経験がきっと皆さんにもあると思う。「大きな力」とは何なのか、人によって違うだろうが、それに出会う瞬間は必ず訪れるにちがいない。

（今福龍太「学問の殻を破る」より）

2行目にある「『世界』と出会う」という言葉は、そのままではどういうことかわかりませんが、8行目の「『世界と出会う』とは」のあとの部分を読むと、「自分にとって手も足も出ないような、人間のスケールを超えた、ある大きな力と出会う」ことなのだとわかりますね。

このように、文章中に難しい言葉が出てきても、「AとはB」のカタチに着目すれば、説明が書かれている場所を見つけやすくなるのです。

また、定義や説明は、ぬき出し問題や記述問題としてもねらわれます。文章中に「とは」という言葉が出てきたら、定義されている言葉「A」とその説明「B」に線を引いてチェックしておきましょう。

塾技解説

論説文で「とは」が出てきたら要チェック！「とは」のあとには、本文の内容をつかむうえで重要な説明が書かれている可能性が高い。

ある。だが実は、対話をしなければならない場面は、日常生活の中にも、思ったよりもたくさんあるのだ。

仕事場でも、ただ当面のあたえられた業務をこなすだけではなく、仕事全体の方向性や意味が問われる場合、たとえば、「良い製品とは何か」「今はどういう時代で、どのような価値を消費者は求めているのか」「環境問題に対して、わが社はほおかむりをしていていいのか」など真剣に論じるべきテーマは少なくないだろう。家庭でも、子どもの教育をめぐって、そもそも子どもにとっての良い人生とはなにか、そのために何を学んでほしいのか、親と子どもとはどういう関係なのか、子ばなれするとはどういうことか、これらのことについて家族で話し合う必要はないだろうか。地域でも、どのような地域を目指せばいいのか、住人はどのような価値を重んじているのか、以前からの住人と新しく来た人たちはどう交流すればよいか。本当はこうしたことについてひざをつき合わせて対話する必要があるのではないだろうか。

（河野哲也『人は語り続けるとき、考えていない』より）

問題 次の中から、この文章で筆者が述べている「対話」にあたるものを**すべて**選びなさい。

ア 夏休みの旅行にどんな服を持っていくかを家族間で話し合った。
イ 感染症根絶のためにとるべき政策を政府内で長時間議論した。
ウ 地域の清掃をどういう順番でわりふるかを町内会で討論した。
エ 新商品を店の棚にどう並べればよく売れるかチームで検討した。
オ 目的地に早く着くにはどの電車に乗ればいいか駅員に相談した。
カ 八百屋の店先でトマトが少し安くならないか店主と交渉した。
キ より良いクラスを作るにはどうすべきか学級会で意見交換した。
ク 久々に故郷から出てくる友と食事場所の打ち合わせをした。

塾技（ジュクワザ）

7 強調のカタチ「AこそB」

重要度 

論説文

7 「AこそB」は強調表現。「こそ」に注目して、筆者の主張を発見しよう！

みなさんも普段の会話の中で「〇〇こそ、自分の楽しみなんだよなぁ」というように、「こそ」という言葉で強調しながら話をすることがあるのではないでしょうか。

論説文でも、「AこそB」という強調表現がよく使われます。「AこそB」の部分には、筆者の主張や本文の重要な内容が書かれることが多いので、必ずチェックするようにしましょう。

また、「こそ」以外の強調表現には、「のみ」「だけ」「すら」「さえ」などがあります。あわせて覚えておきましょう。

ポイント 「AこそB」のカタチ

A こそ B ▶筆者の主張（強調）

他にも…
のみ　だけ
すら　さえ　など

入試問題にチャレンジ！

≫解答は、別冊4ページ

次の文章を読んで、あとの問いに答えなさい。

（筑波大附属駒場中・改）

歴史は「あとから」語られるものだ、ということができます。つまり、どうしても、「いま」の視点で、「いま」の考え方によって過去がとらえられてしまうということなんです。「あと出しじゃんけん」みたいなものなんですね、歴史というのは。

そのあとどうなったのか、わかっているところから、歴史は語られます。逆に言うと、「いま」から逃げられないのです。

このことは、歴史を考えるときの注意点です。

たとえば、高度経済成長の時代を語るとき、私たちが生きている「いま」がどんなかたちで持ちこまれているのか、そこまで思いを巡らせてみることが、「歴史とは何か」を考えることなんです。※『ALWAYS 三丁目の夕日』は、高度経済成長の時代を、みんな貧しいけれども助け合って生きていた、まだ町内のまとまりがあった、人が温かかった、みなが夢をもっていた時代として描きました。しかし、それは不況の「いま」を見てしまったからではないのか、ということです。（中略）

もちろん、高度経済成長の時代を「暗い」「汚い」時代として語れと言っているのではありません。ある視点から語ったときに、何か見えなくなっているものがある、隠されてしまうものがあるということに気がつくこと。そのことが頭にあるのとないのとでは、歴史への姿勢はまったく異なるものになるということを知っておいてほしいのです。

さて、歴史の語り方にどうしても「いま」が入りこんでしまうということは、同じ対象であっても、時代によって評価がちがってくるという

強調表現を使った例を見てみましょう。

例 物事が順調にいっていると思われるときこそ、本当に問題がないかどうかをじっくりと精査すべきである。

「こそ」のあとには、「順調なときの心構え」が書かれており、この部分が筆者の主張になっています。

例 リラックスできる環境は、表現を変えると退屈な時間、退屈な場所でもあります。しかしどうやら脳は退屈がきらいではないようなのです。むしろ「退屈という空白」を補おうと何かを自発的に作り出そうとします。だからこそ、ひらめく。

そう考えると、退屈というのもひらめきにとってとても重要な要素なのです。退屈だから**こそ**、何かを作り出そうと脳が活動する。退屈はひらめきの近道なのかもしれません。

（茂木健一郎『ひらめき脳』より）

「退屈」というのは、あまりよくないことのように思われがちですが、退屈すると何かを作り出そうと脳が活動するので、脳は退屈がきらいではない、ひらめきにとってはよいことであるというのが筆者の主張です。

このように、「AこそB」のカタチで強調されている部分を確認すると、筆者の主張がつかみやすくなります。

塾技解説

強調表現に着目することで、筆者の主張が見えてくる。強調表現が出てきたら、「何が強調されているか」を意識して読もう！

ことを意味します。

評価が、「いま」の変化によって、二転三転していくわけです。みごとに、そのときどきの「いま」というものによって、振り回されていますね。

でも、このことこそが歴史というものなんです。

過去を過去のまま、冷凍保存して眺めるのが歴史であり、それが理想であると思うかもしれませんが、歴史とはそういうものではありません。

第一、そんなことは、そもそも不可能です。

自分たちが生きている「いま」をどう考えるか、という視線が過去に向かい、そのとき、必然的に、過去を「いま」と結びつけて考えること。このことこそが歴史ということになります。

（成田龍一『戦後日本史の考え方・学び方』より）

※『ALWAYS 三丁目の夕日』＝二〇〇五年に公開された映画。

問題 筆者の考えに沿っているものを次の中から一つ選びなさい。

ア 歴史を特定の視点から語るとかたよったものの見方におちいるので、そのような語り方はさけるべきである。

イ 過去と「いま」を結びつけるとは、過去の歴史を正しく受け止めた上で、今後のあるべき姿を考えることだ。

ウ 歴史が特定の立場から語られることが多いことを理解して、どれが妥当な歴史なのかを見極める姿勢が大切だ。

エ 歴史について考えることは、現在の自分がどのような視点を持っているのかを考えることにつながっている。

塾技 8

比較のカタチ「AではなくB」「AだけではなくB」

重要度 

論説文

8 「AではなくB」「AだけではなくB」の比較のカタチでは、「B」のほうがより重要になる！

論説文では、比較表現が使われることがよくあります。何かと何かを比べることで、筆者は自分の主張を読んでいる人にわかりやすく伝えようとするのです。

比較表現には、「AではなくB」「AだけではなくB」などがあります。「AではなくB」「AだけではなくB」の比較表現を見つけたら、「何と何が比べられているか」「比べられているもの同士がどのような関係になっているか」に注意して、書かれている内容をつかみましょう。

ポイント　「AではなくB」「AだけではなくB」のカタチ

① 「AではなくB」

これは、「ではなく」という言葉で**「A」という意見を否定し、「B」の部分で自らの意見（主張）を述べる**というカタチです。「Aではなく、**むしろB**」というカタチで出てくることもあります。

A　**ではなく**　B

▶否定される意見　▶筆者の意見

入試問題にチャレンジ！

≫解答は、別冊4ページ

次の文章を読んで、あとの問いに答えなさい。　（早稲田佐賀中）

人里においては、人間が人間の意図にもとづいて、そして人間の論理にしたがって、自然に変化を加える。しかし、自然は自然なりに、自然の論理にもとづいて押し戻してくる。この押し合いが続く間は、※エコトーンとしての人里は維持される。（中略）

自然の論理を知ること――それは今日の人間にとってきわめて大切な意味をもっている。ぼくが「人里をつくろう」と訴えているのもそのためである。

では、人里をつくるにはどうしたらよいのか。それは人間の論理の無理押しをしないことである。自然が自然の論理で押し返してくるのを許すことである。

人間はしばしば自然の巻き返しを嫌い、自然の論理を徹底的につぶしてしまおうとする。道は完璧に舗装し、側溝は水を流す目的だけのためにコンクリートで固める。林の木の侵入を食い止めるため芝生にして、それを維持する。そしていかにも自然らしく見えるように植木を植え、その植木はこぎれいに剪定する。

このようにして生じるものは人里ではなく、たんに擬似人里、人里もどきにすぎない。人里もどきには自然の論理ははたらいていない。わずかながらはたらくとしても、人間は人間の論理にしたがって、自然が生やした草を刈り、虫を退治する。一見、自然のように見えても、そこに自然はない。徹底的に人間の論理で貫かれているからである。今、あちこちでつくられている「自然の森」や「水と緑の公園」は、そのほとん

② **「AだけではなくB」**

「AだけではなくB」の場合は、「A」も「B」もともに筆者の主張です。ただし、後ろが強調されるため、**「B」のほうが強い主張となります。**

A だけではなく **B**

▶筆者の意見（弱）　▶筆者の意見（強）

例 現在の国際社会において必要とされるのは、リーダーシップ（A）**ではなく**協調性（B）ではないか。

この文では、「A」の「リーダーシップ」を否定し、「協調性」が必要だと述べています。

例 現在の国際社会において必要とされるのは、リーダーシップ（A）**だけではなく**協調性（B）ではないか。

この文では「リーダーシップ」も必要だが、それよりも「協調性」のほうがもっと大事だと述べているのですね。

比較表現では「B」にあたる部分がより重要になります。「ではなく」や「だけではなく」に印をつけ、そのあとに書かれている筆者の意見に注目するようにしましょう。

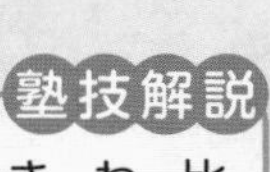

比較のカタチでは、「B」のほうが大切だが、「A」を無視してよいわけではない。二つのものを比べることで、筆者の意見がよりはっきりとわかる！

どすべてがこのような人里もどきであると言ってよい。

（日高敏隆（ひだかとしたか）『日高敏隆選集Ⅷ』より）

※エコトーン＝推移帯。本文では、自然の再生と更新（こうしん）の場を意味する。

問題 ——線部「今、あちこちでつくられている『自然の森』や『水と緑の公園』は、そのほとんどすべてがこのような人里もどきであると言ってよい」について、「『自然の森』や『水と緑の公園』」が「人里もどき」であるのはどうしてですか。その理由を説明したものとして最もふさわしいものを次の中から一つ選びなさい。

ア 人里では自然が日々の暮らしの中の一風景としてあるに過ぎないが、人里もどきでは自然を利用して人を呼び寄せようと工夫（くふう）が凝（こ）らされているから。

イ 人里では人間が自然と共生しつつ日々の生活を営んでいるが、人里もどきでは公園や自然の森として管理され人間が生活する場所ではないから。

ウ 人里では人間が自然に手を加えるとともに自然が押し戻してくることを許容するが、人里もどきでは自然の在り方を顧（かえり）みず自然らしく見えるようにしているだけだから。

エ 人里では人間の論理を排除（はいじょ）して自然を壊（こわ）さないよう配慮（はいりょ）してあるが、人里もどきでは人間の論理に従って自然を徹底的につぶし本来の自然は存在しないから。

オ 人里ではそこで人が生活できるよう自然に人の手を加えるが、人里もどきは人が住む場所ではないため人間の論理は不徹底で人里と呼べるものではないから。

「対比」の発見

重要度 ★★★　論説文

9 二つのものを比べる「対比」を見ぬいて、筆者の主張をつかむ!

論説文では、二つ以上のものが比べられることがよくあります。このように、比較して述べることを「対比」と呼びます。

「対比」という言葉に、難しそうな印象を持つ人もいるかもしれませんが、実際には、私たちの生活の中でも日常的に行われることです。たとえば、家電量販店に行って、新しい冷蔵庫を買うとします。一口に「冷蔵庫」といっても、多くのメーカーがありますし、同じメーカーからも、いろいろなタイプのものが販売されています。冷蔵庫を買う際には、「メーカー」「価格」「収納容量」「省エネ性能」「機能性」「デザイン」などの項目を比較するのではないでしょうか。この中で、いくつかの要素を用いると、次のような「対比」ができます。

- A社の冷蔵庫は、デザインが悪く、省エネ性能が低いが、価格が安い。
- B社の冷蔵庫は、デザインがよく、省エネ性能が高いが、価格が高い。

それぞれの特徴を比べてみることで、二つの冷蔵庫の違いがはっきりとわかりましたね。このように、「対比」とは、何らかの基準に沿って二つ以上のものを比べ、その違いを明確にすることなのです。

入試問題にチャレンジ!

≫解答は、別冊5ページ

次の文章を読んで、あとの問いに答えなさい。（海城中）

エチオピアの田舎には、精神を病んだ人が入院できる医療施設などない。文字どおり、町のなかで「ふつう」に生きている。（中略）

調査をしてきた村にも、ちょっとおかしな振る舞いをするアブドという名の青年がいた。顔にオレンジ色の紐を巻きつけ、長い木の枝を手に、ぶつぶつとつぶやきながら、ふらっと人の家に入ってくる。みんな心得たもので、大きな声で「元気にしてるか?」と声をかけたり、「食べていきな」と、食事を出してあげたりする。

あるとき、アブドが隣村の家に火をつけて全焼させてしまった。それでも捕まえられるわけでもなく、村のなかを歩きまわり、他人の家に居候しながら、同じような暮らしを続けていた。みんな彼が問題を抱えていることを知ったうえで、寛容な態度をとっていた。

数年後、村の畑で収穫作業に立ち会っていたときのことだ。刈りとったトウモロコシを袋詰めする若者たちのなかに、見たことのある男がいた。表情も落ち着いて、すっかり見違えている。ちらっとこちらを見上げるとばつが悪そうに目をそらし、寡黙に作業を続ける。「あのアブド?」と、隣にいた友人に目配せすると、「よくなったんだ」と微笑む。畑作業などを手伝いながら、自活しはじめたようだ。

他にも精神的におかしくなったり、またもとに戻ったりした村人が何人もいる。人の心は、ときに異変をきたす。そのときは、そのときなりに隣人としての関わり方がある。エチオピアの人びとは、それを日常のこととして経験している。（中略）

論説文でも同じように、二つ以上の意見や立場を対比したうえで、読者に自分の主張を伝えるという方法が使われます。違いをはっきりさせたほうが、そのあとで自分の意見を述べやすくなるからです。

論説文で「対比」が出てきたら、それが筆者の主張につながるため、設問でも問われやすくなります。対比されているものを正確につかみ、筆者がどちらをよいと思っているのか（これが筆者の主張になります）を確認するようにしましょう。

論説文でよく見られる「対比」には、次のようなものがあります。

ポイント 論説文でよく見られる「対比」

- 子ども⇔大人
- 日本（東洋）⇔西洋
- 多神教⇔一神教
- 芸術⇔科学
- 先進国⇔発展途上国
- 利己的⇔利他的
- 個人主義⇔集団主義
- 過去（昔）⇔現在（今）
- 日本語⇔外国語
- 自然⇔人工
- 人間⇔動物
- 精神⇔物質
- 心（精神）⇔身体（肉体）
- 生⇔死

もちろん、ここに挙げたもの以外にも「対比」はたくさんありますが、これらを知っておくと、文章中の「対比」に気づきやすくなります。

塾技解説

論説文で「何かと何かを比べる」内容が出てきたら、問題で問われる可能性が極めて高い。比べられているものに線を引いて、チェックしておこう！

日本に生きるぼくらは、どうか。精神に「異常」をきたした人は、家族や病院、施設に押しつけられ、多くの人が日常生活で関わる必要のない場所にいる。どこかで見かけたとしても、「見なかった／いなかったこと」にしている。あるいは、どうしたらいいかわからずに立ち往生する。（中略）

そうして他者と関わらないことで、「ふつう」の人間像、「ふつう」の世界の姿が維持される。ぼくらが、いつもそこにあると信じて疑わない「ふつう」の世界は、じつは傍らにいる他者によって、つねにその足もとを揺さぶられている。

（松村圭一郎『うしろめたさの人類学』より）

問題 ——線部「『ふつう』の世界は、じつは傍らにいる他者によって、つねにその足もとを揺さぶられている」とありますが、このことを説明した次の文の（　　）を補う言葉として、最もふさわしいものを次の中から一つ選びなさい。

異質な他者と関わらないことで保たれる、「ふつう」と信じられている世界は、周りにいながら見なかったことにしている、異質な他者の存在を通じて、（　　　　）。

ア すべての人が平等にあつかわれる公平な社会が築けるかどうかを、試され続けているということ

イ 一部の人を無視するような姿勢が許されるのかどうかを、ふだんから追及されているということ

ウ 「ふつう」とそうでない物事を区別することの無意味さを、つねに突きつけられているということ

エ そういう世界のあり方が本当に当たり前なのかどうかを、いつも問いなおされているということ

塾技 10

「類比」の発見

10 複数のものの共通点（＝類比）は、筆者の主張の裏付けになっている！

前回の**塾技❾**では、二つ以上のものを比べて、その違いを示しながら自分の主張を述べる「対比」について学びました。

今回は、二つ以上のものを比べて、その共通点を示しながら話を進めていく「類比」について学びます。

ここで、具体例を挙げてみましょう。私たちが普段話している「日本語」と、日常的に口にしている「日本食」を比べてみます。普段はこれらを比べることはほとんどないでしょう。両者の共通点はいったいどこにあるのでしょうか？　考えられる特徴をいくつか挙げてみましょう。

【日本語】

①外国の言葉を取り入れたものがある
②外国語をもとにして、日本語に合うように作り変えたものがある
③その時代に合った言葉づかいに変化したものがある

【日本食】

①外国の食べ物を取り入れたものがある
②日本人の味覚に合うように改めたものがある
③時代とともにメニューや作り方が変わったものがある

重要度 ★★★　論説文

入試問題にチャレンジ！

≫解答は、別冊6ページ

（明治大付属明治中）

次の文章を読んで、あとの問いに答えなさい。

「スロー・リーディング」とは、一冊の本にできるだけ時間をかけ、ゆっくりと読むことである。鑑賞の手間を惜しまず、その手間にこそ、読書の楽しみを見出す。そうした本の読み方だと、ひとまずは了解してもらいたい。スロー・リーディングをする読者を、私たちは、「スロー・リーダー」と呼ぶことにしよう。

一冊の本を、価値あるものにするかどうかは、読み方次第である。たとえば、海外で見知らぬ土地を訪れることをイメージしてみよう。出張で訪れた町を、空き時間のほんの一、二時間でザッと見て回るのと、一週間滞在して、地図を片手に、※丹念に歩いて回るのとでは、同じ場所に行ったといっても、その理解の深さや印象の強さ、得られた知識の量には、大きな違いがあるだろう。旅行は、行ったという事実に意味があるのではない（よくそれを自慢する人もいるが）。行って、どれくらいその土地の魅力を※堪能できたかに意味がある。

①読書もまた同じである。ある本を速読して、つまらなかった、という感想を抱くのは、忙しない旅行者と同じかもしれない。じっくり時間をかけて滞在した人が、「えっ、あそこにすごくおいしいレストランがあったのに！　行かなかったの？　あそこの景色は？　えっ、ちゃんと見てないの？」と驚き、※不憫に感じるのと同じで、スロー・リーダーが楽しむことのできた本の中の様々な仕掛けや、意味深い一節、絶妙な表現などを、みんな見落としてしまっている可能性がある。速読のあとに残るのは、単に読んだという事実だけだ。スロー・リーディングとは、

このように、種類の違うものでも、それらの特徴を細かく分析していくと、そこから意外な共通点がわかってきます。

今回例に挙げた「日本語」と「日本食」はどちらも、**外国のものを取り入れたものがある**という点で共通します。……①

また、外国のものをそのまま取り入れるのではなく、**日本人に合うように作り変えたものがある**という点も似ていますね。……②

さらには、**時代によって、少しずつ変化が見られる**ところも共通しています。……③

以上のことから、**「日本人には、外国にあるものを取り入れ、自分たちが利用しやすいように作り変え、時代に応じて変えていくというすぐれた能力が備わっている」**という論が展開できます。筆者の主張を裏付けるために「類比」が使われていることがわかりますね。

ポイント 「類比」を使って読む

文章中で「類比」が用いられていたら、次のような手順で読んでいきましょう。

① 異なるものの中にある共通点を見つける
② 筆者が「類比」を用いて主張しようとしていることをつかむ

塾技解説

論説文で複数のものが出てきたときには、それらの異なる点（＝対比）だけでなく、共通点（＝類比）も意識すると、筆者の主張がわかりやすくなる！

それゆえ、②得をする読書、損をしないための読書と言い換えてもいいかもしれない。

丁寧に本を読むという意味では、昔から、「[A]」、「[B]」といった言葉があるが、スロー・リーディングは、そうした読書態度を※包括するものとして理解してもらえればよいだろう。

（平野啓一郎『本の読み方』より）

※丹念＝念入り。
※堪能＝満足すること。
※不憫＝気の毒なこと。
※包括＝全体をひっくるめること。

問題1 ――線部①「読書もまた同じである」とありますが、筆者はどのような点が「見知らぬ土地を訪れる」時と同じだと考えているのですか。説明しなさい。

問題2 ――線部②「得をする読書」とありますが、どのような得をするのですか。説明しなさい。

問題3 [A]・[B]に入るのにふさわしい言葉を次の中からそれぞれ選びなさい。

ア 通読　**イ** 素読　**ウ** 熟読　**エ** 多読
オ 黙読　**カ** 精読　**キ** 乱読

11 「対比」であり「類比」であるパターンでは、相違点だけでなく共通点にも注目する！

塾技9では「対比」について、**塾技10**では「類比」について学習しましたが、今回は、「対比」であり「類比」であるというパターンを学習していきましょう。

「対比であり類比であるってどういうこと?」と思った人も多いと思いますが、要するに、違うところもあるが共通点もあるということです。

前回の**塾技10**の中で例に出てきた「日本語」と「日本食」も、一つは「言語」であり、もう一つは「食べ物」であるという相違点（対比）がありますね。しかし、このようなまったく異質だと思われるものにも、「外国のものを取り入れ、自分たちに合う形に、そして時代に応じて変化させた」という共通点（類比）が見られるのでしたね。

このように、相違点（対比）と共通点（類比）の両方があるというケースは、身の回りにもよく見られます。

たとえば、「イヌ」と「ネコ」の相違点（対比）と共通点（類比）を考えてみましょう。イヌは忠実で人なつっこく、ネコは気まぐれで独立心が強いと言われるので、ここに対比が成り立ちますね。また、同時に、両方とも哺乳類であり、ペットとして飼われるという類比も成り立ちます。

入試問題にチャレンジ！

≫解答は、別冊6ページ

（山手学院中）

次の文章を読んで、あとの問いに答えなさい。

人間の行う知的活動には二つの種類があるといってよいでしょう。ひとつは苦しみを減らす活動で、これを「文明」と呼ぶことにします。もうひとつは喜びをもたらす活動で、これを「文化」と呼びましょう。

医療は、ケガや病気を治療し、予防しようとするのですが、それは苦しみを減らそうとする努力です。水道事業も、渇きの苦しみや汚れた水を飲むことの危険性、遠くまで水を汲みにいかなければならない不便さをなくそうとするものです。交通ルールは、事故を防ぎ、安全でスムーズな道路の運行を作り出そうとしています。これらはなくてはならない必要なものを生み出すという意味で、文明だと言えるでしょう。

他方で、素敵な音楽を演奏する。美味しい料理を作る。楽しいお祭りやイベントを運営する。脚本を書いて、お芝居を興行する。これらは人々に喜びを与えるものですから、文化と言えるでしょう。文化は、命の維持を超えた価値を作り出し、人間らしい生活を提供してくれます。

もちろん、全てのものが二つにかっちりと分類できるわけではありません。スポーツはやって楽しいものですが、同時に健康づくりや病気の予防にもなるでしょう。家屋は、人が雨露をしのいで休息と睡眠をとる場所ですが、外見や調度が美しく、心のゆとりを与えてくれるものにもなります。これらは、文化と文明の両面を持っていると言えます。

しかし、文化は不必要な贅沢品だと言うことはできません。私が、東日本大震災が起こった三カ月後くらいに被災地にお見舞いに行ったときのことです。まだ公共施設で寝泊りしている人たちが、お子さんから高

ポイント 「対比」と「類比」の読み方

先ほどの「イヌ」と「ネコ」の対比と類比を図に表すと、次のようになります。

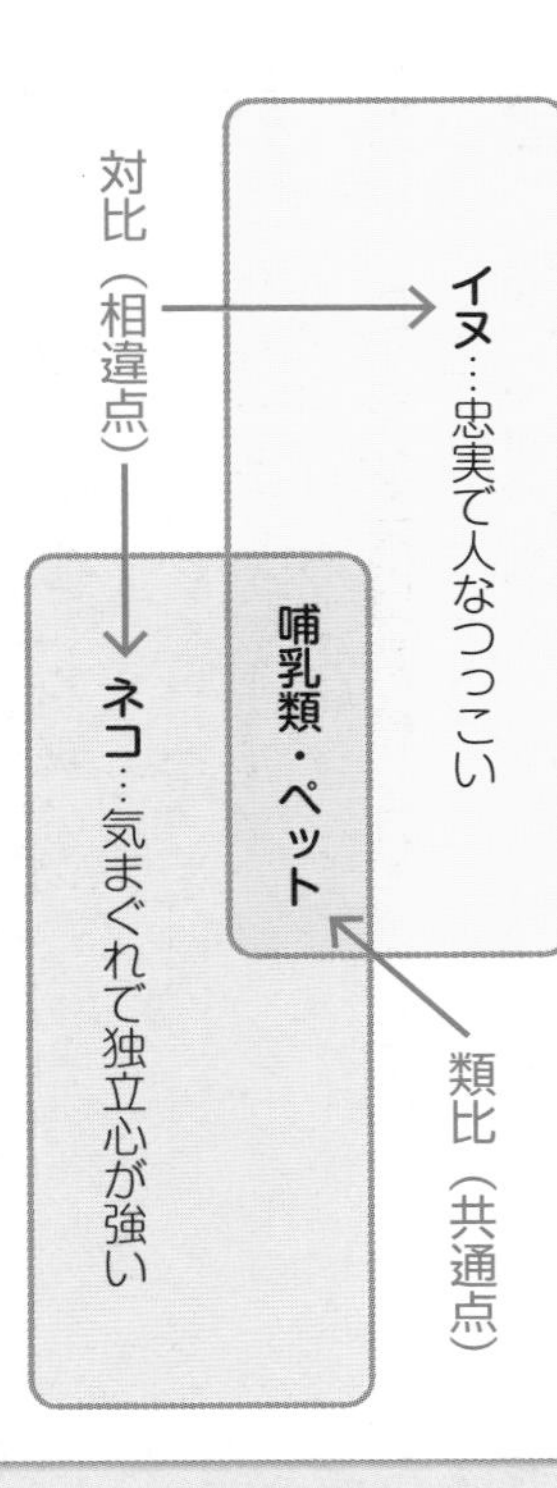

① **対比では、個々の違いをとらえる**

「イヌは……だが、ネコは……だ」というように、**それぞれの異なる点**をとらえます。

② **類比では、両者に共通する大きな枠組みをとらえる**

「イヌとネコは、ともに……だ」というように、**共通する点**をとらえます。この際、両者の違いは無視して、**大きな枠組み**をとらえることを意識しましょう。

塾技解説

相違点（対比）と共通点（類比）の両方を問われることもあるので、個々の違いだけでなく共通する点にも目を向けよう！

齢者の方まで、小説や勉強になる本が読みたいと訴えていました。被災した人々は、まだまだ生活が厳しい中でも、必要な情報を知りたいからというだけでなく、文化としての楽しみを得ようとして書物を探していたのです。小さな仮設図書館が開かれると、ひっきりなしにいろいろな年代の方が本を借りにきました。このときほど、人間は根源的に文化を必要としているのだと実感したことはありません。文化を求めるのは人間であることの証です。

（河野哲也『問う方法・考える方法』より）

問題 ――線部「文化と文明の両面を持っている」とありますが、その例として最もふさわしいものを次の中から一つ選びなさい。

ア 電話は、はなれたところへ必要な情報をすぐに届けられるという文明の側面を持つものだが、おしゃべりを楽しむという文化の側面を持つものでもある。

イ 衣服は、着こなしやおしゃれをするという意味では文明と言えるものだが、外気や衝撃から身を守る価値を作り出すという意味では文化とも言えるものである。

ウ 裁判は、世の中を公平に保ち人々に権利を与える文明に位置づけられる制度であるが、勝つことに喜びをもたらす文化に位置づけられるものである。

エ 映画は、苦しい現実を忘れさせてくれる文明にあたる活動であると同時に、鑑賞して楽しむことができる文化にあたる活動でもある。

指示語の活用

重要度 ★★★

12 指示語の指示内容を探すときは、直後をヒントにして前を見る！

今回は、読解の際の最も大切な道具の一つである「指示語」について説明します。

指示語とは、「これ」「それ」「この」「その」など、いわゆる「こそあど言葉」と呼ばれるものです。何度も同じことを書くと、くどくなってしまうので、同じ内容は指示語に置き換えられることがあります。

文章中に指示語があったら、指示語が指し示している内容（＝指示内容）を確認しながら読んでいきましょう。

ポイント 指示語の指示内容を探す手順

次の例で、指示語の指示内容の探し方を確認していきましょう。

例 漫画の最新刊を買ったので、早く家に帰って**それ**を読みたい。

① **指示語の直後をヒントにする**

今回の例では、直後に「読みたい」とあるので、「**それ**」が指し示しているのは「読む」ものだということがわかります。

入試問題にチャレンジ！　論説文

次の文章を読んで、あとの問いに答えなさい。

≫解答は、別冊7ページ

（ラ・サール中）

そもそも、「所有」とはいったい何だろうか？

ビンセント・ヴァン・ゴッホの作品に「医師ガシェの肖像」という絵がある。一八九〇年、ゴッホが死の一ヶ月あまり前に描いた作品だ（ゴッホは三七歳だった）。医師ガシェは、ゴッホを診ていた精神科医。この絵は生前、ゴッホの手によって売られることはなかったが、死後親族によって売られ、その後転々とする。この絵が改めて脚光を浴びたのは、一九九〇年五月、ニューヨークでおこなわれた競売だった。この競売で、大昭和製紙（現日本製紙）の名誉会長（当時）、齊藤了英氏が八二五〇万ドル（約一二五億円）という高額で落札し、世界を驚かせた。

しかし、世界がもっと驚いたのは購入後、齊藤氏が「おれが死んだら、棺桶にいっしょに入れて焼いてやってくれ」と発言したことだった（『朝日新聞』一九九一年五月一日夕刊）。当然世界中から非難の声が上がる。

（中略）

このエピソードは面白い。世界の人びとはなぜ非難の声を上げたのか。絵を買ったのは齊藤氏だから、煮ようが焼こうが法律的には何の問題もない。ゴッホの絵がこの世からなくなることは、少なくとも人々の生き死にには関係ない。

しかし、私たちはゴッホの絵を焼くなど言語道断だ、という気持ちをもっている。この発言を非難することを要らぬ干渉とは考えない。

つまり私たちはゴッホの絵を「所有」を超えたものだと見ているのである。誰が所有していようが、それは人類の財産である、と。所有して

② **指示語の前の部分を探す**

指示語の指示内容は、すぐ前に書かれていることが多いので、原則的には前の部分から探すようにしましょう。ここでは、直前に「**漫画の最新刊**」という言葉がありました。

③ **指示語と入れ替えても意味が通じるかどうかを確認する**

「早く家に帰って**漫画の最新刊**を読みたい」にしても意味が通じますね。この作業をやっていない人が意外と多いので、指示内容を見つけたら、必ず指示語と入れ替えて確認するようにしましょう。

ただし、指示語の指示内容がいつでも前の部分にあるとは限りません。

例 著名な文化人類学者であるA教授は、自らの著書で**こう**述べている。
「本来、文化には優劣などは存在しないものである」と。

「こう」という指示語の直後に「述べている」という言葉があるので、A教授が述べている内容を探します。すると、ここでは、その内容が指示語の前ではなくあとに書かれていることがわかります。

いずれにしても、指示語の直後を確認したうえで指示内容を探すことが大切なのです。

塾技解説

指示語が問題として直接問われていない場合でも、指示内容を正しく理解していないと正解できない問題もある。常に指示語の指示内容を明らかにしながら読むことを意識しよう！

いなくても、それについて発言したり、あるいは権利を行使したり、利用したりすることがある。

少し考えただけでも、「所有」とは何かという問題は実におもしろい。たとえば、ある町の景観問題の例を考えてみよう。そこの住民たちは自分たちの町の町並みを気に入っていて、町並みは自分たちの生活の大事な側面だと考えていた。そこにある鉄塔が建つことになった。住民たちからすれば、明らかにそれは「自分たちの景観」を壊すものだった。単に「好きな景観が壊れる」ということを越えて、自分たちの体の一部が壊されるような感覚すらもった。住民たちは反対運動に立ち上がる。もちろん景観を「所有」することはできない。しかし、ここには確実に「私たちの景観」という意識が働いている。

こうした例は無数に考えることができる。たとえば、たまたま拾った小石は自分のものか、家の玄関先に咲く花はその家の人のものか、カフェで先に座った席は自分のものか、子どもは親のものか、自分の体は自分のものか、などなど、「誰々のもの」の問題、「所有」の問題はどこまでも広がりそうだ。

考えてみると、他人が存在しなければ「所有」も存在しない。この世に自分しかいなければ、「所有」を主張する必要もない。つまり「所有」は、あくまで人間と人間との間の関係である。

（宮内泰介『歩く、見る、聞く　人びとの自然再生』より）

問題 ――線部「こうした例」とは、どのようなことの例ですか。三十字以内で説明しなさい。

ジュク ワザ
塾技 13

接続語の活用

重要度 ★★★　論説文

13 接続語は、本文を読み進める「標識」の役割をする。

接続語（＝つなぎ言葉）は、文や段落などをつなぎ、その関係を示すはたらきをする言葉です。文章を正確に読んだり問題を解いたりするためには、それぞれの接続語のはたらきを理解しておくことが必要です。文章中で接続語を発見したら、印や記号をつけておくとよいでしょう。

ここでは、主な接続語のはたらきと記号化の例を紹介します。

ポイント　接続語の種類

① **順接（前に原因・理由が書かれ、あとに結果が書かれる）**　記号化の例 ↓

「だから」「したがって」「そこで」「すると」「ゆえに」「よって」など

例 一生懸命勉強した。**だから**、志望校に合格できた。

② **逆接（前の内容と反対の内容があとに書かれる）**　記号化の例 ↕

「しかし」「ところが」「だが」「けれども」「でも」「なのに」など

例 計算問題は得意だ。**しかし**、図形の問題は苦手だ。

入試問題にチャレンジ！

≫解答は、別冊7ページ

次の文章を読んで、あとの問いに答えなさい。

（逗子開成中）

「個人的なことは、政治的である」というあまりにも有名な※スローガンがあります。たとえば、被っている様々な差別や抑圧に対して、自分たちの意識を覚醒し変革するとともに、社会を変えていこうとする黒人解放運動、女性解放運動、障害者解放運動、性的少数者の解放運動がこのスローガンのもとでこれまで展開されてきています。社会における彼らの立場はそれぞれ異なっているのですが、自らを運動の主体として位置づけていくとき、このスローガンは基本といえるでしょう。

なぜ個人的なことが政治的なのでしょうか。見方を少し変えてみます。被差別の状況にある人々にとって、差別は具体的にどこで起きるのでしょうか。確かに差別や抑圧の原因は、社会全体の構造や国家体制、また人々が一般的に持ってしまっている意識やある知識への※信奉など、個人の私的な世界を超えたところで息づいているのかもしれません。しかし現実に差別が起こり、抑圧を感じ、どうしようもない〝生きづらさ〟を感じるのは、その人にとって具体的で、個人的であり私的な空間においてなのです。

俺は外で働いているのだから、家事や子育て、教育、親の面倒など家のことはすべてお前の責任だと、家に帰れば、何もしない夫がいるとします。妻はそれが自分の役割とばかりに、〝家のこと〟を懸命にこなしていくとしても、さまざまな問題が生じ、妻一人では対応も解決もできないことが多いのです。そのとき「俺は関係ない、お前が悪いのだ」と夫が妻を非難し責め立てるのは、食卓であったり居間であったり寝室で

③ 並立・累加（内容を並べたり、つけ加えたりする） 記号化の例 ＋

「そして」「また」「なお」「しかも」「それに」「さらに」など

例 漢字の練習をした。**さらに**、読解問題も解いた。

④ 対比・選択（前の内容とあとの内容を比べる） 記号化の例 ∩

「あるいは」「または」「もしくは」「それとも」「一方」など

例 鉛筆**または**シャープペンシルを使用してください。

⑤ 説明・補足（言い換えたり、説明したりする） 記号化の例 ＝・←・⊞

「つまり」「すなわち」「要するに」「たとえば」「なぜなら」「ただし」など

例 今日の最高気温は38℃だった。**つまり**、猛暑日である。

例 成績が上がった。**なぜなら**、正しい勉強法がわかったからだ。

例 スマホは便利だ。**ただし**、使い過ぎには注意が必要だ。

⑥ 転換（前の内容から話題を変える） 記号化の例 ／

「ところで」「では」「さて」「それでは」「ときに」など

例 この本は読み終えた。**では**、次の本を読んでみよう。

塾技解説

まずは、それぞれの接続語のはたらきをしっかり覚えよう。接続語のはたらきがわかると、前後の文や段落の関係がつかみやすくなる！

あったり、まさに私的で個人的な空間においてであり、夫婦という極めて親密で個人的な関係性のなかにおいてなのです。

でもうみなさんもおわかりのように、家族や家庭の問題は、妻である女性一人ですべて解決できるようなものではないのです。それを俺はお前の夫だから、私はあなたの妻だからと個人的で親密な関係性の世界に閉じこもり考え続けようとする限り、〝生きづらさ〟はそこで増殖し悪化していくのです。

（好井裕明『「今、ここ」から考える社会学』より）

※スローガン＝団体や運動の主義や主張を簡潔に言い表した言葉。

※信奉＝ある主義や宗教などを最上のものと信じてあがめること。

問題 ——線部「家に帰れば、何もしない夫」とありますが、この「夫」はなぜ「何もしない」のですか。それを説明したものとして最もふさわしいものを次の中から一つ選びなさい。

ア 夫が、家事は女性の仕事であるという日本の社会で常識とされてきた考え方にとらわれているから。

イ 夫は、男性が外で働くのと同じ分だけ女性は家事で補うべきだという合理的な考えを持っているから。

ウ 妻が、女性が家事をすべきだという考え方が国際的に時代遅れだということに気づいていないから。

エ 夫は、日本の伝統的な考え方のもとに育ってきたために家事の経験がなく、家事は何もできないから。

塾技（ジュク ワザ） 14

助詞「〜は」「〜も」「〜や」

重要度 ★★★

論説文

14 「〜は」「〜も」「〜や」などの助詞は、実はかなり大事！

今回は、読解の際に注意したい助詞「〜は」「〜も」「〜や」を取り上げます。たった一文字なので、特に意識せずに読み飛ばしてしまうこともあるかもしれませんが、実は文脈を考えるうえで、とても重要なはたらきをしているのです。

ポイント 実は大事な「〜は」「〜も」「〜や」

①「〜は」

「〜は」は、「キリンの首は長い」のように単純に主語を表す以外にも、**他のものと区別し、強調する**はたらきがあります。ですから、何と何を「区別」しているのかをつかむことが大切です。

②「〜も」

「〜も」は、**同じ種類のものがあることを示す**はたらきがあります。何と何が「同じ種類」として示されているのかをチェックしましょう。

③「〜や」

入試問題にチャレンジ！

≫解答は、別冊8ページ

次の文章を読んで、あとの問いに答えなさい。

（函館ラ・サール中）

生まれたばかりの哺乳類の子は親（特に母親）に保護されて生きている。母親が自分にミルクをくれるのを当てにして生きている、といってよい。（中略）人は一人前になるまでに長い養育期間が必要で、その間は多少ともだれかを当てにせずには生きられない。

昔は、兄弟姉妹が沢山いたのが普通だ。親は子供を扶養したには違いないが、親の愛情が自分だけに注がれることはなかったろう。親に何かをしてもらうことは当たり前のことではなく、多少ともありがたいことだったのだ。封建時代であれば、親の意にそむくことをして勘当されたり、場合によっては殺されることもあったろう。育ててくれるだけでも御の字だったのだ。何かをしてもらうには待っているだけではだめで、たとえ子供であっても親に気に入られるような行動を自分からしなければならなかったろう。

現在は、事情は全く変わってしまった。少子化の影響もあって、子供の多くはちやほやされて育てられる。親の手伝いをしないでもごはんは食べさせてくれるし、教育も受けさせてくれる。学校は手とり足とり教えてくれる。能力がなくても努力をしなくても、小学校や中学校をやめさせられることはない。そればかりか高校にだって通わせてくれるし、ひょっとすると大学にさえ行かせてくれるかもしれない。〝個性を引き出す教育〟という訳のわからないスローガンの下に、子供はみんなそれぞれ独特の才能があるというウソが流行している。こういうウソを真に受けると、子供が才能を発揮できなかったのは教育が悪かったせいだと

「〜や」は、**物事を並列・列挙する**はたらきがあります。何と何が「並列・列挙」されているのかを確認しましょう。

これらの助詞に注意しながら、次の文章を読んでみましょう。

例 日本語**は**、これまで、非論理的な言葉とみられてきました。そもそも日本人自身が、自国語について自己認識を持ったとき以来、曖昧で情緒に流されやすい言語であるという理解をしてきました。

論理を鍛えなくてはならないのは、異なる感情、異なる立場、異なる要求が非妥協的な形で接触することが頻繁に起こるような場面においてでしょう。事実、欧米社会**は**、日本とは比べものにならないほど激しい宗教闘争**や**戦争**や**人種間の※軋轢**や**革命**や**王朝交代の歴史を繰り返してきました。中国**も**同じです。

（小浜逸郎『日本語は哲学する言語である』より）

※軋轢＝仲が悪くなること。

まず、「日本語は」とあることで、日本語を他の言語と区別していることがわかりますね。また、「欧米社会は」という部分では、欧米社会を日本の社会と区別しています。「宗教闘争や戦争や人種間の軋轢や革命や王朝交代」という部分では、さまざまな争いが並列・列挙されています。そして、「中国も」という表現から、中国でも同様の争いがあったことがわかります。

塾技解説 「〜は」「〜も」「〜や」は、たった一文字でも重要なはたらきをする。これらの助詞に注意して、「区別」「同じ種類」「並列・列挙」の関係をつかもう！

いうことになりかねない。

昔は学問をする身分でもない人が、本を読んでいたりすると怒られた。本など読んで遊んでないで働けということだったのである。少なくとも、学問は労働の妨げにならない限りにおいて許されたようなものであったのだ。たきぎを背負って本を読んでいた二宮金次郎である。現在の児童・生徒・学生は勉強だけしていれば、文句は言われない。図書館は充実しているし、インターネットはあるしで、情報を収集するのに困ることはない。

（池田清彦『他人と深く関わらずに生きるには』より）

問題 ――線部「現在は、事情は全く変わってしまった」とありますが、どのように変わったのですか。最もふさわしいものを次の中から一つ選びなさい。

ア 昔は子供であるというだけで親から無条件に愛情が注がれるものではなかったが、現在は子供が何もしなくても愛情が注がれ、大切に育ててもらえるようになった。

イ 昔は誰もが平等に教育を受けることは許されていなかったが、現在は子供の個性を引き出すためにあらゆる教育の機会が設けられるようになった。

ウ 昔は封建的な風習が残っていたため親に逆らうことは許されなかったが、現在は親の方が子供のきげんをとるためにいろいろと面倒を見なければならなくなった。

エ 昔は兄弟姉妹が大勢いたため一人一人を大切にする必要はなかったが、現在は少子化が進んだため一人一人に手をかけて大事に育てなければならなくなった。

ジュク ワザ
塾技 15

数を示す言葉

15 「第一に」「第二に」などの、数を示す言葉が出てきたら、すべての内容を確実につかむ！

論説文では、複数の主張や理由を述べるときに、数を示す言葉が使われることがあります。

数を示す言葉に注目することで、説明がいくつ書かれているのかを確認できるので、文章中に出てきたら必ずチェックしましょう。

ポイント 数を示す言葉

① 数字を使った表現

例 「第一に」「第二に」「一つ目は」「二つ目は」など

数字を順番に確認していけば、いくつの事柄が述べられているのかをつかむことができます。

② 接続語などを使った表現

例 「まず」「はじめに」「次に」「また」「さらに」「一方」など

順番が数字で示されているわけではありませんが、複数の事柄を述べるときに使われる表現です。

入試問題にチャレンジ！

重要度 ★★★　論説文

次の文章を読んで、あとの問いに答えなさい。

（光塩女子学院中等科）

》解答は、別冊9ページ

いまや情報や知識を得るために必要な時間と手間は、ネット普及前に較べて、比較にならないほどに少なくなっている。まことに手軽になり、高い辞書を買うことも、図書館まで調べに行くことも、ほとんど必要ないまでに手軽になってしまった。

これを駄目だと言う自信は、私にはない。ないが、それでいいのかとも思う。

私が※危惧を感じるのは、まず第一に、「知」があまりにも手軽に手に入るという状況は、これからの私たちの「知」へのリスペクト（尊敬）の念に、大きな変更を迫ることになるだろうということである。諸橋轍次の『大漢和辞典』を引くとき、新村出の『広辞苑』を引くとき、その行間に、私たちははっきりとは意識しないまでも、これを※営々とした努力の末に完成させた人（あるいは人々）の存在を、かすかに感じているはずである。その※恩恵を蒙っているという意識は、それが必ずしも感謝にはつながらないまでもどこかで感じているだろう。

あっけなく情報が入ってくるネットでは、そして誰がそれを書いたのかがはっきりしないような説明文からは、そのような「知への尊敬」の念はほとんど湧いてこないというのが実感である。「知」というものがなんとなく入ってくるという前提からは、「知」の開拓のために自らの人生を賭けてみようなどという若者が生れるとは考えにくい。

いま一つの問題と私が考えるのは、「知」へのアクセスの※直截性である。（中略）

例 なぜ途上国では教育が※普及していかないのでしょうか。その理由として、つぎの二点が考えられています。

第一は、家庭の貧しさです。教育を受けるためには、学費・教材費・文具代・制服代・給食費など、様々な費用がかかります。こうした費用は、貧しい家庭には大きな負担です。さらに、貧しい家庭では、子どもたちも重要な働き手である場合が多いので、子どもの労働によって得られた利益が大きければ大きいほど、学校には通わせづらくなります。

教育が普及していかない**第二**の理由は、教育環境をつくり出す政府の貧しさにあります。平等な教育機会を保障し、社会の安定化を進め、基礎教育が充実することで生産性が向上すれば、教育を受ける家族だけでなく、社会全体も利益を受けることができます。そのため、政府が積極的に教育の機会をつくることには意味があるのですが、政府の収入が少ないために、教育への支出はどうしても小さくなりがちです。

（高橋和志『国際協力ってなんだろう？』より）

※普及＝社会一般に広く行きわたること。

「第一」「第二」という言葉に注目すれば、「家庭の貧しさ」と「教育環境をつくり出す政府の貧しさ」が、途上国で教育が普及していかない二つの理由であることがすぐにわかりますね。

塾技解説

文章中に数を示す言葉が使われている場合には、すべての内容をしっかりとつかめているかどうかを試す問題が出されやすくなる。文章を読んでいくときに、これらの言葉に印をつけておくようにしよう！

※検索エンジンはまことに見事に、知りたいと思う情報に私たちを直接導いてくれる。時間の無駄もなく、まことに効率的である。

しかし、この「知」への着地の仕方には、実はなんのおもしろみもないと、私などは思うのである。本が欲しい。本屋へ行って、なかなか見つからない一冊の本を探す。図書館でも同じであろう。そんなとき、探しているのとは違うものだが、背表紙を見ていてとても興味を引かれて、思わず買ってしまったなどという経験は、多くの人にあったはずだ。

この犬も歩けば棒に当たる式の、偶然の出会いという形での「知」への※遭遇は、ネット環境下では、まず起こり得ないものだろう。一直線に、いま求めている情報へと私たちを導いてくれる。

（永田和宏『知の体力』より）

※危惧＝なりゆきを心配し、おそれること。
※営々＝一心にこつこつ。
※恩恵を蒙って＝利益やめぐみをいただいて。
※直截性＝回りくどくない性質。
※検索エンジン＝インターネット上で目当ての情報等を探すための機能。
※遭遇＝思いがけずめぐりあうこと。

問題 ――線部「まず第一に」について、次の問いに答えなさい。

(1) 筆者が危惧を感じている第一の点はどのようなことですか。わかりやすく説明しなさい。

(2) 第二にあたる内容はどこから始まりますか。第二の内容にあたる箇所のはじめの五字を答えなさい。

「具体例」と「まとめ」

16 「具体例」が出てきたら、その前後に書かれている「まとめ」の部分に着目しよう！

論説文には、必ずと言ってよいほど「具体例」が書かれています。

みなさんも、誰かに自分の意見を伝えようとする場合には、具体例を挙げながら話をするのではないでしょうか。たとえば、新しいゲームを買ってもらいたいときに、両親に対して「ゲーム買って、ゲーム買って、ゲーム買って〜！」と絶叫しても、効果は薄いでしょう。でも、「ゲームを買ってほしいな。このゲームは、同じクラスのAくんとBくんとCくんも持っていて、しかも、ゲームのストーリーを読み進めるうちに自然に読解力がつく効果があるって、昨日の新聞に書かれていたよ」などと「具体例」を入れながら説明すれば、買ってもらえる可能性が高まるかもしれません。

論説文でも、具体例を出すことによって、筆者は自分の主張を読んでいる人によりわかりやすく伝えようとします。ただし、具体例だけを書いても言いたいことが伝わらないので、筆者はその具体例をまとめて自分の言いたいことを示します。このまとめの部分が「筆者の主張」にあたります。

ここで大事なのは、「具体例そのものは筆者の主張ではない」という

重要度★★★　論説文

入試問題にチャレンジ！

≫解答は、別冊9ページ

次の文章を読んで、あとの問いに答えなさい。

（市川中・改）

普段、私たちは「医者」への「信頼」をどのように語り、確認しているのだろうか。

ここで、私自身の経験をたどってみよう。かかりつけの町医者の例だ。（中略）熱が出て身体がだるく、普段とは明らかに異なる状態で、私は医者へ行く。医者は、型通りの触診、問診をし、喉の奥の様子を確認し、カルテに何やら書き入れ、注射する必要があれば注射し、飲み薬を処方して、診察は終了する。（中略）処方された薬を飲み、熱が下がるとほっとする。そこで「医者」への「信頼」は、私のなかではほぼ修正がないままに確認されていくだろう。

しかし、もし熱が下がらなかったら、どうだろうか。

もう一度医者へ行き、再度診療をしてもらい、「少し別の薬を出してみましょう」と、別の処方で薬をもらうかもしれない。

さて、もしそこで熱が下がったとして、私のなかにあるかかりつけの医者への「信頼」が揺らいだり、喪失したりするだろうか。

もちろんその場合もある。「もうあんなヤブのところには行かない」と怒る場合もあるだろう。しかしその場合と同じくらい「まぁ、あの医者はヤブだし、それは前からわかっているからね」と自分を納得させ、「ヤブである医者」に対する「信頼」をそのまま維持することも十分にあり得るだろう。

日常的な「医者」への「信頼」のありようは、確固として説明できるようなものではない。いわばあいまいで、※恣意的で、多様な「信頼」

ことです。具体例は主張を伝えるための踏み台にすぎないのです。ところが、具体例はわかりやすいので、なんとなく読んでいるとそちらばかりが頭に残りがちです。多くの場合、「筆者の主張」は具体例の前後にまとめて書かれているので、具体例があったら、その前後に注目して、「筆者の主張」をつかむようにしましょう。

ポイント 具体例の目印

① **「たとえば」「例を挙げると」などの言葉がある**
最もわかりやすい具体例の目印ですね。

② **筆者が体験したことや本で読んだことが書かれている**
体験談や引用も、具体例の一種です。

③ **人名や国名などの固有名詞が使われている**
「たとえば」「例を挙げると」などの言葉がなくても、固有名詞が使われていれば、具体例であることがわかりますね。

④ **統計上のデータなどの数字が使われている**
具体的な数字が示されている部分にも注目しましょう。

塾技解説
具体例そのものよりも「筆者の主張」が書かれている部分のほうが大事だけれど、具体例を読み飛ばすのは厳禁。具体例と「筆者の主張」のつながりをしっかりと読み取ろう！

のありようを、私たちは維持し、「信頼」するという営みをさまざまに行っているのである。

（好井裕明『違和感から始まる社会学』より）

※恣意的で＝その時どきの思いにまかせた。

問題 ――線部「私自身の経験をたどってみよう」とあるが、筆者はこの経験を例に挙げて、医者に対する「信頼」とはどのようなものであると説明していますか。最もふさわしいものを次の中から一つ選びなさい。

ア 医者の診療を受けて一度で回復すると医者への信頼は再認識されるが、一度で回復せず再度の診療で回復した場合、医者に対する怒りの気持ちから信頼が揺らぐことが多い。このように、医者への信頼は不安定で維持されるのは難しいものだということ。

イ 医者の診療を受けて一度で回復すると医者への信頼は確認されるが、一度で回復せず再度の診療で回復した場合、診療の内容によって信頼が失われることもあるが、さまざまな理由をつけて信頼が十分に保たれることもある。このように、医者への信頼はあいまいな形で持続されるものだということ。

ウ 医者の診療を受けて一度で回復すると医者への信頼は積み重ねられるが、一度で回復せず再度の診療で回復した場合、医者に対する気づかいから信頼が保たれることも十分にある。このように、医者への信頼は変わることなく持続されるものであるということ。

エ 医者の診療を受けて一度で回復すると医者への信頼は確かめられるが、一度で回復せず再度の診療で回復した場合、怒りによって医者への信頼が揺らぐこともあるが、その時どきの思いによって信頼が保たれることも十分にある。このように、医者への信頼はあいまいな形で持続されるものだということ。

重要度★★★ 論説文

17 「原因・理由」と「結果」は、ペアを意識して読み進めよう！

論説文の大切な読み方の一つに、「原因・理由」と「結果」をつかむことがあります。「原因・理由」と「結果」の関係のことを「因果関係」といいます。

この「因果関係」は、筆者の主張（＝結果）と根拠（＝原因・理由）を示す際によく用いられます。ですから、文章を読む際には、「原因・理由」と「結果」のペアを意識して因果関係をつかむようにしましょう。

ポイント　因果関係の目印

因果関係を表す言葉には、以下のようなものがあります。

- A（原因・理由）。**だから** B（結果）である。
- A（原因・理由）。**ゆえに** B（結果）である。
- A（原因・理由）。**したがって、** B（結果）である。
- B（結果）。**なぜなら** A（原因・理由）**だから**である。

入試問題にチャレンジ！

次の文章を読んで、あとの問いに答えなさい。

≫解答は、別冊10ページ

（学習院中等科）

あなたは、悩みがある時、人に相談できますか？　それとも相談せずに、もしくは相談できずに一人で悩むタイプですか？

高校生のわたしは、相談できないタイプでした。相談しても、はぐらかされたり、悩んでいることを笑われたりして、真面目に受け止めてもらえないだろうと思っていました。要するに、自分をさらけ出して傷つきたくなかったのですね。ふりかえってみると、当時のわたしには目に見えない気持ちや考えを言語化する力がなかったのです。だから、人に悩みを打ち明ける勇気もありませんでした。

自分のことなのに言葉にできないのは、なぜでしょう。

それは、自分の気持ちがわからないからです。わからなければ言語化できるはずがありません。でも、それをなんとか表現しようと試行錯誤する中で理解できることもあるでしょう。チャレンジする価値はあります。

ダブル・リミテッドという言葉を聞いたことがありますか。子どもの頃に複数の言語を使用する環境で育ち、母語の習得が十分でない場合に、深い思考ができなくなってしまう問題です。日本で生まれ育った日本人を両親にもち、九歳の時に親の仕事の都合でアメリカにやってきて、現地で高校生になった人がいます。家では日本語、外では英語を話し、日英のバイリンガル。うらやましいと思うかもしれませんが、※母語の習得が十分でないと、もう一方の言語の力も育ちにくく、日常的なことはわかっても、ものごとを深く考え抜いたり、※抽象的で難解な問題を思

・ **B**（結果）の**背景**に **A**（原因・理由）がある。

例 四季が均等に分かたれ、歳月がきわめて規則的にめぐる風土では、何もかもがはっきりと見通せる。二月の末ごろに強い風が吹くと、天気相談所に「この風は春一番か」という問い合わせが殺到するそうだが、それは、もうそろそろ「春一番」が吹いてもよさそうだと、多くの人がそれを予想し、予期しているの**から**なのである。そして、気象庁が「本日吹いた風は春一番です」というと、日本人は「やっぱりそうか」とうなずいて安心し、新聞も大きな見出しでそれを報じる。同じことは「梅雨明け宣言」についてもいえよう。梅雨が明けたことをわざわざ宣言するというのは、日本人がみなそれを期待しているから**なのだ**。**だから**その期待にこたえなければならないのである。そのような宣言によって日本人は「やっぱり」といって安心する。これが「やっぱり」の風土的**背景**といってよかろう。

（森本哲郎『日本語　表と裏』より）

「から」「だから」「背景」という言葉に注目すると、日本人が「やっぱり」と安心したがる理由がわかります。四季が均等に分かたれて、規則正しく先が見通せる日本においては、多くの人が、公の発表などを聞いて自分の予想が当たったことを確認したがっているのですね。

塾技解説

因果関係は、本文の内容を理解するうえで重要なのはもちろんのこと、設問でもよく問われる。特に「原因・理由」が答えのポイントになりやすいので、しっかりとチェックしておこう！

考したりできなくなる場合があります。

これは、［A］ことを示しています。人間は、言葉を通してものごとを考えます。だから、自分が使う言葉の範囲をこえては思考できないのです。

どんな言語でも、自分の言葉が確立されていないと、心もぼやけてしまう。その一方で、目の前の言葉と日々格闘していけば、自分が育てられていくのです。

たとえば、何かにむかついたとしましょう。自分の中に「むかつく」という言葉しかなければ、それ以上の気持ちは把握できません。だから、気持ちを抑えきれずにキレてしまう。※語彙力があれば、自分がなぜむかついたのかを分析し、どんな気持ちか伝えられるのではないでしょうか。

（平野多恵『国語をめぐる冒険』より）

※母語＝生まれて最初に身につける言語。
※抽象＝ある物事から要素や性質を抜き出して把握すること。
※語彙＝ある言語で使われる単語の集まり。

問題1 ――線部「目に見えない気持ちや考えを言語化する力がなかった」とありますが、そのように筆者が考える理由を三十字以上四十字以内で説明しなさい。

問題2 ［A］に入る言葉として最もふさわしいものを次の中から一つ選びなさい。

ア 言語は思考とあまり関係がない
イ 思考が言語に支えられている
ウ 言語は一か国語にした方がよい
エ 思考は母語によってのみできる

塾技 18

序論・本論・結論

重要度 ★★☆
論説文

18 「結論」が書かれている場所を意識して、文章構造をとらえよう！

論説文では、文章の冒頭にこれから述べることの前置きや話題が書かれることがあります。これを「序論」といいます。また、本文の中心的な説明になる箇所を「本論」といいます。さらに、これまで述べてきたことをまとめている箇所を「結論」といいます。

論説文を読む際に最も大切なのは、「筆者の主張」にあたる「結論」です。「結論」が書かれる場所で論説文を分類すると、次の三つのパターンになります。

ポイント 論説文の代表的な「型」

① **頭括型**（結論→本論）

頭括型とは、本文のはじめのほうで「結論」を先に述べ、あとからそれを裏付ける「本論」が続く展開です。新聞やネット記事など、すぐに結論が知りたい文章で多く用いられます。

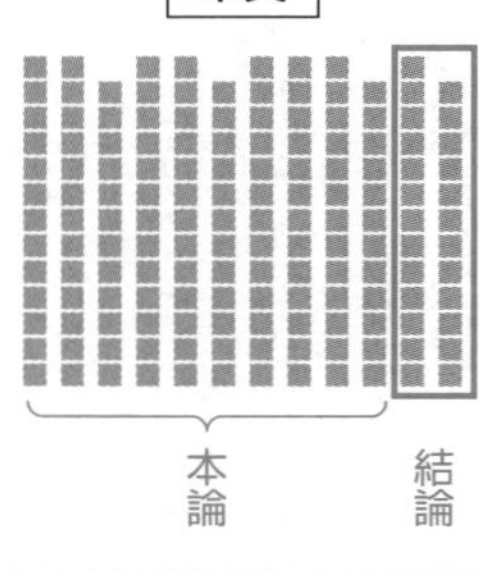

入試問題にチャレンジ！

≫解答は、別冊10ページ

次の文章を読んで、あとの問いに答えなさい。

（慶應義塾普通部・改）

このごろ私たちが、急激に想像力を喪失していることにお気付きだろうか。実に急激に、である。

ぼんやりと物思うことがなくなった。書物や新聞が、ＳＮＳやゲームに入れかわっただけではなく、多くの人が物思う時間を掌の中の小さなロボットに奪われてしまった。

今や通勤電車の車窓から、沿線の風景をながめている人も少なくなった。いわゆる「歩きスマホ」は危害予防上の禁忌ではあるが、人間は本来、歩きながらさまざまの想像をめぐらしている。そうした貴重な時間まで、掌の中のロボットにささげているように思える。

ロボットと言えば、人類がみずから造り出したロボットたちに世界を支配されてしまう、というＳＦ小説や映画のストーリーがある。これに類するものは、ＳＦの定番と言えるくらい枚挙にいとまがない。

ロボットたちは優秀な人工知能と強力な兵器を備えており、とうとう発明者たる人類を圧倒するのだが、彼らには「心」がない。そこで、力こそ劣るが「心」のある人類が、苦心の末に文明を奪還する。ストーリーの骨格はみな同じである。（中略）

もしや私たち人類は、鋼鉄の手足を持たず、強力な兵器も備えてはいない善人ヅラのロボットに、地球を乗っ取られてしまったのではあるまいか。祖先たちが何千年もかけて、営々と築き上げてきた文明を。

想像は創造の母である。どうでもよさそうな想像をかき集め積み重ねした混沌の中から、創造という行為が生まれる。物を考えずに何かが造

② 尾括型（序論→本論→結論）

尾括型とは、説明をいくつか述べ、最後に「結論」を提示する展開です。「序論」→「本論」→「結論」の順で書かれている文章は、尾括型になります。順序立てて論理的な展開ができるため、じっくりと説明するのに向いています。中学入試で出題される文章で最も多いのがこのタイプです。

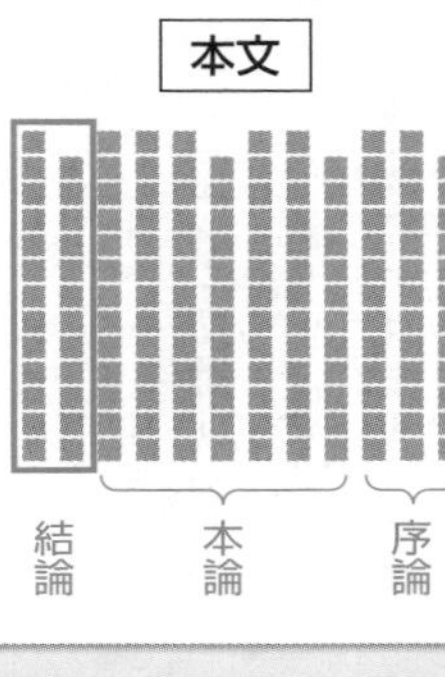

③ 双括型（結論→本論→結論）

本文の最初と最後で「結論」を述べ、その間の部分には「結論」を裏付ける「本論」が書かれます。読者が内容を理解しやすい文章が作れるので、商品説明などは、この**双括型**で書かれることが多いです。

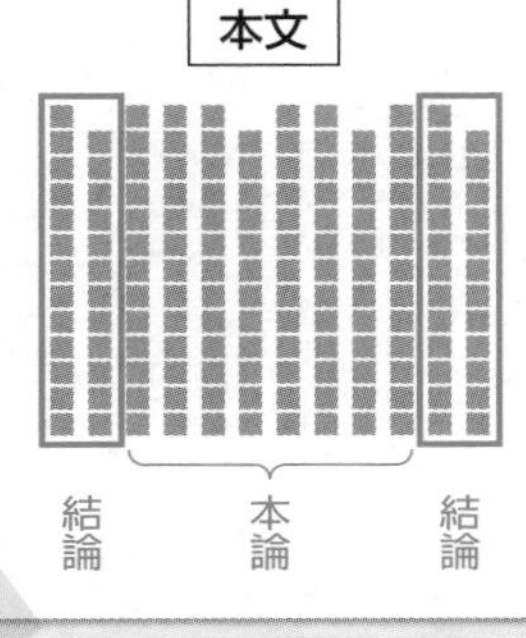

塾技❸でも説明したように、文章を読む際には、内容の「かたまり」を意識することが重要です。文章の「型」にも注目して文章構造をとらえるようにしていきましょう。

塾技解説

論説文で「最後の部分が大事」と言われるのは、尾括型や双括型で「結論」が示されている場所だから。文章の「型」を見ぬければ、特に重要なところがわかるようになる！

り出されるなどありえない。

想像する時間を奪われ、急激に想像力を喪失した人類は、やがてごく特定の分野を除いて、おそらく正当な創造を停止すると思われる。

そう言えば、このごろはぼんやりと物思うどころか、切実に考える時間も少なくなった。（中略）

はっきり言って、つまらん。それではまるで、ろくに考えもせずにクイズの解答を見てしまうようなものではないか。（中略）

文明の利器はだれかれかまわず結論を提示してしまうのである。むろん便利にちがいないが、その便利さによって社会が一元的に使用すれば、人間は考える楽しみを失ってしまう。

そしてもうひとつ、これは私たちにとって肝心なことだが、世界中の人々が一元的にこの方法をとれば、伝統的な教養主義に支えられてきた日本は、まっさきに脱落し、堕落してしまうと思うのである。

（浅田次郎「考える葦」より）

問題 本文の内容と合っているものを次の中から**すべて**選びなさい。

ア SF小説に出てくるロボットに比べ、私たちの掌の中のロボットははるかに巧妙に生活に入りこみ悪影響をおよぼしている。

イ 「歩きスマホ」が好ましくないのは、一般的に言われる安全上の問題ばかりではなく、別の理由も存在する。

ウ 教養主義に支えられてきた日本人こそ、ロボットをさらに進化させ、一緒に考える時間を大切にしていかなければならない。

エ 疑問に思ったことがらをすぐにスマートフォンで調べて答えを知ってしまうことは、合理的であるとは言えない。

「皮肉」と「逆説」

重要度 ★☆☆

論説文

19 「皮肉」や「逆説」によって表現されている部分には、筆者の主張が強く表れる。

最近の中学入試の国語では、「皮肉」と「逆説」に関する出題が増えています。特に難関校でよく問われます。さっそく、「皮肉」と「逆説」について説明していきましょう。

ポイント 皮肉（※アイロニーともいう）

意味①：遠回しの非難、悪口、嫌み、当てこすり

例 「君って、ゲームだけは上手だよね」と**皮肉**を言われた。

「ゲームだけは」という表現に、それ以外のことはダメだという嫌みが込められていますね。

意味②：期待や予想とは違う、悪い結果になること

例 ある製薬会社は、農家の天敵であった害虫Aを駆除する殺虫剤を開発し、害虫Aの駆逐に成功した。ところが、その後、害虫Aに捕食されていた別の害虫Bが異常発生してしまい、**皮肉**にも以前よりも農作物に被害をもたらす結果になった。

入試問題にチャレンジ！

解答は、別冊11ページ

次の文章を読んで、あとの問いに答えなさい。（青稜中）

日本は天然資源に恵まれないので、工業製品を生み出すために高度な「技術」を磨いてきたと言われる。戦後の高度経済成長は、そのような構図でものづくりを進めてきた成果である。世界はそう認識しているし、日本人もそう思ってきた。（中略）

日本は石油や鉄鉱石のような天然資源に乏しい。これは事実で、この事実が歴史の重要な局面でこの国の方針に大きく影響し、第二次大戦に日本が歩みを進めてしまった要因のひとつもここにある。しかし、今日においては、天然資源の確保に※汲々としてきたことがむしろプラスに転じはじめている。もしも日本に石油が豊富に湧き出ていたら、おそらくは環境や省エネルギーに対する意識は今日ほどには高まってはいなかったはずだ。周囲を海に囲まれ、その大半が山であるという恵まれた自然も、湧き出る石油や排ガスによって後戻りできないほどにぼろぼろに汚染されていたかもしれないし、地球温暖化をもたらす温室効果ガスの排出量規制について、京都で国際会議を※主宰する主体性も持ち得ていなかっただろう。むしろ、日本の石油消費や二酸化炭素の排出を抑制すべく、中国やアメリカが必死で説得するような事態を迎えていたかもしれない。マネーという富はもっと巨大にこの国に蓄えられ、医療も、教育も、通信も、全て無料で国が提供するような裕福な国になっていたかもしれないが、その豊かさは、やがて訪れる次の時代に対応できず、悲惨な衰退を運命づけられていたかもしれない。

幸いなことに、日本には天然資源がない。そしてこの国を繁栄させて

「殺虫剤の導入により一件落着」とはいかず、それどころか、前よりも状況が悪くなったので、皮肉な結果であると言えます。

ポイント **逆説（※パラドックスともいう）**

意味：一見正しくないようでいて、よく考えると正しいこと

ことわざで言うなら「急がば回れ」や「負けるが勝ち」がこの類いです。この場合の「逆説」とは、「急いでいるなら回り道するのはよくないように思えるが、そのほうがかえって着実で早い」「今は負けておいたほうが、のちに大きな勝ちにつながる」という点です。

例 鍵が開いているのに部屋から出ることができない――これは一つの**逆説**だ。普通、「自由がない」というのは、牢獄のような閉じられた場所に入れられた状態だと私たちは考える。それに対して、部屋のドアが開いていれば、「自由がある」と思う。いつ、部屋から出て行ってもかまわないからだ。ところがこの話は、あまりにもたくさん選択肢があることが、逆に牢獄だと感じられるということを示している。

（大澤真幸『〈自由〉の条件』より）

「皮肉」や「逆説」の部分には「筆者の主張」が強く表れます。「皮肉」や「逆説」の表現を用いている意図をつかみましょう。

塾技解説

「逆説」という漢字も重要。接続語の種類である「逆接」とは違うので注意しよう！

きた資源は別のところにある。それは繊細、丁寧、緻密、簡潔にものや環境をしつらえる知恵であり感性である。天然資源は今日、その流動性が保障されている世界においては買うことができる。オーストラリアのアルミニウムも、ロシアの石油も、お金を払えば買えるのだ。しかし文化の根底で育まれてきた※感覚資源はお金で買うことはできない。求められても輸出できない価値なのである。

（原研哉『日本のデザイン』より）

※汲々と＝小さいことにこだわりあくせくすること。
※主宰＝人の上に立ち、中心になって全体をまとめること。
※感覚資源＝日本の工業発展の中に見られる繊細な美意識や製作における緻密さを、筆者は「感覚資源」と名付けている。

問題 ――線部「幸いなことに、日本には天然資源がない」とありますが、筆者が「天然資源がない」ことを「幸い」と考えるのはなぜですか。その理由として最もふさわしいものを次の中から一つ選びなさい。

ア 天然資源がなかったことで、多くの企業が海外への進出を進めるようになったから。
イ 天然資源がなかったことで、中国やアメリカよりも裕福な国になることができたから。
ウ 天然資源がなかったことで、それを買うお金を稼ぐために国民全員が努力してきたから。
エ 天然資源がなかったことで、結果的に省エネや環境に対する日本人の意識が高まったから。

「 」のはたらき

重要度 ★☆☆　論説文

20 「 」を使って本来とは違う意味を持たせているパターンに注意！

論説文などで、ある言葉に「 」（カギカッコ）がついている場合があります。文章中で「 」が使われるのは、以下の場合です。

ポイント 「 」の用法

① セリフや引用を表す

例 「国境の長いトンネルを抜けると雪国であった」は、川端康成の『雪国』の書き出しでよく知られた一節だ。

② ある言葉を強調する

例 擬音語や擬態語のことをフランス語で「オノマトペ」いう。

③ 本来とは違う意味を持たせる

例 人間は、自分の都合で地球を「整備」してきたと言えるだろう。

この「整備」は「役立つように整える」という意味ではなく、人間の都合で環境破壊をしてきたという悪い意味で使われています。

入試問題にチャレンジ！

≫解答は、別冊11ページ

次の文章を読んで、あとの問いに答えなさい。（巣鴨中・改）

生き物が「共生」している状態というのは、実際には人間の世界でいう「互いに思い合い愛し合う、仲良しこよしの関係」ではない。「共生」している生き物は、互いに相対する生き物の生き死になど、実際はどうとも思っていない。互いに醜く意地汚く、相手を利用し倒そうとし合い、しかし結果として両者の搾取の程度がたまたま拮抗している状態が、傍からは仲良く「共生」しているように見えているにすぎないのだ。

アブラムシとアリの関係で見るならば、アブラムシは実際には本当にアリの機嫌を取る意図があって甘露を出しているのではない。ただ、その食性と体の仕組み上、果てしなく砂糖水を出し続けざるを得ないから出しているだけだ。また、糖分の多いアブラムシの排泄物はすぐ腐ってカビるので、垂れ流し続けているとこれが自分たちの体にどんどんまとわりつき、やがて伝染病の温床になりかねない。でも、そうなる前にアリがどこかから勝手に嗅ぎつけて来て、それを綺麗に片づけてくれる。そのため、結果としてアブラムシは病気にもならず、また天敵からも守って貰えている。たまたま自分たちにとって生存に有利な働きをアリがしているから、拒否する理由もないのでそのなすがままを許しているだけのこと。アリの側にしても、もともと彼らは永続的な餌場を仲間内で独占し、そこに寄りつく他の生物を撃退する習性がある。アリはアブラムシの群れを機械的に餌場と認識して、他の生物を寄せ付けたくないだけであって、「テントウムシに食い殺されるアブラムシさん可哀想」などの義憤に駆られて、善意でアブラムシの用心棒を買って出ている訳では

中学入試で問題として問われるのは、圧倒的に③のパターンです。①や②だと、あまりにわかりやすいので、ここを問題で聞いたところであまり意味がないからでしょう（もちろん、本文を読み進むうえでは大切です）。

③について、もう少し長い文章の中で見ていきましょう。

例 ピカソは、絵画の世界において、生涯を通じて「子ども」になろうとしました。だからピカソの絵は、子どものようなのです。大人になっても子どもでありつづける。それができる人を天才というのでしょう。普通の子どもは、自分が子どもであることがどういうことか分からず、気がつくと大人になってしまいます。だから子どもそのものよりも、子どものままの大人のほうが凄いのです。プロの芸術家とは、そういうものでしょう。たった一度、子どもになることはだれにでもできます。しかし「子ども」であり続けることは難しいのです。

（布施英利『子どもに伝える美術解剖学』より）

この文章に出てくる「子ども」という言葉には、「　」がついているものとついていないものがありますね。天才的な芸術家であるピカソが大人になってから到達した「子ども」の境地を、単なる子ども時代と区別するために、「　」をつけて表現しているのです。

塾技解説

本来とは違う意味を持たせる「　」が本文中に出てきたら、筆者がどのような意図で「　」を使っているのかが問われることが多い。

ない。

でも、その行為が結果としてアブラムシを保護することにつながり、アリはその甘露に長らくありつけるわけである。すべてが、互いに自分の事だけ考えて行動している結果であり、それでたまたま互いの生存に有利な状況が生まれているだけのこと。もし、この先何らかの理由で双方の搾取の釣り合いが崩れたら、すぐさま一方的に搾取するものとされるものの間柄に早変わりするのである。（中略）

こうした※穿ったものの見方で、いろんな生き物同士の「共生」の関係を見直していくと、実は世間で「共生」と呼ばれているのは寄生以上に悪辣で冷酷極まる緊張関係であることが分かってくる。

（小松貴『昆虫学者はやめられない』より）

※穿った＝物事の真相を明らかにした。

問題 ――線部「実は世間で『共生』と呼ばれているのは寄生以上に悪辣で冷酷極まる緊張関係である」とありますが、「共生」が「悪辣で冷酷極まる緊張関係」だと言えるのはなぜですか。最もふさわしいものを次の中から一つ選びなさい。

ア 「共生」とは、相手を利用する下心を隠して、互いに相手を手なずけようとするものだから。

イ 「共生」とは、油断すると相手から突然攻撃されるので、どんな時にも気が抜けないものだから。

ウ 「共生」とは、互いに相手のことを思いやらず、利己的に相手を利用し合おうとするものだから。

エ 「共生」とは、相手よりも自分のほうが有利に生きられるよう、互いにだまし合うものだから。

21

人物の気持ち① 気持ちを表す言葉

重要度 ★★★

物語文

21 物語文の読解では、「気持ちを表す言葉」を必ずおさえる！

ここからは、物語文の読み方を学習していきます。

みなさんは論説文の読解と物語文の読解のどちらが得意ですか？　実は、国語の文章を「論理的」に読めるようになってくると、物語文よりも先に論説文の得点が安定してきます。論説文はある程度決まった「型」でカッチリ書かれているので、塾技❶〜塾技⑳で学んだことがきちんと身についていれば、「これはあのパターンだな」というように、文章の構造をとらえながら読んでいくことができるのです。

それでは、物語文には、そのような「型」はないのでしょうか？　たしかに、物語文にはさまざまな人物が登場しますし、それぞれのストーリーもオリジナリティに富んだものです。しかし、中学入試の国語で物語文が出題される場合、問われることの中心は、「人物の気持ち（心情）」です。ですから、人物の気持ちをつかむための「型」を身につけることが、物語文で安定して得点するための重要なポイントになります。

人物の気持ちをつかむためには、「気持ちを表す言葉」を文章中で確実におさえることが重要です。人物の気持ちを表す言葉には、次のようなものがあります。

入試問題にチャレンジ！

≫解答は、別冊12ページ

次の文章を読んで、あとの問いに答えなさい。（青山学院中等部）

〔茅野しおりは、本が大好きな小学五年生。家の近所にいとこの美弥子さんが司書として働く図書館がある。美弥子さんは優しく、しおりのあこがれで本の先生でもある。最近、しおりは図書館に「不明本」という悲しい現実があることを教わった。多くが盗難で、美弥子さんも心を痛めている。しおりは、本が盗まれないように見張りをすることにした。〕

「ちょっと話したいことがあるの。安川くんと一緒に、談話室まできてくれないかしら」

美弥子さんは、あまり見たことのないような、厳しい顔でいった。

「あなたたちが本を大事に思ってくれる気持ちは、すごくうれしいの」

談話室。どうして呼びだされたのかわからずに戸惑っているわたしたちを前にして、美弥子さんは静かな口調で切りだした。言葉ではうれしいといっているけど、とても悲しそうな顔をしている。

「でもね」

美弥子さんは身を乗りだして続けた。

「図書館は、みんなが本に囲まれて、楽しく過ごせる場所なの。たしかに、中には無断で本を持ちだしてしまうような人もいるけど、ほとんどの人たちは、ルールを守って本を借りていってくれる。だから、本どろぼうをつかまえようとしてくれるのはうれしいんだけど、そのために、図書館を利用してくれる人たちを疑ったり、見張るようなことは、してほしくないのよ」

ポイント 気持ちを表す言葉

① **心情語**

気持ちを直接示す言葉です。

例 「うれしい」「悲しい」「恥ずかしい」「つらい」「せつない」など

② **心の中の思いを表す言葉**

人物の心の中の思いや願望などを示す言葉です。

例 「〜（と）思う」「〜（と）感じる」「〜（と）願う」「〜（し）たい」「〜（し）よう」など

③ **動作・表情・発言を表す言葉**

外面に表れた人物の気持ちを表現する言葉です。

例 「笑う」「泣く」「頬を赤くする」「顔をしかめる」「ありがとう」「ばかやろう」など

この中でも特に、「心情語」をより多く知っていることが物語文の正確な読解につながります。「覚えておきたい 心情語」を巻末付録にまとめてあるので、確認しておきましょう。

塾技解説

「心情語」や「心の中の思いを表す言葉」をおさえることはもちろん、気持ちが外面に表れていることを示す「動作・表情・発言を表す言葉」にも注目して、人物の気持ちをつかむようにしよう！

美弥子さんの言葉を、わたしたちはただ、黙って聞いていた。返す言葉は何もなかった。（中略）

図書館からの帰り道。わたしは涙をこらえるのが精一杯だった。

「元気だせよ」

安川くんが、わたしのリュックをたたいて励ましてくれたけど、わたしはただ、黙ってうなずくことしかできなかった。

美弥子さんに注意されたことだけが悲しいわけじゃない。図書館の本を盗んでいく人がいることや、そういう人たちをつかまえられなかったこと、そのために自分のとった行動が、ほかの人たちに嫌な思いをさせていたかもしれないこと——いろんなことが、頭の中をぐるぐると回っていた。

（緑川聖司『晴れた日は図書館へいこう』より）

問題 ——線部「わたしはただ、黙ってうなずくことしかできなかった」とありますが、このときの「わたし」の気持ちの説明として最もふさわしいものを次の中から一つ選びなさい。

ア 自分の浅はかな行動ゆえに周囲を不快にしてしまったことを後悔し、挽回するための方策を考えようとしている。

イ 美弥子さん自身も不明本に心を痛めているはずなのに、「わたし」にまで気遣ってくれていることに感激している。

ウ 衝動にかられて結局何もできなかったことに自責の念を抱き、これから事態がどう変化するのか不安に感じている。

エ 優しかった美弥子さんの今までにない一面に驚きつつ、自分の軽率な行動でかえって迷惑をかけたことを悔いている。

人物の気持ち② 原因・理由と気持ち

重要度 ★★★　物語文

22 「気持ちを表す言葉」を見つけたら、「原因・理由」を探す！

前回の塾技21では、物語文の中で人物の気持ちをつかむために注目すべき言葉を紹介しました。今回はこれをもとに、人物の気持ちをつかむための「型」を、よりくわしく学んでいきましょう。

物語文の読解では、人物の気持ちをとらえることが重要ですが、このときにもう一つおさえておくべきものがあります。それは、その気持ちになった「原因・理由」です。

次の例1 例2で、「笑った」という「気持ちを表す言葉」の「原因・理由」を探してみましょう。

例1 運動会で自分たちのクラスが優勝したので、笑った。

例2 運動会で負けて悔しがっている友人を見て、笑った。

例1は「運動会で自分たちのクラスが優勝した」ことが原因で笑っているので、このときの気持ちは「うれしく思っている」「満足している」などになるでしょう。

一方、例2はかなり意地悪ですね……。「運動会で負けて悔しがって

入試問題にチャレンジ！

次の文章を読んで、あとの問いに答えなさい。

（桐光学園中）

≫解答は、別冊13ページ

少年は、長期入院している母のお見舞いのために、いつもバスを使って病院に通っている。バスの回数券の最後の一枚を使いたくないと思っている少年は、父に迎えに来てほしいと頼んでいたが、今日は父が仕事のため病院に来ることができず、少年は一人で帰ることになった。

看護師さんから伝言を聞くと、泣きだしそうになってしまった。今日は財布を持って来ていない。回数券を使わなければ、家に帰れない。

（中略）シートに座る。窓から見えるきれいな真ん丸の月が、じわじわとにじみ、揺れはじめた。座ったままうずくまるような格好で泣いた。バスの重いエンジンの音に紛らせて、うめき声を漏らしながら泣きじゃくった。

（中略）顔を上げると、車内には他の客は誰もいなかった。降車ボタンを押して、手の甲で涙をぬぐいながら席を立ち、ウインドブレーカーのポケットから回数券の最後の一枚を取り出した。

バスが停まる。運賃箱の前まで来ると、運転手が※河野さんだと気づいた。それでまた、悲しみがつのった。こんなひとに最後の回数券を渡したくない。

整理券を運賃箱に先に入れ、回数券をつづけて入れようとしたとき、とうとう泣き声が出てしまった。

「どうした？」と河野さんが訊いた。「なんで泣いてるの？」――ぶっきらぼうではない言い方をされたのは初めてだったから、逆に涙が止ま

第1章 読み方

いる友人を見」たことが原因で笑っているので、ここでの気持ちは「友人の不幸を喜んでいる」「友人をばかにしている」などになります。

このように、同じ「笑った」という言葉であっても、その原因次第で、まったく違う気持ちを表すことになります。だからこそ、物語文の読解では、「気持ちを表す言葉」と「原因・理由」をセットでつかむ必要があるのです。

ポイント 「原因・理由」→「気持ち」→「動作・表情・発言」

原因・理由 運動会で自分たちのクラスが優勝した

↓

気持ち **うれしく思っている**

↓

動作・表情・発言 笑った

物語文の読解が苦手な人は、「自分ならこんな気持ちになるだろうな」という「主観的」な読み方をしてしまっていませんか? 右に示したように、「原因・理由」→「気持ち」→「動作・表情・発言」の流れをつかむ「客観的」な読み方ができるようになると、物語文の得点が安定してきます。

塾技解説 「原因・理由」次第で、人物の気持ちはまったく違うものになる。「原因・理由」→「気持ち」→「動作・表情・発言」の流れをつかむ「客観的」な読解を心がけよう!

らなくなってしまった。

「財布、落としちゃったのか?」

泣きながらかぶりを振って、回数券を見せた。

じゃあ早く入れなさい――とは、言われなかった。

河野さんは「どうした?」ともう一度訊いた。

その声にすうっと手を引かれるように、少年は嗚咽交じりに、回数券を使いたくないんだと伝えた。母のこともしゃべった。新しい回数券を買うと、そのぶん、母の退院の日が遠ざかってしまう。ごめんなさい、ごめんなさい、と手の甲で目元を覆った。警察に捕まってもいいから、この回数券、ぼくにください、と言った。

河野さんはなにも言わなかった。かわりに、小銭が運賃箱に落ちる音が聞こえた。目元から手の甲をはずすと、整理券と一緒に百二十円、箱に入っていた。

（重松清「バスに乗って」より）

※河野さん＝少年は、ぶっきらぼうな河野さんを苦手だと思っている。

問題 ――線部「逆に涙が止まらなくなってしまった」とありますが、その理由として最もふさわしいものを次の中から一つ選びなさい。

ア 河野さんからいつもとは違う口調で話しかけられて混乱し、返事ができず自分でもくやしかったから。

イ 河野さんに悩みを打ち明けようと思ったとたんに、病気の母への不安が一層増したから。

ウ 河野さんのやさしさに触れ、今まで不愛想な人だと誤解していたことを恥ずかしく思ったから。

エ 河野さんから思わぬやさしい言い方をされて、こらえきれずにいた悲しみがあふれ出したから。

本心とは違う言動

重要度 ★★★　物語文

23 人物の言動には、本心ではないものがある！

中学入試で出題される物語文では、人物の言動通りのわかりやすい気持ちばかりが問われるとは限りません。読めばすぐにわかるような気持ちだと差がつかないので、「本心とは違う言動」は、きちんと読めているかどうかの出題ポイントになります。

「本心とは違う言動」の例を一つ挙げてみましょう。

例　鏡の中の私にめくばせをして、チコちゃんはにっこり笑った。はいおしまい、とでもいうように口を開いたと思ったら、笑った顔のままこう言った。

「杏一郎のこと、好きなんでしょ」

私は振り返って鏡の中のじゃないチコちゃんを見た。チコちゃんは、悪いものの混じらない瞳で、じっと私を見ている。ふざけて言っているわけじゃない。たぶん、さっきの「寝ぐせ」のやりとりを見られていたのだ。それがわかると、頭の軽くなった私は、うっかりウンとうなずいてしまいそうになった。それでもギリギリのところでとどまる。

「そんなわけないじゃん」

目の裏にちらついた、杏一郎のつり目の笑顔も振り切って全否定し

入試問題にチャレンジ！

≫解答は、別冊13ページ

次の文章を読んで、あとの問いに答えなさい。　（海城中）

「あたしさ、何回か転校してたね。最初の学校では友達もいた。普通にしてたしね。でも何度も引っ越さないといけなくなって、学校いけないこととかもあって、そのうち、友達も作らなくなった。だってさ、仲良くなってもすぐに別れないといけないんだよ？　さっきあんたたちの顔見たときに思い出したんだ、そのこと。最初の学校の友達とは、手紙のやりとりとかしてた。でもそのうち、何回か手紙をもらったり、返事書いたりしてるうちに気が付くんだ。ああ、この子、もうあたしの友達じゃないんだなって。遠くにいて会えない友達よりも、近くで一緒にいる子たちのほうが大事なの、当たり前だよね。でも、そうやって気づいちゃうって、すごく悲しい」

水沢さんは小さな声で、まるでクロに呟くみたいに話していた。

「だから、友達はいらないって思った。どうせあたしなんか、荷物だし。荷物が友達欲しいって思うなんか、へんじゃない。友達になってみたいなあとか、誰かと話してみたいなあとか思ったけど、ずっと我慢してた。知ってる？　我慢って続けてると、それが我慢してるかどうかも分からなくなってくるんだよね。でもあたし、ここで、二人と友達になっちゃった」

声は普通だし、涙も流れてないけれど、水沢さんは泣いてるんじゃないかなって思った。水沢さんの家の事情なんて知らないけど、水沢さんはもしかしてずっと、こうやって泣いてきたんじゃないかな。（中略）

「もう友達はおしまい。あたしは手紙も書かないし、あんたたちは今

た。体育の授業のたびに浴びせられる罵倒を一生懸命思い返す。リレーでの「のろま！」、サッカーでの「お前はただ走ってればいいから邪魔すんな！」などなど。（中略）

――そんな人を、「好き」になったりするわけがない。そうだ。

チコちゃんは時間があればまだまだ追及しようといった感じで、余裕の笑みを浮かべていたけれども、そこでチャイムが鳴ってくれた。

「ほら、授業始まるよ」私が言うと、チコちゃんは笑った顔のまま「ちぇー」と言った。でも、助かった、と思ったのは一瞬だった。チャイムの後に待っているのは例によって杏一郎に怒鳴られる体育だし、それより何より、私は鏡の中にばら色の頬の自分を見つけてしまったのだ。

（豊島ミホ『夜の朝顔』より）

典型的な「恋のお話」ですね。「私」は杏一郎のことが気になっていて、密かに好意を寄せています。でも、杏一郎は自分と違うタイプの人間なので、杏一郎に対する恋心を無理に否定しようとしています。そのため、チコちゃんに「杏一郎のこと、好きなんでしょ」と聞かれても「そんなわけないじゃん」と答えています。しかし、うっかりウンとうなずきそうになっていることや、杏一郎のことを考えて頬が「ばら色」になっていることから、「私」が杏一郎に好意を寄せていることがわかります。このように、本心がわかる表現を探して「本当の気持ち」をつかんでいきましょう。

塾技解説

「本心とは違う言動」は、読解問題でねらわれやすい。本心がわかる表現を探して「本当の気持ち」をつかもう！

日で、あたしのことを忘れて。それで、終わり」

「そんなのできるわけ、ねえじゃん！」

ジュンペイが大声で言った。

「遠くに住んでてもさ、ずっと友達で……」

「あんた、ってホント、バカね」

水沢さんは、笑いながら静かに言う。

「あたしの話、聞いてなかった？　ずっと友達とか、絶対忘れないとか、ないんだって。無理なんだって。みんなみんな、忘れちゃうんだよ。それでいいんだよ。これだって今は大切にしてるけど、いつかきっとなくしちゃう」

（水沢秋生『ゴールデンラッキービートルの伝説』より）

問題　――線部「あんた、ってホント、バカね」とありますが、こう言ったときの水沢の気持ちはどのようなものですか。最もふさわしいものを次の中から一つ選びなさい。

ア　あとあと誰も傷つかないようにここで友達関係を断とうとしているのに、そんな自分の気づかいをまったく理解しようとしないジュンペイに怒りを感じている。

イ　遠く離れても絶対に忘れないなど無理なことなのだと、筋道立てて説いてきたのに、まるでわかろうとしてくれないジュンペイを心底バカな子だと思っている。

ウ　ずっと友達でいるなど無理だと言っているのに、まだ自分と友達でいようとしてくれるジュンペイの気持ちはうれしいが、それでも無理なことだとあきらめている。

エ　自分のつらく悲しい思いを打ち明けてきたのに、その気持ちをまったく理解しようとせず、自分の勝手な思いだけをぶつけてくるジュンペイにあきれている。

塾技（ジュク ワザ）

24 人物の気持ちの変化

重要度 ★★★

物語文

24 物語文では、「人物の気持ちの変化」が最も大事なポイントになる！

今回は、物語文における最重要項目の一つである「人物の気持ちの変化」について説明します。

人物の気持ちは、場面によって変わります。物語文で、登場人物の気持ちが最初から最後までずっと同じということはありません（そんな物語は読んでいても面白くないでしょう……）。人物の気持ちが刻々と変化していくことで物語は展開していきます。ですから、中学入試の国語の物語文でも「人物の気持ちの変化」がよく問われるのです。

「人物の気持ちの変化」は、大まかに三つに分けて考えます。

ポイント 「人物の気持ちの変化」の読み取り

① **変化前**

これは、本文の前半やリード文（本文の前にこれまでのあらすじが書いてある部分）で説明されていることが多いですね。**物語文の冒頭**で人物の気持ちをつかみましょう。

入試問題にチャレンジ！

≫解答は、別冊14ページ

次の文章を読んで、あとの問いに答えなさい。（大妻中）

［高校生の「僕」は、刺繍をすることが好きだが、周囲には理解されないことが多かった。］

ポケットの中でスマートフォンが鳴って、宮多からのメッセージが表示された。

「昼、なんか怒ってた？　もしや俺あかんこと言うた？」

違う。声に出して言いそうになる。宮多はなにも悪いことをしていない。ただ僕があの時、気づいてしまっただけだ。自分が楽しいふりをしていることに。

いつも、ひとりだった。

教科書を忘れた時に気軽に借りる相手がいないのは、心もとない。ひとりでぽつんと弁当を食べるのは、わびしい。でもさびしさをごまかすために、自分の好きなことを好きではないふりをするのは、好きではないことを好きなふりをするのは、もっともっとさびしい。

好きなものを追い求めることは、楽しいと同時にとても苦しい。その苦しさに耐える覚悟が、僕にはあるのか。

文字を入力する指がひどく震える。

「ちゃうねん。ほんまに本読みたかっただけ。刺繍の本」

ポケットからハンカチを取り出した。祖母に褒められた猫の刺繍を撮影して送った。すぐに既読の通知がつく。

「こうやって刺繍するのが趣味で、ゲームとかほんまはぜんぜん興味

② **きっかけ**

物語文では、理由もなく気持ちが変化することはありません。登場人物が「なんとなく」怒ったり喜んだりすることはないのですね。**誰かの言葉や行動が、変化の「きっかけ」になります。**線を引いたり印をつけたりして、きちんとつかんでおきましょう。

③ **変化後**

本文の後半以降に書かれることがほとんどです。「変化後」は、「変化前」と対比関係にあることにも注意しておきましょう。

「気持ちの変化」は、記述問題の形式でよく問われます。その際にも、この「変化前」「きっかけ」「変化後」をふまえて解答します。これは、**塾技79**「人物の気持ちの変化の説明」でくわしく説明しています。

なお、中学入試で取り上げられる物語文の「人物の気持ちの変化」は、「マイナス」の気持ちから「プラス」の気持ちへと変化することが多いのですが、すべてがそうとは限りません。入試問題は、長い文章の一部が切り取られて出題されているので、課題文として出題された箇所では「マイナス」の気持ちで終わるというケースもあります。また、「プラス」の気持ちから「マイナス」の気持ちへの変化も当然ありえます。先入観を持たずにしっかりと本文の内容を確認するようにしましょう。

塾技解説

物語文の読解問題で、「人物の気持ちの変化」は特によく問われる。「変化前」→「きっかけ」→「変化後」という流れをしっかりとつかもう！

なくて、自分の席に戻りたかった。ごめん」

ポケットにスマートフォンをつっこんだ。数歩歩いたところで、またスマートフォンが鳴った。

「え、めっちゃうまいやん。松岡くんすごいな」

そのメッセージを、何度も繰り返し読んだ。

わかってもらえるわけがない。どうして勝手にそう思いこんでいたのだろう。

今まで出会ってきた人間が、みんなそうだったから。だとしても、宮多は彼らではないのに。

いつのまにか、また靴紐がほどけていた。しゃがんだ瞬間、川で魚がぱしゃんと跳ねた。波紋が幾重にも広がる。太陽の光を受けた川の水面が風で波打つ。まぶしさに目の奥が痛くなって、じんわりと涙が滲む。

（寺地はるな『水を縫う』より）

問題 ――線部「そのメッセージを、何度も繰り返し読んだ」とありますが、ここでの「僕」の心情として最もふさわしいものを次の中から一つ選びなさい。

イ 理解されないかもしれないと恐れていたが、興味を持ってくれたことをうれしく思っている。

ロ 理解してくれていただけでなく、刺繍の知識を持っていたことが分かり親近感を抱いている。

ハ 理解してくれたと思う反面、自分にお世辞を言っているだけなのではないかと疑っている。

ニ 理解されない上に、自分の作った刺繍をわざとらしくほめられたことにがっかりしている。

物語文　重要度 ★★★

塾技 25 人物の成長

25 「人物の成長」は中学入試頻出。「マイナス」から「プラス」への変化に注目する。

みなさんは、どんな小説やマンガが好きですか？　また、印象に残っているドラマや映画はありますか？　世の中にはたくさんのエンターテインメント（エンタメ）がありますが、これらの作品の中で人気があるものは、登場人物があるできごとを経験し、成長していくというストーリーです。たとえば、孤独な少年が、周囲とのふれあいを通じて人の温かさを知り、積極的に人間関係を築いていくというような展開ですね。

成長物語は、読んでいると前向きな気持ちになるため、多くの人に好まれます。そして、それは中学入試でも例外ではありません。「人物の成長」は、中学入試の国語で頻出のテーマです。

「人物の成長」は、要するに、その人物が「変化」したということです。ですから、「人物の気持ちの変化」と同じように、「変化前」「きっかけ」「変化後」に注目します。

ポイント　「人物の成長」の読み取り

① 変化前

はじめはどのような人物だったのかを確認しましょう。**人物の**

入試問題にチャレンジ！

解答は、別冊14ページ

次の文章を読んで、あとの問いに答えなさい。

［絵描きになりたいと思いながらも母にそれを言い出せずにいた千穂は、ある日、小さい頃によく遊んだ公園の大きな樹の下にやってきた。］

（市川中・改）

お母さんはあたしの気持ちなんかわからない。わかろうとしない。なんでもかんでも押しつけて……あたし、ロボットじゃないのに。

ざわざわと葉が揺れた。

そうかな。

かすかな声が聞こえた。聞こえたような気がした。耳を澄ます。

そうかな、そうかな、本当にそうかな。

そうよ。お母さんは、あたしのことなんかこれっぽっちも考えてくれなくて、命令ばかりするの。

そうかな、そうかな、よく思い出してごらん。

緑の香りが強くなる。頭の中に記憶がきらめく。

千穂が枝から落ちたと聞いて美千恵は、血相をかえてとんできた。そして、泣きながら千穂を抱きしめたのだ。（中略）

そうだった。この樹の下で、あたしはお母さんに抱きしめられたんだ。しっかりと抱きしめられた。

緑の香りを吸い込む。

これから家に帰り、ちゃんと話そう。あたしはどう生きたいのか、お母さんに伝えよう。ちゃんと伝えられる自信がなくて、ぶつかるのが怖くて、お母さんのせいにして逃げていた。そんなこと、もうやめよう。

内面や**人間関係**に注目するとよいでしょう。

② きっかけ

変化のきっかけになったできごとをチェックします。**具体的な体験**や**試練**は、変化のきっかけになりやすいので要注意です。

③ 変化後

変化前との対比に気をつけて、成長した人物の姿をつかみます。「成長」というのは、**「マイナス」**から**「プラス」**への変化です（逆の場合には「成長」とは言えませんね）。ですから、よいほうに変わった部分に注目します。

成長物語は、細かく分類すると無数のパターンがありますが、いずれもあるできごとが「きっかけ」になっていますから、ここをしっかりと確認しましょう。

そのうえで、「人物の成長」は、その文章の主題になることが多いので、文章の中に描かれた「成長」がどのような意味を持っているのかを考え、「成長の意義」をつかむようにします。

また、読解問題を解いたあとに、文章の内容を簡単にまとめておくと、よくある成長のパターンを効率よく学習することができます。

塾技解説

「人物の成長」は、「人物の気持ちの変化」と同じように「変化前」→「きっかけ」→「変化後」の型でつかもう。よくあるパターンを知っておくと、読み取りやすくなる!

お母さんに、あたしの夢を聞いてもらうんだ。あたしの意志であたしの未来を決めるんだ。（中略）

風が吹き、緑の香りがひときわ、濃くなった。千穂はもう一度、深くその香りを吸い込んでみた。

（あさのあつこ「みどり色の記憶」より）

問題 ——線部「千穂はもう一度、深くその香りを吸い込んでみた」とありますが、このときの千穂の気持ちの説明として最もふさわしいものを次の中から一つ選びなさい。

ア 自分の将来についてあまり考えず、母の思い描く理想に疑問を抱くこともなかったため、母と将来のことを話し合う必要もなかったが、自分のことをわかろうとしてくれない母のことを思い返し、自分の将来について母の言いなりになるのはもうやめようと考えている。

イ 自分の将来の希望を母に説明する前から、母が自分の希望を理解してくれないと決めつけ、母の言ったとおりにしなければならないのかと思っていたが、母が自分のことを大切に思ってくれていた思い出がよみがえり、自分で自分の将来を決めるために母としっかり話してみようと決心している。

ウ 自分の将来について今まで真剣に向き合わず、母の命令にしたがって、自分のやりたいことをせずに過ごしてきたが、自分のやりたいことをしっかりと説明すれば母はきっと味方になってくれると考え、自分の将来について相談してみようと思っている。

エ 自分の将来のことを考えてくれている母と話し合いをせず、自分の将来は自分で決めるものだと勝手に考えて、今まで母へ将来の相談をすることはなかったが、母が自分のことを心配してくれたことを思い出し、母にも将来のことを相談する必要があると考え直している。

気持ちの葛藤

重要度 ★★★
物語文

26 心の中で気持ちがぶつかり合っていたら、「気持ちの葛藤」が描かれていると考える。

「葛藤」の「葛」は、植物の「葛(カズラ)」のことで、「藤」はマメ科のつる植物の「藤(フジ)」のことです。この「葛」や「藤」のつるがからみ合うところから、物事がもつれて解けないことや、心の中に相反する気持ちがあってどちらをとればいいのか迷ったり悩んだりすることを「葛藤」というようになりました。人物同士がお互いに譲らずに対立する際にも使われます。

「気持ちの葛藤」は、中学入試でよく出てくるテーマです。登場人物の「迷い」や「悩み」を描写した物語の代表的なパターンとしては、以下のものがあります。

ポイント 「気持ちの葛藤」の代表的なパターン

① 友人関係

「クラス内で友達のAくんが疑われていて、本当はAくんを信じたいが、疑う気持ちも捨てられずにいる」「自分の意見を堂々と言いたいが、友達に嫌われることを恐れて、本当の気持ちを言うべきかどうか迷ってしまう」などです。

入試問題にチャレンジ!

≫解答は、別冊15ページ

次の文章を読んで、あとの問いに答えなさい。 (淑徳与野中)

> 高校生の新は自分のわがままから予定を変更して乗ったバスで事故にあい、同乗していた兄の朔が失明した。その責任を感じて新は打ち込んでいた陸上部をやめ、投げやりな生活を送っていた。そんなとき、一年半の盲学校の寮生活から戻った朔からブラインドマラソン(視覚障がい者のための長距離走)の伴走を頼まれる。今朝の練習で朔を転ばせてしまった新は、朔に黙って先輩の境野に自分の代役を探してほしいと頼む。するとその日のうちに境野から二人宛てにメールが来た。

「まあいいや、で、メールどう思った?」

新は唇を噛んだ。

まだ見ていなかった。というより見られなかった。

数時間前、境野に代わりの伴走者を見つけてほしいと頼んだときは本気だった。それはうそではない。自分は伴走者に向いていないし、これから続ける自信もなかった。代わりを探してくれと頼んだのも、それを望んだのも新自身だ。なのに、いざとなると胸がざわついた。

新はベッドの上に腰かけて、静かに息をついた。

「朔のしたいようにするのがいいと思う」

「マジで?」

新は頷いた。

「境野さんもいいと思ったから朔に勧めてくれたんだろうし」

「そりゃそうだろ。オレにちょうどいいって思ったんじゃないかな」

② **家庭環境**

「本当は母親に対して素直になりたいが、顔を見ると反発してしまい、どう接するべきかわからずにいる」「本当は進学したいが、家計の負担になりたくはないと思い、親には言い出せないでいる」などです。

③ **将来の夢**

「叶えたい夢があるが、あまりに無謀なので、挑戦する決心がつかないでいる」「親からは医者になることを期待されているが、自分の夢も捨てきれないので、親の思いに応えるべきかどうか悩んでいる」などです。

「葛藤」は対比構造になっています。心の中でぶつかり合っている気持ちをしっかりとつかみましょう。

また、中学入試で取り上げられる文章では、葛藤の末に、最終的には登場人物が前向きな選択をすることが多いですね。

塾技解説

「人物の気持ちの変化」や「人物の成長」がテーマの文章でも、「気持ちの葛藤」はよく登場する。相反する気持ちが出てきたら、チェックしておこう。

ちょうどいいって、なにがだよ――。

じりっと首元から流れた汗を、新は手の甲で拭った。

「だったら、オレに相談する必要とかないと思うけど」

「なんで?」

「決めるのは朔だろ! オレには関係ないし」

思わず新が声を荒らげると、朔は顔をしかめた。

「関係ないってことは」

「……ないよ」

朔はため息をついた。

「新がそんなんじゃ、大会なんて出らんないだろ?」

「そんなことオレには……大会?」

「十二月の。おまえ、なんの話だと思ってたの? つーか、メール読んだんだよな?」

「……」

(いとうみく『朔と新』より)

問題 ――線部「まだ見ていなかった。というより見られなかった」について、メールを「見られなかった」のはなぜですか。その理由の説明として最もふさわしいものを次の中から一つ選びなさい。

ア 自分に自信が持てず朔の伴走を投げ出そうとしていたが、本当は続けたかったので、境野への依頼は本心ではなかったから。

イ 朔のガイド役を代わってもらうことを提案したものの、自分以外の人間が兄の伴走者を務めると思うとすこし心残りも感じたから。

ウ 朔と走ることに嫌気がさしており、ブラインドマラソンに関する境野の意見などもう聞きたくないと思っていたから。

エ 朔自身も伴走者を代えたほうがいいと思っているのだと思い、これまで頑張ってきたかいがなかったとむなしくなったから。

重要度 ★★★　物語文

27 物語文の場面分けは、「時間」「場所」「人物」「気持ち」に注目する！

近年の中学入試の国語の問題では、物語文は論説文に比べて、素材文が長くなる傾向があります。五〇〇〇字を超えるものもめずらしくありません。話の展開を考えると、「中略」を入れたとしても、どうしても長くならざるをえないということがあるからですね。問題を作成する先生も試行錯誤されているようです。

では、物語文の長文化に対して、受験生はどのように対処すればよいでしょうか。長文の物語文を読むときには、場面ごとにどういう内容が書いてあったのかをきちんと整理することが大切になります。「場面分け」を意識して、場面ごとにかたまりとしてとらえていくのです。

「場面分け」の着眼点は、主に次の四つになります。

ポイント 「場面分け」の着眼点

① **時間**

「翌日」「十日前」「小学校の頃」など、**明確に「時間」を表す言葉**があれば、チェックしておきましょう。

入試問題にチャレンジ！

≫解答は、別冊16ページ

次の文章を読んで、あとの問いに答えなさい。（女子聖学院中）

> 四月の半ばの日曜日の午後、ショッピングモールで買い物をしていたリサは、同じクラスの明日香に声をかけられ、一緒にアイスを食べることになった。そのときの話の流れで、明日香がリサの幼なじみのサトルに好意を抱いていることを知る。リサは、今度の金曜日がサトルの誕生日だと知った明日香から、プレゼントを持ってくるのでサトルに渡してほしいとお願いされてしまう。

「そんな、無理だよ。本人に渡せないんだったら、※みどりに頼めば？」

「駄目。あたし、あの子苦手なの。頭良くて美人で、気が強いじゃない？　みどりには私の気持ち知られたくないんだ。リサは何であのみどりと仲良くできるの？」

「小さい頃からの親友だもん」

「リサとみどりじゃ、性格全く逆なのにね。ねえ、プレゼントが無理なら、手紙。手紙ならこっそり渡しやすいでしょ？　手紙書いてくるから、渡してよ、ねっ？」

無理だってば、とリサが言い出す前に明日香は立ち上がり、リサを見下ろして、「頼んだからねっ！　バイバイ」と言うなり、ぱっと走り去っていってしまった。呆然としているリサを置き去りにして。

翌朝教室で顔を合わせたとき、明日香が何もなかったように「おはよ、リサ」と声を掛けてきて、リサは思わず身構えた。が、その日は何事もなし。火曜日の終礼で「さようなら」と言った瞬間明日香はくるりと振

② **場所**

たとえば、それまでは「学校」にいたのに、次の場面では「家」にいるなど、**「場所」の変化**も場面分けの重要なポイントになります。「場所」とともに「時間」も変わっている場合もあります。

③ **人物**

「人物」の入れ替わりも場面が変わった合図になります。たとえば、学校の場面なら「先生」や「クラスメイト」が、家の場面なら「親」や「兄弟」などが出てくる可能性があるでしょう。

④ **気持ち**

時間も場所も人物もほとんど変わらないのに、あるできごとをきっかけとして**人物の「気持ち」**が大きく変わることがあります。たとえば、「家族で食事をしているときに一本の電話が入り、父が交通事故にあったことを告げられた」などです。「時間」「場所」「人物」よりも出てくる頻度は低いですが、人物の気持ちの変化が描かれているので、出題のポイントになります。

また、場面分けは原則として「形式段落」（行の始まりが一文字下がっているところ）で考えるとよいでしょう。場面の切れ目に印をつけておくと、あとで問題を解く際にわかりやすくなります。

塾技解説

物語文の場面分けは、「時間（いつ）」と「場所（どこ）」がほとんど。「時間」や「場所」で区切れない場合には、「人物」と「気持ち」にも注目しよう。

り返ってリサに茶封筒を押しつけ、「これだから。ちゃんと渡してね。お願いねっ」と、あっという間に教室を走り出てしまった。リサはなすすべもなく、茶封筒を持ったまま立ちすくんだ。

　それから二日間、誰にも何も相談できないまま、リサは茶封筒の中身を渡す手立てを考えた。さんざん迷った末、もう仕方ない、と自分を納得させる。塾の帰りに野口家へ向かう。どうか誰にも会いませんように、会いませんように。あたりをそろっとうかがい、人気がないのを見定め、大急ぎで明日香の手紙を新聞受けの夕刊の上に押し込んで、駆けだした。なんだか悪いことをしているみたいで嫌だった。だけど、とにかく手紙は届けたんだから。

　角を曲がった瞬間、誰かとぶつかりそうになってびくっとする。

「あれ、杉本じゃん。こんなとこで、何してんだお前?」

最悪。サトル本人と会っちゃった。そうか、今日サトルはレッスンの日だっけ。

「な、何でもないよ。何でもない。じゃあねっ」

何か言われる前に、一目散に逃げる。これじゃ、本当に悪いことしているみたいじゃない、明日香ったらもう。自宅に向かって走りながら今更ながら明日香に腹がたった。

　本当の災難は、その次の日に起こった。

（本校国語科による）

※みどり＝サトルの双子のきょうだい。

問題　——線部「とにかく手紙は届けた」とありますが、この日は何曜日でしたか。「（　）曜日」の（　）に入る漢字一字を答えなさい。

塾技 28

回想シーン

重要度 ★★★

物語文

28 過去のできごとが書かれている「回想シーン」は、「現在」と区別して読む。

「回想」とは、現在の地点から過去を振り返ることです。回想シーンが含まれている文章では、「過去のことが描かれているのはどこからどこまでか」というように、回想シーンの範囲を問われることがあります。

現在と過去を区別するには、「時間」「場所」「人物」「気持ち」に着目します。さらに、風景の描写や会話のつながりなどの細かい部分にも注意して、回想シーンを見ぬいていきましょう。

例

1 父親は隣町まで自転車を走らせると、ある一軒のお店の前で止まった。顔をあげて看板を確認すると、スポーツショップだった。

それも地元のスポーツショップの何倍も大きなお店だった。

2 自転車から降りた父親は、なかなか自転車を降りようとしない私に声をかけた。

「スパイクが欲しいんだろう。誕生日プレゼントだ」

3 その頃にはすっかりあきらめていた私だったが、思わぬ展開にあわててお店に入る父親の背中を追った。

4 「いやあ、あのときは大変だったよ」

埼玉スタジアムのゴール裏で父親は、きれいに刈り取られた芝のグラウンドを眺めながら笑った。

入試問題にチャレンジ！

≫解答は、別冊16ページ

次の文章を読んで、あとの問いに答えなさい。（横浜女学院中）

放課後のさわがしい玄関口で、いきなり、周也から「よっ」と声をかけられて、どきっとした。

「あれ。周也、野球の練習は？」

「今日はなし。かんとく、急用だって」（中略）

小四から同じクラスの周也。家も近いから、周也が野球チームに入るまでは、よくいっしょに登下校をしていた。なのに、今日のぼくには、周也と二人きりの帰り道が、はてしなく遠く感じられる。

もたもたとくつをはきかえて外へ出ると、五月の空はまだ明るく、グラウンドに舞う砂ぼこりを西日が黄金色に照らしていた。

「あー、腹へった。今日の夕飯、何かなあ。あしたの給食、何かなあ」

「な、律。昨日の野球、見たか」

「夏休みまで、あと何日だったっけ」

周也の話があちこち飛ぶのは、いつものこと。なのに、今日のぼくにはついていけない。まるでなんにもなかったみたいに、周也はふだんと変わらない。ぼくだけがあのことを引きずっているみたいで、一歩前を行く紺色のパーカーが、どんどんにくらしく見えてくる。

今日の昼休み、友達五人でしゃべっているうちに、「どっちが好き」って話になった。「海と山は」「夏と冬は」「ハンバーグとぎょうざは」「歯ブラシのかたいのとやわらかいのは」――みんなで順に質問を出し合い、「海」「海」「山」「海」と、ぽんぽん答えていく。そのテンポに、ぼくだけついていけなかった。「どっちかなあ」とか、「どっちもかな」とか、

「あんなに高いもんだと知らなかったからさ。それにお前は……」

「二万円くらいしたんだよね」

5 私は店内の棚をしばらく眺めると、チームの誰も持っていない、カンガルー革のプーマのスパイクを指さしたのだった。それはそのお店に並ぶなかでもひときわ高額なものだった。

6 「そうだよ。もうびっくりしちゃってさ。でも買ってやるって言ったもんは買ってやるしかないだろう。あの後、ずいぶん苦労したんだ」

7 何気なく財布から出したように見えたお金は、もしかしたら誰かに借りたものだったのかもしれない。精算をしながら父親は、店員に手入れの方法を詳しく尋ね、クリーナーやブラシがセットになったメンテナンス道具も一緒に購入すると、「ちゃんと手入れをしろよ」と大きな袋を手渡してきたのだ。

（杉江由次『サッカーデイズ』より）

この文章では、現在と過去が入り交じっています。現在、「私」と父親がいる場所は、4段落に書かれている「埼玉スタジアムのゴール裏」だと考えられます。そうすると、「私」が父親と一緒にスパイクを買いに行ったときのことが描かれている段落（1・2・3・5・7段落）は回想場面であることがわかります。そして、6段落の「そうだよ」という会話は、4段落とつながっているので、6段落は現在の場面ですね。

塾技解説 現在の場面と過去の場面の境目を見つけるときには、「時間」「場所」「人物」「気持ち」がわかる表現だけでなく、風景の描写や会話のつながりにも注目しよう！

ひとりでごにょごにょ言っていたら、周也が急にいらついた目でぼくをにらんだんだ。

「どっちも好きってのは、どっちも好きじゃないのと、いっしょじゃないの」

先のとがったするどいものが、みぞおちのあたりにずきっとささった。そんな気がした。そのまま今もささり続けて、歩いても、歩いても、ふりおとせない。

返事をしないぼくに白けたのか、周也の口数もしだいに減って、大通りの歩道橋をわたるころには、二人してすっかりだまりこんでいた。階段をのぼる周也と、ぼくとのあいだに、距離が開く。広がる。ここ一年でぐんと高くなった頭の位置。たくましくなった足どり。ぼくより半年早く生まれた周也は、これからもずっと、どんなこともテンポよく乗りこえて、ぐんぐん前へ進んで行くんだろう。

はぁ。声にならないため息が、ぼくの口からこぼれて、足元のかげにとけていく。どうして、ぼく、すぐに立ち止まっちゃうんだろう。思っていることが、なんで言えないんだろう。ぼくは海のこんなところが好きだ。山のこんなところも好きだ。その「こんな」をうまく言葉にできたなら、周也とちゃんとかたを並べて、歩いていけるのかな。「どっちも好き」と「どっちも好きじゃない」がいっしょなら、「言えなかったこと」と「なかったこと」もいっしょになっちゃうのかな。考えるほどに、みぞおちのあたりが重くなる。

（森絵都『あしたのことば』より）

問題 ――線部「返事をしないぼく」とありますが、これはいつのことですか。最もふさわしいものを次の中から一つ選びなさい。

ア 昼休み　**イ** 帰り道

塾技 29

比喩表現

重要度 ★★☆

物語文

29 比喩は、「たとえられているもの」「たとえているもの」「共通点」の三つをつかむ。

まず、「比喩」とは何かを考えていきましょう。比喩とは、言いたいことを別のものにたとえることです。読んでいる人に具体的なイメージを持ってもらうために用いられます。

たとえば、目の前に真っ白なうさぎがいるとしましょう。このうさぎの白さを、それを見ていない人にも伝えようとするときには、「雪のように白いうさぎ」「綿菓子のように白いうさぎ」などと表現することがあります。「白い」という特徴を持つ別のものを使って、うさぎの白さを表現しているのですね。

ここでは、たとえられているものが「うさぎ」で、たとえているものが「雪」「綿菓子」です。そして、この両者の共通点は「白い」ことです。

比喩表現の意味を正しくとらえるためには、「たとえられているもの」「たとえているもの」「共通点」の三つをつかむ必要があります。

例 かみなりに打たれたような感動だった。

▼共通点：強い衝撃を受けている

例 彼の心は固い殻に包まれている。

▼共通点：かたく閉ざされている

入試問題にチャレンジ!

≫解答は、別冊16ページ

次の文章を読んで、あとの問いに答えなさい。

（慶應義塾普通部・改）

カウンターの内側にいたのは、図書委員が推薦する本のために、手書きのポップを書いている間宮さんたちだった。あたしは肩越しに、噂話に興じる彼女たちの視線の先を追いかけた。そこには、テーブルで黙々と読書をしている子の姿があった。いつもお昼になると必ず、みんながお弁当を食べ終えたあたりの時間にやって来て、①息を殺すみたいに身を潜め、そして去っていく三崎さんの姿だった。

しおり先生の姿がないのをいいことに、間宮さんたちは噂話を続けていた。この頃、しおり先生は忙しいみたいで、あまり姿を見かけない。いつもは司書室で一緒にお昼ご飯を食べるのだけれど、最近は司書室を開けてはくれるものの、どこかへ姿を消してしまうのだ。だから、間宮さんたちは周囲の視線を気にすることなく、噂話に興じる。

あたしは間宮さんたちの話を耳にしながら、彼女たちが語るそのあらすじを、自分なりに解釈していた。これまでだって、なんとなくそうかもしれないって思っていたから。

きっと三崎さんは、②戦争に負けたんだろう。その諍いが、なにを発端として起こったものなのかはわからないけれど、戦力差は圧倒的なものだったに違いない。教室での居場所を失った彼女は、安息の場所を求めてさすらった。悪意という弾丸の雨にさらされない場所を求めて、毎日を過ごす必要があったんだ。

いちばん困るのって、たぶんお昼ご飯を食べるときだ。教室という地雷原の中でご飯を口に入れられるほど、彼女は図太い神経を持っていな

また、比喩には「直喩（明喩）」と「隠喩（暗喩）」があります。

ポイント **「直喩（明喩）」と「隠喩（暗喩）」**

① **直喩（明喩）**

「ようだ」「みたいだ」「ごとし」などの、**たとえを表す言葉を使うもの。**

例 彼女はぼくにとって太陽のような存在だ。

② **隠喩（暗喩）**

「ようだ」「みたいだ」「ごとし」などの、**たとえを表す言葉を使わないもの。**

例 彼女はぼくにとっての太陽だ。

直喩（明喩）はたとえを表す言葉が使われているのでわかりやすいのですが、隠喩（暗喩）は気づきにくいかもしれません。主語と述語をつないでみて違和感がある場合には、隠喩（暗喩）が使われている可能性があります。

塾技解説

比喩表現は、読んでいる人に具体的なイメージを持ってもらうために用いられる。「何をどのようにたとえたものか」を考えながら読み進めよう！

かったんだと思う。

（相沢沙呼『教室に並んだ背表紙』より）

問題1 ——線部①「息を殺すみたいに身を潜め」とありますが、なぜこのようなふるまいをするのでしょうか。最もふさわしいものを次の中から一つ選びなさい。

ア 本来ここにいるべきではないことを自覚して間宮さんたち図書委員に遠慮しているから。

イ 自分のことを気にかけてくれているしおり先生がいない時は安心して過ごせないから。

ウ 「あたし」と友達になるきっかけをどうにかしてつかみたいと様子を見ているから。

エ 騒々しい教室で友人と過ごすより周りを気にせず一人で本を読む方が好きだから。

オ 教室に居場所のない三崎さんはここで静かにそっと時をやり過ごすほかにやりようがないから。

問題2 ——線部②「戦争に負けたんだろう」とありますが、これはどういうことですか。最もふさわしいものを次の中から一つ選びなさい。

ア 他クラスとの対立に責任を感じ、教室を去ることにした。

イ クラスの多数と衝突した結果、教室で意地悪されるようになった。

ウ グループ内でのリーダー争いにむなしさを覚え、教室から出ていった。

エ 先生に反抗したものの怒られて、教室にいづらくなった。

オ 立候補した図書委員になれず、悔しさのあまり教室を飛び出した。

塾技 30

情景描写

30 物語文の「情景描写」は、人物の気持ちを表す大事なポイント！

「情景描写」とは、登場人物の気持ち（＝心情）などを風景によって間接的に描く表現技法です。

中学入試の国語の物語文では、人物の気持ちが直接書かれているとは限りません。人物の気持ちが「情景」によって間接的に表現されている部分は、必ずと言ってよいほど問題としてねらわれますので、どのような意味が込められているのかを考えるようにしましょう。

次に、よくある情景描写のパターンを挙げてみます。

ポイント　よくある情景描写のパターン

① 人物の気持ちを表現する

情景描写によって、**人物の気持ち**が表現されることがあります。晴れた空や太陽などはプラスの気持ちを表します。反対に、曇り空や雨などはマイナスの気持ちを表します。

また、情景描写で**気持ちの「変化」**を表現することもできます。雲の隙間から太陽の光が差し込んでくれば、気持ちが明るくなったことがわかりますね。

重要度 ★★☆　物語文

入試問題にチャレンジ！

≫解答は、別冊17ページ

次の文章を読んで、あとの問いに答えなさい。

（本郷中）

「私」（聡美）は、子どもたちの学習を支援する教室に勤めている。そこに通う日系三世ブラジル人の少女ジュリアは、詩に興味を持ち、自分でも書くようになる。ところが、ジュリアは母親に教室をやめさせられそうになってしまう。聡美は、母親を説得しようと家を訪れた。以下は、ジュリアが自分の作った詩を母親の前で朗読したあとの場面である。

静かになった部屋で、ジュリアの母親は目に涙を溜めていた。私も同じだった。指先で拭うと、爪が濡れた。

「この子は、賢いんだよ」

ジュリアの母親がか細い声で言った。

「教室に行かない、でも日本語覚える。賢いから。たぶん、一人で勉強する。私もわかってるよ。この子の母親だから。でも寂しいよ。ブラジルの言葉も、ブラジルのことも忘れてしまったら」

「あなたは日本語を話せるけど、ブラジルのことを忘れていないじゃないですか。きっとジュリアちゃんも同じですよ」

どこにいても、忘れないように、詩の一節を私は心のなかで復唱する。

子どもが旅立つのは寂しい。でも遅かれ早かれ、いつかは親の手から旅立つんだ。大人になって、独り立ちして、ふと故郷のことを振り返って、たまには帰ってみようかな、と思ってくれるくらいでちょうどいい。

少し立ち入りすぎてしまったかもしれない。座椅子から立って、ジュリアのように深々と頭を下げた。

② その後の展開を暗示する

たとえば、友達と楽しく笑い合っているシーンなのに、遠くの空が曇っていて小さく雷鳴も聞こえてくるという描写があったらどうでしょうか？　このあと、友人関係に何かよくないことが起こりそうな予感がします。このように、**その後の展開を暗示する**ために、情景描写が用いられることがあります。

③ 登場人物から見える世界を描く

うれしいことがあれば周りの景色が鮮やかに見え、逆に、気分が沈んでいるときには景色が灰色に見えるなど、**登場人物の目から見た世界**を描くことで、そのときの気持ちを表現することがあります。

④ 対比を利用して人物の気持ちを描く

たとえば、「つらい思いをしている」という心情を描くときに、つらい思いをしている人の周りに、楽しく幸せそうにしている人を描くという方法です。周囲の人がプラスの気持ちでいることによって、マイナスの気持ちがよりいっそう**強調**されます。

情景描写の読み取りでは、①が最も多いパターンです。その情景に込められている気持ちを考えていきましょう。③は登場人物の視点で書かれているので、比較的読み取りやすいでしょう。

塾技解説

情景描写は、作者が特別な意味を持たせていることが多いので、その意味を考えさせる問題が出されやすい。よくあるパターンを知って、対処できるようにしよう！

「お邪魔しました」

ジュリアと母親は、玄関まで見送ってくれた。ジュリアは「さようなら」と手を振った。母親は黙っていたけれど、玄関扉が閉まる間際、「気をつけて」と声をかけてくれた。外廊下へ出ると、外気が肌を冷やした。

自転車にまたがり、ペダルを強く踏みこむ。チェーンが動き、ゆっくりと車輪が回る。やがて回転は勢いに乗り、速度は上がっていく。風を切ってぐんぐん前へと進む。ハンドルを握りしめ、サドルから尻を上げる。立ち漕ぎで冬の夜を駆け抜ける。ヘッドライトが行く手の暗がりを切り裂く。（中略）

家に帰ったら母親に電話しよう。私の詩を、私の言葉を聞かせるために。

住宅街の灯が闇を照らしている。光の粒の一つ一つがきらめいている。

夜だというのに、私の視界は明るく輝いていた。

（岩井圭也『生者のポエトリー』より）

問題　――線部「夜だというのに、私の視界は明るく輝いていた」とありますが、このときの「私」の気持ちを述べたものとして、最もふさわしいものを次の中から一つ選びなさい。

ア　ジュリアの母親と親身に話をしたことで、同じく子を持つ母親としてすっかり心が通じあえたように感じられてうれしい。

イ　ジュリアの母親に自分の思いがどこまで通じたかはわからないが、ジュリアがずっと日本にいることがわかってうれしい。

ウ　人と人はなかなかわかり合えないものだと思うけれど、今では当時の自分の母親の気持ちも理解できると思えてうれしい。

エ　人の気持ちは言葉ではうまく伝わらないものだけれど、詩を通じてなら伝えられるということがようやくわかってうれしい。

象徴・暗示

重要度 ★★☆　物語文

31 「象徴」「暗示」に込められている特別な意味を読み取ろう。

「象徴」とは、「考えや感じ方など形のないものを、具体的な事物で表現したもの」です。象徴は「シンボル」とも言われます。

象徴と聞いて多くの人が思い浮かべるのは「ハトは平和の象徴だ」という例文でしょう。平和というのは、なんとなく想像はできても、それ自体は目に見えません。それをハトという具体的なもので表しているのです。ちなみに、ハトが平和の象徴とされるのは、旧約聖書の「ノアの方舟」の話に由来しています。ノアは大洪水が収まったかどうかを確認するため、鳥を放ちました。最初に送ったカラスは戻ってこなかったのですが、次に送ったハトはオリーブの枝をくわえて戻ってきました。これが新たな土地が現れ、平和に過ごせるサインとされ、平和な世界を確認した存在としてハトが平和の象徴と考えられるようになりました。

他にも、四つ葉のクローバーは幸福の象徴だと言われたり、桜は日本を象徴する花だと言われたりもしますね。

また、「暗示」とは、「はっきりとは言わずに、それとなく知らせること」です。たとえば、出かけるときに玄関で靴ひもがいきなり切れる。これによって、このあとに悪いことが起こることを示しています。

入試問題にチャレンジ！

≫解答は、別冊18ページ

次の文章を読んで、あとの問いに答えなさい。　（麻布中）

高校生の「ぼく」と小学生の「弟」は、孤児院に預けられているが、夏休みに入り、父方の祖母の家に帰ってきている。「ぼく」は祖母に「できれば孤児院を出て一緒に暮らしたい」と伝えた。なお、「叔父」は祖母と同居している。

気が軽くなって、ひとりで笑い出したくなった。ぼくはその場にあおむけに寝ころんで、ひょっとしたらぼくと弟が長い間寝起きすることになるかもしれない部屋をぐるりとながめまわした。（中略）弟は※蚊帳の中で規則正しい寝息を立てている……。ぼくは蚊帳の中にはいっていって、できるだけ大きく手足を伸ばして、あくびをした。

①縁側から小さな光がひとつ入ってきて、蚊帳の上にとまった。それは蛍だった。（中略）

孤児院で習った聖歌をつぶやいているうちに、光が暗くなって行き、ぼくはねむってしまった。

どれくらいたってからかわからないが、叔父の声で目を覚ました。蛍がまだ蚊帳の上で光っていたから、どっちにしてもそう長い間ではなかったことはたしかだった。

「……いいかい、母さん、おれは母さんが、親父が借金を残して死んだから学資が送れない、と言うから学校を中途でよしてここへもどってきたんだ……」叔父の声はふるえていた。

「店をついでくれないと食べては行かれないと母さんがたのむから試

「象徴」や「暗示」は、前回の**塾技30**で学習した「情景描写」と同じように、作者が特別な意味を持たせている表現です。ただし、読者がその意味を読み取れないと「象徴」や「暗示」の表現は成立しません。ですから、「象徴」や「暗示」の意味をつかむヒントは必ず本文の中にあります。

例

不登校の美緒は、祖父が営む染織工房の仕事に興味を持っています。以下は、美緒と祖父が染織の工程について話す場面です。

「この間、汚毛を洗っただろう？　どうだった？　ずいぶんフンをいやがっていたが」

「臭いと思ったけど、洗い上がりを見たら気分が上がった。真っ白でフカフカしていて。いいかも、って思った。汚毛、好きかも」

そうだろう、と祖父が面白そうに言った。

「美緒も同じようなものだ。自分の性分について考えるのは良いことだが、悪いところばかりを見るのは、汚毛のフンばかり見るのと同じことだ」

（伊吹有喜『雲を紡ぐ』より）

「汚毛」とは、羊から刈ったままの洗われていない状態の毛のことです。そして、この文章において、「汚毛」はありのままの美緒のことを示していると考えられます。欠点ばかりに注目するのではなく、自分のよさを大切にすべきだと、祖父は美緒を諭しているのですね。

塾技解説

「象徴」や「暗示」は問題としてねらわれやすい。文章の内容をヒントにして、その意味をつかもう！

験を受けて店もついだ。借金をどうにかしておくれと母さんが泣きつくから必死で働いている。これだけ言うことをきけばじゅうぶんじゃないか。これ以上おれにどうしろというんだよ」（中略）

「そんなにいうんなら、なにもかもたたき売って借金をはらい、余った金で母さんが※養老院にでも入って、そこへあの二人を引き取ればいいんだ。おれはおれでひとりで勉強をやり直す」

叔父の廊下をける音が近づき、座敷の前を通ってその足音は店の二階へ消えた。

弟が聞いていなければいいな、と思いながら、弟の様子をうかがうと、彼は大きく目を見開いて天井をにらんでいた。

「……ぼくたちは孤児院に慣れてるけど、ばっちゃは養老院は初めてだよね」弟はぼそぼそと口を動かした。

「そんなら慣れてる方が孤児院にもどった方がいいよ」

「そうだな」とぼくも答えた。

「ほかに行くあてがないとわかれば、あそこはいいところなんだ」

②蚊帳にはりついていた蛍はいつの間にか見えなくなっていた。つい今し方の叔父のあらい足音におどろいてにげだしたのだろうとぼくは思った。

（井上ひさし「あくる朝の蝉」より）

※蚊帳＝蚊を防ぐために部屋につるす、あみ状のおおい。
※養老院＝老人ホーム。

問題　――線部①では「蛍」が「蚊帳の上にとまっ」ていますが、――線部②では「蚊帳にはりついていた蛍はいつの間にか見えなくなって」います。作品の内容を考えたとき、「蛍」にはどのような意味があると考えられますか。説明しなさい。

ジュク ワザ
塾技
32

登場人物の性格（人柄）

重要度 ★★☆　物語文

32 登場人物の性格（人柄）は、言動（セリフ・行動）から客観的に読み取る！

物語文の読解問題では、登場人物の性格（人柄）について問われることがあります。性格は目に見えるものではありませんが、登場人物の言動（セリフ・行動）は具体的に描かれています。それをもとにして、性格を推察していきましょう。

例

〔都会から転校してきた章が、父親が横領をしたという疑いを持たれて、クラスの女子から追及される場面です。〕

「だって、噂になっとるたい――」

なおも意地悪な女子がいいつのる。本人の頭の中では、自分が正義の味方であるというような、そんな表情だった。

「やかましか」

一言、亮二はいいはなった。瞳に力を入れて、漫画の主人公のような気持ちになって、亮二は意地悪な女子たちを睨みつけた。

「章のいうことば信じられんとなら、今日から、わいたちは友達じゃなか。章にひどかことというたら、おいが許さんばい」

（村山早紀『風の港』より）

亮二の言動や「漫画の主人公のような」という表現に着目します。この場面のやりとりから、亮二は、「正義感が強い」「友達思い」の人物で

入試問題にチャレンジ！

》解答は、別冊18ページ

次の文章は、一九五〇年代の富山県のある町を舞台にした物語で、主人公「律」は十二歳の少女である。これを読んで、あとの問いに答えなさい。

（森村学園中等部）

うちはいわゆる兼業農家で、田んぼはおもに母のハルと祖父の栄太郎じいちゃんの担当で、父の忠直は会社勤めをしながらの、休みの日だけの働き手だ。琴音ねえさんは、結婚したら仕事をやめて家庭にはいる予定だけど、今はまだ市内の会社で事務職についており、仕事が休みの日曜日は農作業にかりだされる。高校生の歌子ねえさんや、律にも、年齢相応の手伝えることは、いつもたくさんあった。

そういうときでも、ヨシばあちゃんはもっぱら、台所などの家事を担当し、父や姉たちや律は、あくまで手伝いで、農作業の中心は栄太郎じいちゃんと母のハル、どちらかというと母だ。わがやは、ハルかあちゃんでまわっている。

母はじっさい、よく働き、たくましく、力持ちでもある。

耕運機を動かす女の人は、この村では母だけだ。

そんな母でも、むすめ時代は歌を歌うことが大好きで、音楽の先生になりたいという夢があったのだと、律たちは何度もきかされている。早く結婚して、すぐに子どもができて、夢はかなわなかったけれど、あんたたちが夢のかわりだから、あんたたちに、音楽にちなんだ名前をつけたのだ、と。

何回もきいた話だけど、信じられない。見るからに、いなかのおっかさんという感じの母が、音楽の先生になりたかったなんて。うちにはピ

あることが読み取れますね。

また、登場人物は、二面性（多面性）を持っていることがあります。人間にはさまざまな側面がありますから、性格を一つだけに決めつけず、ていねいに確認していくようにしましょう。

例 朝倉くんは中学の同級生だった。勉強ができて、野球部では一塁手だった。友達も多そうだったし、女子にもわりと人気があったはずだ。この辺で一番の進学校に進んだことも知っている。でも、特に親しかったわけではなく、知っているのはそれくらいだった。（中略）

男子が活け花を習いに来ること自体はめずらしいことじゃない。この教室にも何人かは男の子がいるし、朝倉くんが活け花にふさわしくないということでもない。そうではなくて、どうしての最初に見たときに気づかなかったのか、自分は朝倉くんを全然見ていなかったのか、ということを今さらながら知らされたのだ。朝倉くんは、クラスで勉強していた姿より、校庭でボールを追いかけていた姿より、ここで花を活けている背中がいちばん凛々しい。

視界の隅で朝倉くんが動くたびに、私も揺れた。朝倉くんは今、どの花を見て、どの花に触れているだろう。

（宮下奈都『つぼみ』より）

中学の同級生の朝倉くんの意外な一面に、「私」が気づいた場面です。「私」は活け花をする朝倉くんから目が離せなくなっています。

塾技解説

人物の性格は、具体的な言動をもとに考える。また、人物の意外な一面が描かれている部分は問題で問われやすいので、要注意！

アノもオルガンもないのに。

母もそのへんのところは心得ていて、「音楽の先生」という言葉を出すときは、つんと気どったポーズをとる。律たちが、ドッとわらうと「なに、おかしい？」と、わざと怒ってみせる。律たちは、「なあんだ」といいつつ、またドッとわらう。

母、ハルは、そんな人だ。

律は、そういう母を、表向きでは「口うるさい」だの「いなかくさい」だの「かあちゃんみたいにはなりたくない」だのと、反抗的なことをいいつつも、心の底では、ちょっとかっこいいとも思っている。母は、律には「女の子らしくしろ」といつもいうが、母こそ、男まさりで、そのことに自分で気づいていないのだ。

（杉本りえ『１００年の木の下で』より）

問題 ――線部「母、ハルは、そんな人だ」とありますが、「ハル」の様子や人柄を述べた文として**ふさわしくないもの**を次の中から一つ選びなさい。

ア 「律」にとっては反抗したくもなる口うるさい存在であるが、陽気な冗談で笑わせてくれる一面もある。

イ 自らは台所仕事が苦手で「ヨシ」に任せているのに、娘には家庭的で女の子らしいふるまいを求めている。

ウ 本人は自覚していないが、男勝りでたくましい働き手であるところを、「律」にはかっこいいと思われている。

エ 今は農業に専念しているが、結婚前には音楽の先生になるという夢があり、それを娘たちに何度も語っている。

塾技(ジュクワザ)

33 表現の工夫

33 表現の工夫がされている箇所があったら、その意図や効果を考える。

物語文は、単にストーリーだけを描いているわけではありません。随所に表現の工夫を凝らした描写があります。その工夫は、作者が特に力を入れて書いている部分ですから、読解の問題でよく問われます。

ここでは、中学入試で問われやすい表現の工夫を三つ取り上げます。

ポイント 中学入試で問われやすい表現の工夫

① 比喩表現を多用する

比喩は、読んでいる人に**具体的なイメージ**を持ってもらうために用いられます。比喩表現が多用されている場合には、作者が伝えようとしているイメージをつかむようにしましょう。

② 短い文を多用する

表現の特色を問う記号選択問題では、**「短い文を多用している」**という内容の選択肢がよく見られます。「短い」とは具体的に何字以内を指すのかがあいまいですが、十〜二十字程度のものは、短めの文と考えてよいでしょう。また、短い文を多用すると、**リズム**が生まれ、**軽快さ**などを表現することができます。

物語文　重要度★★☆

入試問題にチャレンジ！

≫解答は、別冊19ページ

次の文章を読んで、あとの問いに答えなさい。（開成中）

「ぼく」（ヨアヴィ）はバート・シンプソン人形を買ってもらいたいが、なんでも子どもに買いあたえるのはよくないと考える父に反対された。その代わりに、父は「ぼく」が大嫌いなココアをきちんと飲めば、一シェケルをやるので、それをこつこつと貯めるようにと、陶器のブタの貯金箱を「ぼく」に渡した。その後、「ぼく」はマーゴリスと名づけたブタの貯金箱に愛着を持ちはじめ、かけがえのない友だちだと思うようになる。

父さんがやって来て、テーブルの上にいたマーゴリスを持ちあげて、乱暴に振ったりさかさまにしたりしだした。「やめてよ父さん」とぼくは言った。「マーゴリスがお腹をこわしちゃうよ」でも父さんはやめなかった。「もう音がしなくなったな。つまりどういうことかわかるか？スケボーに乗ったバート・シンプソン人形があしたお前のものになるということだ」「うん、そうだね」とぼくは言った。「スケボーに乗ったバート・シンプソン人形、すごくうれしいな。でもお願いだからマーゴリスをそんなふうに振らないでよ。目を回しちゃうじゃないか」父さんはマーゴリスをテーブルに置いて、母さんを呼びにいった。そして片手で母さんの手をひっぱり、もう片ほうの手に金づちを持ってもどってきた。「どうだ、おれの言ったとおりだろう」父さんは母さんに言った。「こいつもやっと物の大切さを学んだんだ。そうだな、ヨアヴィ？」「うん」とぼくは言った。「すごくわかったよ。でもその金づちはなんなの？」「お前がやれ」父さんはそう言って、ぼくの手に金づちをにぎらせた。

③ あえてひらがなやカタカナで表記する

本来は漢字で書くところをあえて**「ひらがな」**や**「カタカナ」**で表記するのには理由があります。こういう表現が本文にあると、非常によく問題で問われます。

例 授業中に、先生は「ごうりてき」という言葉を繰り返した。

先生の発する「合理的（＝無駄がなく効率がよいこと）」という言葉の意味を聞き手がわかっていないことを表していると考えられますね。

例 「あなた、フトウコウなんですって？ それは甘えじゃない？」

この場合は「不登校」の意味がわからないのではなく、不登校になる子の気持ちを理解していないということが読み取れます。

例 君の第一印象はよくなかったよ。ユウトウセイって感じでさ。

いかにも優等生のような態度を、話し手が嫌っていることを表現していると考えられます。

①と②は、「文章の表現上の特色を説明したものを選びなさい」という問題で選択肢の中によく登場します。また、③は、「ひらがなで（カタカナで）表現されているのはなぜか」と問われるパターンが多いです。

塾技解説

「ひらがな」「カタカナ」の表記は、特に問題で問われやすい。登場人物の年齢や立場などから、その意図や効果を考えよう。

（中略）「どうした、早くブタを割れ」「え？」とぼくは言った。「マーゴリスを、割る？」「そうだ、そのマーゴリスだ」と父さんは言った。「さあ、早く割るんだ。もうバート・シンプソンを買っていいんだぞ。お前はよくがんばったからな」マーゴリスは、自分がもうすぐ死ぬ運命なのを知っている陶器のブタの悲しい笑みを浮かべていた。バート・シンプソンなんてどうだっていい。このぼくが、友だちの頭を金づちでかち割るだって？ ぼくは父さんに金づちを返した。「マーゴリスだけでいい」「なにを言ってるんだ」と父さんは言った。「遠慮するな。これは社会勉強なんだから。貸せ、父さんがやってやろう」父さんは金づちをふりあげた。母さんがぎゅっと目をとじ、マーゴリスがあきらめたようにほほえむのを見て、ぼくは自分がなんとかするしかないと気づいた。ぼくが何もしなければ、マーゴリスは死ぬのだ。「父さん」ぼくは父さんの脚にすがりついた。「なんだ、ヨアヴィ」父さんは金づちをもった手を止めて言った。「お願い、あと一シェケルだけ」とぼくは言った。「あしたの朝ココアを飲んで、もう一シェケル入れてもいいでしょ？ そしたらきっと割るから。約束するよ」「あと一シェケルだと？」父さんは笑って金づちをおろした。「見たか？ こいつ、すっかり克己心が身についたようだぞ」「うん、そう、こっき心だよ」とぼくは言った。「だからあしたまで待って」もう涙声がふるえていた。

（エトガル・ケレット著／岸本佐知子編訳「ブタを割る」より）

問題 ――線部「『見たか？ こいつ、すっかり克己心が身についたようだぞ』『うん、そう、こっき心だよ』」とありますが、「克己心」「こっき心」という書き分けがされていることに注意しながら、ここでの「父さん」と「ぼく」の気持ちをそれぞれ説明しなさい。

時代背景の知識

重要度 ★★☆

物語文

34 戦前や戦中が舞台になっている文章を読むには、時代背景の知識があるとよい。

みなさんは物語文を読んでいて、「この文章、なんだかわかりにくいなぁ」と感じたことはありませんか? 実は、時代背景の知識が不足していると、物語の内容が正確にわからないことがあるのです。

今回は、知っておきたい時代背景に関する知識を、四つ挙げてみます。

ポイント 知っておきたい時代背景に関する知識

① **戦争**

日本が最後の**戦争**で敗北したのは1945年（昭和20年）のことです。今から八十年近くも前なので、戦争を経験した人はだんだん減ってきていて、戦前や戦中の状況が伝わりにくくなっています。戦前の日本では、自分の意見を自由に表現することができず、**言論統制**が行われていました。特に太平洋戦争（1941～1945年）中は、反戦を主張する人々は厳しく処罰されました。

② **学校制度**

学校制度（=学制）は戦前と戦後では大きく違います。戦前の学制は複雑なので、物語文を読むうえでは細かく知る必要はあり

入試問題にチャレンジ！

次の文章は、患者である千田仙蔵が、看護実習生の瑠美に話をしている場面から始まります。これを読んで、あとの問いに答えなさい。

»解答は、別冊20ページ

（吉祥女子中）

今から六十年ほど前、千田仙蔵はまだ小さな子供だったという。母親は都内の病院で看護婦をしていて、一人っ子だった仙蔵は、母親が仕事をしている間、いつもひとりきりで家で留守番をしていた。

「家でおとなしく待ってろと言われてたけど、夕方過ぎると不安になって、母親の勤める病院まで迎えに行ったもんだ」

母親のことを思い出しているのか、小さかった自分を懐かしんでいるのか、記憶の焦点を合わせるかのように目を細めて千田は言った。

花房チヨは、母親の同僚だった。だが同僚といっても母親よりはずっと若く、今から思えば二十歳になっていたかどうか……。若いチヨは仙蔵が病院にふらりと訪れても、厳しく咎めたりは決してしなかったと千田は微笑んだ。（中略）

「そのうち戦争が……起こってな。チヨさんと一緒に病棟の窓ガラスにへばりついて、焼夷弾が空から降るのを見ていたこともあるよ」

窓ガラスからはまだ距離のある空で、次々に落下していく光を指差しながら、「あれは日本軍だろうか、アメリカ軍か……」と眺めていた。（中略）

「チヨさんと最後に会ったのは、あと少しで戦争が終わるはずの春の日だった。母親が病院船に乗り込んで外地へ行くことになってな。その見送りにチヨさんも来たんだ」

ませんが、現在の小学校にあたる尋常小学校を卒業したあとに中学校に進むのは、学力と経済力に恵まれた男子だけで、同世代の二割に満たない程度でした。もちろん、高等学校と大学に進む人はもっと少ない時代でした。

③ 女子の地位の向上

中学入試の国語でよく出題されるのが、**女子の地位の向上**です。戦前は女性には参政権（＝投票したり、議員に立候補したりする権利）が与えられていませんでした。また、戦前は、女性は家を守るのが一般的で、会社に勤めるのが普通になったのは戦後数十年経ってからでした。しかし現在は、国語の物語文で「専業主婦」ではなく「専業主夫」の設定も出てくるようになりました。

④ 病気

現代にも難病は存在しますが、かつてと比べると、医療技術は格段に進歩しました。現在、日本人の死因の第一位はがんによるものですが、戦前は**結核**で亡くなる人が多かったのです（正岡子規、樋口一葉、石川啄木などは結核で亡くなっています）。結核になる原因はさまざまですが、過酷な労働条件や不衛生な住環境によって免疫力が低下したり栄養不足になったりすると結核にかかりやすくなります。

塾技解説

物語文では、時代背景に関する知識がないと理解しづらい設定がある。特に、戦前や戦中の制度や暮らしについて知っておくようにしよう。

母親が病院船に乗り込む日、チヨは大きな腹を揺らしながら、仙蔵とともに見送りにやってきた。

「ごめんねっておれに謝りながら、チヨさんは手を振ってた。おれの母親が、顔からはみ出すほどの笑顔を浮かべて船からこっちに手を振ってたんだ、それに答えてチヨさんも、ちぎれるくらいの速さで手を振り返してた。おれは……ずっと俯いたまま、かあちゃんの顔もちゃんと見られないで泣いてたんだ」

本来なら、その病院船に乗るのはチヨのはずだった。だが妊婦を外地に送るわけにはいかないと、母親が任務交代を申し出たのだ。

仙蔵は母親に「行かないでほしい」と懇願した。頼むから行かないでくれと。

（藤岡陽子『いつまでも白い羽根』より）

問題 ——線部「顔からはみ出すほどの笑顔」について、次の問いに答えなさい。

(1) 「顔からはみ出すほどの笑顔」とはどのような笑顔ですか。最もふさわしいものを次の中から一つ選びなさい。

1 戦争の最前線である外地への長い船旅を前にした、引きつるような笑顔。
2 普段の仕事ぶりを認められた人にふさわしい、自信に満ちあふれた笑顔。
3 見送る人達に対して努めて明るくふるまおうとしている、大げさな笑顔。
4 盛大に送られることに気はずかしさを感じている、はにかむような笑顔。

(2) この笑顔から読み取れる、仙蔵とチヨに対する仙蔵の母親の気持ちを三十字以上四十字以内で説明しなさい。

恋愛感情が描かれた物語文

重要度 ★★☆

物語文

35 恋愛がテーマになっている文章では、「人間関係」「気持ちの方向」「慣用表現」に注目しよう！

中学入試に出題される物語文には、さまざまな気持ちが描かれますが、その中で、得意不得意が非常によく分かれるテーマがあります。それが今回学ぶ「恋愛感情」です。恋愛をテーマにした物語文がすごく得意だという人もいますが、逆に、何が書いてあるのかさっぱりわからないという人もいます。

ここでは、「何が書いてあるのかさっぱりわからない」人のために、恋愛感情が描かれた物語文を読むときのコツを説明していきます。

ポイント　恋愛感情が描かれた物語文を読むときのコツ

① 人間関係を正しくつかむ

恋愛がテーマになっている文章では、複数の登場人物の思いが描かれることが多いので、まずは、**登場人物同士の関係**を正しくつかむようにしましょう。頭の中で整理しきれないときには、簡単な**人物関係図**を作ってみるとよいでしょう。

② 気持ちの方向を確認する

これは、①とも関連しますが、登場人物の関係を正しくつかんだ

入試問題にチャレンジ！

≫解答は、別冊20ページ

次の文章を読んで、あとの問いに答えなさい。（海城中）

（中学三年生の「僕」は、体育祭で緑組（四組）の応援団長を務めたが、チームがビリになってしまったので、他の組の応援団長（大門・芹沢・川辺）たちの前で、グラウンドでトラック一周の逆立ちをするという罰ゲームをしている。クラスのみんなも応援してくれていたが、応援を強制されたくないという不満の声が出始めた。それに対して、クラスメイトの美鈴が反論する。）

「町平が負けたんじゃなくて、三年四組が負けたんだよ。わかんねーのかよ」

「意味……わかんない」

眼鏡をかけ直しながら、英子は小声で抵抗する。ケンカで劣勢の猫のように、背中が丸まっていた。

「体育祭の結果を思いだせよ。うちら緑組、ぶっちぎりのビリだぜ。もう午前中で結果、見えてただろうが。それでみんなますます、やる気なくしてさ」

僕は口をぽかっと開けながら、アホ面で聞いていたけれど、誰にもその顔を見られずに済んだ。みんなも硬直したままふたりの会話を聞いていたからだ。実は僕が一番ドキッとしたのは、ふたりの口論ではなくて、美鈴が「町平」と呼んでくれたことだった。

クラスのやつらはみんなヒラマチと呼ぶ。中一のとき、間違えて逆さに読まれたことがあった。その間違えたやつが開き直って、「別に町平

ら、**それぞれの人物の気持ちがどの人物に向かっているのか**を確認しましょう。恋愛がテーマの文章では、すんなりと両想いになるというパターンはあまりなく、自分の思いが相手には届かなかったり、自分が思いを寄せている人は他の人に恋心を抱いていたりします。人物関係図に**気持ちの方向**を書き加えて整理していきましょう。

③ 恋愛に関する慣用表現を理解する

恋愛感情が描かれる場合には、**慣用表現**が用いられることが多くあります。また、**よくある描写**をあらかじめ知っておくことで、恋愛感情を描いていることに気づきやすくなります。

例 胸がときめく・胸がざわつく・胸が痛む・胸がしめつけられる・胸が高鳴る・胸が熱くなる・頬が赤くなる・耳が赤くなる・目が合う・目が離せない・目がうるむ・目が泳ぐ・目をそらす・心がおどる・心を開く

例 毎日が楽しくなる・まわりの景色が鮮やかに目に映る・時間が止まってほしいと思う・いつのまにか目で追ってしまう

③の中でも、特に「目がうるむ」「目が泳ぐ」などの、さりげない描写に注意すると、恋愛感情を読み取りやすくなります。

塾技解説

「恋愛に関する慣用表現」を知らないために、恋愛がテーマの文章を苦手にしている人は、実は意外と多い。よくあるパターンとして覚えておくと、苦手克服に役立つ！

でも平町でもあんま変わんなくね？」と言ったことから、あだ名はヒラマチになった。それが正しい名字だと思いこんでるやつさえいる。（中略）

応援団長を決めたじゃんけんの日以来、朝、起きたときはまず美鈴の顔を思い浮かべて、寝る前に電気を消した後も、美鈴の顔を思い浮かべるようになっていた。

でも、もちろん誰にも話していない。忠之にさえも。

もしも言えば、すぐに騒がれるだろう。「告白しろよ」「うまくいってもフラれても、すっきりするぞ」なんて言われて。

冗談じゃない。学校のなかの恥ずかしいことのなかで、「告白すること」が僕にとってはもっともありえない罰だった。この逆立ち一周よりももっと。

（吉野万理子『時速47メートルの疾走』より）

問題 ——線部「実は僕が一番ドキッとしたのは、ふたりの口論ではなくて、美鈴が『町平』と呼んでくれたことだった」とありますが、「僕」が「ドキッと」したのはなぜですか。最もふさわしいものを次の中から一つ選びなさい。

ア 「僕」がひそかに好意を抱いてきた美鈴が、「僕」のことをまちがった名前で呼んだりせずに、きちんと認めてくれていると感じたから。

イ 「僕」がひそかに好意を抱いてきた美鈴が、そっけない態度をとっていても、実は彼女も「僕」に好意を持ってくれていると感じたから。

ウ 「僕」に関心などなさそうだった美鈴が、クラスで無視されていた「僕」を見捨てず、気にとめてくれていることがわかったから。

エ 「僕」に関心などなさそうだった美鈴が、本名で呼んでほしいという「僕」の気持ちに真正面から応えてくれていることがわかったから。

ジュク ワザ
塾技 36

大人の視点で描かれた物語文

重要度 ★★☆

物語文

36 大人の視点で描かれていても、人物の気持ちを客観的にとらえればよい！

中学入試の国語の物語文では、みなさんと同じくらいの年代の人物が主人公になっているものが多く出題されます。同じくらいの年代の人物であれば、気持ちが具体的にイメージしやすいですね。

しかし、近年の入試問題では、「これは完全に大人の視点だよね……」と思えるような物語文も数多く出題されるようになってきました。主人公は、父親であったり母親であったり、年老いた人物であったりします。

以下に、そのような大人の視点で描かれた物語文を読むときの注意点をまとめます。

ポイント 大人の視点で描かれた物語文を読むときの注意点

① 主人公の「立場」を明らかにする

まずは、**主人公の立場**を明らかにしましょう。主人公が子どもなのか大人なのかによって、ものの見方は変わります。また、家庭や職場などにおける**役割**も確認しておきましょう。その他、家庭や職場以外のところで趣味に打ち込む姿が描かれることもあります。

入試問題にチャレンジ！

≫解答は、別冊21ページ

次の小説は南木佳士「ニジマスを釣る」の部分です。語り手である父は、ゴールデンウイークに妻澄子、長男真一、次男健二の家族で実家の唐松林の倒木の処理をすることになりました。これを読んで、あとの問いに答えなさい。（開成中）

ゴールデンウイークをどのように過ごすかについてはそれぞれの思惑があった。真一は三浦半島の海に行き、海辺の生物の観察をしたかった。健二は池袋の水族館とプラネタリウムに行きたかった。そして、澄子は久しぶりに福岡の実家に帰りたがっていた。

会社は交代で五日間の連休がとれることになっていた。会社といっても、副都心のはずれに建つ老朽ビルの三階で、建築業界向けの外国語論文や法規の翻訳をしている、電話番の女の子を含めて社員五名の零細企業である。

三十二歳までは都内の中学校の教師をしていた。これといった夢があって就いた仕事ではなく、大学の英文科を出るとき、生来の緊張過多の体質に合わない仕事を除外していって辛うじて最後に残った職であった。卒業を控えた夏、アパートの壁にはったカレンダーの日付の上に思いつく職業を十五ばかり書き連ね、毎日一つずつ消して行った。折り畳みテーブルを出し、自炊の夕食をコロッケやサバの水煮の缶詰で食べながら、なるべく体に無理のない仕事を、とおよそ若者らしくない眼つきでカレンダーを見上げていた結果、十二日の土曜日の上にあった教師が残ったのだ。

しかし、学校はもしかしたらカレンダーから最初に除外した商社より

どのような立場で
どのような役割を
担っているのかを
確認する

② 「原因・理由」と「気持ち」をつなげて読解する

「原因・理由」と「気持ち」をつなげて読み取るということは、物語文の読解全般で気をつけるべきことですが、大人の視点で書かれた物語文を読むときには、より一層これを意識しましょう。大人の気持ちは、小学生には理解しづらいものもあるので、「私だったらこんな気持ちになるだろうな」という主観的な読み方は通用しません。「原因・理由」と「気持ち」をつなげるという**客観的な読み方**を徹底しましょう。

また、大人の視点で描かれた物語には、子どもに対する親としての思いや、これまでの人生への後悔、老いに対する不安など、小学生にはなじみのない心情が描かれることが多くあります。なじみのない心情が描かれている物語文を読んだら、「大人はこういう気持ちになるんだな」と、理解しておくとよいでしょう。

塾技解説

大人の視点で描かれた物語文を読むときには、主人公の「立場」をふまえ、「原因・理由」と「気持ち」をつなげて客観的に読んでいこう！

も体にこたえる職場だったのではないか、と後になって思った。英語の好きな子だけに英語を教える、などといった青くさい道理が通ろうとははなから思っていなかったが、成績の悪い子の親の、アパートまで押し掛けてくる理不尽な抗議。非行防止の夜回り。そして、いわゆる明るい人気教師となるよう「性格の改造」を諭す教頭。

十年の間に三つの学校に勤めた。通勤電車の中での腹痛に悩まされ続け、家と職場とブレザーのポケットの中にいつも正露丸の瓶を置いて飲みまくり、吐く息がクレオソートくさい、と生徒たちに笑われるようになって教師をやめた。

その間、電話会社に勤める澄子と結婚し、郊外の公団住宅に入居していたが、次第に食が細くなるので、私と暮らすのがそんなに嫌なら、と何度か泣かれたこともあった。

大学の先輩に誘われて気楽な翻訳の仕事に移ってからは、体重は着実に増えてきたが、収入は教師の頃より減った。澄子との共稼ぎを続けなければ、東京の郊外で暮らすサラリーマンの平均的な生活を維持できない。体面など繕わなくても、と思うだけは思うのだが、子供達をスイミングスクールに通わせたり、少年サッカーチームに入れたりする支出は削りたくない。缶蹴りに加わるのに金が要る時代になったのだ、と諦めている。

（南木佳士『熊出没注意　南木佳士自選短篇小説集』より）

問題　――線部「缶蹴りに加わるのに金が要る」とはどういうことですか、わかりやすく説明しなさい。

塾技 37

SF・ファンタジー

重要度 ★☆☆

物語文

37 現実にはありえない設定が出てきても、人間社会の現実と重ね合わせる!

中学入試ではいろいろなタイプの物語文が出題されます。その中には、近未来を描いたSF(サイエンス・フィクション)や、ファンタジーなど、現実にはありえないような設定のものもあります。また、人間以外のものが主人公になっているケースもあります。

ポイント 人間以外のものが主人公になっている物語

① 動物

イヌやネコなどの私たちに身近な**動物**が人間のように話をするという物語の設定は、昔からよくあります。夏目漱石の『吾輩は猫である』の類いです。マンガでも、鳥やミツバチなどが主人公で、人間の言葉を話すというものがありますね。

② 乗り物

動物と同様に、車や自転車のような**乗り物**が人間のように話すというのも、よくある設定です。人間の社会のように、力関係や序列が描かれていることもあります。

入試問題にチャレンジ!

≫解答は、別冊21ページ

次の文章を読んで、あとの問いに答えなさい。 (麻布中)

「アニキ」をリーダーとして「マル」とともに暮らしていた野生のシカの「おれ」(「サンカク」)は、冬の森の食べ物のとぼしさにたえられず、人里に食べ物を探しにいく。人間に見つかってにげる途中、「アニキ」は車にひかれて命を落としてしまうが、「おれ」は「マル」とともに必死ににげ続ける。そして、ある建物でロバの「ウサウマ」に出会った。


「あ、おれはシカのサンカク。こっちがマル。ちょっと休みたいんだ」

「どうぞ」

「あぁ、もうぼくダメ……」すみっこまで行って、マルがへなへなとしゃがみこんだ。

「つかれてるみたいだね?」

「人間に追われててね。あいつら、最低だ。アニキを殺しやがった」

「このあたりでは、シカは害獣なんだね」

「ガイジュウ?」

「人間にとって、めいわくな生き物だってことだよ。だから追いはらわれたり、つかまったりするんだ」

「ふうん……」

「昨日までいたところでは、人間とシカはとってもうまくやっていたのになぁ」

「へ?」おれは、聞き違いかと思って、耳をぴきぴき動かして、ほこりや雪がついてたら振り落とそうとした。

③ AI

現在のAIは、入力されたデータやルールにもとづいて処理を行いますが、感情を持ってはいません。しかし、感情を模倣するAI技術が開発されつつあり、**人間のような感情表現**を行うことが可能になっています。今後、物語文でもAIが怒ったり泣いたりするという設定が多く登場すると考えられます。

④ 地球外の生命

「人間と似たような環境で暮らしているが人間ではない」というような**特殊な設定**も見られます。

では、人間以外のものが主人公になっている物語は、どのように読めばよいのでしょうか。これらの物語には、共通した読み方や考え方があります。それは、人間社会の現実になぞらえて読むということです。つまり、主人公が人間の場合と同じように読むということですね。たとえ、登場するのが人間以外のものであっても、ものの見方や考え方は極めて人間的です。そうでないと読者が理解できないからです。

ただし、主人公が置かれた特殊な設定を正しく把握することは必要です。設定をつかんだら、あとは、人間社会の現実と重ね合わせていけばよいのです。

塾技解説

人間以外のものが主人公になっている物語でも、人間の行動パターンに重ね合わせて考え、その気持ちを読み取っていく。

「シカは、人間にもらったご飯を食べてるんだ。もらうと、ありがと、ありがと、って頭を下げるんだよ」

おれは鼻を鳴らした。

「そいつらは、どっかに閉じこめられて、一日中立つかしゃがむか、それしかやることのない、かわいそうなやつらだろ？」

「ううん。自由だよ」

「そんな、まさか」

「ご飯をもらいたくなければ、自分で草を探す。そういうシカもいるみたいだよ」

「本当に食うものに困らないのか」

「みんな君よりは太っていたよ」

「そ、その場所はどこにあるんだ」

「太陽が夕方にしずむ方向」

「ああ」

「何日か、そっちに向かって歩いて行くと、奈良公園ってところに着くから。そこにいるシカは天然記念物って呼ばれてて、人間にとっても大切にされてる」

人間がご飯をくれて、仲良くできるところがある？　信じられない。この目でどうしても見てみなくては。

（吉野万理子『ロバのサイン会』より）

問題　――線部「人間がご飯をくれて、仲良くできるところがある？　信じられない」とありますが、「おれ」がこのように思うのは、どのようなことがあったからですか。説明しなさい。

塾技 38

寓話的な物語文

重要度 ★☆☆

物語文

38 寓話的な物語文では、文章全体を通して示される「教訓」をつかむ。

「寓話」とは、人間のように考えたり話したりする動物たちが登場する物語です。つまり、前回の塾技37で学習した「人間以外のものが主人公になっている物語」なのですが、「寓話」は、物語を通して、人間の日常生活になじみ深いできごとを表現し、「教訓」を伝えるものです。

「寓話」の中には、たとえば、イソップ童話の『アリとキリギリス』や『ウサギとカメ』など、有名なものもたくさんあります。

『アリとキリギリス』は、寒い冬に備えて食料を蓄えるアリと、音楽や遊びに夢中で食料を準備しなかったキリギリスの話ですね。冬が来たとき、アリは食べ物を持っていましたが、キリギリスは飢えてしまいました。このストーリーからは、「前もって準備をすることが大切である」という教訓を学べます。

また、『ウサギとカメ』は、ウサギとカメが競走する話です。ウサギは速く走ることができ、カメはゆっくりとした歩みでした。ウサギはスタートで先行したものの途中で昼寝をしてしまいました。それに対して、カメは一歩一歩じっくりと進みました。最終的にカメが先にゴールし、勝者となりました。この物語からは、「努力を怠らず、着実に目標に向かって取り組むことが大切である」という教訓を得ることができます。

入試問題にチャレンジ!

次の文章を読んで、あとの問いに答えなさい。

（青山学院中等部）

≫解答は、別冊22ページ

昔は、ニワトリたちもまだ、自由だった。自由ではあったが、しかし原始的でもあった。たえずネコやイタチの危険におびえ、しばしばエサをさがしに遠くまで遠征したりしなければならなかった。ある日そこに人間がやってきて、しっかりした金網つきの家をたててやろうと申し出た。むろんニワトリたちは本能的に警戒した。すると人間は笑って言った。見なさい、私にはネコのようなツメもなければ、イタチのようなキバもない。こんなに平和的な私を恐れるなど、まったく理屈にあわないことだ。そう言われてみると、たしかにそのとおりである。決心しかねて、迷っているあいだに、人間はどんどんニワトリ小屋をたててしまった。

ドアにはカギがかかっていた。いちいち人間の手をかりなくては、出入りも自由にはできないのだ。こんなところにはとても住めないとニワトリたちがいうのを聞いて、人間は笑って答えた。諸君が自由にあけられるようなドアなら、ネコにだって自由にあけられることだろう。なにも危険な外に、わざわざ出ていく必要もあるまい。エサのことなら私が毎日はこんできて、エサ箱をいつもいっぱいにしておいてあげることにしよう。

一羽のニワトリが首をかしげ、どうも話がうますぎる、人間はわれわれの卵を盗み、殺して肉屋に売るつもりではないのだろうか？　とんでもない、と人間は強い調子で答えた。私の誠意を信じてほしい。それよりも、そういう君こそ、ネコから金をもらったスパイではないのかね。

中学入試の国語の読解問題には、人の生き方や考え方についての学校側からのメッセージが込められていることがあります。このため、国語の読解問題で寓話的な物語文が出題されることがあるのです。

では、こういった寓話的な物語文はどのように読んでいけばよいのでしょうか。次に、気をつけるべきポイントを示します。

ポイント **寓話的な物語文を読むときに気をつけるべきポイント**

① **人間社会の現実に重ね合わせて読む**

寓話に登場する動物たちは人間のように考えたり話したりします。ですから、**人間社会の現実**に重ね合わせながら読んでいきましょう。

② **物語を通して示される教訓をつかむ**

寓話には人間の生活に通じる教訓が含まれます。寓話の読解では、**文章を通して示される教訓**を理解することが最も重要です。

寓話的な物語文には、道徳的側面が強く表れます。ストーリーを追うだけでなく、その物語が伝えようとしているテーマを正しくつかむことを心がけましょう。

塾技解説

寓話的な物語文には、教訓が含まれる。動物たちの行動を人間社会の現実に重ね合わせて、メッセージを読み取ろう。

これはニワトリたちの頭には少々むずかしすぎる問題だった。スパイの疑いをうけたニワトリは、そうであることが立証できないように、そうでないこともまた立証できなかったので、とうとう仲間はずれにされてしまった。けっきょく、人間があれほどいうのだから、一応は受入れてみよう、もし工合がわるければ話し合いで改めていけばよいという、「良識派」が勝をしめ、ニワトリたちは自らオリの中にはいっていったのである。

その後のことは、もうだれもが知っているとおりのことだ。

（安部公房『安部公房全集9』より）

問題 この文章の作者は、直接的な表現を避け、人間とニワトリとのたとえ話に託すことによって自身の主張を伝えています。これを寓話といいますが、筆者はこのたとえ話を通して我々に何を伝えようとしていますか。次の中から**間違っているもの**を**すべて**選びなさい。

ア 良識派の意見は、社会に受け入れられやすい考え方のことであり、特に意見のない者はその言動・主張に従うのがよい。

イ 一見あるいは一聞するともっともらしい言葉でも、しっかりとした分析に裏付けられたものであるか、厳しくその内容を検証する必要がある。

ウ 誰もが当然のこととして疑いなく受け入れる言葉でも、あやまった結果を招く場合がある。

エ 政治家や権力者といった社会的地位などが高い人間の言葉をすぐに受け入れてしまう人間の愚かさを暗に示している。

オ 一概に良識派が発信する情報というのは有害なものであり、安易に耳を傾けてはならないという警鐘を鳴らしている。

外国文学

重要度 ★☆☆

物語文

39 物語文で外国文学が出てきたら、文化の違いに気をつけて読む!

中学入試の国語の読解問題では、日本文学ではなく外国文学を翻訳したものが出題されることがあります。「どうも外国文学は読みづらいなぁ」と、苦手意識を持っている人も少なからずいるでしょう。

では、なぜ外国文学は読みづらく感じるのでしょうか。それは、私たちは無意識であっても、日本の文化や風習を中心に物事を考えるからです（これを「自文化中心主義」といいます）。

外国文学は、日本と違う国の人が書いた本です。そこには、日本とは違う文化や歴史、考え方があります。ですから、自分の常識や感覚だけで判断せずに、作品の背景を理解しようとする姿勢が大切です。

中学入試に出題される外国文学は、欧米の文学を翻訳したものが多いので、ここでは、欧米の文学の特徴をいくつか説明したいと思います。

ポイント 欧米の文学の特徴

① **異質な他者への意識**

欧米では、さまざまな人種や文化とのふれあいによって、**異質**

入試問題にチャレンジ!

次の文章を読んで、あとの問いに答えなさい。

（渋谷教育学園渋谷中・改）

≫解答は、別冊22ページ

〔この文章は、ドイツの厳格な神学校が舞台になっている。以下は、ルツィウスという生徒が練習室を独占していることに、ハイルナーという生徒が腹を立てている場面である。〕

「もう止めてもいいだろう」とハイルナーは文句を言った。「練習したい人間は他にもいるんだし。お前のきいきいした演奏はどっちみち大迷惑だからな」

ルツィウスが譲ろうとしなかったので、ハイルナーも態度が乱暴になった。ルツィウスが落ち着いてまたヴァイオリンをきいきい鳴らし始めると、ハイルナーは譜面台を蹴飛ばしてひっくり返した。紙が部屋のなかに散らばり、譜面台は演奏していたルツィウスの顔に当たった。（中略）

「このことは校長先生に言うからな」彼はきっぱりと言った。

「結構さ」とハイルナーは激昂しながら叫んだ。「おまけに犬みたいに蹴飛ばしてやったこともちゃんと伝えるんだな」そう言うとハイルナーはすぐにそれを実行に移そうとした。

ルツィウスは脇に飛びのいて逃げ、ドアに到達した。ハイルナーがすぐ後に続き、廊下やホール、階段や通路を通り、校長の住居がひっそりと上品にたたずんでいる神学校の一番離れた建物にまで、緊迫した追跡がくり広げられた。ハイルナーは逃げるルツィウスを校長の書斎のドアの直前で捉えることができた。そしてルツィウスがすでにドアをノック

な**他者**を意識してきました。特に、アメリカは移民の国なので、言語や文化、宗教などの違いを大切にして受け入れることが必要でした。そのため、欧米の文学では、**個人の自由**や**権利**、**人間の平等**や**尊厳**、**社会の正義**などのテーマがよく取り上げられます。

② キリスト教の影響

欧米の文学は、**キリスト教**の影響を強く受けています。そのため、**人間の罪**や**救済**、**善悪**や**道徳**、**信仰**や**疑問**などが描かれます。

③ 自然に対する客観的な視点

欧米では、科学の発展に伴って、自然や現実を**客観的**に観察し、分析しようとしてきました。そのため、欧米の文学では、物事を細かく切り分けて**分類**したり、**論理的**に展開したりする表現法がよく用いられます。

また、外国語は文章のつくりや言葉の使い方が日本語と異なるので、それを翻訳したものも、長い文章や複雑な文章になることがあります。ですから、日本文学を読むとき以上に、誰が何をしたかをしっかりつかむことを意識しましょう。

塾技解説

外国文学の読解では、日本の常識や感覚で判断せずに、作品の背景を理解することを心がけよう!

し、ドアが開いた最後の瞬間に約束の蹴りが入れられ、ルツィウスはもはやドアを閉めることもできずに、爆弾のように指導者の聖なる空間のなかに飛び込んでいった。

これは前代未聞のできごとだった。校長は翌朝、若者の退廃について見事な演説をし、ルツィウスは感じ入ったようなしたり顔で聞いていた。ハイルナーは重い謹慎処分を言い渡された。

（ヘルマン・ヘッセ著／松永美穂訳『車輪の下で』光文社古典新訳文庫より）

問題 ——線部「ルツィウスは感じ入ったようなしたり顔で聞いていた」とありますが、この場面の説明として最もふさわしいものを次の中から一つ選びなさい。

ア ハイルナーがルツィウスに言いがかりをつけてきた上に許可無く校長室に侵入したことを、校長が若者のモラルの低下による行動としてとらえ、ハイルナーに謹慎を言い渡す話について、ルツィウスは満足したような喜びに満ちた顔で聞いていたということ。

イ ハイルナーがルツィウスを入室が禁じられている校長室の中まで追い回して蹴りを入れたことを、校長が問題行動としてとらえ、遠回しにハイルナーを諭した話について、ルツィウスはしてやったりというような嬉々とした様子で聞き入っていたということ。

ウ ハイルナーがやり場のない怒りをルツィウスにぶつけて脅してきたことを、校長が今までに聞いたことがない問題としてとらえ、ハイルナーに厳しい罰を言い渡す話について、ルツィウスは当然の結果だと納得したような大人びた様子で聞いていたということ。

エ ハイルナーが自分勝手に振る舞った挙げ句にルツィウスに対して暴力まで働いたことを、校長は見過ごせない出来事としてとらえ、ハイルナーの問題行動を非難する話について、ルツィウスは深く感心したような得意げな顔で聞いていたということ。

塾技 40

随筆文の読解

40 随筆文の読解には、論説文と物語文の読み方が利用できる!

「随筆文」というのは、筆者の経験や知識にもとづいて、自分なりの考えや感想を表現する文章です。

随筆文は、「論説型随筆文」と「物語型随筆文」に大別できます。

ポイント 「論説型随筆文」と「物語型随筆文」

① **論説型随筆文**

論説文のように、**「主張」**が明確にあり、それを裏付ける具体的な例やエピソードが書かれています。

例 私はとくにカウンセリングという限られた領域だけではなく、広範囲に「聞く」ことを学びたいと思っていました。二年程前に、ようやくタイトルに聞き方のついた本を見つけて喜んで買いましたが、中身はやはりほとんどが話し方で、聞き方についてはほんのちょっと書いてあるだけでした。どうやらコミュニケーションは聞くことから始まるという考え方は、あまり一般的ではなかったようです。さらに聞くという行為は、私たちが学ぶことができる「技術」として認識されていなかったのです。「聞く」ことは心の問題であり、それは心理学や精神的な領域と捉えられてきた

重要度★★★　随筆文

入試問題にチャレンジ!

次の文章を読んで、あとの問いに答えなさい。

（共立女子中・改）

»解答は、別冊23ページ

それは母方の祖母が、孫たちを、お雛祭りに招待してくれたときの写真でした。（中略）

写真を前に、母は次のような話をしてくれました。

「この写真の中で、あなただけが普段着のまま座っているでしょう。この日はお雛様のお祭りに、おばあさまが孫たちをみんな呼んで、おもてなしをしてくださったの。あなたはまだ、一歳のお誕生日を迎えたばかりで、言葉も言えず、自分ひとりで食べることも、聞きわけよくおとなしくしていることもできなかったころのことだから、とても覚えてはいないでしょうけど。そのころのあなたは、言葉も分からないのに好奇心だけは旺盛で、何にでも手を出して、食事中、机の上のご馳走をひっくり返したり、熱いものにさわって泣きだしたり、やれおしっこだのと、騒ぎたてることが日常だったので、その日はあなただけお手伝いさんと家で留守番をすることになっていたの。おばあさまは、あなたがいっしょに来ていないのに気がつくと、「なぜ、あの子は来ていないの?」と母親の私に言い、「とてもおとなしくしていないから、家で留守番を」と答えると、私を叱るように、「お膳をひっくり返したり、ご馳走をめちゃめちゃにして、まわりに大騒ぎをさせるのも、親孝行のうちのひとつではないか——。さあ、すぐに連れておいで」と言って、一歳の孫が座る特別の場所をこしらえてくださったの。そこで大急ぎで留守番していたあなたをだっこして連れてきたので、あなたは、普段着のままなのよ」と、当時を懐かしむように説明してくれました。（中略）

のです。ところがいまその認識が大きく変わりつつあります。聞くことは話すことと同様の技術であり、話すことと同等、またはそれ以上にコミュニケーション能力として重要なものであると私は考えます。

（菅原裕子『聞く技術・伝える技術』より）

② 物語型随筆文

筆者の経験などとともに、**「思い・気持ち」**が書かれています。

例 私は白菜の漬物を食べると、小学生の頃の隅田川界隈の冬の風景と、母が私を優しく温かく育ててくれたことを思い出します。白菜は思い出深い漬物なのです。（中略）

私は白菜の葉っぱの部分が大好きでした。母は毎朝この葉っぱの部分を一枚一枚子供が食べ易い大きさに切り、丁度フグ刺しをお皿に菊の花状に綺麗に並べるように、何枚も置いて出してくれました。（中略）最高のおふくろの味でした。

（鈴木健二「母のお手伝い」より）

随筆文を読む際には、論説型か物語型かを意識します。論説型なら、論説文の読み方を利用し、筆者の「主張」をつかんでいきましょう。また、物語型なら、物語文の読み方を利用し、筆者の「思い・気持ち」を確認しましょう。

塾技解説

随筆文は、エピソードが長めの論説文や物語文だと考えればよい。論説文や物語文の読み方で学んだことを利用して読んでいこう。

母は、幼い私がまわりに迷惑をかけて、せっかくの祖母の心づくしのお雛祭りを台無しにしてしまうのを気遣ったのでしょう。とはいっても、家に残してきた子どものことも気がかりだったにちがいありません。

祖母が言ってくれた「ご馳走をめちゃめちゃにして、まわりに大騒ぎをさせるのも、親孝行のうちのひとつではないか」という言葉が、母の心にずっと残っていて、記念の写真というだけでなく、母にとっては特別の写真だったのかも――と思います。

それ以来、母から聞いた祖母のその言葉を、母の声音とともに私はたびたび思い出すようになりました。息子たちがふざけてけがをしたり、客室のソファにマジックでいたずら書きをしたり、兄弟げんかをして窓ガラスを壊したりしたことも、手に余った反抗期のことも、それらは親孝行の一つと思うようになりました。

（暉峻淑子『対話する社会へ』より）

問題 ――線部「母から聞いた祖母のその言葉を、母の声音とともに私はたびたび思い出すようになりました」とありますが、この表現からどのようなことが読み取れますか。その説明として最もふさわしいものを次の中から一つ選びなさい。

ア 時代をこえて祖母が直接筆者に話しかけてくれているかのように感じているということ。

イ 祖母から母へ伝わった言葉が、今度は母の思いとともに筆者へ受けつがれたということ。

ウ 祖母の声と母の声がとても似ているので、親子のつながりの深さを感じているということ。

エ 筆者が自分の息子と接する時に、母の口調を参考にして接するようになったということ。

41 「エピソード」と「主張」の読み分け

重要度 ★★☆

随筆文

41 分量の多い「エピソード」の部分に振り回されず、筆者の主張をつかもう！

塾技40で学んだように、随筆文は、筆者の経験や知識にもとづいて自分なりの考えや感想を表現する文章なので、多くの場合、「エピソード」が具体的に書かれています。筆者が実際に経験したことが書かれていると、イメージもわきやすく、楽しみながら読むことができます。しかし、随筆文で注目すべきは、エピソードではなく、そのエピソードを通して述べられている「筆者の主張（もしくは思い）」です。

エピソードの部分にばかり気を取られると、「結局何を言いたいのかわからなかった……」ということになってしまうので、筆者の主張がまとめて書かれている部分をチェックするようにしましょう。

例

1 十数年前、カトマンズを訪れたときのことだ。最初はヒマラヤの山々をはるかに望むことができただけで、非常な満足を覚えたものだ。ヒマラヤの白き峰はたとえようもないほど神神しく、静かにそこに端座していた。

2 だが、しばらくそこに滞在していると、もう少し高いところまで登り、ヒマラヤの山々がさらによく見えるところまで行きたくなる。次にはもう少し高いところまで……。この心の高ぶりがとてもいいのである。

入試問題にチャレンジ！

≫解答は、別冊23ページ

次の文章を読んで、あとの問いに答えなさい。

（筑波大附属駒場中）

以前、目の見えない知人が、柱にぶつかることは悪いことじゃない、と言っていた。目の見える側からすると、柱にぶつかるのは「あぶないこと」だ。けれども彼らにしてみれば、ぶつかることだって「ああ、ここに柱があるのね」という知覚方法の一種である。ある観点からすれば「しっぱい」でも、①別の観点からすれば「せいこう」だ。

ここ二週間の私は、まさに「柱にぶつかりまくっている」状態である。三月末に桜の咲きかけた日本を離れ、アメリカのボストンに移住。家族とともに、半年ほどこちらに滞在する予定だ。慣れない土地にいると、自分にとって当たり前だと思っていたことが思わぬしっぱいであったりする。でもそのことによって「へーしっぱいなんだ！」とそこに柱があったことに気づく。

たとえば数字「0」の発音。美術館に行くと、来訪者の情報を集めるために居住地の郵便番号を聞かれることが多い。私が住んでいる地域は郵便番号が0から始まるので、「ゼロ、トゥー、……」と言うと、相手が聞き返してくる。それで、もう一度「ゼロ、トゥー、……」と言うが通じない。仕方なく、紙に書いて伝えるはめになった。

それから数日後、テレビのCMを見ていて②何が「柱」だったのか分かった。0の発音は「ゼロ」ではなくむしろ「ズィーロウ」のような感じなのである。まさか「ゼロ」がカタカナ英語だったとは。それ以来、そのタイミングがくるたびに、あのCMのコメディアンを真似て、思い切り「ズィーロウ」と発音している。

③ 実際、最初からいちばん高い地点を目ざそうものなら高山病にやられ、ひどい場合には生命にもかかわる。本格的な登攀を目ざす人も、低いところからじょじょに高いところへと高度順化をして体をならしながら、頂上を目ざしていく。

④ 人生も、高山を登るごとし、だと私は思う。

⑤ 六十パーセントのところで満足していれば、やがて、自然にその少し上に登りたくなる。そうなったときに少し高度を上げるのは、無理でも危険でもない。

⑥ 人生六十パーセント主義は、高度順化をしながら、しだいに自分をレベルアップしていく高等テクニックだといえないだろうか。少しずつ登っていけば、常に自分の現状に満足感を感じながら、じょじょに高みに到達できるはずだと思う。

（斎藤茂太『いい言葉は、いい人生をつくる』より）

①〜③段落は、筆者がカトマンズで「登山」をした経験が語られています。「最初から高い地点を目ざさずに、少しずつ高みに挑戦するのが登山の基本だ」という内容ですね。

④段落以降は、話題が「登山」から「人生」に変わっています。ここまで読んでみると、筆者は、登山のエピソードをきっかけにして人の生き方について述べようとしているのだということがわかります。

塾技解説

エピソードが長い随筆文では、体験が書かれている部分と筆者の主張が書かれている部分をしっかり区別して読んでいこう！

あるいはスーパーに行ったとき。アメリカではクラフトビールがおいしいと聞いていたので、夕食時に一杯やりたくてぶらぶら店内を物色していた。ところがどこを探してもビールを売っていない！　ビールどころかワインもウイスキーも売っていない！　おかしいと思ってレジの店員さんにたずねると「うちはアルコールを売る店じゃないのよ」との返事。それならばと二軒目のスーパーに入ったが、ここでも結果は同じ。結局、小さな酒屋を見つけて、やっとこさビールにありつくことができた。

あらためて調べてみると、ここマサチューセッツ州では、特別な許可がないかぎりスーパーや食料品店ではアルコールを扱ってはいけないことになっているそうなのだ。（中略）

救いなのは、こちらに来てから一度も、しっぱいを恥ずかしいと思わずに済んでいることである。私がいくらおかしな発音をしたり、あやしい振る舞いをしたとしても、相手は怪訝な顔をしないのだ。「ゼロ！」と言い張っても、「なぜかしら、私には聞き取れなくて……」と本気で考えてくれている風だし、「ビール！」と質問しても笑顔で首を振る。もしこれが、「何を言っているんだこいつは」という態度で返されていたら、わたしのしっぱいは恥となり、次のチャレンジをする勇気を失っていただろう。

（伊藤亜紗『ゼロとお寿司』より）

問題1 ——線部①「別の観点からすれば『せいこう』だ」とありますが、なぜ「せいこう」なのですか。

問題2 ——線部②「何が『柱』だったのか分かった」とありますが、この例ではどのようなことを「柱」と表しているのですか。

ジュク ワザ
塾技 42

筆者のオリジナル表現

重要度 ★★☆

随筆文

42 随筆文では、筆者のオリジナル表現（独自の言い回し・個人言語）に着目しよう。

随筆文を読むうえで意識したいのは、筆者の背景です。「背景」とは筆者の社会的立場（職業）、年齢、性別、育った環境などのことで、それらは複合的にからみあい、筆者の考え方につながってきます。

また、文章の中に、筆者のオリジナル表現（独自の言い回し・個人言語）が出てきたら、要注意です。一般的にはなじみのない言葉ですから、文脈からどのような意味で使われているのかを確認するようにしましょう。オリジナル表現は、そのままでは何のことかわからないので、その意味が文章中で必ず説明されています。

以下に、筆者のオリジナル表現が含まれた文章を読むときの注意点を挙げておきます。

ポイント 筆者のオリジナル表現

① **一般的にはなじみのない言葉に注意する**

一般的にはあまり使われていない言葉が出てきたら、**筆者のオリジナル表現**であることが多いので、チェックしましょう。「　」

入試問題にチャレンジ！

≫解答は、別冊24ページ

次の文章を読んで、あとの問いに答えなさい。

（慶應義塾普通部）

ケーキ、という言葉には、①実物のケーキ以上の何かがある。私はその何かが好きだ。

ケーキ、という言葉に人がみるもの。それはたぶん実物のケーキよりずっと特別だ。ケーキがあるわよ、とか、一緒にケーキでも食べない、とか言われたときの、あの湧きあがる喜びは、そうでなきゃ説明がつかない。だって、どんなケーキかもわからないのに嬉しいなんて変だもの。

ケーキというのはそもそも非常に多種多様な上、おなじたとえばショートケーキでも、店によって無論ぴんからきりまである。それを全部まとめて「よいもの」「好きなもの」のように扱うというのは、考えてみるとひどく強引で乱暴なことだ。

ケーキが好きな場合でも、あの店のあのケーキは好きだけれどどこの店のこれは苦手、とか、生クリームは嫌い、とか、洋酒のきいたものはいやだ、とか、ババロワは好きだけれどプリンは好きではない、とか、説明すべきことが当然いろいろあるはずなのだ。

でも、たいていの場合、②誰もそんなことは訊いちゃいないし、べつに知りたくもないのだ。

私個人について言えば、私は断固ケーキが好きだし、そう言った瞬間に、それを聞いた人がたとえば木いちごのソースのかかったチョコレートケーキ——私はそれが苦手なのだが——を思い浮かべようと、ゼラチンくさいレアチーズケーキ——逃げだしたい——を思い浮かべようと、文句はない。③そのリスクを負う覚悟の上にしか、人はケーキが好きだ

（カギカッコ）がつけられている場合もあります。

② 表現上の工夫を考える

筆者は、あえて一般的にはなじみのない表現を使っているので、その表現がどのように工夫されているのかを考えていきます。**比喩表現**や**強調表現**に注意すると、筆者の意図が見えてきます。

③ 筆者の意図をつかむ

一般的になじみのない言葉である場合には、その意味が文章中に書かれているので、**説明にあたる部分**を探すようにします。その言葉が筆者にとってどのような意味を持つものなのかをつかんでいきましょう。

筆者のオリジナル表現には、筆者の強い思いが込められていることが多いので、問題でも問われやすくなります。筆者の主張や思いが読み取れる部分をチェックして、表現の意図をつかみましょう。

また、筆者のオリジナル表現は、そのまま「キーワード」になることもあります。何度も繰り返し使われている場合には、文章の主題になっていることもあるので、より注意が必要です。

塾技解説

筆者のオリジナル表現（独自の言い回し・個人言語）には、筆者の強い思いが込められている。表現上の工夫に注目して、その意味を明らかにしよう！

と言えないのだと思う。

　ケーキ、という言葉の喚起する、甘くささやかな幸福のイメージ。大切なのはそれであって、それは、具体的な一個のケーキとは、いっそ無関係といっていい。

　何が好きですか、と訊かれて、まよわず、ケーキ、とこたえるような単純さで、私は生きたい。

（江國香織『とるにたらないものもの』より）

問題1 ――線部①「実物のケーキ以上の何か」とありますが、「何か」を具体的に言い換えている部分を本文中から探し、十四字でぬき出しなさい。

問題2 ――線部②「誰もそんなことは訊いちゃいない」とありますが、「そんなこと」とは何か、その内容を二十字以内で説明しなさい。

問題3 ――線部③「そのリスク」とありますが、どのようなおそれがあるのでしょうか。最もふさわしいものを次の中から一つ選びなさい。

ア 好き嫌いが激しい人とみなされてしまうこと。

イ 実はケーキ好きではないと見抜かれてしまうこと。

ウ ケーキの好みの違いに気づかれてしまうこと。

エ 大ざっぱでいい加減な人だと思われてしまうこと。

オ 自分の嫌いなケーキを想像されてしまうこと。

詩の分類と表現技法

重要度 ★★☆

詩・短歌・俳句

43 詩の分類と表現技法は「得点源」。それぞれの特徴を確実におさえる！

詩の分類や表現技法に関する問題は、いわば知識事項ですので、知っていれば確実に得点できます。必ず覚えておくようにしましょう。

ポイント 詩の分類

文体	口語詩	現在の言葉で書かれたもの
	文語詩	昔の言葉（＝古語）で書かれたもの
形式	定型詩	五・七調などの決まったリズムがあるもの
	自由詩	決まったリズムがなく、自由に書かれたもの
	散文詩	見た目は普通の文章のように書かれたもの
内容	叙情詩	感動など気持ちを主題としたもの
	叙景詩	美しい風景などを中心に表現したもの
	叙事詩	歴史的な事件や神話、伝説などを扱ったもの

ポイント 詩の表現技法

比喩（直喩）「ようだ」「みたいだ」などを使ってたとえる

例 先生が鬼のような形相でにらんでいる

入試問題にチャレンジ！

≫解答は、別冊24ページ

次の詩を読んで、あとの問いに答えなさい。（東京都市大付属中）

冬が来た　高村光太郎

きっぱりと冬が来た
八つ手の白い花も消え
公孫樹の木も箒になった

きりきりともみ込むような冬が来た
人にいやがられる冬
草木に背かれ、虫類に逃げられる冬が来た

冬よ
僕に来い、僕に来い
僕は冬の力、冬 X 僕 Y 餌食だ

しみ透れ、つきぬけ
火事を出せ、雪で埋めろ
刃物のような冬が来た

（高村光太郎『道程』より）

問題1 この詩に用いられている表現技法の組み合わせとして、最もふさわしいものを次の中から一つ選びなさい。

1 文語で書かれており、直喩や呼びかけが用いられている。

比喩（隠喩）「ようだ」「みたいだ」などを使わずにたとえる
例 父は仕事の鬼だ
擬人法 人間以外のものを人間のように表現する
例 船が海の上をゆっくりと散歩している
倒置法 語順をひっくり返して、強調する
例 聞いてくれ、動物たちの悲痛な声を
対句法 似たような語句や構成によって、印象を強める
例 雨に打たれても、風に吹かれても、ぼくはへっちゃらさ
反復法 同じ言葉を繰り返し、リズムを整えたり強調したりする
例 空高く、空高く、舞い上がれ
省略法 本来はあるべき言葉を省いて、印象づける
例 さあ、希望を胸に未来へと（ゆこう）
体言止め（名詞止め） 名詞で終わらせ、強調し、余韻を残す
例 人生でいちばん頑張ったあの夏
呼びかけ 語りかけの形にして、印象づける
例 おーい、そっちの暮らしはどうだい
押韻 同じもしくは似た音をそろえて、リズムを整える
例 ねこが　ねむそうにして　ねころがっているね

塾技解説
中学入試の国語で出題される詩の多くは、「口語詩」「自由詩」「叙情詩」。また、文体と形式をまとめて「口語自由詩」などと表現することが多い。

2 口語で書かれており、対句や体言止めが用いられている。
3 口語で書かれており、直喩や隠喩が用いられている。
4 文語で書かれており、隠喩や対句が用いられている。

問題2 ——線部「公孫樹の木も箒になった」とは、どういうことを表そうとしていますか。次の□に入る言葉を五字以内で答えなさい。

公孫樹の木の□てしまったということ。

問題3 詩の中の X ・ Y に入る助詞の組み合わせとして、最もふさわしいものを次の中から一つ選びなさい。

1 X＝は　Y＝の　　2 X＝と　Y＝は
3 X＝の　Y＝は　　4 X＝も　Y＝の

問題4 作者がとらえている「冬」として、最もふさわしいものを次の中から一つ選びなさい。

1 漠然とした不安　　2 思いがけない幸運
3 絶え間ない緊張　　4 越えるべき試練

問題5 作者は彫刻家としても有名な人物ですが、この詩からはどのような作者の姿が感じられますか。最もふさわしいものを次の中から一つ選びなさい。

1 芸術家として、身近な人々の幸福を願おうとしている作者。
2 芸術家として、今までのあり方を振り返ろうとしている作者。
3 芸術家として、生きていく喜びをうったえようとしている作者。
4 芸術家として、今よりも一層高い境地を目指そうとしている作者。

詩の読解① 映像化

44 詩の読解では、文字によって説明されていない部分を映像として思い描く（えが）ようにする！

物語文や論説文などの文章と詩の違い（ちが）はなんでしょうか。その違いの一つは「文字数」です。詩は文字数が少なく、すべてを説明しきらないのが特徴（とくちょう）と言えるでしょう。

そこで、今回説明する「映像化」という方法が役に立ちます。詩の中ではすべてが説明されているわけではないので、その説明されていない部分を映像として思い描くのです。

例

だれも乗らないバス　　やなせたかし

バスに乗ったら空っぽだった
だれも乗ってこなかった
ぼくはなんだかうろたえた
ぼくの降りる駅はすぐきたが
ここで
ぼくが降りたら
バスは空っぽになる
むだに走ることになる
だれかひとりでもお客さんが乗ってくるまで

入試問題にチャレンジ！

》解答は、別冊25ページ

次の詩を読んで、あとの問いに答えなさい。（共立女子中・改）

みずうみにはるがきた　　井上良子（いのうえよしこ）

しろくせまる　やまやまのゆき
いろとけてながれ　ほとばしり
のやまをぬって　びわこのふちへ
はるのいぶき　とくとくと
ふかいそこの　うちがわをふるわせ
びわこは①しんこきゅうする

だいちのくぼみに　四百万年
どうどうと　まみずをたたえ
いきている

ちきゅうでゆびおりの古代湖
あおい藻（も）もわたしのからだも
②いまにいのちをたたえてきた
むかし　いきたぞうの化石
いま　いきる進化のさかな
ながくふるい時間をためて

ぼくは乗っていることにした
しかしどのバスストップでも
だれひとりとして乗らなかった
ちいさい雨が降ってきて
街はさびしそうな感じになり
バスは肩をすくめるようにして
恥じらいながら走っていった
そして
とうとう終点へきてしまった
運転手はぼくの顔を見て
てれくさそうに笑った
弱点をさらけだした同志のように
ぼくも笑った

（やなせたかし「幸福の歌」より）

この詩で描かれているのは「バスに乗る」という、ごく日常の風景です。「ぼく」は、「ぼく」以外の乗客がいないバスに乗っています。他の客が乗ってくるまでバスに乗っていようとして、降りるはずのバスストップ（バス停）を過ぎ、終点に着いてしまったという内容です。もの悲しいバスの様子や、それを象徴するちいさい雨、運転手と「ぼく」のてれくさそうに笑う顔が「映像化」できたでしょうか。「ぼく」の気づかいに運転手が感謝している顔が思い浮かべば、バッチリですね。

塾技解説
映像化は物語文などでも使える方法だが、詩の読解では映像をイメージすることが特に大事。文字から情景を思い浮かべて、詩の内容をとらえよう！

□からほころびはじめる
うまれたばかりの初々しさで
かがみのようにはるをてらす

はるがきた
はるのよあけだ
みずうみにはるがきた

（井上良子『太陽の指環』より）

問題1 ——線部①「しんこきゅうする」とありますが、どういうことですか。最も ふさわしいものを次の中から一つ選びなさい。

ア　湖の水が新しく入れかわること。
イ　湖が地震でゆれていること。
ウ　湖の水温が急に上昇すること。
エ　湖の水面が大きく上下すること。

問題2 ——線部②「いまにいのちをたたえてきた」とありますが、どういうことですか。最もふさわしいものを次の中から一つ選びなさい。

ア　古い種族が絶滅して、新しい生物がうまれたということ。
イ　厳しい環境を生きぬき、長生きしてきたということ。
ウ　湖の水によって、いくつもの生命が受けつがれてきたということ。
エ　湖が支える数多くの生物のすばらしさをほめてきたということ。

問題3 □にあてはまる言葉として、最もふさわしいものを次の中から一つ選びなさい。

ア　底　イ　やみ　ウ　さかな　エ　ふゆ　オ　かなた

塾技（ジュクワザ）45

詩の読解② 主題

重要度 ★☆☆

詩・短歌・俳句

45 一つひとつの言葉を大切にして、詩の主題をつかむ。

詩を読解する際には、主題（テーマ）をつかむことが大切です。塾技44でも説明したように、詩は、普通の文章に比べて、少ない文字数で書かれています。そのため、すぐに読めてしまうのですが、文字を目で追うだけの表面的な読み方では、詩の主題を理解することはできません。一つひとつの言葉に注目し、作者が伝えたいメッセージをていねいに読み取りましょう。

ポイント 中学入試の国語の詩の問題でよく見られる主題

① 自然と人間

自然と**人間**を対比させるパターンです。自分たちの利益のために自然破壊を繰り返す人間に対して、**自戒（＝みずからをいましめること）**をうながす内容の詩がよく出題されます。

② 人生観

これは難関校で特に好まれるテーマです。よくある日常的な光景でも、それを**人間の生き方**や**人生**になぞらえると、深い意味が見えてきます。

入試問題にチャレンジ！

次の詩を読んで、あとの問いに答えなさい。

≫解答は、別冊26ページ

秋の砂　　木坂涼

そんなに
いいことはないよ　と

海に
言ってみる

海が
波のさきを
砂浜にひっかけ
ひっかけ
陸へ
あがりたそうにしているから

わたしは
足あとを
波のさきにのこした
ひんやり湿った
秋の砂に

（筑波大附属駒場中）

③ **親子の愛情**

親子の愛情というテーマは、物語文だけでなく、詩においても頻出です。子の成長を見守る親の思いが描かれることが多いですね。

④ **何気ない日常**

日常生活の何気ない風景から、生きていることへの**素朴な喜び**や**感動**、**面白さ**を表現した詩も、よく出題されます。

例

母はサボテンが好きだ　　小野省子

台所に
ぬぼーっと並んでいる
トゲだらけの緑頭に
時々ひっそり
話しかけている

「何がかわいいって
手がかからない所よ」

私は少し口をすぼめて
父を見る
父は新聞ごしに
母を見る
何か言われそうな
予感がする

（柴田翔『詩への道しるべ』より）

これを読んで思わずニヤッとした人は、この詩の主題がつかめています。「私」の母は、「私」と父はサボテンと違って手がかかる存在であると、暗に言っているのですね。

塾技解説

詩の主題（テーマ）は、難関校の詩の問題では確実に問われる。詩の情景だけでなく、そこに込められたメッセージをとらえよう！

海に嫌味を言ったあとの
苦笑で
すこし軽くなった足あとを

（木坂涼『金色の網』より）

問題1 「そんなに／いいことはないよ」と言ったときの「わたし」の気持ちを答えなさい。

問題2 「足あとを／波のさきにのこした」のはなぜですか。

塾技 46

詩＋解説文

重要度 ★☆☆

詩・短歌・俳句

46 解説文がついている詩は、解説文の解釈に沿って考えるのが鉄則！

今回は、「詩」に「解説文」がついている問題の読み方と解き方を説明していきます。

本来、詩を読むときには、読み手が自分なりの解釈をすることができます。しかし、中学入試の国語の詩の問題では、複数の解釈を認めると客観性が失われてしまうので、解説文とともに出題することによって、解釈の方向性を決める場合があります。

詩＋解説文の問題を解くうえでは、以下の二点に気をつけましょう。

ポイント　詩＋解説文の読解

① **詩よりも解説文を精読する**

解説文は、**詩の解釈の方向性**を決めるものですから、解説文がある場合には、解説文を重点的に読んで詩の内容をつかみます。

② **解説文と詩を対応させる**

解説文では、多くの場合、**詩の中で特に重要な言葉**がていねいに解説されます。解説文の中に詩の一節が取り上げられたら、詩の中で**該当する箇所**を確認しましょう。

入試問題にチャレンジ！

≫解答は、別冊26ページ

次の詩と解説文を読んで、あとの問いに答えなさい。（灘中）

やさしい言葉　　石垣りん

祝いごとに
ひとかかえの花束をもらった。
独り占めする欲の深さに
気持が花より赤くなり
どうぞ二、三本
ここから抜き取って下さいと
そばにいた
私より年若い女性詩人に差し出すと
美しいその大学教授は
大きな目をありったけ見ひらいて
ケラケラ笑い
歌うように言ったものだ。
「みんなとっておきなさいよ
こんどもらうのは白い花だよ」
目をつむって
心おきなく赤い花を抱いた。

これ、よく見ると、ちょっと面白い詩なのです。石垣りんが六十四歳のときに刊行された最後の単行詩集に収められています。大学教授とい

例

くるあさごとに
くるくるしごと
くるまはぐるま
くるわばくるえ

岸田衿子

ときどきとなえたくなる呪文の一つ。

大人も子供も、毎日毎日、時計のぜんまいを巻くように、ぎりぎり予定を巻きあげて日程を消化するのにせいいっぱい。なぜ、こんなに忙しい思いをしなくちゃならないのか、これが生きることのすべてなのかしら？

ときどき頭が痛くなったりするのも、弱い頭をそんなに酷使してもらっちゃ困るという、頭脳のストライキです。

（茨木のり子『詩のこころを読む』より）

はじめの詩の部分だけだと、まるで言葉遊びのようで面食らってしまいますよね。しかし、そのあとの解説文を落ち着いて読み進めると、この詩は、毎日毎日忙しくしている大人や子供に向けて、あわただしい毎日の中でも、ときには自分を解き放ってよいのだというメッセージが込められたものであることが説明されています。このように、解説文がついていることで、詩の解釈の方向性がしっかりわかるのです。

塾技解説

「詩＋解説文」の問題は、詩だけの問題よりも解きやすい。解説文をしっかり読んで、解釈の方向性を確認しよう。

う社会的には地位の高い、けれど自分よりは年が若い女性詩人と「私」が出てきます。何かのお祝いの席で、「私」が花束をもらう。この「私」は、ほとんど石垣りんのこととして読める詩です。花束をもらうのは主役です。なのにこの期に及んでも、この「私」は花を独り占めすることに罪悪感を持っています。（中略）

もしあなたが、石垣りんに、ここから二、三本抜き取って、と言われたら、どうしますか。（中略）なかなかこの女性詩人のようなリアクションはできません。しかも、石垣りんより年下ですよ！

でも言われたほうの石垣りんは「むっ」としません。ありがたい、やさしい言葉だと、心おきなく花束を抱きしめる。ああ、そうかとわたしは思います。石垣りんのような人に、花束を心おきなく抱いてもらうというのは、実は大変なことなのですね。外から見たら、この「私」をいじめているような言葉ですが、「私」にとっては、これが何よりも「やさしい言葉」だという。「やさしい」というのは、この詩人にとって、「真実」という意味だったのです。

（小池昌代『詩を読んで生きる　小池昌代の現代詩入門』より）

問題 ——線部「目をつむって／心おきなく赤い花を抱いた」とありますが、このときの「私」の気持ちを説明したものとして最もふさわしいものを次の中から一つ選びなさい。

ア 花束を独り占めにしていいとすなおに受け入れている。
イ 女性詩人の言葉に傷つき、赤い花になぐさめられている。
ウ 赤い花束を自分と重ね合わせて親しみを覚えている。
エ 自分の気持ちにふたをして、赤い花束を受け入れている。
オ 赤い花束にはまだ遠慮が残るが、女性詩人に同意している。

短歌の知識と読解

重要度 ★☆☆

詩・短歌・俳句

47 短歌は「五・七・五・七・七」の文学。まずは音数の決まりと句切れを覚えておこう！

「短歌」は、日本で古くから親しまれてきた文学です。昔の言葉で書かれているものもあるため、小学生にとっては難しく感じられるかもしれませんが、中学入試には現代の短歌も出題されます。短歌には、独特の決まりや表現技法があるので、まずはそれらを知識として頭に入れておくことが重要です。

ポイント 短歌の知識

① **短歌の音数**

短歌は、**「五・七・五・七・七」の三十一音**から成ります。音数の数え方で注意したいのは、以下の二点です。

- 小さい「っ」は一音に**数える**
- 小さい「ゃ」「ゅ」「ょ」は一音に**数えない**

また、それぞれの音数が「五」「七」よりも多い場合を**「字余り」**、少ない場合を**「字足らず」**といいます。

入試問題にチャレンジ！

次の短歌を読んで、あとの問いに答えなさい。　（芝浦工業大附属中・改）

≫解答は、別冊27ページ

① おもらしの後は黙禱するように壁に向かいてうなだれる父　（藤島秀憲『二丁目通信』より）

② ゆうぐれの電柱太し　ベレー帽の少年探偵裏に隠して　（笹公人『念力図鑑』より）

③ 脚あげて少女の投げし飛行機の高きコスモスの中にとどまる　（相良宏「相良宏歌集」より）

問題1 ①の歌について書かれた次の【説明文】の［A］・［B］に入れるのに最もふさわしい語を次の中から一つずつ選びなさい。

【説明文】 自分の父親です。厳しかった父。怖かった父。幼年期からの父の像があります。それが今は「おもらし」という父の現実に真向かうのです。それは父にとって辛いことです。項垂れるしかないのです。父の思考はしっかりしていることが分かります。［A］が思いのままにならないのです。ポイントは「黙禱するように」という直喩です。おもらしを悔やむ父は、黙禱をするように項垂れている。［B］の姿に見えたのです。崇高（けだかく尊いこと。また、そのさま。）な父の像が浮かび上がってきます。そして、壁に向かっていることが父の孤独感を深めています。

（加藤治郎『短歌のドア』より）

② **句切れ**

短歌の「五・七・五・七・七」を、上から順に「**一句（初句）**」「**二句**」「**三句**」「**四句**」「**五句（結句）**」といい、言葉のまとまりとしては「五・七・五」を「**上の句**」、「七・七」を「**下の句**」と呼びます。

「**句切れ**」とは、意味や調子の切れ目のことです。この「句切れ」には、歌のリズムを整えたり、感動を伝えたりする効果があります。

また、どこで切れるかを「**〇句切れ**」と表現し、最後まで句切れがないものを「**句切れなし**」といいます。

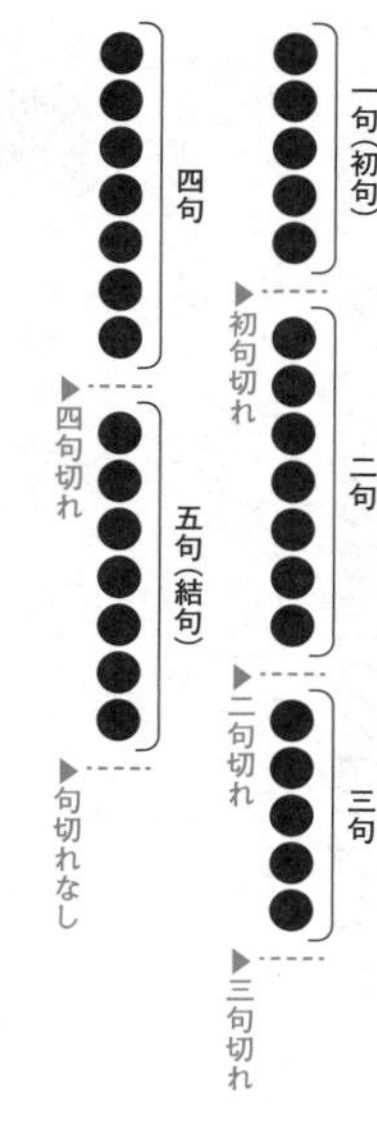

③ **枕詞**

あとに特定の言葉を導くはたらきをする言葉を「**枕詞**」といいます。あまり意味を持たず、歌の調子（リズム）を整えるはたらきをします。「枕詞」には決まった組み合わせがあります。

例

たらちねの→母　　ひさかたの→光・空　　あしひきの→山
あらたまの→年・月　　あおによし→奈良　　くさまくら→旅
しろたえの→衣・雪　　ぬばたまの→夜・黒　　ちはやふる→神

塾技解説

短歌には、詩の表現技法も使われる。特徴的な表現に注意して意味を考えていこう。

A　**ア**　時間　**イ**　身体　**ウ**　感情　**エ**　意識

B　**ア**　謝罪　**イ**　挨拶　**ウ**　疲労　**エ**　祈り

問題2　②の歌の説明として<u>ふさわしくないもの</u>を次の中から一つ選びなさい。

ア　ゆうぐれの光が、ものをぼやかす不思議な時間と空間が描かれている。

イ　電柱が隠れている少年を、やさしくつつむ様子が描かれている。

ウ　歌集のタイトルのとおりに、ベレー帽の少年の普通では考えられない力がまじめに描かれている。

エ　少年探偵という言葉が過去や遠い昔をイメージして、作者や読者に少年時代を想像させている。

問題3　③の歌から読み取れる情景として最もふさわしいものを次の中から一つ選びなさい。

ア　少女の動と着地した飛行機の静を対比させた、美しいやさしい情景。

イ　人工の紙飛行機と自然のコスモス畑を対比させた、あざやかで楽しい情景。

ウ　コスモス畑の花の色とぽつんとたたずむ飛行機の色を対比させた、さみしくはかない情景。

エ　コスモスの高い場所に止まった飛行機と少女の小ささを対比させた、かわいくいとおしい情景。

問題4　①～③の歌のうち、倒置法が使われているものを一つ選び、番号で答えなさい。

ジュク ワザ
塾技

48 俳句の知識と読解

重要度 ★☆☆

詩・短歌・俳句

48 俳句は文字数が少ないので、内容や情景を映像化して考えよう！

「俳句」は、四季の美しさや日常の感動などを「五・七・五」の短い音数の中に込めた定型詩です。文字からの情報が少ないので、映像化して考えることが大切です。

中学入試で覚えておきたい俳句の知識事項を挙げていきましょう。

ポイント 俳句の知識

① **俳句の音数**

俳句は、**「五・七・五」**の**十七音**から成ります。言葉のまとまりとして、上から順に、**「上の句」「中の句」「下の句」**と呼びます。

●●●●●（上の句） ●●●●●●●（中の句） ●●●●●（下の句）

短歌と同様に、小さい「っ」は一音に数え、小さい「ゃ」「ゅ」「ょ」は一音に数えません。音数が「五」「七」よりも多い場合を**「字余り」**、少ない場合を**「字足らず」**という点も同様です。

② **季語**

俳句には必ず季節を表す**「季語」**を入れます。季語は昔の暦で

入試問題にチャレンジ！

≫解答は、別冊27ページ

次のア～キの俳句は、季節の移ろいがわかるように順に並べられたものです。これを読んで、あとの問いに答えなさい。（慶應義塾中等部）

ア 拾得は焚き寒山は掃く落葉

［ 1 ］

イ 板橋へ荷馬のつづく師走かな

［ 2 ］

ウ 菜の花や月は東に日は西に

エ 花の雲鐘は上野か浅草か

［ 3 ］

オ 目を病むや若葉の窓の雨幾日

カ 立秋の紺落ち付くや伊予絣

［ 4 ］

キ 山彦のわれを呼ぶなり夕紅葉

問題1 次の**い～ほ**の俳句は、［ 1 ］～［ 4 ］のどこに入れたらよいですか。

表すものが多く、**現在の季節感とずれるものがある**ので注意が必要です。

春の季語	梅・桜・土筆・わらび・たんぽぽ・菜の花・椿・つつじ・山吹・すみれ草・うぐいす・蛙・雀の子・蝶・つばめ・ひばり・かげろう・かすみ・おぼろ月・残雪・ひな祭り・潮干狩り・山笑う・雪とけて
夏の季語	新緑・万緑・青葉・あじさい・ばら・ひまわり・ぼたん・月見草・麦秋・かたつむり・せみ・蛍・はえ・蚊・こがねむし・ほととぎす・金魚・かつお・鮎・五月雨・梅雨・夕立・風鈴・打ち水
秋の季語	朝顔・ぎんなん・柿・菊・栗・すすき・紅葉・桐一葉・りんご・赤とんぼ・きりぎりす・こおろぎ・鈴虫・雁・さんま・天の川・七夕・月（名月）・野分・台風・残暑・稲刈り・渡り鳥・ひぐらし
冬の季語	みかん・大根・ねぎ・木枯らし・落ち葉・枯野・時雨・雪・手袋・こたつ・ふとん・小春日・大晦日・年の暮・もちつき・節分・鴨・息白し・咳・たき火

③ 切れ字

俳句の途中で、**句を切って強い感動を表す**ときに使われます。
切れ字には、**「や」「ぞ」「かな」「けり」「なり」**などがあります。

例 柿食えば鐘が鳴る**なり**法隆寺　（正岡子規）

塾技解説

俳句は十七音という少ない文字数で作者の感動が表されている。季語や切れ字に注意しつつ、省略されている言葉を補って情景を映像化しよう。

最もふさわしい位置を考えて、それぞれ番号で答えなさい。

い 土筆煮て飯くう夜の台所
ろ 田一枚植て立去る柳かな
は 移す手に光る蛍や指のまた
に 名月や池をめぐりて夜もすがら
ほ 木がらしにいよいよ杉の尖りけり

問題2 **ウ**の俳句の説明として**間違っているもの**を次の中から一つ選びなさい。

1 東の空に出ている月は、三日月だ。
2 一面に咲く、菜の花の黄色が目に浮かぶようだ。
3 この俳句の季語は「菜の花」で、季節は「春」だ。
4 夕暮れの菜の花畑の様子をえがいている。

問題3 **エ**の俳句の「花」とは何の花のことですか。最もふさわしいものを次の中から一つ選びなさい。

1 ユリ　**2** サクラ　**3** ウメ　**4** バラ

問題4 **キ**の俳句の説明として**間違っているもの**を次の中から一つ選びなさい。

1 作者は、山登りの途中、あまりの景色の素晴らしさに声を出した。
2 山彦が、まるで自分を呼んでいるかのように聞こえた。
3 山彦という動物は、現在では絶滅してしまった。
4 この俳句の季語は「紅葉」で、季節は「秋」だ。

設問文の理解

重要度 ★★★

記号選択問題

49 高得点を取るためには「設問文の正しい理解」が欠かせない。

この本の「『塾技』の前に」にも書きましたが、文章（素材文）が正しく読めることは正解するためにとても大事なことですが、文章が正しく読めたからといって必ずしも正解できるとは限らないのが、国語の問題の難しいところです。

「国語の勉強」というと、「文章」を読むことにばかり注意が向きがちですが、それと同じくらいに、「設問」をていねいに読めるようになることが、高得点を取るためには欠かせません。

では、設問文を読む際には、具体的にどのような点に気をつければよいのでしょうか。いくつかの設問の注目ポイントを挙げてみましょう。

ポイント 設問の注目ポイント

① 設問の「指示」

例 「ふさわしいものを選びなさい」「ふさわしくないものを選びなさい」

ふさわしくないものを選ぶ問題で、ふさわしいものを選んで不

入試問題にチャレンジ！

≫解答は、別冊28ページ

次の文章を読んで、あとの問いに答えなさい。

（中央大附属横浜中）

閉ざされた空間のなかで、シンボル操作の能力を高度化させた日本人は、その生活ぜんたいをシンボル的経験として練りあげた。その結果、近代の西洋文化が、物理的方法によって挑むような問題も、日本ではシンボル的に処理されるようになった。（中略）

日常生活のなかにもたくさんのシンボル的約束がある。たとえば日本家屋の空間をとりあげてみてもよい。日本の家は、フスマや障子といった軽い間仕切材料によっていくつかの空間に分割されている。しかしその分割された空間は、西洋人が「部屋」と呼ぶものとは、だいぶちがう。空間が「部屋」であるためには、隣接の空間とは厚い壁でへだてられていなければならず、さらに、内がわからカギで閉ざされうるものでなければならない。ここでも問題は基本的には物理学の問題である。しかし、日本の「部屋」は、心理学上の空間だ。たとえ一枚の紙でつくられた、物理的にまったく無防備な障壁であっても、それが存在する、という事実によって、日本人はきっちりと閉ざされた心理空間をつくってしまうことができるのである。もちろん、障壁はしょせん紙なのであるから、隣の部屋の物音はすべてきこえてくる。しかし、障壁があるからきこえないのだ、という心理的約束をすることによって、日本人にとって、それらの物音はきこえないのである。

日本文化のなかでの障壁は、さらに象徴的なものでもありうる。日本の料理屋などでは、ひとつのテーブルと他のテーブルとのあいだに、簡単なびょうぶを置くことによって、たちどころに心理的に閉ざされた空

正解になってしまったという経験のある人は多いのではないでしょうか。初歩的なだけにダメージが大きいので、注意しましょう。

例 **「二つ選びなさい」「三つ選びなさい」「すべて選びなさい」**

「すべて」選ぶという問題は、完全解答（完答）が求められるので難度が高くなります。より慎重に選びましょう。

② 問われていることの「方向性」

例 ……とありますが、**どういうこと**ですか。

「どういうことですか」と問われているので、――線部をわかりやすく言い換える必要があります。それができていない選択肢は、たとえ文章中に書かれていた内容であっても正解になりません。

③ 設問文の「ヒント」

例 ……とありますが、太郎は**のちに**このときのできごとをどのように**思うようになりましたか**。

「のちに」「思うようになりましたか」とあるので、――線部の付近には解答の根拠がない可能性が高いことがわかります。

塾技解説
設問の「指示」や「ヒント」を読み落としている受験生はかなり多い。そのため、設問文にきちんと意識を向けられるようになれば、国語で大きく差をつけることができる。

間がつくられる。西洋文化では、「閉ざされた空間」とは、鉄やセメントで物理的構築物をつくることを意味するが、日本では、一枚の紙、一本のひもが、象徴的に閉ざされた空間をつくるのだ。じっさい、西洋文化が金網だのコンクリートだので物理的にとりかこむ境界線を、日本人は一本の荒縄を張るだけで済ませることができる。その縄が張られていれば、誰もそれをこえようとはしない。

じっさい、日本人の生活のなかでは、あらゆるものが象徴的意味をになっているかのようである。海岸や河原で拾った一本の流木のかたちも日本人にとってはおもしろいし、また、荒野でみつけた一つの石にも意味がある。人間の目にふれるものすべてが、なにものかの象徴であり、有意味なのだ。

（加藤秀俊「日本文化とコミュニケーション」より）

問題 ――線部「日本では、一枚の紙、一本のひもが、象徴的に閉ざされた空間をつくる」とありますが、同様のケースとして**ふさわしくないもの**を次の中から二つ選びなさい。

1 工事現場に置かれた立ち入り禁止のコーン
2 レストランに設置された感染予防のためのアクリル板
3 自習室の机に設置された仕切り
4 防音対策が施された応接室
5 病院の大部屋のベッドにつるされたカーテン

本文と選択肢の照合

重要度 ★★★

記号選択問題

50 記号選択問題は「本文の内容をもとに解く」のが大原則！

みなさんは記号選択問題を解くときに意識していることはありますか？　いろいろと気をつけなくてはいけない点はありますが、最も大切なことは、正解を選ぶ際に、選択肢だけを見るのではなく、本文内容としっかり照らし合わせるということです。

なぜこのような話をするのかというと、たとえば、「最もふさわしいものを次のア～エの中から一つ選びなさい」という問題で、ア～エの選択肢の内容だけを見比べて、「この中だったらウかな……」というように、「なんとなく」答えを選んでしまう人がとても多いからです。

そのため、私は授業中に、生徒さんに「なんでこの選択肢が正解だと思う？」「その理由が書いてある箇所はどこかな？」ということをしつこいくらいに尋ねます。記号選択問題はあいまいな記憶に頼って「なんとなく」解いていては正解できません。「本文の内容をもとに解く」ことが大原則なのです。

そして、もう一つ大事なことがあります。記号選択問題を解くときには、設問を読んだあとにいきなり選択肢を見始めるのではなく、「ざっくり」でかまわないので、本文の内容を確認しながら自分自身で正解の

入試問題にチャレンジ！

≫解答は、別冊29ページ

次の文章を読んで、あとの問いに答えなさい。　（栄東中）

鳰鳥神社の森の、海底のざわめきが轟いてくる。

腕や足に切り傷や青あざをこさえた小二の拓人が、苔むした石段をのぼっていく。

木漏れ日が少年の足もとで波のようにゆらめく。黒いランドセルを背負った拓人が、上へ、上へとのぼっていく。葉陰の波が拓人に寄せ、影と光の中に誘い、さらっていくようだった。

彰が覚えている限り、拓人は一度もうしろを振り返ったことはない。

小学校に入学する前から、彰は会ったことのない「羽矢拓人」を知っていた。噂というものは奇妙で、いつどこで聞いたかわからないのに気づけばもう知っているのだった。

幼稚園での親同士のひそひそ話か、近所の噂で聞いたのか。羽矢拓人という子供は、保育園にも幼稚園にも通っていないらしいこと。母子家庭で父親は不明（「いない」ではなく、母は必ずこの「不明」を使った）、母親は未婚で、どこからか移り住んできたらしい……。

子供は「神隠し」に遭い、忽然と姿が消えて、二ヶ月後に山で発見されたこと。子供に何をたずねても「頭が変みたい」なことばかりしゃべり、二ヶ月間、どうしていたのか一向にわからず、他の謎も含めて失踪事件は迷宮入りになりそうだとの噂……。呆れたことに若い母親は町から引っ越さず、その子がこの春、彰と一緒の小学校に入るのだと、母親が父親に話していたのは覚えている。「一緒の学校になる」という言葉に、テーブルで九九の練習をやらされていた彰はなんとなくどきりとした。

イメージを作り、それから選択肢を見るようにしましょう。なぜかというと、自分で正解のイメージを作らないままに選択肢を見てしまうと、どれも正解に思えてしまい、正解を選べなくなってしまう危険性があるからです。

「本文の内容をもとに解く」ときの流れを、まとめて示しておきます。

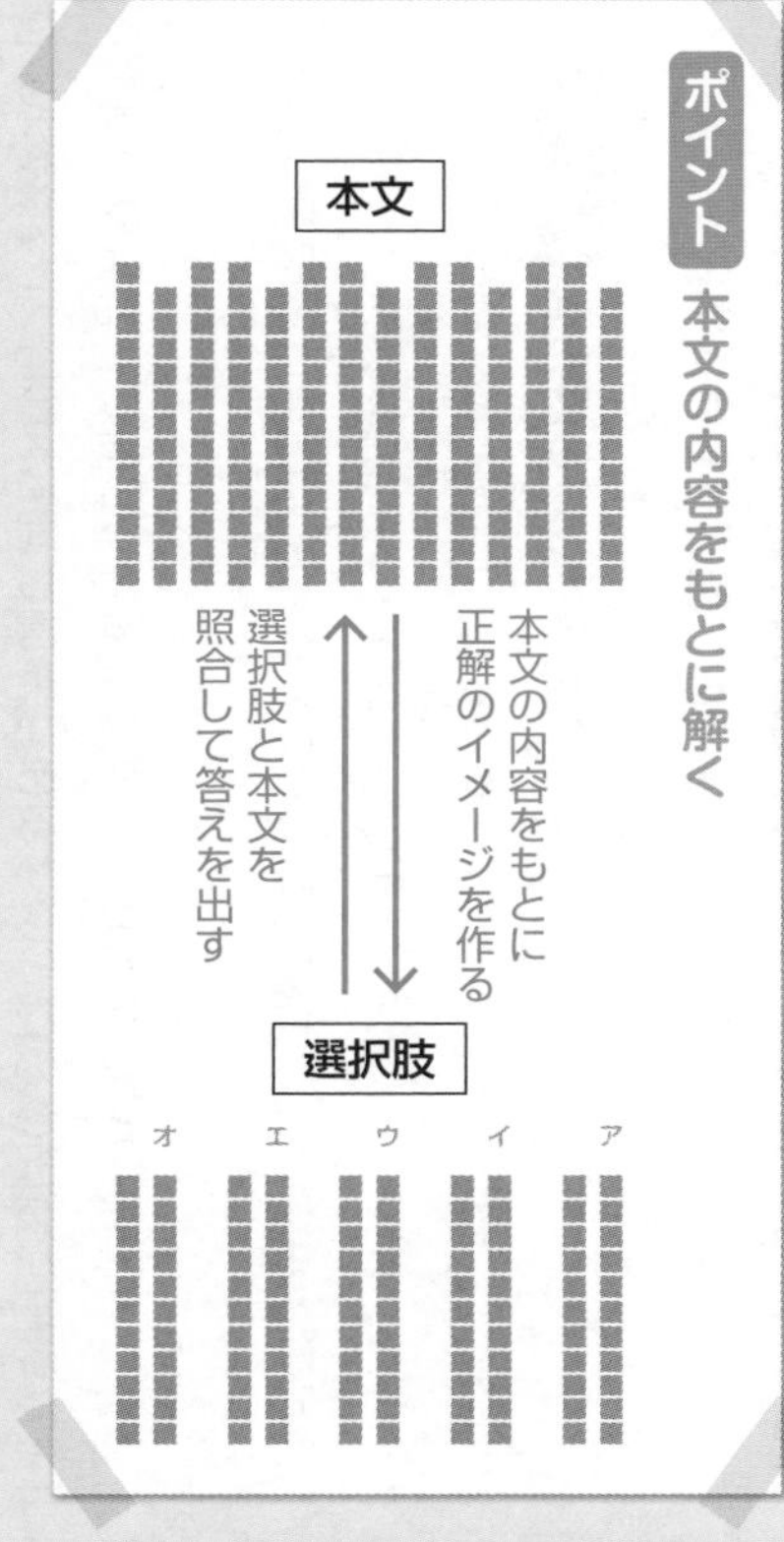

小学校低学年の頃に解くような基礎的な文章読解問題なら、一度読んだだけの記憶でもある程度解けてしまうこともあるでしょう。

ところが、中学入試のレベルの読解問題ともなると、一度読んだだけでは細かい内容は覚えられません。いえ、最初に読む段階では細かい内容まで覚える必要はないのです。問題を解くときに再度本文の細かい部分を確認し、確実に正解を選んでいくようにしましょう。

塾技解説

記号選択問題は、一度読んだだけの「あいまいな記憶」で解いてはいけない。本文と選択肢を照合して、確実に正解できるようにしよう！

同じクラスになって欲しくないわねと幼稚園の保護者会でみんな話しているのだと、母はつづけた。

生活保護は受けてないようだ、若い母親はしょっちゅう出歩いていて家にいない、こないだその母親が年上の男と市中のレストランにいたのを誰々さんが見たようだ、子供はどんな風に育ってるのかしら可哀想だわね――。

彰だけでなく、おそらくあの年の新入生は似たり寄ったりのことを大人たちからシャワーのように聞かされていたし、そこに混じる悪意も敏感にかぎとっていた。

（雪乃紗衣『永遠の夏をあとに』より）

問題 ――線部「小学校に入学する前から、彰は会ったことのない『羽矢拓人』を知っていた」とありますが、「羽矢拓人」にまつわる話として本文の内容と**一致しないもの**を次の中から一つ選びなさい。

ア 「神隠し」に遭い、二ヶ月後に山で無事に発見されたが、おかしなことを言うので事件の真相はわからない。

イ 未婚の母親と移り住んできて、保育園にも幼稚園にも通っておらず、母子家庭で父親は不明である。

ウ 母親は仕事で出かけていることが多く、放置されている拓人が可哀想だと同情をよせられている。

エ 失踪事件後も町から引っ越さなかったので、同い年の拓人が、この春に彰と同じ小学校に入学する。

オ 彰の周囲の大人たちは、拓人に関するさまざまな噂話をしていたが、その中に悪意が入り混じっている。

塾技（ジュクワザ）51

言い換えの選択肢

51 正解の選択肢は、本文の言葉を言い換えて作られることが多い！

国語の問題作成者は、本文を正しく読めているかどうかを確認するために、本文の言葉を言い換えて正解の選択肢を作ることが多くあります。

なぜこのようなことをするのかというと、本文中の言葉をそのまま使った選択肢だと、「本文に同じ言葉があるから、この選択肢が正解だ！」と簡単に選ばれてしまい、差がつかなくなってしまうからです。

それと同時に、問題作成者は「ひっかけの選択肢」も作るわけです。「選択肢のひっかけパターン」の例を挙げてみましょう。

ポイント 選択肢のひっかけパターン

① ――線部とまったく同じ言葉が使われている

――線部の言葉が、**特定の選択肢**だけにそのまま使われていたのならば、かなりあやしいです。本文に書いてあることに簡単に飛びついてしまう受験生を振るい落とそうとしている可能性がありますので、本当にそれが正しいかどうかを、もう一度確認するようにしましょう。

重要度 ★★★　記号選択問題

入試問題にチャレンジ！

次の文章を読んで、あとの問いに答えなさい。

（サレジオ学院中）

≫解答は、別冊29ページ

誰かを「○○男子／女子」と呼ぶときに、どのような目的をもってその言葉が使われているのかを考えてみましょう。たとえば、「草食系男子」、「スイーツ女子」、「スイーツ男子」、「弁当男子」などがありますね。こうした言葉には、新しさやものめずらしさといった意味あいも多く含まれているといえるでしょう。

しかし、これらの言葉が、対象となる人びとをからかう意図をもって使われる場合もしばしばあるのではないでしょうか。たとえば、「スイーツ女子」について考えてみましょう。「スイーツ男子」という言葉もよく耳にしますが、これらの呼び方はそれぞれ異なった意味をもっているようです。「スイーツ男子」という場合、一般的に甘いものが好きな人には女性が多いという考え方があり、甘いものが好きな男性はめずらしいとの理由から「スイーツ男子」と呼ばれているようです（女性に男性より甘いものが好きな人が実際に多いかどうかはわかりませんが）。一方、「スイーツ女子」という場合には、「お菓子やケーキといえばいいのにあえて『スイーツ』と呼んでオシャレな様子を装う女性たち（笑）」、「流行に流され、自分はイケてるという感じを出してくる女性たち」など、からかいや冷笑の意味あいをもって用いられている様子がうかがえます。「スイーツ女子」には「スイーツ男子」にはない、皮肉や※やゆの意図が読みとれるのです。このように、その呼称が用いられる意図を考えてみると、「○○男子／女子」という言葉の使い方には注意が必要であるといえそうです。

② ――線部の前後の言葉がそのまま使われている

――線部の前後にある言葉は目につきやすいので、それがそのまま使われていたら正解のように思えてしまうかもしれません。しかし、その部分が正解の根拠になるのかをよく考えるようにしましょう。

③ 本文中で目立つ言葉があからさまに使われている

本文に何度も出てくる言葉は「**キーワード**」の可能性があります。でも、それを選択肢に入れることによって、ひっかけを誘うことはよくあります。特に、**カタカナ語**や**固有名詞**、**難解語**は頭に残りやすいので、注意が必要です。

④ わかりやすい具体例が使われている

本文が難解であればあるほど、わかりやすい**具体例**が使われているだけで、その選択肢を選びがちです。よくある間違いの選択肢は、「前半の具体例は正しいが、後半部分が本文の内容と異なる」というものです。

ただし、気をつけてほしいのは、これらは「選択肢を見る際に注意したほうがよい点」だということです。易しい問題では、本文の言葉が正解の選択肢にそのまま使われていることもありえます。いずれにしても、塾技50で学んだ「本文と選択肢の照合」を行うことが大切です。

塾技解説

選択肢の言い換えに気づくには、読解力と語彙力が不可欠。本文の言葉がそのまま使われている選択肢は、本当に正解かどうかをよく考えるようにしよう！

次に、「○○男子／女子」を※ジェンダー・ステレオタイプの観点から考えてみましょう。「弁当男子」という言葉があるのに「弁当女子」という言葉がないことには、男子が弁当をつくるのはめずらしいけれど、女子がつくるのは当たり前というジェンダー・ステレオタイプがあります。弁当づくりを含む料理を女性の役割とするような性別役割分業にかかわる※規範が働いているのです。こう考えると「○○男子／女子」という言い方には、ジェンダー・ステレオタイプを反復し、既存の「男／女らしさ」を強化する可能性があるといえるのです。「○○男子／女子」という呼称は、性別にかんする規範を前提にしており、それらを強化、再生産する働きがあるため、わたしたちはその使い方に慎重であるべきと考えます。

（佐藤文香監修・一橋大学社会学部佐藤文香ゼミ生一同著『ジェンダーについて大学生が真剣に考えてみた』より）

※やゆ＝からかうこと。
※ジェンダー・ステレオタイプ＝男は男らしく、女は女らしくという性別による先入観、偏見。
※規範＝判断したり行動したりする時の手本。

問題 ――線部「『○○男子／女子』という言葉の使い方には注意が必要であるといえそうです」とありますが、どうして注意が必要なのですか。「スイーツ女子」を例にした説明として最もふさわしいものを次の中から一つ選びなさい。

ア 「スイーツ女子」という呼称は、好意的な意味を含んでいるから。
イ 「スイーツ女子」という呼称は、性別を強く印象づけるから。
ウ 「スイーツ女子」という呼称は、皮肉が直接伝わらないから。
エ 「スイーツ女子」という呼称は、不快な思いをさせてしまうから。

塾技 52 選択肢の部分チェック

重要度 ★★★

記号選択問題

52 選択肢はいくつかのパーツに分割して、部分ごとにチェックを行う!

昨今の中学入試国語の問題の傾向として、選択肢の長文化が挙げられます。課題文（本文）も相当な文字数を読まなければいけないのに、選択肢も長くなり、受験生は大変ですよね。

また選択肢の長文化に加えて、選択肢の作りが細かくなっています。そのため、サラッと読んだだけでは内容がよくわからないということがあります。

ですから、選択肢は、全体を見るのではなく、いくつかのパーツに分割して、部分ごとにチェックするようにしましょう。

実際の手順を説明します。たとえば、次のような選択肢があったとしましょう。

例 モノを媒介にして生じる人と人の気持ちや感情よりも商品であるモノを重視し、欲しい商品を手に入れた場合に対価を支払うことで相手との関係が継続される行為。

部分チェックする際には、「／（スラッシュ）」を入れるとよいでしょう。意味のかたまりを考えながら「／」を入れて、適当なところで区切りましょう。

入試問題にチャレンジ!

≫解答は、別冊30ページ

（森村学園中等部）

次の文章を読んで、あとの問いに答えなさい。

「今日のテーマは『私たちはオンラインの環境を制限した方がよいのか』です。グループに分かれて、一〇分くらい議論してください」

教員の掛け声とともに、学生が気だるそうに移動する。

「オンラインの制限だってよ。どうする?」

「どうしよっか」

「強制とか制限っていうより、人それぞれでよくね?」

「そうだよなぁ……」

皆さんも誰かと話しているときに、つい「人それぞれ」と言ってしまうことはありませんか。ここにあげたような会話は、こんにち、いたるところで見られます。（中略）

「一人」になれる条件が整い、人びとの選択や決定が尊重されるようになった社会では、さまざまな物事を「やらない」で済ませられるようになります。ある行為を「やらねばならない」と迫る社会の規範は緩くなり、何かを「やる」「やらない」の判断は、個々人にゆだねられます。

この傾向は人間関係にも当てはまります。私たちが生きる時代は、閉鎖的な集団に同化・埋没することで生活が維持されてきたムラ社会の時代と違います。生活の維持は、身近な人間関係のなかにではなく、お金を使って得られる商品やサービスと、行政の社会保障にゆだねられるようになったのです。

このような社会では、誰かと「付き合わなければならない」と強制される機会が、徐々に減っていきます。会社やクラスの懇親会への参加は

○モノを媒介にして生じる／○人と人の気持ちや感情よりも／○商品であるモノを重視し、／○欲しい商品を手に入れた場合に／○対価を支払うことで／×相手との関係が継続される行為。

このような要領で、部分チェックをしていきます。

部分チェックの際に、自分の記憶を頼りに正誤判断（正しいか間違っているかの判断）をしてはいけません。必ず本文と照らし合わせて確認するようにしましょう。これが徹底できている人とそうでない人の差は、歴然と点数にあらわれます。

また、難関校になればなるほど、選択肢の「×」がわかりづらくなってきます。パッと見ただけではわからないように、問題作成者が工夫しているからです。

フランスの哲学者であるデカルトは「困難は分割せよ」という言葉を残しましたが、記号選択問題もまさに「分割することで、細かい内容まで見えてくる」というわけですね。

塾技解説

選択肢をいくつかのパーツに分割して部分チェックを行う際には、「なんとなく」○×をつけずに、必ず本文と照らし合わせる。これを面倒くさがっていては、記号選択問題の正答率は安定しない！

もはや強制される時代ではありません。地域の自治会への加入も任意性が強くなりました。趣味のサークルを続けるか続けないかは、まさに「人それぞれ」でしょう。

誰と付き合うか、あるいは、付き合わないかは、個々人の判断にゆだねられています。俗っぽく言えば、私たちは、（嫌な）人と無理に付き合わなくてもよい気楽さを手に入れたのです。

今や、人と人を結びつける材料を、生活維持の必要性に見出すことは難しくなりました。人と人を結びつける接着剤は、着実に弱くなっているのです。

では、このような社会で、つながりを維持するにはどうすればよいのでしょうか。生活維持の必要性という、人と人を強固に結びつけてきた接着剤は弱まっています。

（石田光規『「人それぞれ」がさみしい』より）

問題 ——線部「生活維持の必要性という、人と人を強固に結びつけてきた接着剤は弱まっています」とありますが、その原因を筆者はどのように考えていますか。最もふさわしいものを次の中から一つ選びなさい。

ア 生活の維持のために必要だった社会の規範が緩くなり、「やる」「やらない」の判断が個人にゆだねられるようになったから。

イ 生活の維持のために人々を結びつけていたサービスや社会保障が、今ではお金を払えば容易に得られるようになってきたから。

ウ 生活の維持はお金を払って得られるサービスや行政の社会保障にゆだねられ、身近な人と助け合う必要性が薄れてきたから。

エ 生活の維持のために不可欠だった自治会への加入が強制されなくなり、参加は個人の判断に任されるようになってきたから。

塾技

53 選択肢同士の比較

53 記号選択問題では、選択肢同士の比較で違いをあぶり出す！

記号選択問題を解く際には、本文と選択肢を照合することが大切です。このことはすでに、**塾技50**～**塾技52**で説明しました。

ところが、かなり難しい記号選択問題になると、本文の内容だけでは正解の選択肢が選びきれないことがあります。「二択まではしぼれたんだけど、そのあと間違えてしまった……」というものにはこのパターンが多く、選択肢同士を比較して違いをあぶり出すことが必要です。

ここで、実際に出題された記号選択問題を例に挙げて説明します。

例

ア キャスターの説明は、医者と患者の立場の差を変えることができないにもかかわらず、まるで両者の立場の差をなくすことができるかのような考えにもとづいていたから。

イ キャスターの説明は、医者と患者の立場の差が大きくひらいているにもかかわらず、まるで両者の立場が平等になるかのような考えにもとづいていたから。

ウ キャスターの説明は、医者と患者の立場の差が座るイスによって変わるにもかかわらず、まるでイスの違いは立場の差に影響がないかのような考えにもとづいていたから。

重要度 ★★★

記号選択問題

入試問題にチャレンジ！

≫解答は、別冊30ページ

次の文章を読んで、あとの問いに答えなさい。

（海城中）

私たちの想像や視界の届く範囲には限りがある。いくら想像しようとしても、全然生活環境が違って、私たちの思いもよらないことで苦しんでいる人はたくさんいる。そういう人たちの問題について、当事者でない人は何も口出しできないのでしょうか。自分がその問題によってほんとうに困っている。あるいは、困る可能性がある、という気持ちから出る「わがまま」でなければ、やっぱりうさんくさくて、偽善っぽい、ということになるのでしょうか。

たとえば、痴漢や※ハラスメントの被害がある。こういうときに被害に遭った人だけの立場から痴漢を政治的、社会的な問題にしてしまうと、それ以外の人々――ハラスメントをする側でもされる側でもないと思っている人――にとっては、「あ、じゃあ自分は関係ないじゃん。まあする人はするだろうけど、それは一部のおかしなやつだけじゃん」という感覚になってしまってもおかしくない。実際は、他人にひどいことをしても、それを失礼だと思っていない、という多くの人の間違った認識のうえに成り立っているのだから、「おかしなやつ」に限らず、だれでもハラスメントを生み出す空気をつくっていると言える。だからこそハラスメントをしたこと・されたことのない男性も女性も、「よそ者」であるけれども関わる必要があると言える。

またパッと見はハラスメントなんかに全然遭わなそうな人だって、被害に遭うことはあるし、その場合表沙汰にはなりにくい。被害に遭うことが想定されやすい人々、たとえば女性や年少者とはまた違う意味で、

エ キャスターの説明は、医者と患者の立場の差がはっきりしているにもかかわらず、まるで両者の立場が対等であるかのような考えにもとづいていたから。

オ キャスターの説明は、医者と患者の立場の差を近づけることができるにもかかわらず、まるで両者の立場の差を変えられないかのような考えにもとづいていたから。

いかがでしょうか。選択肢の内容や使われている言葉を見ると、似たようなものが並んでいることがわかります。しかも五択問題です。

この問題の正解は「エ」なのですが、問題作成者は、まず正解の選択肢を作り、他の選択肢を作る際に部分的に内容をずらしていくのです。「イ」と「エ」の違いなんて、かなり細かいです。「平等になる→もともとは平等ではない」「対等である→はじめから対等の状態である」に着目できるかどうかが勝負ですが、この違いは選択肢同士を比較しないと、なかなか見つけられません。

ここで補足をします。「誤答にまどわされるので、選択肢同士を比較してはいけない」と指導される先生もいます。これは読解の本質を考えるとわからなくもないですね。でも、今回の例に挙げたような細かな違いを見極める問題では、本文との照合をきちんと行ったうえで「選択肢同士の比較」をうまく使えると、より確実に正解できるようになるのです。

塾技解説 本文と選択肢の照合だけでは答えがしぼりきれない場合は、選択肢同士の比較を活用しよう。内容の異なる部分が、正解を選ぶポイントになる！

恥ずかしくて、だれにも話せない、ということもあるのでしょう。このような場合でも、多くのよそ者が痴漢やハラスメントの問題に関わっていたとしたら、すこしは語りやすい空気ができるのではないでしょうか。ある社会問題によそ者が関わることは、被害を受けたと見なされにくい被害者や悩みを抱えた人を救うことにもなるのです。

（富永京子『みんなの「わがまま」入門』より）

※ハラスメント＝他者に対して行われるいやがらせのこと。

問題 ——線部「『よそ者』であるけれども関わる必要がある」とありますが、筆者がこのように考えるのはなぜですか。その理由として最もふさわしいものを、次の中から一つ選びなさい。

ア ハラスメントは、誰もが加害者や被害者になりえる問題であり、直接関係がないと思っている人もふくめて皆で話し合い考えることで、苦しむ人々を減らし支援することができるから。

イ ハラスメントは、加害者の性格だけが原因にされやすい問題であり、第三者が話し合いを通じて多様な視点から考え直していくことで、事件の根本的な原因を理解することができるから。

ウ ハラスメントは、被害者が注目されることの多い問題であり、加害者にも目を向けて両者で話し合う機会を積極的につくることで、被害者に対する真の反省を生み出すことができるから。

エ ハラスメントは、大半の人々が自分は無関係だと考えがちな問題であり、さまざまな人が参加可能で問題について語りやすい場を設けることで、世論の流れを変えることができるから。

塾技(ジュクワザ)

54 消去法の活用

重要度 ★★☆

記号選択問題

54 正誤の判断がきわどい記号選択問題では、消去法を上手に使おう！

塾技50では、選択問題を解くときには、自分自身で正解のイメージを作ることが大切だとお話ししました。

ただし、中学入試の問題には、正解の選択肢と不正解の選択肢にわずかな差しかない難しいものも多くあります。

ですから、誤りの選択肢を確実に消していくための方法として、「消去法」も活用します。「消去法」とは、明らかに間違っている内容を含む選択肢から消していき、残ったものを正解とするやり方のことです。

そして、「明らかに間違っている内容」であるかどうかを判断するためには、本文との照合が必要です。選択肢だけを見て判断するわけではありませんので、やり方を間違えないようにしましょう。

消去法を使うケースには、次のようなものが考えられます。

ポイント 消去法を使うケース

① **選択肢の内容が細かすぎるもの**

塾技52で学んだ「選択肢の部分チェック」の手順で、**誤った内容を含む選択肢を消していきます。**

入試問題にチャレンジ！

≫解答は、別冊31ページ

次の文章を読んで、あとの問いに答えなさい。

（渋谷教育学園幕張中）

普通「人間を道具に使うのか」という時、それは何となく生きていないもの、死物という風に考える。あるいは精神ではなく、物質という風に考える。「道具扱いをする」というと軽蔑の意味がある。しかし私は道具というものをそういうようには考えていません。道具というものは物と心が出会う場所であるというように考えています。道具と一口にいうけれども、それは単なる物にすぎないのか、すなわちそれを使う人間から離れて存在し得るものなのか、それとももっと人間に密着したものであるか、そのことをよく考えてみなければならないと思います。このことは職人が如何に道具を大切にするかを見ればよくわかります。これは私の子どもの時の経験ですが、私の家で普請をやって大工が鋸だの鉋だのを持って参りました。職人が食事に行っている時、私はこっそりそれらの道具を使ってみたのです。ところが職人が帰って来るとそれがすぐ見つかってしまいました。自分の手慣れた道具を、素人の子供が使えばどこかに狂いが生じる、それは職人たちが自分でそれを使ってみるとすぐにわかるのです。何も※左甚五郎のような名人ではなくても、大工で飯を食っている人間なら必ずわかる筈です。それらの道具は、その機能を最もよく発揮できる状態にあった。しかし素人の私が使ったために狂いが生じたのです。すなわちその鋸がどのように使われれば最も機能的に働くかということは、その持主である大工さんが一番よく知っているし、その大工さんが使うのに一番いい状態にある事が最も機能的であるといえるわけです。ところが私がそれを扱ったために、その最良の

② 本文の内容を問うもの

「本文の内容を説明したものとして正しいものを次の中から選びなさい」というような問題では、**選択肢に書かれていることが本文になければ誤りであることがわかります。**これは塾技58でくわしく説明します。

③ 表現の特色を問うもの

「比喩表現が多い」「短い文が多用されている」などの表現の特色を問う問題は、**本文を確認すればすぐに誤りを発見できますね。**これは塾技59でくわしく説明します。

④ 正解選択肢が説明不足のもの

これは、正解選択肢の説明が足りていない、いわゆる「△」の内容であるというケースです。**明らかに「×」だと言えるものを消していき、「△」のものを残します。**

もちろん、「消去法」ではない方法（＝「これが正解だ」と思うものをそのまま選ぶやり方）で答えを出すほうがシンプルなのですが、先ほども言ったように、中学入試の問題はそんなに簡単ではない場合がほとんどです。明らかに間違っているものを消して正解に近づいていく方法も覚えておきましょう。

塾技解説

選択肢だけを見て判断するのは間違った「消去法」なので厳禁。本文と照合しながら、誤っている選択肢を消していくようにしよう！

状態がこわされてしまったわけです。これは例えば万年筆だとか、何か割合身についた道具を考えていただければおわかりだと思います。

（福田恆存「悪に耐える思想」より）

※左甚五郎＝江戸時代の伝説的な大工、彫刻家。

問題 ——線部「すぐ見つかってしまいました」とありますが、それはなぜですか。その説明として最もふさわしいものを次の中から一つ選びなさい。

ア 素人の子供が職人の道具を使えば、道具に狂いが生じてしまうということは、左甚五郎のような名人でなくとも、職人であれば誰でも知っている理屈であるから。

イ 素人の子供は、道具に狂いが生じたことを問題視しなかったが、長年道具を使ってきた職人は、道具と一体化しており、道具の狂いを許し難く感じたから。

ウ 職人の道具がどのように使われれば機能的に働くのかということは、職人自身が最もよく知っており、素人の子供に理解できることではないと、職人は分かっていたから。

エ 職人の精神との関わりの中で機能的に動いている道具に、関係のない他人が介入することで、道具の機能性が損なわれてしまったことを、職人は鋭く察知したから。

オ 素人の子供が職人の道具を使ったことで、職人の心が道具を支配できなくなってしまったことを、道具を使ってみた職人が、強く実感したから。

塾技 55

誤り選択肢のパターン① 言いすぎ・本文に書かれていない

重要度 ★★☆

記号選択問題

55 「言いすぎの内容」や「本文に書かれていない内容」の選択肢は正解にならない！

記号選択問題には、誤り選択肢のパターンというものがあります。問題作成者が誤りの選択肢を作る際には、それがよく使われます。ですから、あらかじめ誤り選択肢のパターンを知っておけば、「これは○○のパターンだから誤りだな！」と消去できるようになります。

今回は、二つのパターンを説明します。

ポイント 誤り選択肢のパターン

① 言いすぎ

選択肢の内容が**「言いすぎているもの」**や**「極端なもの」**は注意が必要です。**「すべて」「みんな」「必ず」「いつも」「つねに」「絶対に」「まったく〜ない」**などが出てきた場合、本当にそう言えるのかどうかを、本文で確認しましょう。ただし、まれに、本文でもかなり極端な表現になっている場合に、言いすぎているような選択肢が正解になることもあります。

また、本文の内容を**「発展させすぎている」**ものもあります。たとえば、本文には、主人公は友人Aのことを「少しつき合いづ

入試問題にチャレンジ！

次の文章を読んで、あとの問いに答えなさい。

（聖光学院中）

≫解答は、別冊31ページ

日本人にとっての秋の味覚・高級食材として有名な松茸が、じっさいにはその大部分を海外からの輸入に頼っていることはよく知られている。日本人は松茸を自国で栽培しようと試行錯誤をくり返し、ことごとく失敗してきたのだ。

そもそも松茸はどう育つのか？　松茸は木から栄養を摂取するものであり、松茸菌は木の根と結合することによって、菌根という構造を作り出す。その共生関係は決して穏やかなものではないという。松茸は菌として成長することで、根の一部を腐らせてしまう。その一方で松茸は、強い酸を分泌して、岩や土から無機物を溶かすことで、木に栄養を届ける。また※撥水性の厚い※菌蓋を作り、他の菌類やバクテリアの進出を防ぐ役目も果たしている。

注目すべきは、こうした松茸と松の木の「共生」関係は、ある程度貧しい土壌でこそ成り立つということだ。良い土壌で競合する種が多い場合、松茸は死に絶えてしまうからだ。つまり松茸は、人間による持続的な森林への介入の結果、生育する。それでも松茸があるということは、その森が完全には壊滅していないことを意味している。この微妙なバランスは、今のところ人間による意図的なデザインによっては実現されていない。そんななか、中国※雲南省では、人間によるナラの伐採や松葉の収集などによって「偶然」松茸の生産がもたらされた。そこでは、松茸の採集が一大ビジネスとなり、日本の消費者とのあらたなつながりを生んでいるという。

（中空萌「自然と知識――環境をどうとらえるか？」より）

らいと感じている」と書かれているのに、選択肢では「嫌って避けている」などと表現されているというようなケースです。これも**「言いすぎ」**のパターンとして考えましょう。

② **本文に書かれていない**

「本文に書かれていない内容」もしくは**「本文からは読み取れない内容」**は誤りの選択肢です。「本文に書かれていない内容の選択肢なんて、選ぶわけがないよ！」と思う人もいるでしょう。でも、中学入試の国語の読解問題では、テーマが難解な論説文や、話の展開が複雑な物語文などが多く出題されます。そういったときに「もっともらしい」内容の選択肢があると、つい選んでしまうことがあります。

ただし、物語文などでは、本文には直接書かれていないものの、常識的に考えて妥当だと考えられるもの（常識的判断）が正解となる場合が、まれにあります。まずは本文と選択肢を照合して考え、それでも答えが出せないような場合には、常識的判断によって考えていくようにします。

とはいえ、本文に書かれていない内容によって誤り選択肢を作るというのは大変よくあるパターンです。塾技50で学んだように、まずは「本文の内容をもとに解く」ということを徹底しましょう。

塾技解説

誤り選択肢のパターンを事前に知っておくことで、正誤の判断がしやすくなる。「本文の内容をもとに解く」ということを徹底したうえで、うまく活用しよう！

※撥水性＝水をはじく性質。
※菌蓋＝キノコの傘。
※雲南省＝中国南西部の地域の名称。

問題 ――線部「日本人は松茸を自国で栽培しようと試行錯誤をくり返し、ことごとく失敗してきたのだ」とありますが、人間と松茸の関係について説明した文として最もふさわしいものを、次の中から一つ選びなさい。

ア　松茸の生育には人間が土壌改良を通じて森林環境を整えることが前提となるが、そのコントロールが難しいため、松茸の栽培は採算に合わず、商業化は困難と考えられている。

イ　松茸の生育環境は、適度に人間が自然に介入することによりはじめて整うものであり、計画的に自然をコントロールしなければ、松茸の生育はうまくいかないものである。

ウ　松茸の栽培を目的として環境をコントロールすることは難しく、人間によって手が加えられ、結果として土壌が貧しくなってしまった森林でのみ松茸は生育する可能性がある。

エ　松茸は、共生した木を傷つけてしまう一方で、その木がより安全に栄養を摂取できるようにして生育しており、その厳しい共生関係は人間のコントロールなど到底及ばないものである。

オ　松茸は、生育をコントロールするのが難しく、人間が長年取り組んできた土壌改良の努力を断念して人間との関わりが失われた森林において、偶然生育することがある。

ジュク ワザ
塾技56 誤り選択肢のパターン② 内容不足・因果関係のねじれ

重要度 ★★☆

記号選択問題

56 「内容不足」や「因果関係のねじれ」の選択肢は正解にならない！

前回に引き続き、誤り選択肢のパターンを見ていきましょう。

ポイント 誤り選択肢のパターン（前回の続き）

③ 内容不足

「内容不足」というのは、内容としては間違ってはいないものの、答えとしては不十分であるという選択肢です。

仮に正解が「AであるからBであり、またCであるということ」だとします。解答の要素は「A・B・C」の三つですね。一方、「AであるからCであるということ」という選択肢は、Bがぬけていますので、正解にはなりません。これは、内容的には完全に「×」がつくわけではなく、いわゆる「△」にあたるため、案外気づきにくいのです。

④ 因果関係のねじれ

「因果関係のねじれ」というのは、原因と結果がうまくかみ合っていない、もしくは、反対になっている選択肢です。

わかりやすい例を出すと、「雨が降ったから遠足は延期になった」

入試問題にチャレンジ！

≫解答は、別冊32ページ

次の文章を読んで、あとの問いに答えなさい。（広尾学園中）

人びとのさまざまな思いのなかで風景は変貌してゆく。その風景の変貌とともに、人の心も変化を経験する。（中略）

高度経済成長期に全国でたくさんの高速道路やダムが計画され、建設されていった。災害対策や経済発展という価値が掲げられたが、それによって喪失された日本の美しい山や渓谷は数かぎりない。しかも、渓谷美がどのくらい価値があるのかということは、評価されたことも計算されたこともなかった。それどころか、ほとんど議論もされなかったのである。

風景の劇的な変貌の兆しは、わたしが荒川の河川敷で自然との戯れに至高の時を過ごしていたころに忍び寄っていた。

一九六一年に、荒川ではじめてのダム、二瀬ダムが秩父の山間に完成した。工事着工は一九五二年というから、わたしがまだ一歳のときである。わたしが荒川中流域の自然のなかに過ごしたころ、ダムが建設され、地下水がくみ上げられた。ほかのいろいろな原因もあって、荒川の美しい自然は失われていった。一九六一年に、わたしは十歳になっていた。

十三歳のとき、つまり、中学一年生のときに、東京オリンピックが開催された。一九六四年のことであった。日本ではじめてのオリンピックに沸き立っていたが、わたしの心は喜ぶことができなかった。わたしが愛した荒川の風景は、この時代に変貌してしまったからである。

オリンピックに先立つ一九六〇年を境に、新幹線や高速道路網が整備されはじめた。東京都内では、多くの堀が埋められ、高速道路が建設さ

という文に対して、「Aさんが休んだから、遠足は延期になった」や「遠足が延期になったから、雨が降った」という選択肢があったら、内容的におかしいとすぐにわかりますよね。

④の「因果関係のねじれ」を、もう少し長い文章で見てみましょう。

例 資本主義は限られた先進国が周辺部に環境への負担を肩代わりさせることで成り立っている。そのため、先進国に環境危機が迫るときには、地球規模で環境が壊滅的な被害を受けていると考えられる。

▼先進国が環境危機に直面するときには、すでに地球規模で環境が壊滅的な被害を受けている。そのため、資本主義の中核にいる先進国が周辺部に環境への負担を肩代わりさせる必要性が生じる。

一見すると、この二つの文章の違いはわかりにくいかもしれませんが、「資本主義は先進国が周辺の国に環境負担を強いて成り立っている（原因）」→「先進国に環境危機が迫るときには地球全体が壊滅的な被害を受けている（結果）」という内容だったものが、「地球規模で環境が壊滅的な被害を受けている（原因）」→「先進国が周辺部に環境への負担を肩代わりさせる必要性が生じる（結果）」となっていて、因果関係が逆転していますね。

塾技解説 本文が複雑で難解になればなるほど、因果関係を確認しないまま、「なんとなく」答えを選んでしまいがちなので、「因果関係のねじれ」は誤り選択肢としてよく出題される！

れた。そのために良質な砂礫が荒川の河川敷から大量に採掘されていった。荒川の土手には、砂利をいっぱいに積んだ膨大な数のダンプカーが行きかい、土埃を上げて、桜並木を包み込んだ。

採掘は河床深く行われたから、巨大なすり鉢状の穴がいくつもできた。幾人もの子供が溺れて死ぬと、「川で泳いではいけない、泳ぐのはプールにしなさい」ということになった。全国の小学校にプールができていった時代である。「泳ぐ」ということばから「流れる川で」という意味が失われ、「コンクリートの水たまりのなかで」という意味に変貌した。

生物のいない水のなかで泳ぐとは何を意味しているのだろうか。魚も水生昆虫も泳ぐのは、川や沼である。

プールのなかには、生物は泳いでいなかった。かろうじてミズスマシやアメンボが子どもたちのいないときに水面を動き、ギンヤンマがコースを往復していた。その風景にわたしは、不条理な違和感をもちつづけていた。

（桑子敏雄『何のための「教養」か』より）

問題 ——線部「わたしが愛した荒川の風景は、この時代に変貌してしまった」とありますが、どういうことですか。その説明として最もふさわしいものを次の中から一つ選びなさい。

ア 自然豊かな荒川の風景が、環境整備のなかで人為的な変化を加えられたものへと変わってしまったということ。

イ 自由に泳ぐことのできていた荒川が、オリンピックのために泳ぐことの禁止された川に変わってしまったということ。

ウ オリンピックに沸き立つ世間の雰囲気になじめず、自然豊かな風景に価値を見いだせなくなってしまったということ。

エ プールの普及により泳ぐということが、流れる川からコンクリートの水たまりで泳ぐという意味に変貌したということ。

誤り選択肢のパターン③ 問題にきちんと答えていない

重要度 ★★☆

記号選択問題

57 「問題にきちんと答えていない」選択肢は正解にならない！

記号選択問題は、「問題に対して正確に答えているもの」が正解となります。「何を当たり前のことを！」と思われるかもしれません。

ところが、最近の記号選択問題の傾向として、「問題にきちんと答えていない」誤り選択肢も見受けられるようになってきました。

普段の生活で考えてみましょう。たとえば、友達に「昨日の晩ごはん何を食べた？」と聞いて、「昨日はサッカーをしたよ！」という答えが返ってきたらどうでしょう。「え？　そんなこと聞いてないけど……」と思ってしまいますよね。

国語の問題も同じで、問われていることにきちんと答えていなければ、「え？　そんなこと聞いてないけど……」ということですから、正解にはなりません。これは、記述問題のときに特に気をつけなくてはいけないことなのですが、先ほども説明したように、記号選択問題であっても、「問題にきちんと答えていない」誤り選択肢が入っている場合があるので、要注意です。

では、「問題にきちんと答えていない」誤り選択肢には、どのようなパターンが考えられるのでしょうか。二つほど挙げたいと思います。

入試問題にチャレンジ！

解答は、別冊32ページ

次の文章を読んで、あとの問いに答えなさい。（海城中）

近代の産業社会では「誰でも、何にでもなれる」という考えが、社会に広く共有されています。一見、これは個々人の「持ち味」を大切にしているように見えますが、①実際には、まったく逆です。このことは、仕事のやり方を標準化するような考え方と、表裏一体のものになっているのです。

もちろん、「誰でも、何にでもなれる」というのは、実際には実現不可能な「幻想」でしかありません。にもかかわらず、それが多くの人の共通認識になっているのは、社会の多くの部分が「誰にでもできる」ことを前提に組み立てられているからでもあるのです。

いまの社会は、誰が何をしてもいい、つまり人間が区別なく同じになっている社会です。しかし、昔はそうではなかった。②区別があって、しかも全体として調和がとれた社会でした。

日本の場合、江戸時代の社会は、武士なら武士、農民なら農民、商人なら商人と、各々が果たすべき役割は明確化していました。（中略）

また、大人の男性だけができる役割、大人の女性だけができる役割、高齢者だけができる役割、子供だけができる役割など、年齢や性別によって、人それぞれの役割があって、それを組み合わせることで社会は動いていました。（中略）

ところが産業革命が起こり、工場で物を大量に生産するあり方が経済を支配し、人間の生活を支配するようになります。

（菅野覚明『本当の武士道とは何か』より）

ポイント **誤り選択肢のパターン（前回の続き）**

⑤ 問題にきちんと答えていない

たとえば、――線部の**理由**を答える問題なのに、――線部の**説明**をしてしまっている選択肢は、正解になりません。逆も同じで、「どのようなことですか」と――線部の**説明**を求めている問題なのに、――線部の**理由**を答えてしまっている選択肢も、もちろん正解になりません。これらは、記述問題でもやりがちなミスです。

また、本文に書かれていることであっても、――線部と**無関係の内容**であれば、不正解です。

今回のパターンが少しやっかいなのは、誤り選択肢の内容自体は誤りではないということです。つまり、問題にきちんと答えていないだけで、書かれていることそのものは正しいのです。ですから、「問われていること」がどのようなことなのかを考えないで選択肢を見てしまうと、簡単に誤り選択肢を選んでしまいます。

選択肢を選んだあとに、「問いかけ（設問）」と「答え」をつないでみて、「つながっていないな」と感じたら、誤り選択肢である可能性が高いといえます。「問われていること」をもう一度確認するようにしましょう。

塾技解説

設問を読んだあとにいきなり選択肢を見てしまうと、このパターンにひっかかりやすくなる。「問われていること」を確認し、自分自身で解答のイメージを作ってから選択肢を見るようにしよう！

問題1 ――線部①「実際には、まったく逆です」とはどういうことですか。最もふさわしいものを次の中から一つ選びなさい。

ア 近代の産業社会では誰もが何にでもなれるというのは幻想にすぎず、実際には実現不可能な絵空事であるということ。

イ 機械による仕事が標準的な近代の産業社会において人間の仕事は少なく、何にでもなれる自由などないということ。

ウ 近代の産業社会に浸透しているのは、仕事の標準化によって個性を大事にする考え方とは正反対の考えだということ。

エ 誰が何をしてもいいとする近代の産業社会のあり方は、個性の違いに価値を置かず、むしろ軽んじているということ。

問題2 ――線部②「区別があって、しかも全体として調和がとれた社会」とは、どのような社会でしたか。最もふさわしいものを次の中から一つ選びなさい。

ア 階級間の例外的な移動をのぞき、大多数の人が階級や性別、また年齢の固定された役割を、気は進まないながらも果たすことで安定していた社会。

イ 階級や性別、また年齢による分け方が定まっており、その違いにしたがって誰もが自分のやるべきことをこなし、うまく動いていた社会。

ウ 階級や性別、また年齢に応じて役割の分担が無理のない形でなされており、祭礼などといった伝統を現在にいたるまで大事に受け継いできた社会。

エ 階級や性別、また年齢による区別がしっかりと守られ、なおかつその区別さえ守れば誰もが好きなことをやる自由があり、バランスのとれていた社会。

本文の内容を問う問題

重要度 ★★☆

記号選択問題

58 内容一致問題は、選択肢の中の言葉が使われているところを本文で探す!

読解問題の最後のほうで、「本文の内容について説明したものとして、正しいものを次の中から選びなさい」というような問題が出題されることがあります。このタイプの問題を、内容一致問題といいます。

――線が引かれていてその内容について答える問題と、この内容一致問題の違いは、どこにあるのでしょうか。

最大の違いは、本文で確認する範囲が広くなるということです。

とはいえ、内容一致問題も、本文の内容をもとに答えるという点では、普通の記号選択問題と同じなのです。

内容一致問題で気をつけたいことを二つ挙げます。

ポイント 内容一致問題で気をつけたいこと

① **選択肢の中の言葉が使われているところを本文で探す**

内容一致問題では、――線部が示されていないので、本文のどこを見るべきか迷ってしまうことがあると思います。ですから、**選択肢の中の言葉が本文で使われているところ**を探し、その部分を

入試問題にチャレンジ!

≫解答は、別冊33ページ

次の文章を読んで、あとの問いに答えなさい。

（昭和学院秀英中・改）

私は、速い時間とゆっくりの時間とでは、時間の質が違う、そしてその時間の中で経験できることに違いがあり、生きている質そのものにも時間によって違いが生じてくるのだろうと思っています。

ゾウとネズミでは、エネルギー消費量に一八倍の差があり、だから時間の速さが一八倍も違い、ゾウの時間とネズミの時間とでは質が大きく異なっていると思われます。（中略）

ちなみに私の研究対象であるナマコの時間は、われわれ哺乳類とは、とんでもなくかけ離れているようです。ナマコは超省エネ生活を送っています。ナマコのエネルギー消費量を測ってみたのですが、体重あたりにして、われわれの五〇分の一しか使っていません。だから私が一時間で使うエネルギーをナマコは二日もかけて使っていることになります。ナマコの時間は、私のものとは完全に異質なものなんだと、このほとんど動かずノテーッとしているナマコを眺め続けて、実感しました。（中略）

現代人は機械を使って時間を操作できるようになりました。ということは、いろいろな質の違う時間を意図的に作り出せるということです。ここはゆっくりの時間にしよう、ここは速い時間にしようというふうに、時間をデザインすることが可能です。エネルギーを介して時間を操作することで、速いだけの世界より、より豊かな世界が経験できるようになると私は思うのです。（中略）

私たちはエネルギーをどんどん使い、あれもこれもと次から次へとやる、それがいい、楽しいことだ、と思い込んでいます。でも、じっくり

第2章 解き方

重点的に確認するようにしましょう。選択肢の中に、**本文に何度も出てきている言葉**が使われているときには、特に注意しましょう。

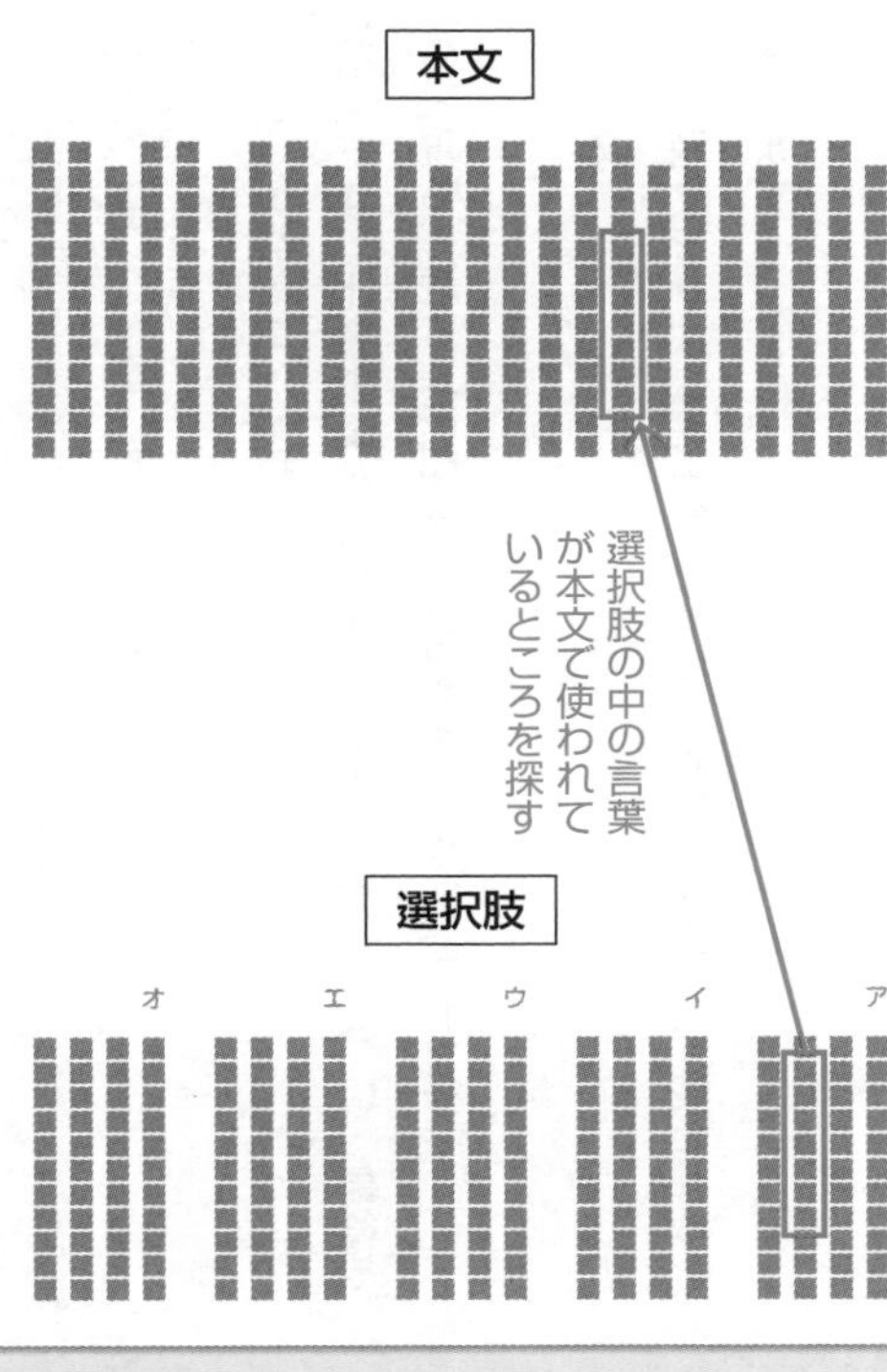

② **範囲指定のある問題は、そこから読み取れることで判断する**

見るべき範囲が指定されている場合（「○行目〜○行目を読んで」「本文後半から」など）は、そこから読み取れることで判断するようにします。また、指定範囲から外れた部分の内容が書かれている選択肢は正解にならないので、注意が必要です。

塾技解説

内容一致問題は、選択肢の中の言葉が本文で使われているところを探し、「事実確認」を行うことが大事！

楽しむには、ゆるやかな時間が必要なのではないでしょうか。また、ゆったりボーッとしている時間が間に入るからこそ、その前にやったことを※反芻して楽しみをより深く味わい、また次にやることへの期待がふくらんで、実際に行うことが、さらに楽しいものになると思うのですね。

そして、ここが一番大切なことだと思うのですが、じっくりと時間をかけてつきあったものこそが、自分にとってかけがえのない大切なものになっていく――これは私の実感です。機械を使ってお手軽にすばやく済ませたものなど、結局は上っ面をなでただけのこと。あらすじだけを聞いて読んだ気になっている本みたいなものなのかもしれません。こういうやり方ばかりに慣れ親しんでいれば、真の楽しみも得られないし、自然や他人や、そして人生との付き合い方も、深みのないものになってしまうのではないでしょうか。

（本川達雄『生物学的文明論』より）

※反芻＝繰り返し考え味わうこと。

問題 本文の内容として正しいものを次の中から一つ選びなさい。

ア ゆったりとした時間の流れの中でしか経験できないものを味わうことこそが、人生の中のただ一つの目的である。

イ ゾウはネズミの一八分の一、ナマコは人間の五〇分の一の速さで時間が流れており、その分楽しむ世界は広がる。

ウ 便利とは速くなることであり、速くなったことで生まれた時間をじっくりと楽しむことで人生に深みが生まれてくる。

エ 速い時間とゆっくりの時間とではそれぞれの時間の中で経験できるものが違い、どちらを選ぶのかが大切である。

オ エネルギーを消費して時間を速めると便利になるが、それで必ずしも幸せになるとは限らない。

表現の特色を問う問題

重要度 ★★☆

記号選択問題

59 表現の特色を問う問題は、「消去法」を使うと解きやすくなる。

今回は、表現の特色を問う問題の解き方を説明します。表現の特色を問う問題とは、「本文の表現の特色を説明したものとして、ふさわしいものを次の中から選びなさい」という類いの問題です。では、読解問題で問われやすい「表現の特色」にはどのようなものがあるのでしょうか？　以下で確認していきましょう。

ポイント　問われやすい表現の特色

① **比喩表現や象徴・暗示の表現**

物語文では、**比喩表現**がよく使われます。同じように、**象徴**や**暗示**の表現も、読む人に印象づけるためによく使われます。

② **短い文**

主に物語文でリズムを出すために、**短文**が連続して使われることがあります。

③ **色を表す言葉や擬態語・擬音語**

物語文で、読む人に印象づけるために、特定の**色**や**動き**、**様子**

入試問題にチャレンジ！

次の文章を読んで、あとの問いに答えなさい。

（大宮開成中・改）

≫解答は、別冊33ページ

〔光陵中学校の弓道部に所属している早弥は、実良・春とともに全国大会への出場がかかった九州大会の決勝戦に出場し、城東中学校のAチームと戦う。このチームには早弥の知り合いの白水歩がいる。〕

「両校入場してください」

アナウンスがきこえると、道場はしんと静まり返った。空気は四隅をぴんと引っ張ったようだ。はりつめていてたるみ一つない。

「入場します」

歩の声がりんと響く。

白水歩。そのりんとした横顔には、もはやあどけなさは感じられない。その手に握られた弓は、ぴったりと体に寄り添っている。長い稽古の時間が道具を体になじませたのだろう。（中略）

「入場します」

一呼吸置いてから、早弥は宣言した。自分の声が、すうっと下腹に収まった。（中略）

号令がかかった。

「始め」

早弥は弓を起こし、構えた。

少しずつ、意識が凝縮してくる。

ゆっくりと腕が動いた。引いた。引きしぼる。密封された静寂が訪れる。そして、早弥の一射目が、潔い短い音とともに的を射抜いた。（中略）

や**音**を強調することがあります。また、色は**暗示**の表現として使われる場合もあります。

④ 会話文（セリフ）の多用

特に現代の小説では、地の文よりも**会話文**が多用されるものがあります。

⑤ 一人称の視点

一人称の視点とは、主人公である**「私」**や**「僕」**などの視点のことです。現代の小説は、一人称の視点で主観的に書かれたものが多い傾向にあります。この場合、たとえば、選択肢の中に「客観的に描かれている」などというものがあれば、誤りとなります。

そして、表現の特色を問う問題は、「消去法」を使うと解きやすくなります。

というのも、受験生が第一に行うべきなのは、文章の「内容」を正確に理解することです。そのとき、文章の「表現の特色」にまではなかなか気が回らないのではないかと思います。また、表現の特色には、「言われてみればたしかにそうだな……」と気づくようなさりげないものも多くあります。ですから、選択肢の中で明らかに間違っているものを消していき、残ったものを選ぶ「消去法」を使うことができるのです。

塾技解説

表現の特色を問う問題は、主に物語文で出題される。選択肢をもとに判断していくことができるので、「消去法」が有効！

二年半、不器用に弓道を続けているうちに、早弥にはわかったことがある。一歩一歩しか歩けないのなら、長い間歩いていればいいのだということ。人が歩みをやめてしまっても歩いていればいいし、やめてしまっても、ひたすら続けていればいい。

きゃん、ぱん。

それでいいのだと答えるように、弦音が鳴った。

早弥は新たな矢を番えた。体の奥で何かがはじけそうになっている。今までに感じたことのない、力が生まれそうになっている。

弓を起こす。

力がどこか、ほかのところから来ているみたいだ。弓を握る力も、弦を引く力も自分のものではないみたいだった。

（まはら三桃『たまごを持つように』より）

問題 本文の表現の説明として最もふさわしいものを次の中から一つ選びなさい。

ア 「入場します」など同じ掛け声が何度も使われることによって、弓道が同じ動作を繰り返し行う競技だということが暗示されている。

イ 「きゃん」「ぱん」などの擬音語が用いられることによって、登場人物が激しく動き回る場面に臨場感が出されている。

ウ 早弥の様子を「少しずつ」「ゆっくりと」などの言葉で描写することによって、早弥の弓道の上達が遅かったことを間接的に表現している。

エ 「空気は四隅をぴんと引っ張ったようだ」「密封された静寂」という比喩表現によって、弓道場の緊張感が読者に伝わりやすくなっている。

塾技 60

タイトル・小見出しをつける問題

重要度 ★☆☆

記号選択問題

60 タイトル・小見出しをつけるコツは、「広すぎず・狭すぎず」。

読解問題では、タイトル・小見出しをつける問題が出題されることがあります。「この文章にタイトル（小見出し）をつけるとき、最もふさわしいものを次の中から選びなさい」という類いのものです。

タイトル・小見出しをつける問題のポイントは、次の通りです。

ポイント タイトル・小見出しをつける問題

① 説明的文章での出題

繰り返される言葉や**文章内容**に着目しましょう。筆者は、テーマとなる言葉を何度も使用したり、言い換えたりします。

② 文学的文章での出題

物語や詩などでは、**特徴的な言葉**がタイトルになることが多いですね。**文章全体の主題**を考えましょう。

覚えておきたいのが、タイトルをつけるコツは「広すぎず・狭すぎず」ということです。広すぎるとその文章以外にもあてはまってしまいます。逆に、狭すぎると文章中の限られた部分の説明になってしまい、文章全

入試問題にチャレンジ！

≫解答は、別冊34ページ

次の文章を読んで、あとの問いに答えなさい。（順天中）

ときどき「ひとりうなずき」をする人がいますね。自分で話していて、自分の話に自分でうなずく。私は「ひとりうなずき」の語り手と対面していると、気が滅入ってきます。言っていることが間違っているとか、かんに障るとか、そういう次元のことではありません。「おまえが私の話に同意しようと反対しようと、私は私の話に同意する」というきっぱりとした「聴き手無視」の態度に毒されて、なんだかこっちの生命力がよろよろと萎えてきてしまうのです。（中略）

私たちを傷つけ損なうコミュニケーションがどのようなものかがわかると、それをひっくり返すと、私たちが※愉悦を感じ、生きている実感が湧いてくるコミュニケーションがどういうものであるかもわかります。

私たちが聴いて気分のよくなることばというのはいくつかの種類がありますが、そのすべてに共通するのは（誤解を招く表現ですが）、そこに誤解の余地が残されているということです。

奇妙に聞こえるでしょう？

でも、誤解の余地なく理解が行き届いたコミュニケーションではなく、誤解の余地が確保されているコミュニケーションこそが、私たちにコミュニケーションをしている実感をもたらしてくれるのです。

十代の若い人たちは、非常に会話の語いが貧困です。これは、みなさんも認めてくれると思います。

「むかつく」とか「うざい」とか「きもい」とか「かわいい」とか、

体を説明することができません。ですから、テーマを「程よく」表している言葉を選びます。
以上をふまえて、次の詩にふさわしいタイトルを考えてみましょう。

例 ［　　　　］　アーサー・ビナード

月は
地球のまわりを回り出して久しく、
その軌道が
すっかり身についている。
方向を間違えることなく、
速度、角度、微妙なカーブもみな
こなれたものだ。
たまに、でも、月は道に
迷ってみたいと思う。
ここはどこ？
というスリルを味わいたい。

せめて
三日月の翌晩に
うっかり満月姿で現れるとか、
自転を少し速めてしまうとか……
そんな思いが
だんだんと溜まり、
日常に押しつぶされそうになると
日食か
月食が
やってくる。
この道でよかったと。

（アーサー・ビナード『左右の安全』より）

この詩では、月と人間を重ね合わせています。月が基本的には同じ軌道を描くのと同様に、私たちも毎日同じような行動をとりがちです。ときには、変化に乏しい日常から離れたいと思うこともあるでしょう。この詩のタイトルは、「日常」です。

塾技解説　タイトル・小見出しをつける問題は、「何について書かれているか」「どのように話が展開しているか」をつかむことがポイント！

ほんとうに十個くらいの単語だけで延々と会話をしている女子高校生などを電車の中でみかけます。（中略）
洋服を見ても「かわいい」、化粧を見ても「かわいい」、音楽を聴いても「かわいい」。
あれでは、そのような形容詞を交わし合っているもの同士でも、何を言っているのかお互いの心の中がわかっているとはとても思われません。「かわいい」のが洋服の色について言われているのか、デザインについて言われているのか、ボタン穴の微妙な位置関係について言われているのか、スリットの角度について言われているのか、「これ、かわいいね」「うん、かわいいね」だけじゃ、わかりっこありません。
……ほらね。
ちゃんと、若い人たちだって、わざと誤解の幅があるように、コミュニケーションしているでしょう？
それこそがコミュニケーションの「王道」だからです。
形容詞十個だけのチョー貧しいコミュニケーションでは、お互いに「何を言っているのか、よくわからない」。だから、聴く人間をつねに「不確かで曖昧な位置」にとどめおくことができる。それゆえに、これらの会話はコミュニケーションとして成立しているんです。

（内田樹『先生はえらい』より）

※愉悦＝心から満足して喜ぶこと。

問題　この文章の題として最もふさわしいものを、次の中から一つ選びなさい。

ア　若者のコミュニケーション　**イ**　聴き手のいないことば
ウ　「ひとりうなずき」の語り手　**エ**　誤解のコミュニケーション

塾技(ジュク ワザ) 61

答えを探す前の準備

重要度 ★★★

ぬき出し問題

61 ぬき出し問題では、答えを探す前の条件整理がカギとなる!

ここからは、「ぬき出し問題」の解き方を解説していきます。ぬき出し問題は、本文中から答えに当たる部分を探すものですが、「せっかく時間をかけて探した答えが間違っていた……」という経験から、ぬき出し問題を苦手としている人も多いのではないでしょうか。

ぬき出し問題は、本文中に必ず答えがあるので、答えを探すことに意識が集中しがちです。でも、答えを見つけること「だけ」に力を入れても、時間ばかりかかってしまい、正しい答えがわからなくなってしまいます。ぬき出し問題では、答えを見つける前に重要なステップがあるのです。

落とし物をさがす場面を想像してみてください。落とし物の特徴がわからなければ、いくらさがしても見つけることはできませんね。ぬき出し問題もこれと同じです。「何を探すべきなのか」をしっかり理解するためには、答えを探す前の条件整理が欠かせないのです。

それでは、次の例で、答えを探す前の条件整理をしてみましょう。

入試問題にチャレンジ!

≫解答は、別冊34ページ

次の文章を読んで、あとの問いに答えなさい。（巣鴨中・改）

親の物の※断捨離の説明としてよく出てくるのが、「現在、70代、80代のいわゆる①後期高齢者の人は『もったいない』を美徳として育ってきた人たちだから、物への執着が強く、捨てられない」という話だ。亡くなってからの遺品の始末は、相続が絡むので、家族内でもめごとに発展する可能性もあるし、業者に持っていってもらうとなると、それなりのお金がかかってやっかいだ。だから、生きているうちにやっておいた方がいい、と話は進む。

お気持ちはごもっともだ。私自身、実家に行くと、どうしてこれほど物があるのだろうと思うし（ちなみに実家は我が家の倍以上の広さがあるのにそう感じる）、知り合いの90過ぎのおじいさんが老人ホームに引っ越す手伝いをしたときも、50年間一度も引っ越しをしたことがないと、一人暮らしでもこんなに物が溜まるんだなと驚いた記憶もある。

しかし、だからといって、残された者が後で困らないように先手を打ちましょう、という発想もいかがなものだろう。②自分たちが先々困らないように、親を説得して物を片付ける……という発想に、なんとなく自己中心的なものを感じてしまうのは、私がひねくれているからだろうか。（中略）

最近は、大学図書館が古本屋と提携し、古本を売るとその代金が大学に寄付されるというシステムがあるので、父が亡くなった暁にはそのシステムを使って本を処分し、父の母校に寄付するから、今処分するのはあきらめようと、母を説得した。相変わらず父の本は増え続けている

ポイント **答えを探す前の条件整理**

例 ――線部「……」とありますが、**筆者がこのように考える理由**が書かれている**三十字以内**の**部分**を**これよりあと**の本文中から探し、その**はじめの五字**をぬき出しなさい。

- 「筆者がこのように考える理由」→**探すべきもの**
- 「三十字以内」→**字数**
- 「部分」→**ぬき出す単位**
- 「これよりあと」→**探す範囲**
- 「はじめの五字」→**解答すべき箇所と字数**

ぬき出し問題では、短い設問文の中にこれだけの「条件」が示されています。そして、これらの条件をすべて守らないと正解することができないのです。条件整理がいかに大切かよくわかりますね。

ではなぜ、こんなにたくさん条件がついているのでしょうか。それは、細かく条件をつけないと、正解の箇所がいくつも出てきてしまい、受験生が混乱してしまうからです。つまり、ぬき出し問題についている条件は、答えを一つに決めるために必要な情報であり、答えを導き出すためのヒントでもあるのです。

塾技解説

ぬき出し問題で、条件の確認ミスのために失点するのはもったいない！　設問文にも線を引いたり印をつけたりして、条件をしっかりつかむようにしよう。

が、本人はその中に幸せそうに座っている。片付かない本に埋もれて本人が暮らしたいなら、人生の終わり方として、それはそれでいいのではないかと思う。

物のない時代に生きてきた人たちは、物を調達するにも苦労をしてきている。だからこそ、捨てられないものもあるだろう。

戦争中、敵国の文化だからとどうしてもピアノを習わせてもらえなかった母は、親元を離れた大学生活でピアノを習い始めた。そのときに買ったピアノの教本は、とても粗末な紙でできていたが、大学生にとっては宝物だった。（中略）

「立つ鳥跡を濁さずよ」と親を急き立てるよりは、まずは、本人にとって大事なものを、誰にどう手渡していくかを一緒に考えるくらいで十分ではないだろうか。

（佐光紀子『「家事のしすぎ」が日本を滅ぼす』光文社新書より）

※断捨離＝物への執着を捨て、不要な物を減らそうとする取り組みや考え方のこと。

問題1 ――線部①「後期高齢者の人は『もったいない』を美徳として育ってきた人たち」とありますが、それは、その背景としてどういう事情があったのですか。その答えを述べた段落（形式段落）を本文中から探し、そのはじめの五字をぬき出しなさい。

問題2 ――線部②「自分たちが先々困らないように、親を説得して物を片付ける」ことに筆者が反対の立場をとっているのは、自身の父親に対する、どういう思いがきっかけになっていますか。その思いを述べた言葉を――線部②よりあとの本文中から**連続する二つの文**で探し、そのはじめの五字をぬき出しなさい。

塾技 62

答えを探す範囲をしぼり込む

重要度 ★★★

ぬき出し問題

62 ぬき出し問題では、答えを探す範囲を限定するのがポイント！

今回も、ぬき出し問題の解き方について解説していきます。ここでは「答えを探す範囲をしぼり込む」ことを学びましょう。

前回と同様に、落とし物をした場面を例にしてみましょう。落とし物をさがすときに、「どのあたりで落としたかなぁ。おそらく教室かな」などと見当をつけますよね。ぬき出し問題もそれと同じで、本文中の「どのあたりを探すべきなのか」を考え、答えを探す範囲をしぼり込むことが、すばやく正解にたどり着くためのコツなのです。

前回の**塾技61**の問題では、「――線部②よりあとの本文中から探し」などの条件がつけられていましたが、今回は、そのような条件がなく、自分自身で答えを探す範囲をしぼり込む必要がある場合の考え方です。

例

1 かつて人間は科学に対して恐怖や畏敬の感情を抱いていた。自然の法則や現象を解明しようとすることは、神秘的で危険な挑戦だと考えられていたのだ。科学は人間の知るべき範囲を超えたものであり、尊重し敬意を払うべきものだった。

2 しかし、今の人間は科学を自分たちのものだと思っている。自

入試問題にチャレンジ！

≫解答は、別冊35ページ

次の文章を読んで、あとの問いに答えなさい。　（吉祥女子中）

教室に着いていても、万亀はしばらくぼんやりしていた。女子組の級長の万亀は、先生が入ってきたら「起立、礼」をかけなければいけないのだが、隣りの子につつかれるまで気づかず、最初の発声が遅れたほどだ。

「おはよう、今日はとてもいい知らせがある」

古屋先生はゆっくりと皆を見渡した後、今度はまっすぐに万亀の方を見た。

「小川の※綴方が※『赤い鳥』に入選した」

えーっと級友たちはいっせいに声をあげた。

「推奨だからたいしたもんだ。全国で二人のうちの一人だからな。鈴木三重吉先生がうんと感心して、いいことを書いてるぞ」

古屋先生は興奮を隠しきれないようだ。特徴あるミソッ歯を見せて笑った。「小川、読んでみろ」。

「私が床屋の前を通ろうとすると『何だ何だ、あれは』『あれかい、ありゃ猿まわしだぞ。早く飛んでって見てこうや』と、雄太さんや章さんが※せっこんで話しているのが聞こえた……」

最初の数行を読む間に、万亀は二度もつかえてしまった。教科書を読むのと違い、自分の綴方を朗読するというのはなんとむずかしいのだろう。照れてつい声が小さくなるのを励ますようにする。（中略）

いつのまにか級友たちはじっと聞き入っている。確かに恥ずかしいけれども、いつものそれとはなにか違う。晴れがましさと共に、自分の書いたものを聞かせる喜び――。それは本当に喜びだ。（中略）

然の法則や現象を操作して、生活を楽にしたり、利益を得たりすることに忙しい。

3 さらに、現代において、人間は科学を使って自分自身を変えようとしている。しかし、科学は人間の本質を変えることができるのだろうか。科学は人間に可能性だけでなく、倫理や価値観も問いかける。人工知能やクローン技術はその一例である。

4 このように、人間と科学の関係は単純ではない。人間は科学とどう付き合うべきか、これからも考え続けなければならない問題である。

問題 かつての人間にとって科学とはどのようなものでしたか。本文中から十五字以内で二つぬき出しなさい。

問題では「かつて」の人間にとって科学はどのようなものであったかが問われています。2段落と3段落は「今」や「現代」の人間について書かれており、4段落は人間と科学の関係についてのまとめが書かれています。ですから、ひとまずこれらは除外し、「かつて」の人間と科学の関係が書かれている1段落を探していきます。すると、「人間の知るべき範囲を超えたもの」「尊重し敬意を払うべきもの」という答えが見つかります。

塾技解説

ぬき出し問題でスピーディに答えを見つけるために、設問で問われていることをチェックして、「どのあたりを探すべきなのか」の見当をつけよう！

万亀が読み終わったとたん、古屋先生が手をぱちぱちと叩いた。皆もいっせいに拍手をする。拍手などというのは学芸会でしかしないものだと思っていた万亀はめんくらってしまう。どうしていいのかわからないまま、すとんと椅子に腰をおろした。

「えらいもんじゃん」

隣りの民子が興奮して赤い頬のまま、そっとささやいた。

「東京のえらい本に載ったずら。本に載ったのを読むなんて、教科書を読むみたいじゃん」

古屋先生は万亀の手から、最新号の「赤い鳥」を取り上げ、後ろのページをめくった。

「えーと、小川の綴方は、鈴木三重吉先生が大変誉めておられる。いかにも実感があって、しみじみと物哀れだと書いている。推奨のしかも第一席だ。これは小川だけでなく、この学校にとっても名誉なことです」

次の日の昼休みに万亀は校長室に呼ばれた。驚いたことに、その部屋には、校長先生以外にもう一人男がいた。地元の「山梨日日新聞」の記者だと古屋先生は説明した。

（林真理子「赤い鳥」より）

※綴方＝作文。
※『赤い鳥』＝鈴木三重吉が創刊した児童雑誌。
※せっこんで＝急いで。山梨県の方言。

問題 ――線部「いいことを書いてるぞ」とありますが、「いいこと」とはどういうことですか。本文中から二十字で探し、はじめの四字をぬき出しなさい。

塾技

63 答えの形式をそろえる

63 ぬき出し問題では、「答えの形式」も、答えを探すときのヒントになる！

ぬき出し問題では、ぬき出す答えの内容だけでなく、答えの形式も重要です。答えの形式に着目することで、答えをすばやく見つけることも可能になります。

ぬき出し問題の答えを一つに決めるために、設問で答えの形式を指定しているケースが多いので、設問文をしっかり読んで、答えがどのような形式になるのかを確認しましょう。

以下に、代表的な例を挙げてみます。

ポイント ぬき出し問題の答えの形式

① 設問の条件に合わせる

たとえば、「どういう人ですか」「どのような状況にありますか」と聞かれた場合、「〜人（もしくは『人』と同じような言葉）」、「〜状況（もしくは『状況』と同じような言葉）」が答えになるというケースです。このように、**設問文の言葉の一部がぬき出しのヒントになっている**ことがあるので、しっかり確認しましょう。

重要度 ★★☆　ぬき出し問題

入試問題にチャレンジ！

≫解答は、別冊36ページ

次の文章を読んで、あとの問いに答えなさい。（巣鴨中）

海洋プラスチックは、それ自体が海洋生物の内臓や組織にダメージを与えるだけでなく、もう一つ、より深刻な問題をはらんでいる。プラスチック片には、残留性有機汚染物質「ＰＯＰｓ（Persistent Organic Pollutants）」が吸着し、濃縮することがわかっているのだ。

環境中に排出された化学物質の中には、大気汚染や水質汚濁の原因になったり、長期間にわたって土壌に蓄積した結果、生態系や人の健康に影響を及ぼすような環境汚染を引き起こすものがある。これを環境汚染物質と総称する。

その中で、「分解されにくい」「蓄積されやすい」「長距離移動性がある」「有害性がある」化学物質のことをＰＯＰｓと総称する。２００４年５月には、ＰＯＰｓの減少を目指すことを目的とした「ストックホルム条約」が発効されている。そうした条約ができるくらい、危険性の高い物質ということである。

一般に、ＰＯＰｓは食物連鎖を介して、小さな生物から大きな生物へと移行し、そのたびにどんどん濃縮されていく。したがって、海の食物連鎖の頂点に位置するクジラやイルカなどの哺乳類は、高濃度にＰＯＰｓを含んだ餌を日常的に口にしていることになる。

それだけでも問題だが、加えてＰＯＰｓが高濃度に吸着した海洋プラスチックを飲み込んでしまう機会が増えれば、より多くのＰＯＰｓが体内に蓄積されていく。

ＰＯＰｓが体内に高濃度に蓄積されると、免疫力が低下することがわ

② 名詞（体言）止め

「どのようなものですか」「どのようなことですか」「何がそれにあたりますか」などと問われていたら、答えの終わりは**「〜もの」「〜こと」**や**名詞（体言）**になることがほとんどです。「〜もの」「〜こと」もしくは名詞で終わっている箇所を探しましょう。

③ 原因・理由・目的

「なぜですか」「どうしてですか」「何のためですか」などの問い方で原因・理由・目的を聞かれていたら、**「〜から」「〜ので」「〜ため」**などで終わっている箇所が答えになる可能性が高いです。

少し補足をします。③の場合には、「〜から」「〜ので」「〜ため」で終わっていない箇所が答えになる場合もあり、注意が必要です。なぜかというと、たとえば、太陽が東からのぼって西に沈む理由を答える際に、「地球が自転しているから」と答えたほうがわかりやすいのですが、「地球が自転している」でも理由を答えたことにはなります。そのため、場合によっては「〜から」「〜ので」「〜ため」で終わっていない部分が答えになることもあります。

また、本文中で「〜から」「〜ので」「〜ため」という終わり方になっていない場合には、「『〜から』につながるようにぬき出しなさい」というように、設問の中で指示されることもあります。

塾技解説

ぬき出し問題では、答えの形式も意識をして探すことで、時間を短縮できる。設問文にヒントや誘導がある場合が少なくないので、見逃さないようにしよう！

かっている。その結果、感染症にかかりやすくなったり、発がんや内分泌機能の異常（甲状腺、副腎、下垂体から成長ホルモンや性ホルモンを正常に分泌できなくなる）などにもつながる可能性が示されている。

実際に、国内で※ストランディングした海の哺乳類のうち、POPsが体内に高濃度に蓄積した個体では、健康な個体では通常かからない感染症（日和見感染症）にかかっているものもいる。

とくに、子ども（幼体）のほうがPOPsの影響を強く受けやすい傾向がある。なぜなら、現在知られているPOPsのほとんどが脂に溶けやすいため、海の哺乳類の場合、脂質の多い母乳を介して、母親から子へ大量にPOPsが移行するためと考えられている。極端にいえば、毒の入った母乳を子どもに与えていることになる。

免疫システムが確立されていない幼体へ、大量の環境汚染物質が吸収されると、本来なら自分の免疫力で退治できる弱毒性の病原菌にも感染しやすくなり、死亡するリスクが増える。

皮肉なことに、子どもに乳を与えれば与えるほど、母親に蓄積したPOPs量は減るのである。

（田島木綿子『海獣学者、クジラを解剖する。』より）

※ストランディング＝クジラなどの海洋生物が、浅瀬で座礁したり、海岸に打ち上げられる現象。

問題 ——線部「生態系や人の健康に影響を及ぼす」とありますが、具体的には、生物の何がどうなることにつながってしまうのですか。その答えとなる言葉を、本文中から十字以内で探し、ぬき出しなさい。

塾技（ジュクワザ） 64

同内容のぬき出し問題① ——線部をパーツに分ける

重要度 ★★☆

ぬき出し問題

64 同内容のぬき出し問題は、——線部をパーツに分けて対応箇所を探す！

「同内容のぬき出し問題」とは、——線部と同じ内容の語句や文章を、別の箇所からぬき出させる問題のことです。

同内容のぬき出し問題では、——線部をパーツに分けて、それぞれに対応している箇所を探すことが大切です。

たとえば、——線部が「○○○で▲▲▲な□□□」だったとしましょう。これを要素でパーツに分けると「○○○／▲▲▲／□□□」となります。答えは、「○○○・▲▲▲・□□□」の部分が正しく言い換えられている必要があります。一つの要素しか同じ内容になっていないものなどは、原則として答えにはならないので、注意しましょう。

この際に、解答の要素の順番は問いません。たとえば、「▲▲▲で○○○な□□□」となっていてもかまいません。

ポイント ——線部をパーツに分ける

例 人間が(A) AIに(B) 翻弄されることなど、(C) 絶対にあってはならない。(D)

私たちは、(A) 機械的知性に(B) 振り回されては(C) いけない。(D)

入試問題にチャレンジ！

≫解答は、別冊36ページ

次の文章を読んで、あとの問いに答えなさい。（高槻中）

わたしは、暮らしや家庭の中にある科学をテーマにして、雑誌に記事を書くことがあります。料理の科学、生活の中にある器具のしくみなどを取りあげて、科学を専門としない人たちにも関心を持ってもらえるよう記事づくりを工夫します。そんなとき編集者の注文はこうです。

「一般の主婦の方々にとっつきやすくするために、内容は科学のことであっても『科学』ということばは使わないでください。『科学』と聞いただけで引いてしまう（そのページを読むことをやめてしまう）人がけっこういますから」

これは、わたしにとってはむずかしい注文であることが多いのですが、編集者の言うことは、一般の人に対する情報発信の心構えとして、現時点では適切と言うほかありません。「科学」ということばを使うか否かが大きな問題なのではありません。読者である「一般の人たち」も、発信する側である「編集者」も、科学に対して距離を感じているということであり、それは、現在の「科学技術」と「それを使う人たち」の関係を象徴しています。作る側、発信する側は、当然その内容を熟知し将来の方向性を提案しますが、それを使う側の人は与えられたものを十分に理解せず「買う」という行動だけで受け入れていると言いかえられます。

一般に、「わからない」ことの原因のひとつに、分野がとても細かく分かれて、専門性が高くなっているということがあります。複雑で専門性の高い技術が生み出された結果、エネルギー、動力機関、通信、食料生産や医療、衣服、娯楽やスポーツまで、わたしたちの生活のあらゆる

例

現代人は、大量生産・大量消費社会から脱却するべきである。

↓

われわれは、循環型社会を目指していく必要がある。

ここでは、「大量生産・大量消費社会から脱却する（＝ぬけ出す）」が「循環型社会を目指していく」と言い換えられています。

例

母の前でロボットのようにふるまっていた私に気づいた。

↓

母親の言いなりになり必死に行動している自分を見た。

「ロボットのように」は、言いなりになって行動している様子の比喩表現ですね。

例

Aさんの言葉が、思い上がっていた私の心を激しく打った。

↓

Aさんが発した一言を聞いて、傲慢だった私は愕然とした。

このように、主語が人でないタイプ（＝無生物主語）も、同内容のぬき出し問題でよく問われます。

塾技解説

同内容のぬき出し問題では、——線部をパーツに分けたうえで、言い換えられている箇所を探そう。言い換えを見ぬくためには語彙力も必要！

部分を科学技術が支えています。

　技術、そして科学技術は、その時代に生きている人々によって求められ発展してきたものであるはずですから、わたしたちはそれらの科学技術を使う主人公です。しかし、はたしてわたしたちの科学技術に対する理解は、科学の発展とともに進んでいるでしょうか……？

　たとえば、あなたの周りで、「科学はむずかしいから」と決めつけて、苦手だと思っている人はいませんか。あなた自身はどうでしょう。科学的理論と実用化のレベルが複雑で高度なために、一握りの人たちにしかわからないむずかしいものになってしまっているのは事実です。

　専門家や技術者が作り出したものを、マニュアルの通りに使うことさえできれば、そのしくみなどを知る必要はない、という人もいるかもしれません。しかし、そのような使い方では、供給する側から示された技術の「良い部分」しか見えません。科学技術を提供する側からは「良い部分」しか聞かれないのだとしたら……。それらを使う主人公であるわたしたちは、与えられる情報だけではなく、科学的背景やしくみを少しでも知った上で、生活の中に取り入れるか、取り入れないのかを判断することが必要です。

（佐倉統・古田ゆかり『おはようからおやすみまでの科学』より）

問題 ——線部「『科学はむずかしいから』と決めつけて、苦手だと思っている」と同じ内容を表す別の表現を文中から十五字以内で探し、ぬき出しなさい。

塾技(ジュクワザ) 65

同内容のぬき出し問題②　――線部を含む一文に注目する

重要度 ★★☆　ぬき出し問題

65 同内容のぬき出し問題は、――線部を含む一文にも注目する！

同内容のぬき出し問題は、同じような構成になっている箇所が本文中に複数ある場合にも、よく出題されます。

そのため、文の一部にしか――線が引かれていなくても、――線部を含む一文に注目することで、同内容の部分を探しやすくなります。

特に、論説文では、筆者の主張が言い換えられ、繰り返し登場することが多いので、注意が必要です。

ポイント　――線部を含む一文に注目する

例　さまざまなジャンルの本を読めば、興味や関心を広げることができる。

↓

分野を問わずに読書を楽しむことは、知的好奇心を育むのに役立つ。

ここでは、「知的好奇心」という言葉が「興味や関心」の言い換えになっています。前後の表現も、同じ内容ですね。

入試問題にチャレンジ！

≫解答は、別冊37ページ

次の文章を読んで、あとの問いに答えなさい。

（片山学園中・改）

人としゃべっていると、同じことがらに対してこれほど見方が違うものかと驚かされることがある。なんでこんなことがわからないのかとイライラしたり、どうしてそんな見方をするのかと不可解に思ったりすることもあれば、そういう見方もあるんだと感心したりすることもある。いずれにしても、それらは他者の視点に触れる経験ということができるだろう。

このように他者の視点に触れる経験をすることで、僕たちはその他者の視点を取り入れていく。これは、自己が他者を含むものへと拡張していくことを意味する。僕たちは、この世に生まれ落ちた時点で、世界に対するひとつの視点を身につけているわけではない。生後、身近に接する人たちのもつ視点を取り入れることで、世界を見る視点をもつようになっていくのだ。

人生の初期に、周囲の人たち、とくに両親のように身近にかかわる人たちの視点に触れ、そうした他者を含むものへと自己が拡張されていく。そうした身近に接する他者の視点を取り込むような形で自己物語が形成されていく。

はじめのうちは、身近な他者の視点に触れるごとにそれを取り込むというようにして、大きな揺れを見せながら自己物語が形成されていく。視野が広がるという言い方がなされることがあるが、それは新たな視点を他者から取り入れることで、ものごとをより※多角的に見られるようになることをさすものである。

例 計画をたて、その計画どおり物事をすすめて、順調にそれが進行すれば、あたり前であるが計画したとおりの成果がえられることになる。だから結果をのこすことを最優先するかぎり、計画どおりに物事がすすむと安心だ。それが結果への近道だからである。これがわれわれの思考回路に根深く巣くう未来予期にもとづく計画的思考回路だ。しかし、これがあたり前になると計画をたてた時点でそれに安住してしまい、目の前の現実を直視しないという愚挙をおかしがちになる。今日はちょっと嵐だけど停滞したら計画どおりに進まないので無理やり出発しよう、みたいな感じである。

　その意味で、われわれは計画のなかに生きているのであって、真の現実に没入して、それを経験できているわけではない。それなのに、計画をたてた時点でわれわれはその計画に存在まるごと絡めとられてしまい、目の前の新しい現実を無視したり、計画とはことなる現実を無理やり計画に適合させて辻褄をあわせる、みたいなことをしがちになる。

　イヌイットが「ナルホイヤ」のひと言で否定しさるのは、こうした計画的思考である。

（角幡唯介『狩りの思考法』より）

——の部分が同じ内容になっているのですが、その直前の　　の部分も同じ内容になっていることがわかります。

塾技解説

同内容のぬき出し問題では、——線部の前後にも注目して、同じ言葉や同じ内容になっている部分を探してみよう！

また、そのうちに、その内容が蓄積されてくるにつれて、自己物語は周囲の人たちにあまり左右されないような安定感のあるものへと仕上がっていく。こうして、僕たちの見方は、よく言えば安定し、悪く言えば固定化されていく。僕たちは、自己物語の文脈を基準に周囲の出来事を意味づけ、自分の世界を築き上げていく。

　この安定化した自己物語の世界から脱しようという動きが出始めるのが、人生の節目とか人生の危機とか呼ばれる時期である。

　では、これまで安住してきた自己物語の世界が窮屈になったとき、居心地悪く感じられるようになってきたとき、どのようにしてそこから脱したらよいのだろうか。

　自分が嫌になったとき、自分のこれまでの生き方に嫌気がさしたとき、人は自己についての新たな語り方を必要とする。

　自分が嫌になるというのは、いわばこれまで生きてきた自己物語にうんざりしてきたことを意味する。そこでは、自己物語の書き換えが必要となる。環境や置かれた状況が変化したために、これまでの自己物語が通用しなくなるということもあるかもしれない。その場合も、自己物語を今の状況により※フィットしたものへと書き換えていく必要がある。

（榎本博明『〈ほんとうの自分〉のつくり方』より）

※多角的＝多方面にわたるさま。多面的。
※フィット＝ぴったりと合うこと。

問題 ——線部「自己物語」を言い換えている部分を本文中から七字で探し、ぬき出しなさい。

字数指定のあるぬき出し問題

重要度 ★☆☆

ぬき出し問題

66 字数指定のあるぬき出し問題は、問題作成者のねらいも意識しよう！

ぬき出し問題では、「○字以内（以下）でぬき出しなさい」という条件をよく見かけますね。

たとえば、「三十字以内でぬき出しなさい」という問題があったとしましょう。この答えは、三十字以内であれば何字でもよいのでしょうか。実は、答えはほとんどの場合、「二十六字～三十字」の字数になります。これには、入試国語の暗黙のルールのようなものが関係しています。

明確な決まりがあるわけではないのですが、国語の問題では、五字ごとに字数を数えるのが一般的です。先ほどの例で言うと、正解の箇所が二十五字なら、「二十五字以内」という条件をつければよいことになるので、「三十字以内」となっていたら、「二十六字～三十字」であると考えられるのです。

さらに、次の二つの違いはわかりますか？

① ○字以内でぬき出しなさい。

② ○字程度でぬき出しなさい。

①は、「○字以内」でぬき出すのですから、答えは○字を超えてはい

入試問題にチャレンジ！

≫解答は、別冊37ページ

次の文章を読んで、あとの問いに答えなさい。 （早稲田中・改）

「どうやったら音楽がつくれるようになりますか？」と、時々、尋ねられる。なんとか答えてみようと考えてみる。音階やハーモニーの説明をすればいいのだろうか、いや、リズムの話がわかりやすいかも、それとも倍音の話、いやいや、そんなことがわかっても音楽にはならないな、と考え込んでいるうちに説明するのが難しくなって、諦めてしまう。学校で習いそうな基礎的な知識は大事だけれど、自分で曲をつくるときにはそれ程役に立っていない。それで、なんとも素朴な例え話に落ち着く。

目の前に川が流れていたとして、その川の音を声に出して表すとしたら。ざあああ、と勢いよく流れているかもしれないし、ちょろろろ、と穏やかに流れているかもしれない。さらさら、てらてら、そよそよ、しゃーしゃー、と浮かんできそうだけれど、実際に川の前に立ってみると、もっと複雑でいろんな音がしている。あちらの大きな石のところでは、ぴちゃぴちゃ、そちらの小さな段差のところは、ピロロロロ。こちらの溜まり場では、どごん、どごん。聴こうとすればする程、いろんな音が聞こえてきて、いったいどの音を『川の音』とすればいいのか分からなくなってくる。（中略）まるで奇妙な微生物を観察しているように、どんどん微細で複雑で不思議な音たちが、たったひとつの川にあふれていることに圧倒される。

こういう風に音を『聴く』ことができる時、曲が生まれる。ドミソと

けません。当たり前のことですが、最も大事な条件です。

一方、②は、「○字程度」ですから、答えは○字を超えてもよいわけです。どのくらい超えてよいのかは微妙なところですが、指定された字数×1・1くらいが目安になります。たとえば、「二十字程度」なら二十二字くらいだと考えればよいでしょう。

では、なぜ問題作成者は「○字以内」としないのでしょうか。仮に正解としたい箇所が三十一字だったとしましょう。問題作成者は「三十五字以内」にするか、それとも「三十字程度」にするか、迷うところです。このとき「三十五字以内」にすると四字も余ってしまいますね。このような場合には、「三十字程度」という条件をつけることがあります。

最後に、ぬき出し問題を解くうえで、字数をヒントにする方法をもう一つアドバイスします。

「七字でぬき出しなさい」というように、ぴったりの字数が指定されている場合には、難易度を下げる目的もありますが、「五字以上十字以内」という条件だと複数の箇所が正解になってしまうため、「七字」に限定することで正解を一つにしぼっていることもあります。

ぬき出し問題は「別解」をなるべく出さないように作成されています。字数指定から問題作成者のねらいをつかめれば、とても有利になりますよ。

塾技解説

ぬき出し問題の字数指定は、「答えの誘導」の一種。字数指定から問題作成者のねらいをつかめると、自信を持って解答することができる！

鳴らしてみて、ああ美しい響きだなと感じたなら、あんまりウロチョロしたりしないで、いいな、いいなという気持ちを大事にして、よくよく聴こうとしてみる。例えば、ドミソと歌ってみたら、口の開け方を少し変えてみるだけで幾通りも違う表情が味わえる。ドミソから、ドーミソになってもいいし、ドミーーソッと繰り返しても面白い。鳥が歌っているみたいに、ああ、楽しい、身体に響いて楽しい、空気に響いて楽しい、少しずつの違いが、どれもこれも愛おしいと感じられる心になると、もう音楽が生まれている。（中略）

「どうやったら音楽がつくれるようになるか」を探すよりも、じっと耳を澄ましたい音が既にある場所に身をおくといいのではと思う。僕はいま、兵庫県の山奥の小さな村で暮らしている。家の周りは山なので、毎日毎日、いろんな音がやってきて楽しい。この前の晩は、アオバズクというフクロウが窓の外にやってきて、ホーホーホーと美しく歌った。それで、僕もそおっとピアノに向かって静かに同じ音を奏でてみる。トートートー。しばらく待っていると、またホーホーホーと歌い返した。本当に歌い返したのかは分からないけれど、僕はそういう気持ちで、会話をするように、一緒にこの美しい夜を生み出すように音を馴染ませてゆく。

（高木正勝「音楽が生まれる」より）

問題 ——線部「学校で習いそうな基礎的な知識は大事だけれど、自分で曲をつくるときにはそれ程役に立っていない」とありますが、筆者が「曲をつくる」際に大切にしているのはどのようなことですか。「〜こと。」に続くように、本文中から二十五字以内で探し、はじめの五字をぬき出しなさい。

塾技(ジュク ワザ)

67 接続語の空欄補充問題① 空欄の前後に注目する

重要度 ★★★

空欄補充問題

67 接続語の問題は、空欄の前後のつながりから論理的に解くことが大事!

ここからは、空欄補充問題の解き方について説明していきます。空欄補充問題とは、文章中に作られた空欄に、適切な語句や表現を補うものです。多くは記号選択の形式で問われますが、記述問題の場合もあります。

今回は、空欄補充問題の中でも特に出題頻度の高い「接続語の空欄補充問題」について学んでいきましょう。

塾技⑬でも説明したように、接続語とは、文や段落などをつなぎ、その関係を示すはたらきをする言葉です。接続語の空欄補充問題に正解するためには、それぞれの接続語のはたらきを理解していることが不可欠です。主な接続語のはたらきを必ずおさえておきましょう。

また、接続語の空欄補充問題に正解するためには、もう一つ、空欄の前後の文(もしくは段落)の関係をつかむことが必要です。

そのためには、空欄の前後をよく読み、どのような関係になっているのかを論理的に考えることが大切です。たとえば、前に「原因・理由」が書いてあり、あとにはその「結果」が書いてあるから、順接の「だから」「したがって」などが入る、ということです。

入試問題にチャレンジ!

》解答は、別冊38ページ

次の文章を読んで、あとの問いに答えなさい。

(法政大第二中)

二〇〇八年の夏、中央アメリカのコスタリカ共和国を訪れた。

国の広さは日本の九州と四国を合わせたほどだが、中央に活発な火山帯があり、 A カリブ海と太平洋というふたつの海からの影響を受けて、多様な気候と生態系を有している。

コスタリカには地球上の動植物の約五パーセントが集中しているといわれ、一九七〇年代以降、森をよみがえらせるために世界でも先進的な環境保護政策がとられている。(中略)

昔から熱帯雨林には単純なあこがれがあった。ターザンではないが、いろいろな本で読んで、へえ、すごいなあ、行ってみたいなあとずっと思っていた。

最初にアフリカに行く機会に恵まれたが、アフリカ大陸全体は非常に乾燥した土地で、思ったほど暑いところではなく、ぼくの訪れた範囲では熱帯雨林らしきものを見かけなかった。

その後、東南アジアに行き、そこには確かに熱帯雨林といえるところがたくさんあった。とにかく湿っていて、木がたくさんあり、さまざまな植物と動物で満ちている。本物の熱帯雨林はそれまで本を読んで勝手につくったイメージとだいぶ違っていて、非常に感激だった。

B コスタリカに行ってみると、新熱帯の森林は、正直いってずいぶん違うなあと思った。もちろんアジア、アフリカのそれとは違うと知っていたけれども。

ぼくが感じた根本的な違いは、これはいわゆる森林という格好のもの

言葉をかたっぱしから入れていって「なんとなく」「直感的に」答えてはいけません。これ、実は小学生の解き方（?）でよく見られるのです。

ポイント **接続語の種類（一覧表）**

はたらき	説明	主な接続語
順接	前に原因・理由が書かれ、あとに結果が書かれる	だから・したがって・そこで・それで・それゆえ・すると・ゆえに・よって
逆接	前の内容と反対の内容があとに書かれる	しかし・ところが・だが・けれども・でも・なのに・それでも・しかしながら
並立（へいりつ）・累加（るいか）	内容を並べたり、つけ加えたりする	また・そして・それから・および・ならびに・しかも・それに・さらに・そのうえ・おまけに・かつ
対比・選択（せんたく）	前の内容とあとの内容を比べる	あるいは・または・もしくは・それとも・ないし・一方
説明・補足	言い換（か）えたり、説明したりする	つまり・すなわち・要するに・たとえば・いわば・なぜなら・ただし・もっとも・なお
転換（てんかん）	前の内容から話題を変える	ところで・では・さて・それでは・ときに

塾技解説

接続語の空欄補充問題は、空欄の前後の関係をつかみ、適切な接続語を補うことができるかどうかを試（ため）している。直感ではなく、論理的に答えを導く習慣をつけよう！

ではないということだ。

どこが違うかといわれると困るが、一回、人間がかなり優位になったことのある場所という印象だった。

アジアでもアフリカでも、人間が一度自然に手を入れてしまうと完全にはもと（もと）に戻らないという例を見てきた。

C アフリカに行ったときは、かつての熱帯雨林の話を聞いているからすごく期待して行くが、実際にそこで見る森はなんだか情けない感じなのだ。（中略）

自然はすばらしい。普通（ふつう）、みなそういう印象を持っている。

しかしぼくは、人間はここまで破壊的（はかいてき）なのかという印象を持つ。

D 地球上にはまだ人間が足を踏（ふ）み入れたことのない森が残っているだろう。が、たいていのところにはもう人間が入ってしまっている。入らなくても大気汚染（おせん）や温暖化はしのびよる。

仮に自分たちは自然を壊（こわ）さない、伝統的なやり方で森に入っているという者がいても、刃物（はもの）などを持つなら、もうそのダメージはもとに戻らないほど深いと考えるほうが適切ではないか。

（日高敏隆（ひだかとしたか）『世界を、こんなふうに見てごらん』より）

問題 **A** ～ **D** に入る言葉として最もふさわしいものを次の中から一つずつ選びなさい。（ただし同じ記号を二度使ってはいけません。）

ア たとえば　**イ** さらに　**ウ** むろん

エ しかし　**オ** むしろ

接続語の空欄（くうらん）補充（ほじゅう）問題② 解きやすいものから処理する

重要度 ★★★　空欄補充問題

68 接続語の空欄補充問題は、解きやすいものから処理していくのが鉄則!

接続語の空欄補充問題は、空欄の前後の関係で決まるということを、前回の塾技67で説明しました。今回は応用編として、「複数の選択肢（せんたくし）が考えられる問題」を取り上げます。

たとえば、次の例の（　）に入る接続語を考えてみてください。

例 日本の社会では、周りの人の意見に合わせる協調性が求められる。（　）、欧米（おうべい）の社会では、自分の意見をはっきりと主張することが大切だと教えられる。このように、日本と欧米では、考え方がまったく違（ちが）うのである。

いかがでしょうか? 選択肢に「しかし（逆接）」と「一方（対比）」があれば、どちらも入りそうです。でも、他の空欄に「しかし」しか入らない箇所（かしょ）があり、「同じ記号は一度しか使えない」という条件のもとだと、「一方」が正解になります。

このことから言えるのは、「接続語の空欄補充問題は、順番に解く必要はなく、解きやすいものから考えていくのがよい」ということです。

また、解きやすいものから処理していくという点では、複数の空欄に

入試問題にチャレンジ!

次の文章を読んで、あとの問いに答えなさい。（西大和学園中）

≫解答は、別冊38ページ

日本人はこれまで、ヨーロッパに咲（さ）いた文明の〝花〟を切り取ってきて、身辺に飾（かざ）ることを勉強だと思い、それを※模倣（もほう）することをもって社会の進歩と考えてきた。大学教育なども切り花専門の花屋で、ギリシャ以来の名花をそろえ、これを知らなければ恥（はじ）だと、学生に押しつけてきた。

これでは、いかにして花を咲かすかを考える暇（ひま）は、もちろんない。しかし、花屋へ通ったおかげで、花が美しいということは知っている。そういう教育が普及（ふきゅう）した結果、サラリーマンにも切り花を買った人が増加したが、反面、花は適当に切りとられているもの、根がないものという錯覚（さっかく）を生んでしまった。

［1］、花屋を知らなかった昔の人のほうが球根を買い、育てることができた。いまは切り花の知識で人生を始める。そのために、根がなければ花は咲かないという認識（にんしき）を欠いている。

最近、勤めをもつ人のあいだで知的な関心が高まり、自由時間を利用して精神的なものを求めようという志向が強くなったのは、進歩といってよいだろう。［2］、見わたしたところでは、その関心の半分以上は、咲いた花のほうに向けられていて、新しい流行の切り花を追うのに時間と努力が費（つい）やされている。これにも、それなりの装飾（そうしょく）効果はあるにせよ、ひとしきりの花の命を楽しむだけで、散ってしまえばあとは何も残らない。といって、突然（とつぜん）、切り花はだめだと禁止的になることも不可能だろう。さまざまの花の中からみずからの好むものを選び、その次に、どう

第2章 解き方

入る接続語をまとめて選ぶタイプの問題も同様です。

例 自己主張をすることで、自分の意見を尊重してもらえたり、相手とコミュニケーションを深めたりすることができる。（Ａ）、自己主張は対人関係における大切なスキルであると言える。（Ｂ）、自分の意見だけを押しつけたり、相手の意見を否定したりすると、反発を招いてしまうこともある。（Ｃ）、自己主張には、バランスが必要なのである。（Ｄ）、自己主張をするときには、自分の考えや感情に根拠があることを示すことも大切だ。

問題 （Ａ）～（Ｄ）に入る言葉の組み合わせとして最もふさわしいものを次の中から一つ選びなさい。

ア　Ａ そして　Ｂ つまり　Ｃ しかし　Ｄ そのため
イ　Ａ つまり　Ｂ そして　Ｃ そのため　Ｄ しかし
ウ　Ａ そのため　Ｂ しかし　Ｃ つまり　Ｄ そして
エ　Ａ しかし　Ｂ そのため　Ｃ そして　Ｄ つまり

（Ａ）と（Ｃ）には「そのため（順接）」と「つまり（説明）」のどちらも入りそうなのですが、（Ｂ）には「しかし（逆接）」しか入りません。したがって、（Ｂ）が「しかし」になっている「ウ」が正解だとわかります。

塾技解説
接続語の空欄補充問題は、順番に解く必要はない。解きにくいものは保留にして、最終的に残ったものの中から答えを考えよう！

したらそれを自分の力で咲かせることができるかを考えてみたい。［3］、まず、〝切り花から球根へ〟という発想の切り換えを考えたいと思う。（中略）

どんなに貧しく、つつましい花であっても自分の育てた根から出たものには、流行の切り花とは違った存在価値がある。それが本当の意味での〝ライフワーク〟である。

学者でなくても、芸術家でなくても、あらゆる人にライフワークは可能である。しかし、現実に日本では「ここにライフワークあり」といえる仕事をした人はごくわずかしかいない。（中略）ところが、ヨーロッパにおけるライフワークは、文字通り生涯の仕事であって、晩年になって初めて結実する。この差は、自分自身の花か借りものか、根のついた花か切り花かという点にあるのではないだろうか。

人生全体から見れば、自由時間は、小学校に入るまでと定年などで仕事の第一線から退いた後の時代ということになる。［4］、人生の初めと終わりに自由時間があり、真中は仕事である。ことに最近は、平均寿命が長くなって、定年後にはいつまでも暮れない薄暮のように時間が延々と続くことになった。

（外山滋比古『ライフワークの思想』より）

※模倣＝他のものをまねること。

問題 ［1］～［4］に入る最もふさわしいものを次の中から一つずつ選びなさい。（ただし、同じ記号を二度使ってはいけません。）

ア むしろ　イ つまり　ウ しかし
エ なぜならば　オ そこで

副詞の空欄補充問題

重要度 ★★★　空欄補充問題

69 副詞の空所補充問題は、空欄のあとの言葉に注目して解いていく！

副詞とは、主に動詞や形容詞、形容動詞などの前について、それらを修飾する（＝くわしく説明する）語のことです。副詞の空欄補充問題は、接続詞と同様に、入試によく出題されます。

副詞には、次のような種類があります。

ポイント 副詞（の種類）

① **状態を表す副詞**

例 **ゆっくり**歩く　**ぼんやり**覚えている
星が**きらきら**光る　雷が**ごろごろ**鳴る

「ゆっくり」「ぼんやり」などの言葉で、**状態**を表します。また、「きらきら」「ごろごろ」などの擬態語や擬音語も副詞の一種です。

② **程度の副詞**

例 **とても**寒い　**少し**悲しくなった　**最も**よい成績を取った

あとの語がどれくらいの**程度**なのかを表しています。

入試問題にチャレンジ！

解答は、別冊39ページ

次の文章を読んで、あとの問いに答えなさい。（鎌倉女学院中）

小学五年生の世夏は、夏休みの間に父親の仕事の都合で東京から星原村へ引っ越してきた。引っ越し当日に同じ年の「ムッチ」、「陸くん」と知り合う。恐竜好きという共通点からすぐに友達になり、一緒に化石を探すことになった。

今日こそ、わたしが一番に見つけたい。陸くんもムッチもこの間見つけたのに、わたしだけ収穫なしだ。なかばやけくそになって石をたたいていたとき、割れた石の断面に黒っぽいものが見えた。もしかして……。

「ねっ、これっ」

近くにいたムッチに見せた。

「あ、黒いものがあるぞ」

恐竜の化石だろうか？　わくわくする。

すぐに陸くんが来た。石を手に取り、じっくりながめている。そして口を開いた。

「これは、ただの石のもようだよ」

「うそ……」

せっかく見つけたと思ったのに。黒っぽいところ、なにかの化石じゃなかったんだ。

わたしは［ 1 ］とうなだれた。

ふたりがまた石を割り出した。

塾技解説

③ 呼応の副詞

受ける部分に決まった言葉を要求するものです。

はたらき	呼応の副詞	例文
否定	決して～ない 少しも～ない めったに～ない	・決してあきらめないと誓う。 ・少しもわからないと嘆く。 ・めったに雪が降らない地域。
推量	おそらく～だろう きっと～だろう たぶん～だろう	・おそらく全員集まるだろう。 ・きっと合格しているだろう。 ・たぶん彼は来ないだろう。
打消し推量	まさか～ないだろう よもや～まい	・まさか休むことはないだろう。 ・よもや間違えることはあるまい。
疑問 反語	なぜ～か どうして～か	・なぜ言ってくれなかったのか。 ・どうして信じることができようか。
仮定	もし～ならば たとえ～ても	・もし雨ならば延期になる。 ・たとえ雨が降っても決行する。
希望 願望	どうぞ～ください どうか～ほしい ぜひ～たい	・どうぞ召し上がってください。 ・どうか見逃してほしい。 ・ぜひ手伝ってあげたい。
たとえ	まるで～ようだ ちょうど～ようだ	・まるでサウナの中にいるようだ。 ・ちょうど泣いているかのようだ。

呼応の副詞は、覚えてしまえば確実に得点できるので、必ずセットで覚えておこう！

ガンガンガン……。そのときだ。

「こらーっ!! ここで、何しとる！」

しげみの中から突然おじさんが現れた。顔中にしわを寄せ、目をぎょろりとさせて、こぶしを振り上げている。

「逃げろ！」

ムッチが叫ぶ。

わたしはびくっとして、ムッチの後に続いて逃げた。陸くんもすぐ横を走っている。

な、なに？　なんで逃げているの？　わたしたち何か悪いことしたの？

わけがわからないけど、ふたりにおいていかれないように、必死で走った。

こわくて足が［2］する。

わっ、何かにつまずいた。わたしは、勢いよく転んだ。

陸くんとムッチが振り返る。

「大丈夫？」

ふたりがそばに来た。わたしはうなずいて立ち上がった。そして後ろを見る。

おじさんは追いかけてきていなかった。

みんなで［3］林道をもどる。

（麻生かづこ『はじめての夏とキセキのたまご』より）

問題 次の中から［1］～［3］に入る言葉として最もふさわしいものを次の中から一つずつ選びなさい。

ア とっぷり　**イ** がっくり　**ウ** とぼとぼ　**エ** へとへと

オ ズキズキ　**カ** ガクガク　**キ** こってり　**ク** ずんずん

塾技（ジュクワザ）70

キーワードの空欄補充問題

重要度 ★★★　空欄補充問題

70 キーワードや重要語句の空欄補充問題は、空欄の前後にヒントがある!

空欄補充問題には、キーワードを本文中からぬき出させたり、記号で選ばせたりするものがあります。

こういったタイプの問題は、ほとんどの場合、空欄の前後に答えを導き出すためのヒントがあります。

例 私の息子は、2歳から5歳までアメリカで育ち、アメリカの幼稚園に通っていた。彼が小学生になった頃、私たちの知り合いの家族が、やはり小さな子どもを連れて、日本に帰ってきた。そして、日本の幼稚園にうまくなじめるかどうかが心配であることを私たちに相談してきた。（中略）

その時の息子の答えはとても印象的だった。

「その子には、［　　］、というコトバを教えてあげるといいよ」

と言うのだった。（中略）

日本では、クラスの全員に対して転入生の名前を紹介するけれど、転入生に全員の名前を教えるようなことはしない。それで、うちの息子は、話しかけるのにとても困ったというのだ。

話しかけるときのコトバ、話のきっかけになるコトバ、相手を振り向かせるためのコトバというのは、何気ないコトバである。覚えなけ

入試問題にチャレンジ!

次の文章を読んで、あとの問いに答えなさい。（東邦大付属東邦中）

≫解答は、別冊39ページ

どんな自然でも、そこにはもとからいる生き物たちのルールがある。春になれば植物が芽を出し、花を咲かせ、そこにいろんな虫たちがやってくる。幼虫は葉っぱを食べて蝶や甲虫になり、花のみつや樹液を食べて花粉を運ぶ。それらの虫を食べに鳥たちが舞い降り、縄張りを構えてラブソングを歌う。動物たちは鳥が落としたフルーツをかじり、地面を掘り返してミミズや虫を食べる。

そんな中に突然人間が足を踏み入れたら、虫や鳥や動物たちはみんな驚いて動きを止めてしまう。自分のペースで歩き続けたら、植物とそこに息をひそめて体をかたくしている動物しか目にとどめることはできない。彼らの動きを見ようと思ったら、自分もその世界の住人としてのルールを守らなければならないのだ。まず、立ち止まってじっと動かずに待ってみることが肝要だ。そうすれば、動物たちは動きだすので、それらの動物の動きに合わせて自分も動いてみる。すると、動物たちが見たり感じたりしているものが見えてくる。彼らだってむやみやたらに動いているわけではない。それぞれに目的を持って動いているから、その動きに合わせれば彼らの目的も見えてくるのだ。そういった多くの動物の動きが交差するところに、その世界のルールがある。それを感じるには、言葉ではなく五感を用いた直観力が必要だ。そして、その体験は人間の世界でもおおいに役に立つことになる。

たとえば、日本を出てフランスへ行ったとしよう。まず面食らうのは交通法規だ。日本では車は左側通行だが、フランスでは右側。だから、

ればいけないコトバだとは思えない。大切なコトバであるとは思えない。しかし、息子はそれを知らなかったので、かなりの日数、寂しい思いをしたに違いない。どうしていいか分からなかったのだろう。友だちを作ろうとしても、その最初の一歩となるとても大切なきっかけのコトバを日本語でなんと言ったらいいか分からなかったのだ。「ねえねえ」と言えばいいのだと分かったときは、さぞかし嬉しかったに違いない。

「ねえねえ」のようなコトバを「呼びかけ詞」という。コミュニケーションをはじめるために、相手の注意を引きつけるためのコトバであり、これがなければ何もはじまらない。何を言っても空疎な独り言になってしまう。

（金田一秀穂『金田一家、日本語百年のひみつ』より）

□に入る言葉を本文中からぬき出してみましょう。直後を見ると、ぬき出すものは「コトバ」だとわかります。また、そのあとの説明を見ると、「話しかけるときのコトバ」「話のきっかけになるコトバ」「相手を振り向かせるためのコトバ」であり、「何気ないコトバ」だとわかります。そして、一般的には、覚えなければいけない大切なコトバだとは思われないものだということです。

このあたりまでヒントをそろえられれば、答えをしぼり込めますね。

正解は、「ねえねえ」です。

塾技解説

キーワードや重要語句の空欄補充問題は、空欄の周辺から答えのヒントをすばやく見つけることがカギとなる！

道路を渡るときは右を見て左を見るのではなく、左を見て右を見ないといけない。買い物をしておつりを計算するとき、日本では引き算だが、フランスでは足し算だ。つまり払った金額から買った金額を引くのではなく、買った金額におつりを合わせて払った金額にして返してくれる。（中略）こういうルールや習慣に慣れないと、なかなか安心してスムーズに暮らせない。それを言葉で理解しても、なかなか身につかない。直観力で素早く身体化するには、自然でつちかった経験がものをいうのだ。

（中略）

その場合、大切なことは小さなまちがいを犯してもいいから、決定的な大失敗をしないことだ。フランスで日本と同じように道路を渡ろうとしたら、車にひかれる危険が増す。だから、道を渡る前に「まてよ」と思って一瞬止まる必要がある。そうすればまちがえていても、車にひかれることはまぬがれる。このとき、しっかりとした意識を持ち、つねに自分がしていることを見つめている態度が必要だ。つねに情報に頼っていると、これがおろそかになる。スマホのナビが示しているとおりに行動して、思わぬ事態におちいったりする。スマホはこれまでにあたえられている情報から現在の解決策を導き出しているので、現在の状況をはっきり見定めているわけではない。自分で判断に迷った場合、情報に聞くのはいいとしても、最終的には自分で状況を見極めて決断することが重要なのだ。それは、五感を駆使した□に頼るしかない。そして、情報ではなく、自分で最終判断を下したことによって、自分に対する自信と自己決定力がついてくる。

（山極寿一『人生で大事なことはみんなゴリラから教わった』より）

問題 □にあてはまる言葉を本文中から三字で探し、ぬき出しなさい。

複数の空欄補充問題

重要度 ★★☆

空欄補充問題

71 複数の空欄補充問題は、空欄同士の関係をヒントにすることができる!

空欄補充問題の中には、複数の空欄があり、それぞれにあてはまる語句を本文中からぬき出したり、記号で選ばせたりするものがあります。複数の空欄があるということは、単体の空欄補充問題よりも、空欄同士の関連性や結びつきが強いということです。だからこそ、「複数の空欄補充問題」として問うているわけです。

出題のパターンとしては、以下のようなものが考えられます。

ポイント 複数の空欄補充問題の出題パターン

① **対比の関係**

対比関係にある部分の中に設けられた空欄に語句を入れる問題です。当然、空欄に入る言葉も対比の関係になります。**「主観—客観」「保守—革新」「本音—建前」「需要—供給」「相対(的)—絶対(的)」**など、よく問われる対義語をおさえておきましょう。

② **類比の関係**

複数の空欄に、**共通点のあるものや似た意味の言葉**を入れる問題です。「[A]や[B]といった性質がある」のように、空

入試問題にチャレンジ!

» 解答は、別冊40ページ

次の文章を読んで、あとの問いに答えなさい。

(女子学院中・改)

今の時代はどこへ行くにしても、車、飛行機を使う。便利で快適になり、スピードアップした。時間の無駄遣いもなくなり、効率の良い時代になった。でも、その時いつも僕は思う。僕たちは人間にとって一番幸せなスピードで過ごしているのだろうか。※ダ・ヴィンチは馬のスピードが一番幸せだと言った。だとしたら、僕たちは不幸な暮らしをしているのではないか。そう考えてみると、たしかにそういう部分がある。僕は自分を不幸にしないために、飛行機に乗って時間を節約した分をいかに豊かに使うかということを考える。

例えば、映画を作るには撮影後にフィルムを編集する。その作業は一ヶ月も二ヶ月も、映画によっては半年も一年もかかる。フィルムをワンカットずつ、カッターで切って、それを削り、糊をつけて貼りあわせていく。失敗したら、それを剥がしてまた貼りあわせていく。その後、少しだけ便利になって、テープスライサーというもので接着をするようになったので、時間がだいぶ節約できるようになった。とはいえ、やはりこれも手仕事である。

それが現代ではコンピュータの時代である。コンピュータ制御の機械の中にフィルムを放り込むと、映像という情報になり、ボタンをポンと押すだけで、カットがつながっていく。失敗したら、またポンと押し直すだけでよい。だからかつての時代の三分の一ほどの時間で仕事が進むようになった。それはとても素晴らしいことである。文明の利器のおかげとはこういうことだ。

欄が近くに並んでいるケースが多く見られます。

③ 因果の関係

複数の空欄に入る言葉が、**原因と結果の関係**になっているものです。たとえば、「［A］したので、［B］になった」という文なら、［A］と［B］が因果関係にあることがわかりますね。問題作成者は、受験生が本文を構造的に読めているかどうかを試しているのです。

④ 並立の関係

「［A］であり、また、［B］でもある」というように、［A］と［B］が**並立関係**になっているものです。本文中で同じような形になっている部分があれば、そこがヒントになる可能性があります。

その他、**塾技68**で学んだような、複数の空欄に接続語を入れていく問題もありますが、今回紹介した「複数の空欄補充問題」では、空欄同士の関係を見ぬくことが正解するためのポイントになります。問題作成者が何のために複数の空欄を用意したのかを考え、問題の意図を考えていくようにしましょう。

塾技解説

複数の空欄補充問題は、「対比」「類比」「因果」「並立」などの「空欄同士の関係」を考えたうえで判断していくようにしよう！

けれども三分の一の時間で済むようになったのだから、残りの三分の二の時間は自分の好きな本を読んだり、音楽を聴いたり、絵を描いたり、あるいは親しい友達と会ったり、旅をしたり、そのような豊かな幸福な時間に使えるのなら素晴らしいのだが、なかなかそうはいかない。(中略)

ダ・ヴィンチが言った幸福というものについてそこから考えることができる。かつて人は馬に乗って旅をした。たしかに時間はかかる。不便も多い。けれども、その旅の中で、人と出会って話をしたり、色んな場所でいろんな食べ物を食べたり、あるいは日が照ったり、雨に降られたり、暗い夜があったり、星の輝きを見たり、風に吹かれたり、そういういろいろなことが旅をする人の人生の中に、心のなかにどれだけ豊かな幸福感をもたらしてくれただろうかということを思い起こさなければならない。ダ・ヴィンチの言葉は［A］にこそ意味を持つのだと僕は今思う。ダ・ヴィンチは彼にとっての遥かな［B］である今のこの時代を思いやっていたのではないか。未来とは地球の明日を生きる人たちの時代であるということを考えるとすれば、芸術の力は未来の人間の幸福を予測する力、そしてそれを予測したがゆえに、どんどん便利快適ということに流されていく、僕たちの暮らしを制御する、そういう力にもなる。そこに芸術というものの素晴らしさがあるのではないかと思う。

（大林宣彦「今僕たちは本当に幸せか」より）

※ダ・ヴィンチ＝レオナルド・ダ・ヴィンチ。イタリアを代表する天才芸術家。

問題 ［A］・［B］に入れるのに最もふさわしい言葉を本文中からそれぞれ漢字二字で探し、ぬき出しなさい。

塾技 72

候補のある脱文挿入問題

重要度 ★★☆

脱文挿入・文整序問題

72 脱文挿入問題は、「指示語」「接続語」「キーワード」の三点がカギ!

もともと本文にあった文が設問で示されていて、それを本文中の適切な場所に戻す問題を「脱文挿入問題（脱落文挿入問題）」といいます。文脈をきちんと把握できているかどうかを判断する問題として、中学入試の国語でもよく出題されます。

今回は、脱文を戻す場所の候補があらかじめ決められていて、その中から答えを選ぶタイプの問題を扱います。

みなさんは、脱文挿入問題を解くときにどのようなことに注意していますか? もし、「なんとなく」入りそうなところに文を戻しているのであれば、要注意です。脱文を戻す場所の候補がある問題では、まさに「なんとなく」文を戻している人が間違えそうなところにダミー（ひっかけ）を配置するので、「なんとなく」は禁物です。

では、脱文挿入問題を解く際には、どんなところに注目すればよいのでしょうか。以下の三点を特に意識しましょう。

入試問題にチャレンジ!

≫解答は、別冊40ページ

次の文章を読んで、あとの問いに答えなさい。

（三田国際学園中）

日本ではよく、「若者はもっと個性を発揮すべきだ」とか、「個性を磨くべきだ」などと言われます。けれど私は、そういう言葉にはあまり意味がないと思っています。

また、日本では「個性」という言葉が主に人の外見に関して使われることにも、私は違和感を持っています。たとえば、「個性的なファッション、個性的なヘアスタイル」は、「人がアッと驚くような奇抜なスタイル」であることが多いでしょう。

あるいは、他の誰も持っていないような特殊なスキルを持つことが個性的であることの条件のように受け取られていますね。

このように考えると、「個性＝人より目立つこと」と、多くの人が錯覚しているのではないかと思います。**（ア）**

でも、根本的なことを言ってしまえば、この世に生まれた人間は一人残らず全員、それぞれの個性を持っています。だから、誰かに「磨きなさい」と命令されて、義務のように磨く必要などないのです。

あなたが生まれ持った個性は、明らかにあなただけのものです。世界中に、あなたと同じ個性を持つ人など誰一人としていないのですから、「他の人はどうかな?」とキョロキョロすることは不必要だし、他人の真似をする必要もありません。真似しようとしても真似できないのが、個性というものなのです。**（イ）**

あなた自身が「楽しい、面白い、不思議だ、ワクワクする、どきどきする」と感じ、心から求めているものを優先すれば、それでいいのです。

第2章 解き方

ポイント 脱文挿入問題で注目すべき点

① **脱文の中にある「指示語」**

脱文に**指示語**が含まれていれば、脱文の前の部分を指している可能性が極めて高いです。**候補となる箇所の直前に指示内容があるかどうか**を確認しましょう。

② **脱文の中にある「接続語」**

脱文に**接続語**があれば、**脱文の前の部分とのつながり**をヒントにすることができます。

③ **脱文の中にある「キーワード」**

脱文に文章中の**キーワード**が含まれている場合には、**その言葉が使われている箇所の前後**が正解になる可能性が高くなります。

脱文挿入問題は、多くの場合、①の指示語と②の接続語がヒントになります。ただし、もし脱文に指示語や接続語が含まれていない場合には、③のように、脱文内のキーワードが答えを導く決め手となります。

そして、脱文を戻す場所が決まったら、その前後の文とうまくつながるかどうかを必ず確認するようにしましょう。

塾技解説

脱文挿入問題では、脱文の中にある「指示語」「接続語」「キーワード」に注目してヒントをつかむことが大事。本文とのつながりを発見できれば、確実に正解できるようになる!

「磨く」とか「発揮する」などと意識しなくても、自分が本当に好きなもの、興味があることに気持ちが向かっていけば、自分の世界がどんどん広がっていく。それが本当の意味で「個性を磨く」ということです。**（ウ）**

いちばん良くないのは、親や先生の顔色をうかがったり、友達の反応を気にしたり、世間の思惑に振り回されたりしながら、「個性を磨かなきゃいけない」と無理をすることです。**（エ）**

そのうちに自分の軸足をどこに置いていいかわからなくなり、自分力が失われ、結局は自分で自分の個性をつぶしてしまうことになりかねません。**（オ）**

（今北純一『自分力を高める』より）

問題 次の文を本文中に戻すとしたら、どこが最もふさわしいですか。本文中の**（ア）**～**（オ）**の中から一つ選びなさい。

そういうネガティブなサイクルに入らないよう、気をつけてください。

候補のない脱文挿入問題

73 候補のない脱文挿入問題では、戻すべき場所の候補を自分で見つける！

前回に引き続き、今回も脱文挿入問題を扱います。

脱文挿入問題には、脱文を戻す場所の候補があらかじめ決められていない形式のものがあります。「次の文は、本文中のどこに戻すのが適切ですか。その直前の五字をぬき出しなさい」というような問題です。これは、言ってみれば「本文のすべてが候補になる」わけですから、戻す場所が限定されている問題よりも難易度は高くなります。

もちろん、基本的な解き方は、候補のある脱文挿入問題と同じです。ただし、段落や場面をしぼり込んで、戻すべき場所の候補を自分で見つけていくことが必要になります。

候補のない脱文挿入問題を解く際に気をつけたい点を、いくつか挙げておきましょう。

ポイント 候補のない脱文挿入問題

① 脱文の中の指示語と接続語をていねいに分析する

記号選択の問題なら、「すべて入れてみてしっくりくるものを選

重要度 ★☆☆

脱文挿入・文整序問題

入試問題にチャレンジ！

≫解答は、別冊41ページ

次の文章を読んで、あとの問いに答えなさい。　（攻玉社中）

コペルニクスの時代、天文学の世界には絶対的な教科書ともいえる本がありました。

紀元2世紀に古代ローマの天文学者・プトレマイオスが著した『アルマゲスト』という専門書です。全13巻からなるこの大著のなかでプトレマイオスは、天動説を数学的に説明し、その考えは１０００年以上にわたって支持されてきました。

しかし、そもそも天動説は間違った考えです。現在の科学の目で見れば、デタラメです。その天動説をむりやり数学的に説明していたのですから、そこにはどうしても無理があります。強引なところ、矛盾したところ、うまく説明できないところがあります。

ポーランドに戻り、時間を見つけては天体観測をおこなっていたコペルニクスは、その矛盾を見逃しませんでした。

天動説を数学的に証明しようとすると、どうしても無理が出る。太陽も金星もその他の惑星も、ありえないほど複雑な動きをしてようやく、天動説の理論は成り立つ。みんなはそれで納得しているけれど、どこかおかしいんじゃないか？

本来宇宙とは、もっとシンプルな法則に従って動いているはずだ。もし、全知全能の神がこの宇宙をつくったというのなら、こんな不格好な動きにするはずがない。もっと美しく、もっと自然な動きをしているはずだ。

そうやって地道な天体観測を続け、さまざまな検討を重ねた結果、コ

ぶ」ということも可能ではありますが、候補のない脱文挿入問題では、そのやり方はできません。候補のある問題以上に、**脱文の中からヒントをつかむ**ことが重要になります。

ただ、候補のない脱文挿入問題では、ヒントが「キーワード」のみというものは、あまりありません。ヒントが少ないと難しすぎるからですね。**指示語**や**接続語**をていねいに分析して、本文とのつながりを見つけましょう。

② 解答するものを間違えない

せっかく本文中に戻す場所がわかったのに、**解答するもの**を間違えて失点してしまうというケースが非常に多いのです。具体的には、「直前の五字」をぬき出すという指示なのに、間違えて「直後の五字」をぬき出してしまったというようなミスです。設問文を何度も確認するようにしましょう。

③ 時間をかけすぎない

これはテストを解くうえでの時間配分の注意になりますが、候補のない脱文挿入問題は、**時間がかかる割に正答率が低い**傾向にあります。ですから、これに多くの時間を使いすぎてしまうのは得策ではありません。**確実に解ける問題を優先する**ようにしましょう。

塾技解説

候補のない脱文挿入問題は、やみくもに考えるのではなく、脱文の中からヒントを見つけて、挿入箇所をしぼり込もう！

ペルニクスはある結論にたどり着きます。

暗くて広い部屋があったとき、人々は部屋の中央にランプを置くだろう。そうすれば、部屋の隅々までをいちばん効率よく照らすことができるからだ。部屋の隅にランプを置いたり、あちこちに移動させることはしない。

宇宙の中心にあるのは、地球ではない。光り輝く太陽こそが、中心なのだ。

地球は、太陽のまわりを1年かけて回っている。水星は3ヵ月、金星は225日、火星は687日かけて、それぞれ太陽のまわりを回っている。太陽を中心に考えた瞬間、星々の動きは驚くほどシンプルで、美しいものになる。天動説にあったような、不自然な動きをさせなくてすむ。

地動説の完成であり、「太陽系」が誕生した瞬間です。

これはみなさんも同じでしょうが、「地球はものすごいスピードで太陽のまわりを回っている」という話は、感覚としてうまく理解できないところがあります。動いている実感なんてないし、もしもそんなに速く動いているのなら、鳥は空を飛ぶこともできない。当時の人も、そう思っていました。

しかしコペルニクスは、そういう「自分の感覚」さえも疑い、天体観測のデータと、計算式を信じたのです。

（瀧本哲史『ミライの授業』より）

問題 この文章には次の一文が脱落しています。どこに入れるのがふさわしいでしょうか。入れた場所の**直後**の五字をぬき出しなさい。（句読点・符号も一字とします。）

これは宇宙だって同じである。

塾技 74

文を正しく並べ替える問題

74 文整序問題は、まず二文（ペア）を作ってから並べ替える！

「文整序問題（乱文整序問題・段落整序問題）」とは、バラバラになった文（もしくは段落）を正しく並べ替える問題です。手順を踏んで解けばそれほど難しくはないのですが、「なんとなく」「感覚的に」解くと、非常に間違えやすくなります。

それでは、文整序問題を解く手順を見ていきましょう。

ポイント　文整序問題を解く手順

① **文と文（もしくは段落と段落）のペアを作る**

すべての文を一度につなげるのは無理ですから、まずは、**「指示語」「接続語」「キーワード」**に注目してペアを作りましょう。

② **乱文の前後の箇所とつなげてみる**

文の並び順が決まったら、**乱文の前後の箇所**ともうまくつながるかを確認しましょう。

実際に、短い文章で練習してみましょう。次の例の**ア**～**エ**を正しく並べ替えてみてください。

重要度 ★☆☆

脱文挿入・文整序問題

入試問題にチャレンジ！

≫解答は、別冊42ページ

次の文章を読んで、あとの問いに答えなさい。（大妻中）

植物は受粉をするために、花粉を作ります。大昔の植物は、すべて花粉を風に乗せて運ぶ風媒花でした。しかし、風まかせで花粉を運ぶ方法は、いかにも非効率です。どこに花粉が運ばれるかわからない方法では、他の花粉に花粉がたどりつく可能性は高いとは言えません。そのため、風媒花は花粉を大量に作らなければならないのです。おそらくは、恐竜時代の終わりころのことです。

A　そして、この偶然をきっかけにして、植物は昆虫に花粉を運ばせるようになったのです。

B　あるとき、その大量の花粉を餌にするために、昆虫が花にやってきました。

C　ところが、そのうち、昆虫が体に花粉をつけたまま、次の花へと移動して、受粉が行われるようになりました。

D　植物の花粉を運ぶ役割を最初に担ったのは、コガネムシの仲間だったと考えられています。

E　これは、風で花粉を運ぶ方法に比べると、ずっと効率的です。

F　昆虫は花から花へと、花粉を食べあさっていきます。

例 鎖国とは、江戸幕府がキリスト教や外国の影響を排除するために、日本人の海外渡航と外国船の来航を制限した政策です。

ア しかし、19世紀になると、欧米列強のアジア進出が激しくなり、日本も開国を迫られるようになりました。

イ 幕府はこれに応じて1854年に日米和親条約を結び、鎖国は終わりを告げました。

ウ 1853年にはアメリカのペリー提督が黒船で浦賀に来航し、開国を要求しました。

エ 鎖国期間中、日本はオランダ・中国・朝鮮・琉球と限定的な貿易や通信を行っていましたが、世界の情勢からは遠ざかっていました。

その後、日本は欧米諸国との不平等条約や幕末の動乱を経て、明治維新へと至りました。

はじめは「鎖国」状態の説明ですから、「エ」ですね。これとペアになるものを作りましょう。「しかし」という接続語に注目すると、「ア」によって「鎖国↔開国」のつながりができることがわかります。

そして、「イ」には「これ」という指示語があります。「これ」が指し示しているのは、「ウ」のペリー提督による開国の要求ですから、「イ」の前に「ウ」が来るとわかります。正解は「エ→ア→ウ→イ」です。

塾技解説

「文整序問題」は、「脱文挿入問題」の解き方と共通する部分が多い。どちらも、文脈をとらえられているかどうかを試すために出題されるので、しっかりと手順を踏んでつながりを見つけよう！

植物は、その後、昆虫を呼び寄せるために、花びらや甘い蜜を持つようになりました。もちろん、昆虫は花粉を運ぼうとしているわけではなく、花粉や蜜をエサにするためにやってきただけの害虫です。しかし、植物は敵である昆虫を巧みに利用する進化を遂げたのです。食べられて成功する方法は、他にもあります。被子植物は、胚珠のまわりを子房が包んでいます。子房は、種子の元になる胚珠を守る大切なものです。ところが、あろうことか、植物はこの子房を食べさせるように進化を遂げるのです。食べさせるために、子房が発達したものが果実です。動物や鳥が植物の果実を食べると、果実と一緒に種子も食べられます。種子が、動物や鳥の消化管を通り抜けて糞と一緒に排出される頃には、動物や鳥も移動しています。こうして、植物の種子は、移動をしていくのです。

このように、植物は、植物を食害する動物や鳥も味方につけてWin-Win※の関係を築き上げています。

（稲垣栄洋『たたかう植物』より）

※Win-Win＝両者に利益があること。

問題 本文中のA～Fの文を並べかえて、もとの文章にする場合、並べ方として最もふさわしいものを、次の中から一つ選びなさい。

イ B—F—C—E—A—D
ロ D—B—C—F—A—E
ハ E—B—F—D—C—A
ニ F—E—B—C—D—A

会話文を並べ替える問題

重要度 ★☆☆

脱文挿入・文整序問題

75 会話文整序問題は、会話のキャッチボールを意識して並べ替えよう！

今回は、塾技74の「文整序問題」の派生パターンである「会話文整序問題」の解き方を学びます。会話文を正しく並べ替える問題のことで、主に、物語文で出題されます。

日常生活ではあまり意識していないかもしれませんが、私たちの交わしている会話は「キャッチボール」にたとえられます。

たとえば、Aくんが問いかけたことにBくんが答えるという「問答」の形式も「キャッチボール」にあたりますね。ただし、「返答をしない」というケースもあるので注意が必要です。その場合は、「……」などで、驚きやとまどい、動揺などを表すことが多いです。

それでは、会話文整序問題を解くときに気をつけることを確認しておきましょう。

ポイント 会話文整序問題を解くときに気をつけること

① 会話のペアを作る

Aくんの「○○って、どういうことなの？」という質問に対して、

入試問題にチャレンジ！

≫解答は、別冊42ページ

次の文章を読んで、あとの問いに答えなさい。

（湘南学園中・改）

岬中学校二年一組で、クラスで一番性格のいい人を決める「いい人ランキング」が行われ、木佐貫桃は他の生徒に圧倒的な差をつけて第一位に選ばれた。その時から、クラスメイトは桃に雑用を押しつけたり、いじわるをするようになった。思い悩んだ桃は、妹の鞠が師匠と呼ぶ、同じ二年生の尾島圭機に相談することにした。

「性格がいい、悪いの基準って、テストの点と違って、はっきり決まってない。だからひとたび『いい人』『悪い人』って決められたら、みんな否定しづらいよな？」

「うん」

「それでも『悪い人』は、まだ否定しやすいほうだと思う。『悪い面ばかりじゃないよ』、『いいところもあるよ』って言いやすい。ここまではわかる？」

「うん」

「問題は『いい人』だ。否定したら嫉妬のように聞こえてしまう。だから否定できない」

「そう……か……」

「ほら、外見って、好みがあるから、こいつが美人って言われても『おれはそうは思わない』って否定できる。けど、性格がいいっていうのは、何か人間のお手本のような、万人に共通するものがありそうで、否定しにくい。否定しにくければしにくいほど、たいていの人は心の底で少し

Bくんが「ああ、それは▲▲ということだよ」と答えるというような、会話の基本形です。また、なんの前触れもないのにいきなり話題が変わることはほとんどないので、ヒントとなる語句を探して、**話題のつながり（ペア）**を作りましょう。

② どの人物が発言しているのかを確認する

映画やテレビドラマなどでは、発言している人物が映像によってすぐにわかりますが、文字だけで書かれていると、ややわかりにくく感じるかもしれません。ですから、**どの人物の発言なのか**を確認しながら読んでいくようにしましょう。

③ 会話が行われている状況を想定する

物語文の読解では、**状況設定**を考えることが大事ですが、特に、会話文が続いているときには、どういう場面で、登場人物がどのような気持ちなのかを考えるようにしましょう。**口調**や**声の大きさ**などの描写に注意すると、人物の気持ちを読み取りやすくなります。

会話文整序問題は、登場人物同士の関係や、それぞれの人物の気持ちを正しく読み取れているかどうかを試すために出題されます。「なんとなく」解くのではなく、根拠を明らかにして解答していきましょう。

塾技解説

会話文整序問題では、誰と誰が話をしているのか、誰の言葉に対して誰が答えているのかなど、状況をしっかりとイメージすることが大切！

だけイラッとする」

「そっか……わたしはイライラさせちゃってたんだ」

圭機が水辺のほうに降りて行くので、桃も後に続いた。（中略）

「だから『いい人』に選ばれた時点で、おれも鞠っぺもそれぞれ手を打った」

「　A　」

「　B　」

「　C　」

「　D　」

「　E　」

「　F　」

「少し聞いた。本人から」

圭機は岩から岩へと飛び移りながら答える。

（吉野万理子『いい人ランキング』より）

問題 文中の会話文**A**～**F**には桃と圭機の言葉が交互に入ります。正しい順序になるように次の**ア**～**カ**の会話文を並べ替えなさい。

ア モノマネ

イ 鞠っぺは、笑いを取るとか無理っていうんで、泣き落としだよ

ウ すごい理論……

エ おれは、笑いを取りに行った。選んでいただいたお礼に、新作のモノマネやりますってね

オ そうやってバカをやるのはおれの武器なんだ。バカは下に見られるからね。『いい人』のままみんなの上に君臨してないで下のほうに回る。そうするとみんなをイラッとさせない

カ 尾島くんも？

原因・理由の説明

重要度 ★★★

記述問題

76 原因・理由を説明する問題は、本文中で根拠を探そう!

ここからは、記述問題の解き方を解説していきます。

もしかしたら、「記述は苦手だな……」と思っている人もいるかもしれませんが、記号選択問題でも記述問題でも、「設問で問われていることを正しく理解して本文中で根拠を探す」という、正解するために最も重要な手順は共通しています。もちろん、設問形式の違いに対応する方法を学ぶ必要はありますが、根本の部分はつながっていますので、これまで学んだことをいかしていけば、記述問題も同じように得意にすることができます。苦手意識を持たずに、取り組んでいきましょう。

さて、今回学ぶのは、原因・理由の説明の問題です。「——線部『……』とありますが、なぜですか」と問われるタイプのものですね。このような問題では、本文中で原因・理由にあたる部分を探し、適切な形にまとめることが求められます。

塾技⑰では、「だから」「ゆえに」「したがって」「なぜなら〜だから」「背景」などの言葉をヒントにして因果関係をつかむ方法を学びましたね。

今回は、もう少し視野を広げて、本文のどのようなところに原因・理由が書かれているのかを考えてみましょう。

入試問題にチャレンジ!

≫解答は、別冊43ページ

次の文章を読んで、あとの問いに答えなさい。

（洗足学園中・改）

〔葉子としおりは、小学校ではクラスの「日陰」にいる者同士、親友だった。しかし、葉子は成長とともにあか抜けて、中学校では「日向」にいる朱里たちと仲良くなり、しおりとは疎遠になっていた。〕

朱里たちのことは、ちゃんと好きだ。一緒にいるのだって楽しいし、自信のあるところにあこがれもする。だけど、いつだって私は、朱里たちにも透明な壁を感じてる。そしてそれは、朱里たちのせいじゃなくて、きっと、私自身の問題だ。（中略）

——あれ？　だれかいる？

たしか、うちの学校には、朝練のある部活はなかったはずだ。なのにこんなに早く登校してる人がいるなんて。驚きながらも、そのまま、ドアをガラリと開けた。その瞬間。

「えっ」

思わず、すっとんきょうな声が出た。人影が弾かれたようにふり返って、私を見る。束ねた黒髪。長いスカート。驚いたように見開かれる、おだやかなたれ目——。

「……葉子」

ささやくような小さな声で、しおりは、私の名前を呼んだ。（中略）

「葉子は、嫌いになったの？」

「え」

どきりとして私が顔を上げたのと、「絵、描くの」と、しおりがつづ

ポイント 原因・理由が書かれているところ

① **論説文で筆者の主張の裏付けになっている部分**

論説文では、筆者は**自分の主張を裏付ける**ために原因・理由を説明します。これは問題でも必ずと言ってよいほど問われる箇所です。

② **物語文のリード文**

リード文とは、通常、本文の前にある「これまでのあらすじ」の部分です。リード文は問題作成者が書いていて、**問題を解くために必要な情報が凝縮されている**ことも少なくありません。登場人物の行動の原因・理由にも触れられていることがあります。

③ **物語文で人物の気持ちの「きっかけ」になっている部分**

物語文で人物の気持ちが描かれていたら、その気持ちになった**「きっかけ」**の部分が原因・理由にあたります。

また、——線部の理由が問われている問題では、——線部と無関係の内容を答えても得点にはなりません。自分の答えが——線部ときちんとつながるかどうかを、必ず確認するようにしましょう。

塾技解説

原因・理由を説明する記述問題は入試頻出。論説文も物語文も、「なぜそう言えるのか」を常に意識しながら読んでいこう！

けたのは、ほとんど同時だった。その問いかけに、私はふたたび、下を向く。

「嫌いになったんじゃないよ。でも……」

怖くなった、なんて言っても、しおりはきょとんとするだろう。そう思ったら、言葉がそれ以上つづかなかった。かわりに、しおりに問いかける。

「しおりは迷ったりしなかった？　美術部に入ること。その……美術部って、なんか雰囲気独特だしさ、運動部に入りたがる子のほうが多い……じゃん」

風が吹く。カーテンの影が揺れて、床に落ちた朝陽をさえぎる。バカなことを聞いた、と思った。だって、迷うわけない。しおりは、こんなにも真剣なんだから。

けれど、返ってきたのは、意外な一言だった。

「……少しだけ」

え、と私は目を見開く。しおりは目を細めて、小さく、ほほえんだ。

「でも、やっぱり、好きだから。それ以外、ないなって」

その瞬間、私はふいに、泣いてしまいたくなった。

だってしおりは、怖くても、好きなものには手を伸ばせるのだ。だけどしおりは、「日向」に飛び込んでいった私には、手を伸ばそうとしなかった。すれちがうたびに目をそらしつづけてきたのは、私ひとりだけじゃない。しおりだって、同じだった。

もう、戻れないのかもしれない。こんなに強くそう実感したのは、これが、初めてだった。

（水野瑠見『十四歳日和』より）

問題 ——線部「もう、戻れないのかもしれない。こんなに強くそう実感したのは、これが、初めてだった」とありますが、葉子がそう思ったのはなぜですか。理由を説明しなさい。

77 ——線部の説明

77 「どういうことですか」と問われたら、パーツに分けて言い換える！

「——線部『……』とありますが、どういうことですか」と問われる問題があります。この問題は、——線部は「そのままの形」だと内容が伝わりにくいので、わかりやすく説明する（＝言い換える）ことを求めています。本書ではこれを「——線部の説明問題」と呼ぶことにします。

では、——線部の説明問題では、どのようなところに注意して言い換えればよいのでしょうか。五つに分類して見ていきたいと思います。

ポイント ——線部の説明問題の注意点

① 比喩表現

——線部に**比喩表現**が含まれている場合には、意味がぶれないように別の言葉で言い換える必要があります。

② 指示語

——線部に**指示語**が含まれている場合は、指示語の指示内容が本文を読んでいない人にも伝わるように書き直す必要があります。

重要度 ★★★ 記述問題

入試問題にチャレンジ！

≫解答は、別冊43ページ

次の文章を読んで、あとの問いに答えなさい。（雙葉中）

子どものころ、私は、道端にある石ころを蹴飛ばすことができなくて、石ころがあると道の脇にわざわざ置きに行ったりしていました。

なぜそんなことをしていたのかといえば、一瞬だけふっと「石ころの目」になって「蹴られたら嫌だな」と思ってしまうからです。

その気分は、大人になったいまも残っているようです。ついこのあいだも、ベランダにちっちゃいカナブンがいて、それをもっとちっちゃい蜘蛛が持ちあげようとしていました。ところが見ていたら、死んでるとばかり思ったカナブンがちょっと動いたのです。

さあ、困ったことになりました。

カナブンを助けるべきか。

それとも一生懸命ここまで持ちあげて運んできた蜘蛛の努力を買うべきか。

いやいや、私は傍観者なんだから手を出すべきじゃないと思いつつ、カナブンが動いて「あ。生きてる」と思った瞬間に、あとちょっとだけ、①この子に時間をあげたくなってしまったのです。

それでカナブンをそっと動かしたら、蜘蛛は腹立たしげにどこかに行ってしまいました。

しばらくして見ると、カナブンももう動かなくなっていたから、私のやったことはよけいなことだったのかもしれません。

そのときの気分は、「カナブン、かわいそう」じゃないんですね。

やっぱり自分が「カナブンの目」になって、自分の死を見ている。自

③ **個人言語（筆者のオリジナル表現）**

——線部に**筆者独自の言い回し**が含まれていたら、本文中の説明を使いながら一般的な言葉に置き換えましょう。

④ **慣用的表現・ことわざ**

——線部に**慣用的表現**や**ことわざ**が含まれていたら、もとの意味を考えてから、本文の内容に沿って言い換えましょう。

⑤ **難解語句**

——線部に**難解な言葉（カタカナ語や専門用語、四字熟語など）**が含まれていた場合はわかりやすく言い換えましょう。

——線部を言い換える際には、パーツに分けて、わかりにくいところをそれぞれ言い換えていくようにしましょう。

例 私は、**その**本を読んで**雷に打たれたような**感覚におそわれた

まずは、「その」という指示語を具体的に言い換えます。さらに、「雷に打たれたような」という部分は比喩表現なので、これを比喩を使わない表現（「衝撃を受けた」など）に言い換えます。

塾技解説

——線部の説明問題は、記号選択問題の形でも問われるが、「わかりやすく言い換える」ための方法は共通している。パーツに分解して、わかりにくいところを言い換えることを意識しよう！

分の生きていることを見ているのです。

それが石ころであれ、カナブンであれ「その目は何を見ているのだろう」と、つい考えてしまう。そうすると②向こう側とこちら側の視点が一瞬ふっと入れ替わる瞬間があるのです。

いわゆる「※アニミズム」に近い感覚なのでしょうが、そういう言葉は、あとになって知りました。

その言葉を知るまえから、生物であれ、無生物であれ、すべてのものに命があるように感じて、石ころを見ても「蹴られたら痛かろうな」と思ってしまう。私が物語にあんなにも入りこんでしまうのも、根っこのところに、この感覚があるからだと思います。

（上橋菜穂子『物語ること、生きること』より）

※アニミズム＝自然に対する考え方の一つ。

問題1 ——線部①「この子に時間をあげたくなってしまった」とはどういうことですか。「〜あげたくなってしまったということ。」に続くように答えなさい。

問題2 ——線部②「向こう側とこちら側の視点が一瞬ふっと入れ替わる」とはどういうことですか。「カナブン」を例に挙げて、具体的に説明しなさい。

78 人物の気持ちの説明

重要度 ★★★　記述問題

78 人物の気持ちを説明する問題は、「原因・理由＋気持ち」の形で答えるのが基本！

「――線部『……』とありますが、このときの気持ちを説明しなさい」という形で人物の気持ちを問う問題は、中学入試の国語で頻出です。

そして、問題文の記述問題では、「なぜですか」「どういうことですか」と問われている場合であっても、人物の「気持ち」を含めて説明する必要があります。塾技㉒で学んだように、物語文では、人物の気持ちを、「原因・理由」→「気持ち」→「動作・表情・発言」という流れで整理していきます。ですから、たとえば、人物の「動作」にあたる部分に――線が引かれていて「なぜですか」と問われていたら、「〇〇によって、▲▲な気持ちになったから」というように、「気持ち」を含めて説明することになるのです。

それでは、人物の気持ちを説明するときの手順を見ていきましょう。

ポイント 人物の気持ちを説明するときの手順

① ――線部の気持ちを表す言葉（＝心情語）を考える

これが**気持ちの説明問題の中心**になります。気持ちを表す言葉

入試問題にチャレンジ！

≫解答は、別冊44ページ

次の文章を読んで、あとの問いに答えなさい。（暁星中）

ぼく（瑛太）と壮太は小学三年生で、同じ病院に入院している。ぼくは血小板が少ない病気で長期間入院をしているが、壮太は低身長治療のための検査入院（二泊三日）である。二人は保育士の三園さんのいる病院内のプレイルームで出会い、壮太の入院二日目のこの日も一緒に遊んでいた。

「よし、遊ぼう、遊ぼう。何しようか迷うよな。今日の残りと明日の昼までしか遊べないんだもん。急いで遊ばないと」

壮太は勢いよく言った。

「壮太はそのあとも好きなだけ遊べるだろう？　病院に残されて、友達がいなくなるのはぼくだけだよ。明日の昼を過ぎたら、壮太は自由に誰とでも遊べるじゃん」

ぼくが言うと、壮太は不思議そうな顔をした。

「俺だって一緒だよ」

「どこがだよ」

ここに残されるぼくと、ここから出られる壮太とはまるで違う。ぼくが反論すると、

「二人で遊べないの、一緒だろ？」

と壮太が言った。

「だけど、壮太は友達と会えるだろう？　公園にだって誰かの家にだって行けるじゃん」

を入れ忘れてしまうことが意外と多いので、まずはこれを考えるようにしましょう。

② その気持ちになった「原因・理由」を考える

「原因・理由」の説明です。どのくらいくわしく説明するのかは、指定された字数や行数によって調整します。「原因・理由」をくわしく説明する際には、できごとの「背景」などを含めることもあります。

例 みんなで頑張って練習してきた（背景）学芸会の出し物で、自分の出番のときに大きな失敗をして劇を台なしにしてしまったので（原因・理由）、落胆している（気持ち）。

気持ちを表す言葉は、まずは「プラスの気持ち（＝よい気持ち）」なのか「マイナスの気持ち（＝悪い気持ち）」なのかを、大まかに考えるとよいでしょう。

ただし、記述解答に「プラスの気持ち」「マイナスの気持ち」という表現を使うと減点されます。大まかすぎてどのような気持ちなのかわからないからですね。必ず心情語に置き換えるようにしましょう。

塾技解説 人物の気持ちの説明問題は、中学入試の国語で頻出！　普段から「原因・理由」と「気持ち」をつなげて説明する練習をしておこう。

「でも、広い公園に行っても、誰かの家に行っても、瑛ちゃんはいないだろう？」

「そうだけどさ」

「お別れは同じ。一緒にいられる時間も同じ」

壮太はそう言うと、

「慌てよう！」

とぼくの背中をたたいた。

ぼくと壮太のさみしさは同じなのだろうか。ぼくは今が楽しければ楽しいほど、壮太が帰った後のことを考えて怖くなる。一緒に笑える人が誰もいない、空っぽの時間が続くだけの日々が戻ってくるのだ。そして、その時はもうすぐやってくる。明日の昼。あまりにも早い。でも、そうだからこそ、一秒でももらさないよう楽しまないと。

「慌てて遊ぼう。たくさん」

ぼくもそう言った。

「慌てて遊ぶなんて楽しそうねー」

三園さんはぼくたちに声をかけながら、小さな子どもたちが来るために部屋を整えた。

（瀬尾まいこ『夏の体温』より）

問題 ――線部「お別れは同じ。一緒にいられる時間も同じ」について、ぼくはこの言葉を聞いてどのように思ったのですか。七十字程度で説明しなさい。

塾技

79 人物の気持ちの変化の説明

記述問題　重要度★★★

79 人物の気持ちの変化の説明は、「変化前」「きっかけ」「変化後」の三つをそろえる！

物語文では、「本文中において、○○（登場人物）の気持ちはどのように変化しましたか」というように、人物の気持ちの変化を説明する記述問題がよく出題されます。

気持ちの変化の説明は、前回の塾技78で説明した「人物の気持ちの説明」の考え方が応用できます。

人物の気持ちの変化を説明するときの手順を見ていきましょう。

ポイント　人物の気持ちの変化を説明するときの手順

① 「変化前」「きっかけ」「変化後」の三つのブロックに分ける

「変化」を問われているので、「変化前」がどのような気持ちだったのかも説明します。

「（はじめは）……だった。しかし、……がきっかけで、……となった」という型を意識すると、採点者が読みやすい答案になります。

② 「変化前」と「変化後」は「原因・理由＋気持ち」の形にする

「原因・理由＋気持ち」＋「きっかけ」＋「原因・理由＋気持ち」という構成になります。

入試問題にチャレンジ！

≫解答は、別冊44ページ

次の文章を読んで、あとの問いに答えなさい。（芝中）

「わたし」（卜部小春）は中学二年生で、学校で話題の美人である長谷川さんと同じクラスになり、友だちになるが、長谷川さんと自分を比べて卑屈になってしまうのが嫌で、長谷川さんと距離を置くようになった。ある日、体育の時間に「わたし」と長谷川さんはけがをしてしまい、二人で保健室に行くことになった。

「卜部さん」

流しの水で傷口を洗っていたら、うしろから声がした。

水を止めてふり向くと、長谷川さんは片脚に血をにじませたまま、うつむいて体操着のウエストあたりをごそごそとなおしている。

「ちょっと、見てほしいものがあるの」

白いシャツがまくりあげられ、その下からあざやかなピンク色の布地が現れた。布は、筒のようにお腹のまわりに巻きついている。

この季節に腹巻き？

彼女は両手で腹巻きを一気にずりあげた。（中略）

「事故に遭って、手術した跡。たぶん一生残ると思う」

「痛くない？」

「ごくたまに違和感はあるけど。何年も前のことだから、もう普段の生活に支障はない。よかったらさわってみる？　意外に感触いいの。卜部さんにならさわらせてあげる」（中略）

胸がドキドキして呼吸が浅くなる。これまでのことを、すべてあやま

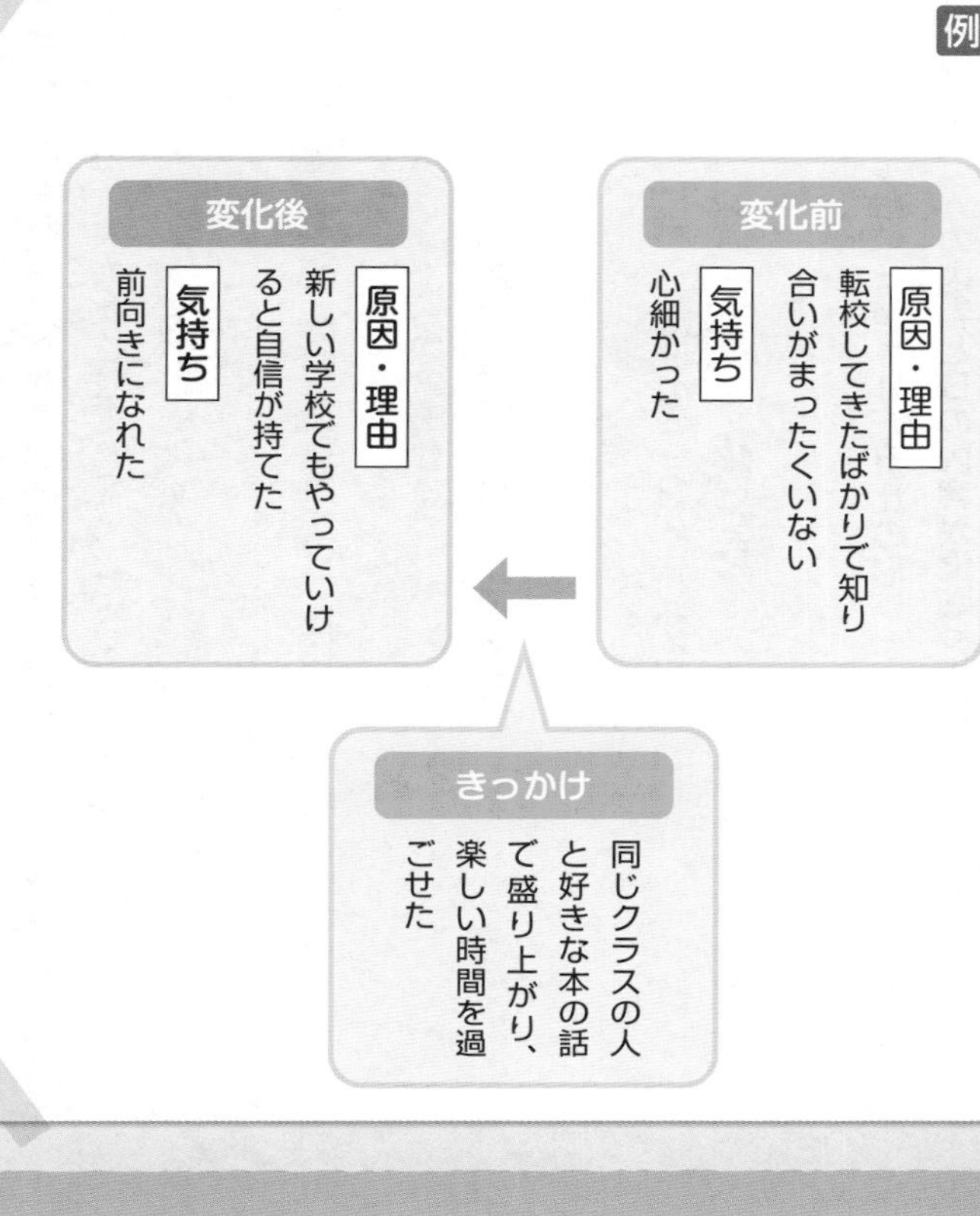

このように、気持ちの変化の説明では、「変化前」「きっかけ」「変化後」の三つをそろえるのが基本ですが、指定された字数が少なくてすべてをそろえることができない場合には、「変化前」を省いてまとめることもあります。ただし、「きっかけ」と「変化後」は必ず入れるようにしましょう。

塾技解説
人物の気持ちの変化を説明する記述問題では、まずは基本の解答の型をしっかりと習得しよう！

りたい衝動にかられる。

「ごめん」

口にしたあとで失言だったと気がついた。けどもう遅い。

「ごめん」

ごめんなんて言って、ごめん。

長谷川さんは、わたしがあやまるたびに首を横に振り、悲しそうに笑った。

その顔は、「きれいだね」って褒められたときに似ている。

ついさっきまで長谷川さんに抱いていた、どす黒いこんがらがった感情は、跡形もなく消え去っている。

お腹にこんな傷があるなんて、まったく気づかなかった。

雑誌に載っていた、向かうところ敵なしってかんじの強気な笑顔が胸に刺さる。

がんばれ。

ストンと、そう思った。

わたしはつくづく単純で、つまらない人間だ。

こんなにひどい傷を見て、また長谷川さんと友だちになりたいと思ってるなんて！

だけど……<u>必死に自分の弱い部分をさらけ出してくれた、彼女の勇気に応えてあげたい</u>。

（河合二湖『向かい風に髪なびかせて』より）

問題 ——線部「必死に自分の弱い部分をさらけ出してくれた、彼女の勇気に応えてあげたい」とありますが、長谷川さんとの関係に対する「わたし」の感情は、何をきっかけにどのように変化したのですか。八十字以上九十字以内で説明しなさい。

塾技（ジュクワザ） 80

「対比」の記述

重要度 ★★★

記述問題

80 「対比」の記述は、解答のフォームと解答の要素が高得点のカギとなる！

二つ以上のものを比較して、それらの違いを答えるものを「対比」の記述といいます。「AとBの違いを説明しなさい」「AとBを比べて、わかりやすく説明しなさい」などと問われるのが一般的です。論説文の問題として出題されることが多いのですが、物語文でも、登場人物の性格やキャラクターを対比させて答えるというパターンがあります。

「対比」の記述で気をつけたい点は、次の二つです。

ポイント 「対比」の記述で気をつけたい点

① 解答のフォームを意識する

Aは……である。一方、Bは……である。

他にも…
ところが　しかし
それに対して　など

このように、はっきりと**対比の形**がわかるように書きましょう。
このとき、**Aの内容とBの内容が混ざってはいけません。**

入試問題にチャレンジ！

次の文章を読んで、あとの問いに答えなさい。

≫解答は、別冊45ページ

（筑波大附属駒場中）

これまでは、自分が実際に歩んできた道のりを書いてきました。こうして振り返ってみると、たしかに多くの人が行かないような場所や、体験しえないような行為をしてきたのかもしれません。このような経験によって、僕は世間から「冒険家」などと呼ばれることもあります。

しかし、辺境の地へ行くことや危険を冒して旅することが、果たして本当の冒険なのでしょうか？　そもそも「冒険」や「旅」には、いったいどんな意味があるのでしょう？

観光旅行に行くことと旅に出ることは違います。観光旅行はガイドブックに紹介された場所や多くの人が何度も見聞きした場所を訪ねることです。そこでは実際に見たり触れたりする喜びはあるかもしれませんが、あらかじめ知り得ていた情報を大きく※逸脱することはありません。

一方、旅に出るというのは、未知の場所に足を踏み入れることです。知っている範囲を超えて、勇気を持って新しい場所へ向かうことです。それは、肉体的、空間的な意味あいだけではなく、精神的な部分も含まれます。むしろ、精神的な意味あいのほうが強いといってもいいでしょう。

人を好きになることや新しい友だちを作ること、はじめて一人暮らしをしたり、会社を立ち上げたり、いつもと違う道を通って家に帰ることだって旅の一部だと思うのです。実際に見知らぬ土地を歩いてみるとわかりますが、旅先では孤独を感じたり、不安や心配がつきまといます。旅人は常に少数派で、※異邦人で、自分の世界と他者の世界の間にあって、さまざまな状況で問いをつきつけられることになります。多かれ少

② 解答作成の前に、解答の要素を対にしてそろえる

たとえば、AとBを対比する際に、Aの説明ばかりが書かれていてBの説明がほんの少しになっているなどは、バランスが悪いだけでなく、**書くべき要素を満たしていない**ことが多いので、大きく減点されてしまう可能性があります。

例 **〈都会〉人が多い・道が混んでいる・空気が汚れている**
〈田舎〉人が少ない・道がすいている・空気が澄んでいる

→ 都会は人が多く、道が混んでいて、空気が汚れている。一方、田舎は人が少なく、道がすいていて、空気が澄んでいる。

このように、**対になる解答の要素をそろえてから解答作成に取りかかる**ことが大切です。実際のテストで出題される文章は難解なものが多いですが、**要素をきちんとそろえる**ことを意識しましょう。

最後にもう一つ、大切なことを補足します。解答する際には「〜ではない」という否定の形はできるだけ使わないようにしましょう（対になる適切な言葉がない場合は例外とします）。先ほどの例でいうと、「空気が汚れている」に対して、「空気が汚れていない（×）」ではなく、「空気が澄んでいる（○）」と表記するということです。

塾技解説

「対比」の記述は、「解答のフォーム」と「解答の要素を対にしてそろえる」という「下準備」の段階で勝負が決まる。あわてて解答を書き始めて要素を取りこぼすことのないように注意しよう！

なかれ、世界中のすべての人は旅をしてきたといえるし、生きるとはすなわちそういった冒険の連続ではないでしょうか。

生まれたばかりの子どもにとって、世界は異質なものに溢れています。もともと知り得ていたものなど何もないので、あるがままの世界が発する声にただ耳を澄ますしかありません。目の前に覆いかぶさってくる光の洪水に身をまかせるしかないのです。そういった意味で、子どもたちは究極の旅人であり冒険者だといえるでしょう。歳をとりながら、さまざまなものとの出会いを繰り返すことによって、人は世界と親しくなっていきます。やがて、世界の声は消え、光の洪水は無色透明の空気みたいになって、何も感じなくなっていくのでしょう。それは決して苦しいことではありませんから、世界との出会いを求めることもなくなり、異質なものを避けて五感を閉じていくのかもしれません。そうして世界がすでに自分の知っている世界になってしまったとき、あるがままの無限の世界は姿を変えて、ひどく小さなものになってしまいます。そのことを否定するつもりはまったくありませんし、自分もそうならないとは限りませんが、※不断の冒険によって最後の最後まで旅を続けようと努力したいと僕は思うのです。

（石川直樹『いま生きているという冒険』より）

※逸脱する＝外れる。
※異邦人＝外国人。異国人。
※不断の＝絶え間ない。

問題 ——線部「観光旅行に行くことと旅に出ることは違います」とありますが、どう違うのですか。

「類比（共通点）」の記述

重要度 ★★☆

記述問題

81 「類比」の記述は、異なるものの中にある共通点を自分自身でまとめていく！

前回の塾技⑧⓪では、「対比」の記述について説明しました。今回は、「類比（共通点）」の記述を扱います。

「類比」については、塾技⑩ですでに学習しましたね。「類比」とは、二つ以上のものを比べて、その共通点を示すことです。

「対比」と「類比」は、中学入試の国語の読解において、ともに重要な考え方なので、記述問題としてもよく問われます。

ただ、実際には、「対比」の記述は得意だけれど「類比」の記述は苦手だというケースがけっこうあります。

「対比」の記述は、比較する対象がはっきりしているうえに、書くべき要素をそろえられているかどうかがチェックしやすいので、慣れれば比較的簡単に書くことができるようになります。

それに対して、「類比」の記述は、二つ以上のものに共通する点を自分自身で「抽象化（複数のものに共通する要素を取り出すこと）」してまとめる必要があるので、難易度が高いのです。

比較的わかりやすい例で考えてみましょう。

入試問題にチャレンジ！

≫解答は、別冊45ページ

次の文章を読んで、あとの問いに答えなさい。（逗子開成中）

ＡＩの※バイアスをめぐる議論が世界的に盛んになりつつある。バイアス、すなわち偏見や差別のことだ。

周知の通り、ＡＩは膨大なデータを学習することによって、判断を下すことができるようになる。人間は現実の世界の中で学ぶが、ＡＩにとっては与えられたデータがすべてだ。データに偏りがあれば、偏った判断を下すＡＩになってしまう。結果として、人間の社会に含まれる偏見が、写し鏡のように、ＡＩに移行してしまうことがある。

たとえば２０１８年には、X米アマゾン社が採用試験を自動化するために開発したＡＩにバイアスがあったことが明らかになった。このＡＩは、過去10年間の採用実績にもとづき、応募者の履歴書を1～5個の星の数でランクづけする。ところが実際に動かしてみると、「女子大学」「女子チェスクラブ部長」など「Ｗｏｍａｎ」という言葉が入っている履歴書を低く評価する傾向が明らかになったのだ。アマゾンは全社員のうち約6割が男性だ。この※ジェンダーバランスに倣ったために、女性を差別する採用システムができあがってしまったのである。

採用試験にＡＩを用いる動きは、アマゾン以外にも広がっている。たとえば、Y複数の米大手企業が、ビデオを用いた面接を導入している。応募者は実際に人事担当者に会うことなく、パソコンのモニター越しに与えられた質問に答えていく。その様子は映像に撮られ、ＡＩがそれを分析する。しゃべり方や声のトーン、表情の変化などから、次の面接に進むべき人物を※リコメンドするのだ。このシステムが、まひや※吃音

例

・**Aさん**…両親は平均的なサラリーマン。高校の成績は中くらいである。将来やりたいことは特に決まっていないので、将来の夢に向かって努力している同級生を見て焦りを感じている。

・**Bさん**…両親は医者で病院を経営している。高校の成績は優秀である。将来は医者になることが期待されているが、本当はやりたいことがあるので、医者になるべきか悩んでいる。

両者を比べてみると、家庭環境や成績は異なるものの、「将来の不安や迷いを抱えている」という点では、共通していますね。

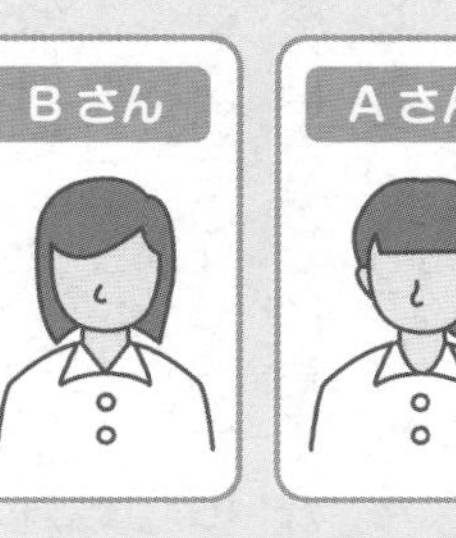

「類比」の記述では、両者のどこが同じなのかを、まずは一言で考えてみるようにしましょう。また、共通点を記述する際には、どちらにもあてはまる言葉で説明することがポイントです。

塾技解説

「類比」の記述は、論説文で出題されることが多いが、物語文でも、登場人物の思いや境遇、人物像などの共通点を説明するというパターンがある！

の当事者など、流暢な発語が難しい応募者をあらかじめ排除するものであることは言うまでもない。

こうしたバイアスをなくすために、学習に用いるデータに多様性をもたせ、偏りがないようにすることは重要だろう。人種、ジェンダー、障害の有無等、さまざまな人間がいることをＡＩに知ってもらい、「人間」なるものの定義を精緻化していくのだ。アメリカでは、ＡＩ製造元の責任を問う動きもある。

しかし、だ。実はここにこそ重大な罠があるのではないか。そもそも私たちは、有限個の特徴の束によって記述し尽くせるような存在ではないはずだ。現実とそれについての記述はイコールではない。生きているということは、※パラメータに還元できない、その人だけの世界を持っているということだ。そのことを忘れて現実と記述を同一視してしまうと、多様性を目指していたはずが、人間を※ステレオタイプに固定してしまうことになる。

（伊藤亜紗「ＡＩのバイアス問題　人間を『機械』にする罠」『朝日新聞２０２０年１月15日・夕刊』より）

※バイアス＝かたより。
※ジェンダーバランス＝性別による差。
※リコメンド＝すすめる。
※吃音＝言葉が正しく発音されなかったり繰り返されたりすること。
※パラメータに還元できない＝ここでは「決まった型にはまらない」という意。
※ステレオタイプ＝型にはまった画一的なイメージ。

問題　――線部**Ｘ**「米アマゾン社」と**Ｙ**「複数の米大手企業」の「採用試験」はどのような問題点を含む結果となったのか、三十字以内で説明しなさい。

塾技 82 「皮肉」と「逆説」の記述

重要度 ★☆☆　記述問題

82 「皮肉」と「逆説」の記述は、「対比」の考え方を応用する！

塾技⑲で、最近の中学入試の国語では、「皮肉」と「逆説」に関する出題が増えているとお話ししました。難関校では、この「皮肉」と「逆説」が記述問題の形でよく問われます。

「皮肉」というのは、「遠回しの非難、悪口、嫌み、当てこすり」や「期待や予想とは違う、悪い結果になること」です。そして、「逆説」とは、「一見正しくないようでいて、よく考えると正しいこと」です。

「皮肉」も「逆説」も、「対立する二者によって成り立つ」という点で共通しています。わかりやすく図解してみましょう。

ポイント 「皮肉」と「逆説」

皮肉①：遠回しの非難、悪口、嫌み、当てこすり

発言 ……と言いながらも、 ↔ ……と思っている 本心

入試問題にチャレンジ！

次の文章を読んで、あとの問いに答えなさい。

≫解答は、別冊46ページ

（栄光学園中）

オオカミに対して、日本では神のように※畏敬されていたのに、なぜヨーロッパでは悪魔のように嫌悪されるというまったく違う評価を受けるようになったのだろうか。（中略）

稲作をする日本ではシカやイノシシが敵であり、その敵を襲ってくれるオオカミは味方となった。これに対してヨーロッパでは小麦を栽培し、ヒツジを飼育することが農業の土台だった。そうした日常の中でオオカミがヒツジを襲うことがあったはずだ。愛らしい子羊や※邪心のなさそうな親羊が殺されたのを見たヨーロッパの農民がオオカミを嫌ったのは当然であろう。その予防もしたであろうが、オオカミはそれをあざ笑うかのようにさらにヒツジを殺すこともあったであろう。それはまさに悪魔のイメージであり、能力があればあるほど嫌悪は強くなった。

北アメリカにはヨーロッパの価値観がそのまま持ち込まれた。オオカミは見つけ次第射殺され、毒殺が行われた。ちょっと信じられないことだが、それは一九六〇年代くらいまで行われていたらしい。肉食獣は「敵」とされ、徹底的に撲滅が図られた。北海道のエゾオオカミの撲滅はアメリカの「指導」によって達成された。

悲劇的なことに、北アメリカの先住民はオオカミに対してわれわれと共通する畏敬の念をもっていたらしい。ただし、彼らは耕作はしなかったから、オオカミに対するイメージは稲作民のそれとは違う。むしろ草食獣を狩猟するハンターとしてライバル心をもち、その手強さから好敵手として尊敬していたものと思われる。（中略）オオカミをめぐって、

皮肉②：期待や予想とは違う、悪い結果になること

期待・予想 ⟷ ……を期待したが、かえって……になった ⟷ 結果

逆説：一見正しくないようでいて、よく考えると正しいこと

正しくない？ ⟷ ……でありながらも、実は……である ⟷ 正しい

このように、二者が対立しているという図式になるので、塾技80で学習した「対比」の記述の考え方を応用することができるのです。

- 「……と言いながらも……と思っている」
- 「……を期待したが、かえって……になった」
- 「……でありながらも、実は……である」

などの形で、対立する二者を説明していきましょう。

塾技解説

「皮肉」と「逆説」の記述では、対立する二者の関係を説明する。小学生にとってはハイレベルだが、難関校を目指す人はマスターしておこう！

それに敬意を払いながら共存してきた先住民と、悪魔として憎悪する、西洋からの移住者たちは必然的に対立し、後者が力でねじ伏せた。「オオカミなどを尊敬する愚かな者たち」と※蔑視しながら。

歴史はさらに皮肉な経緯をたどる。オオカミを憎み、いるだけで容赦ない駆除をし、撲滅を果たしてお祝いをしたイエローストーン国立公園は、その後予想もしなかった難問に直面することになる。オオカミが頭数を抑制してきたワピチという大型のシカが増えて、※植生に強い影響を与えるようになってきたのだ。森林は破壊され、川辺のヤナギ林がなくなって、たとえばビーバーがすめなくなったり、ヤナギ林に営巣する小鳥がいなくなったりと、生態系全体が病んだようになってしまった。

実に身勝手なことに、そのことに気づいた研究者は「オオカミ復帰」の必要性を認識し、それを実現するために大規模な計画を実行した。そして、時間をかけて社会のオオカミ嫌悪をなくす教育をし、獣医学や生態学を巻き込んだ計画で、オオカミ復帰を実現した。このことは世界で初めて国立公園となったイエローストーンが、一〇〇年以上の時間をかけて学び、それまで蔑視してきた先住民の自然観にようやく到達したとみることができる。

（高槻成紀・南正人『野生動物への2つの視点』より）

※畏敬＝おそれうやまうこと。
※邪心＝よくない心。悪い心。
※蔑視＝さげすんで見ること。見くだすこと。
※植生＝植物を、生育する場所と一体化していう言葉。

問題 ――線部「皮肉な経緯」とありますが、どういう点が「皮肉」なのですか。

塾技 83

記述の注意点① 指示語・代名詞の扱い

重要度 ★★☆　記述問題

83 記述の解答では、指し示しているものがない状態で「指示語」や「代名詞」を使わない！

ここからは、記述の解答を書く際に気をつけたいことを解説していきます。今回は「指示語」や「代名詞」の扱いについてです。

指示語や代名詞は、同じ内容を置き換える際に使用される言葉です。

例 昨日、僕が『ナルニア国物語』の話をしたら、Aくんが並々ならぬ興味を示していたから、今日はその本を彼に貸そうと思って、鞄に入れてきたんだ。

この文脈の中では、「その」＝『ナルニア国物語』であることと、「彼」＝「Aくん」であることがすぐにわかります。しかし、前半の部分がなく、「今日はその本を彼に貸そうと思って、鞄に入れてきたんだ」とだけ書かれていたら、なんのことかわかりませんね。指示語と代名詞が指し示しているものがないので、意味が通じないのです。

ですから、記述問題の解答でも、指し示しているものがない状態で指示語と代名詞を使わないということを意識しましょう。

記述の解答は、「本文を読んでいない人にも伝わるように書く」というのが大原則です。もちろん、採点者は本文を読んでいるのですが、本

入試問題にチャレンジ！

解答は、別冊46ページ

次の文章を読んで、あとの問いに答えなさい。（開智中）

親から財産や地位、仕事などを受け継ぐ「世襲」は、世界的にみても大変強力な原理です。わかりやすい例でいえば王室ですね。どこの国の王室も子供が継ぐのが当たり前で、それに異を唱える人はほとんどいません。日本の皇室も「世襲」ですが、日本は一般社会でも「世襲」が非常に強くて、まさに「世襲バンザイ！」の国という気がします。では「世襲」の対極はなにかといえば、「才能」だと思います。この場合の「才能」は頭がいいだけではなく、人格や人徳、人望といった人間性も含めた総合的な能力を意味します。

ひとつの地位、ポジションを獲得するとき、日本の場合は「才能」より「世襲」が有利に働くことが多いです。たとえば中小企業の社長や家元と呼ばれる芸事のトップとかは、「世襲」がほとんどです。（中略）

日本で「世襲」が特に強い職業は政治家、医者、芸能人だといわれます。親が子供に自分の職業を継がせたがるのは、儲かるってことですよね。苦労ばっかりで儲からない仕事を継がせたいと思う親はいませんから。跡取りになることが決められている人の中には、職業選択の自由がない、好き勝手に生きられる人が羨ましいと嘆く人がいて、そういう人に対して親に人生を決められてかわいそうだ、と気の毒がる人もたくさんいます。この国では、そういう理屈がまかり通るんですね。

働かなくても自由な生活を謳歌できる金持ちが同情するなら、まだわかります。だけど親からなにも受け継げず、自分の「才能」だけで就職先を確保し、そうしなければ食べていけない僕と同じ立場の人間が同情

文を読んでいない人にも意味が通じるようにすることが、わかりやすい解答を書くためのコツなのです。

ポイント **指示語と代名詞の扱い**

① 指示語

指し示しているものがない状態で指示語を使ってはいけません。必ず言い換えましょう。ただし、これは「記述の解答に指示語を使ってはいけない」ということではありません。指示語の指し示す内容が解答の中に含まれていれば、むしろ字数を減らすために有効な場合もあります。指示語をうまく使いこなしましょう。

② 代名詞

指し示しているものがない状態で代名詞を使ってはいけません。必ず言い換えるようにしましょう。

また、本文中で一人称（私・僕・おれ など）で書かれているものは、これを使ってもかまいません。その際は「　」（カギカッコ）をつけて、「私」「僕」のように表すと、固有名詞と同じはたらきをします。

例 母のつらさを「僕」が初めて理解したということ。

塾技解説 記述の解答を書いたら、必ず読み返して、どの内容を指しているのかわからない指示語や代名詞がないかどうかを確認しよう！

しているのをみると、この人は何を考えているのかなって思ってしまいます。僕からみれば、継げる仕事があるなんて羨ましいですよ、食べる心配をしなくていいんですから。どうしても後を継ぐのが嫌なら、継がないという選択の自由はあるわけですしね。

自分の「才能」だけで望む仕事に就ける人は、少数派で限られています。食べるために、意に沿わない仕事をしている人のほうが、多いのではないでしょうか。「世襲」には自由がないと嘆いたり、そういう人に同情する人たちが、本当に自由の価値を痛感して強い信念に基づき、自由の大切さを発言しているとは思えません。そういう人たちは三食まともに食えなくても、自分は自由だから幸せだといえるのでしょうか。僕はただ「世襲」に弱い、甘いだけだと思います。それだけ日本は、なまぬるい社会なんでしょう。本当の激しさ、厳しさを知らない気がします。

（本郷和人『日本史でたどるニッポン』より）

問題 ――線部「そういう理屈」とはどのような理屈ですか。「世襲」という言葉を用いて四十字以内で説明しなさい。その際、「～という理屈。」に続くように答えること。

記述の注意点② セリフの扱い

重要度 ★★☆　記述問題

84 文章中のセリフは、そのまま使わずに言い換える！

物語文の記述問題では、人物の気持ちを説明するものが多く出題されます。人物の気持ちは、「心情語」「心の中の思いを表す言葉」「動作・表情・発言を表す言葉」から読み取っていくことができるのでしたね。現代の小説では、「発言」つまり「セリフ」が多用されているものが多いので、「セリフ」の部分が解答の根拠になることがあります。

ここでは、「セリフ」を記述の解答に使う際に気をつけるべきことを挙げます。

ポイント　「セリフ」を記述の解答に使う際に気をつけるべきこと

① 説明を補って意味がわかるようにする

セリフはあくまで文脈がわかっている前提で読まれるものなので、セリフだけを抽出しても意味が伝わらないことがあります。「本文を読んでいない人にも伝わるように書く」ために、**必要な説明を補いましょう**。

② セリフの内容を簡潔にまとめる

入試問題にチャレンジ！

次の文章を読んで、あとの問いに答えなさい。

（鷗友学園女子中）

≫解答は、別冊47ページ

別府市立浜岡中学校に通う合志俊介・天沢一平・庭井湯太郎の三人は同じ町内で育った幼なじみである。俊介の父（葉造）と一平の父（永伍）は、地図製作会社キョーリンを共に立ち上げた。葉造は地形を調べる調査員のリーダーとして、永伍は社長として働いている。次の場面は俊介と一平が湯太郎をさがしているところである。

「どこへ行きよったんやろ、あいつ」

「教会へ行ってみらん？　今日は英語の授業があったはずで」

「おー、行ってみよう。英語狂やけん、教会には出ちょんかもの」

十五分ほど坂道を登り、見晴らしのいい教会についた。むかし別府へ静養に来たイギリス人技師が景色に惚れこんで設計したもので、簡素なつくりが好ましい。いまの神父も「デーケンさん」と市民に親しまれている。

一平が窓から中を覗き込み、

「おっ、いたいた」

と川で岩魚でも見つけたように言った。「終わるまで待つか」

二人は庭園の花壇のレンガに腰をおろした。色とりどりのチューリップが咲きみだれ、芝生の青い匂いが鼻をつく。

「じつは昨晩、葉造さんとうちの親父が激しく口論してな。原因はお前っちゃ」

「俺の……就職？」

これは、長いセリフが解答の根拠になっている場合に注意したいことです。セリフをそのまま解答に引用すると長くなりすぎてしまうので、**簡潔にまとめる**ようにします。

③ 話し言葉やくだけた言葉、方言などを言い換える

セリフは地の文とは違い、話し言葉で書かれています。記述の解答では、**書き言葉に言い換える**必要があります。「ら抜き言葉」や「い抜き言葉」にも注意しましょう。

例
×じゃなくて→○ではなくて　×ちがくて→○ちがって
×ちゃんと→○きちんと　×ちょっと→○少し・わずか
×なんで→○なぜ・どうして　×やっぱり→○やはり

例
×来れる→○来られる　×着れる→○着られる
×見れる→○見られる　×食べれる→○食べられる
×してる→○している　×してない→○していない

例
×AしたりBしている→○AしたりBしたりしている
（「たり」は二つ以上の並立で使う）

また、中学生や高校生などが主人公の物語では、極端な流行語や俗語などが使われている場合もあります。それらの表現も書き言葉に言い換えて、意味が伝わりやすい解答にしましょう。

塾技解説
登場人物のセリフが記述解答の要素になる場合には、話し言葉を書き言葉に言い換えて答案に盛り込むようにしよう！

「ああ。やっぱり葉造さんは、お前を高校へ行かせたいっち。うちの親父が『本人の希望を優先してやれ』ち言うても、てんで耳を貸さん。うちの親父に『あんな頑固者はおらん』ち言わせるんやけん相当なもんで。それにしても、なんで葉造さんはそこまで進学にこだわるかの」

「なんでち思う？」俊介は訊ねた。

「一般的にいえば、父親は息子が自分の仕事を継ぐことを歓ぶはずや」

「そうっちゃ。お前んちもそうか」

「うちは家業やけん尚更な」

「でもお前は、大学まで行けち言われちょんのやろ」

「ああ。親父はキョーリンがいまだに銀行から融資を受けられんのは、自分に学歴がないせいもあるっち思うちょん」

「そうなん？」

「どうやろう。それもあるかもしれんの」

俊介は春霞にもやる別府湾を見おろして、ため息をついた。将来社長になる者には学歴が必要かもしれないが、調査員になりたい者には無用の長物ではなかろうか。あるいは葉造も自分の無学にコンプレックスを感じており、息子に仇をとらせたいのか。

教会のドアが開き、授業を受けていた人たちがぱらぱらと出てきた。高校生の姿が目立つが、市民講座なので大人や子どもも混じっている。最後に湯太郎が、デーケン神父と話しながら出てきた。


（平岡陽明『道をたずねる』より）

問題 ――線部「じつは昨晩、葉造さんとうちの親父が激しく口論してな」とありますが、「葉造」と「うちの親父（永伍）」の主張を具体的に説明しなさい。

塾技 85

記述の注意点③　間接的な表現の扱い

85 比喩表現や否定表現などの間接的な表現は、直接的な表現に言い換える！

記述問題の解答は「わかりやすく書く」というのが大原則です。

この場合の「わかりやすく」というのは、「複数の意味にとられないようにする」ということです。採点者が「こういう意味かな？　いや、こういう意味かもしれないなぁ……」と迷うような表現はよくないのです。間接的な表現を使うと意味があいまいになってしまうことが多いので、できるだけ直接的な表現を使うようにしましょう。

ポイント　避けたほうがよい間接表現

① **比喩表現**

たとえば、「**リンゴのような頬**」という表現があったとしましょう。すべての人が「リンゴ＝赤」を想像するとは限らないので、「**赤い頬**」と直接的に表現するようにしましょう。

② **擬態語・擬音（声）語**

たとえば、「間もなく発表会の出番が回ってくると思い、**どきどきしている**」なら、「間もなく発表会の出番が回ってくると思い、**緊張している**」などと言い換えます。

重要度 ★★☆

記述問題

入試問題にチャレンジ！

≫解答は、別冊47ページ

次の文章を読んで、あとの問いに答えなさい。　（灘中）

思えば、私には「趣味」がなかった。「趣味」とはどういうものなのか、どうも理解できなかったのだ。

みんな、結果の見えないことをなぜそんなに楽しめるのか。歌手になるわけでもないのにカラオケに通い、ケーキ屋さんを開くわけでもないのにお菓子作りに励む。（中略）

なぜ私はここまで趣味に不慣れなのか。思い当たる節がある。

実は私が楽器を習うのは、ギターが初めてではない。三歳から十歳頃まで演奏家の先生について、バイオリンのレッスンを受けていた。

毎日二時間の練習も、当時の私には地獄だった。友達とは遊べないし、「名探偵コナン」は観られないし、ミスするたび母に怒鳴られるし、寝る時間は遅くなるし。とにかく時計の針ばかり見ていた記憶がある。練習が嫌すぎて泣き叫び、弓を折ったこともある（バイオリンの弓って高いんだってね……）。思えばこの頃の経験が、趣味への臆病さに拍車をかけたようだ。

自分なりに必死にがんばっていたけれど、同時期に習いはじめた同い歳の女の子はレベルが違った。私と同じ日に教室を見学し、同時に楽器を手にした彼女だったが、瞬く間に難曲をクリアし、進みに圧倒的な差をつけた。熱心な父親と一日四時間は欠かさず練習し、楽器を挟む顎が赤く腫れていた。プロの演奏家を目指して、メキメキと力をつけていく。その様子を間近で見せつけられ、「自分にはムリ」と心底思った。

才能はもちろん、意志も根性も、逆立ちしたって彼女に敵うことはな

③ ことわざ

ことわざは、意味がはっきりとわかるように言い換えましょう。たとえば、「**目から鱗が落ちた**」とあれば、「**それまでわからなかった〇〇がわかるようになった**」と、本文の内容に即して答えます。

④ 慣用句

すべての慣用句を言い換える必要があるかどうかは意見が分かれるところですが、「できるだけ言い換える」のが無難でしょう。慣用句という意味合いがうすれているものは、記述の模範解答に用いられることもあるのですが、できれば避けたいところです。たとえば、「**肩を持つ**」なら「**味方する**」、「**背中を押す**」なら「**勇気づけてあと押しする**」などに言い換えると、無用な減点をされずにすみます。

⑤ 否定表現

「Aではない」のような、単なるひっくり返しの表現がこれにあたります。たとえば、「Aさんは社交的で、誰とでも親しく接することができる。一方、Bさんは社交的ではなく、限られた人としか話そうとしない」という説明ならば、「**社交的ではなく**」の部分を「**内向的で**」「**内気で**」などとしたほうがよいでしょう。ここでは対義語の知識も役に立ちます。

塾技解説

記述問題の解答は「わかりやすく書く」ことを意識する。比喩表現や擬態語などは減点される可能性が高いので、自分の解答に含まれていないかどうかを確認しよう！

かった。

先生は進みの遅い私を「ゆみちゃんはカメね！」「カタツムリみたい。」と何かとなじったが、それも仕方のないことだった。

教室で、発表会で、コンクールで——私などよりはるかに才能があり、その世界で自然に呼吸している人たちがいた。

九歳のとき、学生対象の音楽コンクールに初めて出場した。本番前、楽屋で私が石のごとく緊張していると、歳下の小さな男の子がはしゃいで駆けまわっていた。こんな状況下で笑えるってどういうこと？　まるで自分の家にいるようなくつろぎようだ。彼は舞台に出ると、私の選んだ曲より難しい課題曲を見事に弾きこなした。弦を押さえる指は軽く、弓は呼吸するように動き、まるで別人だった。彼の次に自分が演奏するなんて……。私はますます畏縮し、結果、練習でも問題のなかった箇所でミスをしてしまった。

じきに私はバイオリンを辞めた。もっと早く辞めてもよかったと思う。何かに挑むということは、すなわち戦いの土俵に上がること。自分より才能があり、能力のある者と厳しく比較されるものなのだ。

「才能がないものに時間をかけてもムダ。さっさと辞めるべき。」という考え方は、この経験で強化されたように思う。だが、そんな「生きるか死ぬか」の覚悟で自分の趣味を決めている人は、どうやら稀のようだ。

（文月悠光『臆病な詩人、街へ出る。』より）

問題　——線部「自然に呼吸している」とはどういうことですか、答えなさい。

記述の注意点④ 無駄な言葉を省く

重要度 ★★☆　記述問題

86 正解に必要な要素を入れるために、無駄な言葉をできるだけ省く！

国語の記述問題は、多くの場合、正解に必要な要素をきちんと満たしているかどうかを基準に採点されます。

たとえば、正解のために五個の要素をそろえる必要がある問題では、五個のうち四個しかそろえられていない答案よりも、五個すべてそろえられている答案のほうが高評価になるというイメージです。

正解に必要な要素をそろえきれない理由の一つには、「無駄な言葉を入れてしまい、必要な要素を入れられなかった」というものがあります。

記述問題で高得点を取るためには、無駄な言葉を省き、必要な要素をしっかりそろえることが重要です。

今回は、無駄な言葉を省くための具体的な方法を説明していきます。

ポイント 無駄な言葉を省く方法

① 不必要な主語を省略する

例 たかしは、サッカーが好きで毎日練習してい~~る。たかしは~~（て、）県大会で優勝したこともある。~~たかしは~~全力でプレーし、仲間たちと協力して勝利を目指している。

入試問題にチャレンジ！

次の文章を読んで、あとの問いに答えなさい。　（浅野中）

≫解答は、別冊47ページ

初老の男が暮らす下宿には、未亡人の大家とその孫である少女が暮らしている。言葉を発しないこの少女とどう接していくか迷っていた男だったが、ある日、偶然二人で「ひよこを満載したトラック」を見て以来、心を通わせ始めた。

セミの次に少女が持ってきたのは、ヤゴの抜け殻だった。次がカタツムリの殻、ミノムシの蓑、蟹の甲羅、と続いていった。圧巻はシマヘビの抜け殻で、直径二センチ、全長は五十センチもあり、それ一つで窓辺のスペースの半分近くを独占した。日に日に窓辺の抜け殻コレクションは充実していった。

少女はそれらを眺め、満足そうな表情を見せた。二人は時折一緒に、窓辺の時間を過ごすようになった。少女はコレクションの前にペタンと座り込み、男はその折々で、手持ち無沙汰に立っていることもあれば、彼女のためにジュースを注いでやることもあった。

最初のうち男は、こんなにも年の離れた、しかも喋らない人間と、どう間を持たせたらいいのか戸惑ったが、すぐに要領をつかんだ。つまり、抜け殻を眺めていればいいのだ。それで二人には何の不足もなかった。

どの抜け殻にも、眺めれば眺めるほど、新しい発見があった。男がまず驚いたのは、脱皮した殻が実に精巧な作りをしていることだった。セミの腹に刻まれた皺から、頭部の先端に密集する毛まで。ヤゴの透明な眼球から、羽に浮き出す網目模様まで。かつて殻の中に生きていた生物

主語は、動作の主体を表すために必要なものですが、記述解答の中に繰り返し登場させると無駄な字数を使う原因になります。動作の主体が同じである場合には主語を省略してまとめましょう。

③ 不必要な説明を省略する

例 ――線部「……」とありますが、筆者は、今後の日本がどのような方向に進むことが望ましいと考えていますか。六十字以内で説明しなさい。

答えるべきところ（＝答えの中心）をしっかりと考えます。この例では、「どのような方向」というところが答えの中心になります。ですから、「今後の日本が」や「進むことが望ましい」という部分は、解答に含めなくても問題ありません。

③ 不必要な表現を省略する

「〜という」「〜てしまう」「〜ていく」などの表現は、多くの場合、なくても意味は変わりません。字数の少ない記述問題などでは、省略して簡潔にまとめましょう。

以上のことは、字数指定のある記述問題では特に重要になります。しっかりと意識してライバルたちに差をつけましょう。

塾技解説

多くの字数で書くよりも、短く簡潔にまとめるほうが難しい。無駄な言葉を省いて、必要な要素を入れるようにしよう！

の形を、克明に留めていた。隅々まで神経が行き届いていた。どうせ脱ぎ捨てられるものだから、といういい加減なところが微塵もなかった。

更には、それほど精巧でありながら、綻びがないのだった。背中に一箇所、ファスナーのような切れ目がある以外、どこも破れたりクシャクシャになったりしていない。シマヘビになると、そっくりそのまま裏返しになっていて、模様が内側に広がっているという手の込みようだった。人間でもこんなに上手に洋服を脱ぐことは不可能だ、と男は思った。間違いなくこれは、プレゼントに値する驚異だ、と一人で確信を深めたりもした。

しかし男はこうした思いのあれこれを、少女に向かって言葉にはしなかった。返事がもらえないからではなく、お互い喋らないでいる方が平等だ、という気がしたからだ。たとえ喋らなくても、少女のそばにいれば、彼女が抜け殻について自分と同じような発見をしていることが、伝わってきた。

彼女はそれらを人差し指でつついたり、光にかざしたり、においをかいだりした。ちょっと考え込んだり、口元に微笑を浮かべたりした。少女が動くたび、肩先で三つ編みの結び目も揺れた。全部眺め終わった後は、順番と向きを間違えないよう、男が並べていた通りに元に戻した。

（小川洋子「ひよこトラック」より）

問題 ――線部「自分と同じような発見」とありますが、男は少女とどのような発見を共有していると考えていますか。四十字以上五十字以内で説明しなさい。

字数指定のある記述問題

重要度 ★★☆　記述問題

87 字数指定のある記述問題は、解答の要素の数をそろえてから書き始める！

記述問題には、字数指定のあるものとないものがあります。以下で、記述問題の解答欄の種類を確認していきましょう。

ポイント　記述問題の解答欄の種類

① **字数指定のあるもの（マス目タイプ）**

「〇字以内」や「〇字以上〇字以内」などの条件がつけられています。一マスに二字以上書いたり、文字と句読点を同じマスに書き入れたりしてはいけません。

② **字数指定のないもの（罫線タイプ）**

厳密な字数指定はないものの、決められた行数に収まるように書きます。一行の中に無理やり二行書き込むことは禁止です。

③ **字数指定のないもの（弁当箱タイプ）**

大きな枠の解答欄が設けられているものです。自由な字数で書くことができますが、あまりにも小さな字でたくさん書き込みすぎると採点しづらいので、標準的な文字の大きさにしましょう。

入試問題にチャレンジ！

≫解答は、別冊48ページ

次の文章を読んで、あとの問いに答えなさい。（ラ・サール中）

朝の散歩は心地いい。散歩道のほとりには、色々な花が咲いている。黄色い花やピンクの花。綺麗だな、と眺めているうち、ふと思った。なぜ僕は花を綺麗だと思うのだろう。

そんな素朴な疑問が頭をよぎったが最後、ボケーッと歩いていた心地いい散歩は、一風違う、論理※演繹の散歩に変わる。お楽しみの、科学の時間だ。そう、なぜ僕は花を綺麗だと思うのだろうか、その理由が知りたくてたまらなくなる。

花には様々な色がある。そうか、花が目立つのは、葉っぱが全部緑でつまらないからなのではないか。そうに違いない。

「花がムッチャ綺麗なんは、葉っぱが綺麗ちゃうからやんなぁ」と、散歩で隣を歩く妻に話しかけた。すると「はぁ？　なにゆうてんの？　葉っぱも綺麗やんか」と怒られてしまった。

確かに、僕は葉の緑も好きである。けれども、現在の問題は好き嫌いではなく、花をなぜ綺麗だと感じるのかという問題である。僕は妻の意見を無視し、「葉っぱの色が単調すぎる」説をさらにたどってみることにした。

つまり、花がなぜ綺麗なのか、という問題の答えは、葉っぱが全部緑色で単調すぎるから、と自分を納得させたのだが、すると次の問題がやってくるのである。なぜ、すべての葉っぱは緑なのか？

答えはもちろん、中学校の理科で学んだように、植物は光合成でエネルギーを作り出すのであり、光合成を行うのは、葉っぱの中にある葉緑

ここでは、字数指定のある記述問題の注意点を説明します。

ポイント 字数指定のある記述問題の注意点

① 解答の要素は「短く・多めに」そろえる

字数指定のある記述問題では、だらだらと書き連ねると、制限字数を超えてしまいます。ですから、**解答の要素は「短く・多めに」そろえる**ようにします。たとえば、六十字の記述問題なら、一つの解答の要素を二十字以内を目安として、三つそろえていきます。

② 無駄な表現をなくす

無駄な表現に字数を使うと、解答に必要な要素が入れられず、大幅な減点になってしまいます。無駄な表現をなくすコツは、**「重複表現を避ける」「なくても意味のわかる表現は削る」**ことです。**塾技86**で学んだこともいかして、簡潔にまとめましょう。

③ 制限字数いっぱいまで書く

「記述問題では制限字数の八割は埋めましょう」と指導されることがありますが、これはあくまで「採点される最低ラインが八割」ということです。必要な要素を盛り込み、**制限字数いっぱいまで書く**ようにしましょう。

塾技解説

字数指定のある記述問題は、解答を書き始める前に解答の要素の数を考えるとともに、無駄な言葉を入れずに簡潔に書くことを心がけよう！

体だからである。

ここで注意すべきは、光の反射の性質である。物が緑色に見えるという時には、実はその物は、他の色の光を吸収しているのだ。（中略）

それではなぜ、植物は緑色の光を吸収しないのだろうか？　光合成を行うには、どの色も吸収すれば都合がよいだろう。それなのに、なぜ緑色だけは特別に、吸収しないことになっているのだろうか？

それさえ解ければ、花がなぜ綺麗なのかという大問題に一つの答えが見つかるのに、と苦心しながらの散歩が続いた。容赦なく、目には木々の美しい緑が飛び込んでくる。くっそう、僕は科学者なのに、こんな毎日の問いにも答えられないボンクラなのか。

色々な解を頭の中で検討し始めた。どうせ、僕のよく理解していない光合成の複雑な仕組みのせいだろう。化学反応のエネルギー効率の特殊性に帰着されるんじゃないか。それなら化学だから、僕は物理学者だし、わからなくても仕方がない。

いやいや、これには生物の進化的な理由があるんじゃないか。たまたま緑が選ばれて、偶然の産物だから、説明などできないんじゃないか。進化は生物学、僕は知らないから、わからないのも当たり前だ。

こんな風に、自分が答えを思いつかない理由すら探し始める始末だ。でも実は楽しい。なぜなら、知らないということは、一番ワクワクすることだからだ。

（橋本幸士『物理学者のすごい思考法』より）

※演繹＝一般的な原理を、個別の事柄に当てはめて考えること。

問題　——線部「くっそう、僕は科学者なのに、こんな毎日の問いにも答えられないボンクラなのか」とありますが、このときの筆者の気持ちを五十字以内で説明しなさい。

字数の多い記述問題

重要度 ★★☆

記述問題

88 多くの字数で説明する記述問題は、「解答のコア（＝核）」を考えてから肉付けする！

今回は、多くの字数で説明することが求められる記述問題の解き方を説明していきます。解答の字数が一〇〇字を超えるようなものですね。

ただし、多くの字数で書かなくてはいけない問題でも、いきなり長文を考える必要はありません。まずは解答に絶対に必要な説明を二十〜三十字程度で考えます。この「解答に絶対に必要な説明」を、私は「解答のコア（＝核）」と呼んでいます。

文字数が多い記述問題では、この「解答のコア」の部分から考え始め、字数に応じてその周辺の情報を肉付けしていくイメージで、解答作成をしていきます。

ポイント 「肉付け」のパターン

① 対立要素の肉付け

「AではなくB」「Aというよりも（むしろ）B」などで論が展

入試問題にチャレンジ！

次の文章を読んで、あとの問いに答えなさい。

（鷗友学園女子中）

≫解答は、別冊48ページ

勉強というのは何かを学ぶことです。先行する人が作り上げたものをきっちりと学ぶ。そうすれば、結果として目標がかなうと考える方が多いでしょう。（中略）

しかし、これだけやっていても、社会で成功することはありません。一度勉強した後に、ある「作業」をしなければならないのです。

結論から先に言えば、それは勉強で学んだものを打ち壊し、自分なりの形に構成し直すことです。あるいは、勉強で学んだものを脇にどかして、自分なりのものを構築するということです。これが社会で成功する秘訣なのです。

具体的に私自身のことを例として述べてみましょう。

私は本を書く時に、事前にいろんな勉強をします。たとえば、海外の子供兵の取材をする際は、子供兵に関する文献を読み漁ります。子供兵は男の子が多く、幼いから死を恐れず、親を殺された復讐として兵士になるケースが大半だ。手に入れられる文献を片っ端から集めてそういうことを勉強してから、現地へ行きます。

そうすると、どういうことが起こるか。実は、勉強してきた内容とは違う事実が目の前に現れるのです。子供兵の半分以上は「女の子」であったり、子供兵は死ぬことを大人の兵士以上に恐れていたり、彼らの大半が誘拐されて無理やり兵士に仕立て上げられていたりするのです。

なぜ本や論文を読んで身につけた正しいはずの知識が、現場に行った瞬間に崩壊してしまうのでしょう？

開される場合、筆者の主張は「B」ですが、対立する「A」の内容を加えることで、主張がより明確になります。

② 並立・添加要素の肉付け

「AまたはB」「AだけでなくB」「AさらにB」などの形で主張が述べられている場合、「A」と「B」の両方を解答に入れて説明していきます。

③ 原因・理由の肉付け

「Aである。なぜならBだからだ」「BだからA」などの形になっている場合には、結果である「A」だけでなく、字数の許す範囲で、原因・理由である「B」をつけ足していきましょう。

④ 具体例の肉付け

設問に「文章中の具体例を用いてくわしく説明しなさい」などの指示がある場合には、本文中の具体例を使って肉付けします。

⑤ 背景・経緯の肉付け

物語文などの人物の気持ちを説明する問題では、「原因・理由＋気持ち」の説明に加え、そこまでの背景や経緯も書いていくことで、説明をよりくわしくすることができます。

塾技解説

多くの字数で説明する問題では、「核」の部分を決めてから、「何を」「どのくらいの字数で」肉付けするかを戦略的に考えていこう！

本に書いてあった知識が間違っているわけではありません。おそらく本や論文を書いた人は、男の子の子供兵に数多く出会ってきたのでしょうし、彼らは死ぬのを厭わずに戦っているのを見たのでしょう。だからこそ、本や論文にそう書いたにちがいありません。

しかし、時と場合によって起こる現象は違ってきます。また、見る人が違えば視点も違うはずです。現実というのはかならず多面的なものであり、AさんがAを見たからといってそれがすべてではない。同じ物を見てもBという現実があったり、Cという現実があったりするのです。それゆえ、見る人によって目に映るものが違ってくるのです。

子供兵の話にもどして考えてみましょう。たとえ所属するのが同じ系列のゲリラ組織であっても、部隊によっては女性が多いこともあります。兵士になった理由だってかならずしも一つとは限らず、いくつもの理由から兵士になるのが普通です。

同じゲリラ組織の子供兵を見ても、状況に応じて見えてくる現実がまったく違ってくるのが常です。ゆえに、前もって勉強によって身につけた知識は、大抵自分が見た現実の前で壊れてしまうのです。現実が多面的だというのは、こういう意味においてなのです。

（石井光太『僕らが世界に出る理由』より）

問題 ――線部「勉強で学んだものを打ち壊し、自分なりの形に構成し直すこと」とはどのようなことですか。筆者が「子供兵」を取材した体験をふまえて、一〇〇字以内で説明しなさい。

字数の少ない記述問題

重要度 ★☆☆

記述問題

89 「自分の言葉で」要点をまとめるタイプの記述問題は、本文中の内容を簡潔に言い換える!

中学入試の国語における記述問題は、多くの場合、文章中の言葉を適切につなぎ合わせていけば完成するようになっています。ですから、できるだけ文章中の言葉を使って解答を作成するようにします。文章中の言葉が使えるのに、わざわざ自分の言葉で言い換えたがために、ニュアンス(=意味合い)が変わってしまって減点されるということは、絶対に避けなければいけません。

ただし、中には、「自分の言葉で」要点をまとめ、少ない字数で説明するタイプの記述問題もあるので、そのような問題の注意点を説明していきます。

ポイント 「自分の言葉で」要点をまとめるタイプの記述問題

① 論説文などで、まとめが本文に書かれていない場合

論説文などでは、多くの場合、具体的な説明の前後に筆者の主張がまとめて書かれていますが、文章によっては、「このように」「要するに」「言いたいのは」などで導かれるまとめの部分が、はっきりと書かれていないこともあります。これは問題作成者の引用の

入試問題にチャレンジ!

次の文章を読んで、あとの問いに答えなさい。

(筑波大附属駒場中)

≫解答は、別冊49ページ

「人工内耳」という医療技術について、ふれておきます。これは、特別な機器を手術で頭に埋めることで、部分的な聴力の獲得を期待できることがあるという医療技術のひとつです。(中略)

耳鼻科の医師は、この手術を、聞こえない本人や、聞こえない子どもの親に勧めます。しかし、※ろう者たちのなかに「手話とろう文化を否定するものだ」と強く反発する人たちが現れ、議論となりました。

「耳が聞こえないより聞こえた方が幸せだ」と思う人にとっては、この手術は朗報ということになります。実際、人生の途中で聴力を失い、音を聞く暮らしに戻りたいという気持ちが強い人などの場合には、試してみたいと思える技術でしょう。

最大の問題は、この技術の背景に見え隠れしている、手話への誤解と否定の思想です。「聞こえないことは不幸だ」「早く手を打たないと、手話しか話せなくなってしまう」と、手話を話すろう者たちをまるで欠陥品のようにとらえる見方が、今なお聴者たちのなかにあります。(中略)

また、手術や装用後の生活に身体的な負担があること、手術をしても必ずしも聴者になるとは限らないこと、部分的な聴力を得てもすぐに音声言語を話せるわけではないことなど、いろいろと課題があります。実際、手術をした子どもたちがみな聞こえるようになるのなら、普通学校に通えばいいことでしょう。人工内耳を装用した子どもたちがろう学校に通っている理由はなぜなのかを考えたいと思います。

いくつかの短所や不確実さを考えると、そこまで無理して聞こえるよ

しかた（問題文の切り取り方）にもよります。

こういった場合は、具体的な説明の部分を**「一般化（広くあてはまる説明に直すこと）」**する必要があります。一般化する際には、主観（自分の考え）を交えないで、簡潔に書き換えていきましょう。

② 物語文などで、状況や気持ちの説明を求められている場合

物語文などでは、場面の状況や登場人物の気持ちを説明させる問題がよく出題されます。物語文には、論説文のような「まとめの部分」というものが基本的にはありません。

状況の説明ならば、本文を読んでいない人にも伝わるように、**登場人物の関係やできごと**などをまとめていきましょう。

また、気持ちの説明のときは、登場人物の気持ちを表す言葉を考えたうえで、その気持ちに至った原因・理由などを字数や解答欄に合わせて肉付けします。

①・②からわかるのは、「自分の言葉で」要点をまとめるタイプの問題は、多くの字数を使って長々と説明をするのではなく、**適切な言葉で簡潔に言い換える力が求められている**という点です。

そういった意味においても、字数の少ない記述問題は、受験生の語彙力や文章力が浮き彫りになるハイレベルな問題形式といえます。

塾技解説

「自分の言葉で」要点をまとめる問題に対応するためには、普段から「短く言うとどうなる？」と考えながら、長い文章を短くまとめるトレーニングをするのが効果的！

うにならなくても、自然な手話での暮らしを続ける方がいい、むしろ、聴者が手話に対する誤解や否定の態度をあらためるほうが先だろうと考えるろう者は少なくありません。

みなさんがテレパシーの国の数少ない音声話者として暮らしているとき、テレパシーができるかもしれない、でも確実とは言えない、身体的な負担をともなう新しい手術があると知らされたとします。「声で話して暮らすのは不幸です、早く手術しないと手遅れになってしまう、あなたのような人たちがなるべく社会に増えないようにするのが医療の務めです」と善意の笑顔で勧められたら、どうでしょう。私だったら、医療技術はさておいて、「まず君たちのその傲慢な考え方をあらためることから始めてくれ」と求めると思います。

自分たちが少数派となり、多数派の幸せを強要される側になったときに、初めてその気持ちは理解できるのかもしれません。人工内耳を警戒するろう者たちのことを、「医療の恩恵を拒否する偏屈な人たち」のように見るのは、聴者の立場を一歩も出ていない自文化中心主義の姿勢です。ろう者が受けてきた受難の歴史や、それゆえに共有されている歴史観を含めて、文化全体の中で理解する文化相対主義の視点をもちたいものです。

（亀井伸孝『手話の世界を訪ねよう』より）

※ろう＝耳が聞こえないこと。

問題　――線部「傲慢な考え方」とありますが、「私」はどのようなところを「傲慢」だと思っていますか。

語句が指定されている記述問題

重要度 ★☆☆

記述問題

90 語句が指定されている記述問題は、それが本文で使われている箇所を確認する！

今回は、語句が指定されている記述問題の解き方を説明します。「『〇〇』という言葉を使って説明しなさい」という条件がつけられている問題です。設問にこのような指示がある場合には、指定された語句を使わずに答えてしまうと大幅な減点をされますので、注意が必要です（条件を守っていないために採点されないこともあります）。

では、設問にこのような条件がつけられるのはどうしてなのでしょうか？ **塾技86**でも説明したように、国語の記述問題は、多くの場合、正解に必要な要素をきちんと満たしているかどうかを基準に採点されます。

もうお気づきかもしれませんが、設問で指定されている語句は、「正解に必要な要素」のヒントになっているのです。

通常、指定されている語句は、本文中に出てくるものです。もし本文中になかったとしても、似たような言葉はあるはずですから、問題を解く際には、そこに着目すればよいのです。

つまり、使用する語句が指定されている問題は、本文の「このあたり」をよく読んで答えを考えてほしいというヒントが設問文に示されているのですね。

入試問題にチャレンジ！

≫解答は、別冊49ページ

次の文章を読んで、あとの問いに答えなさい。　（攻玉社中）

これはまったくの主観的な印象に過ぎないのだが、一八七〇年代前後のモネの比較的初期（ないし中期）の作品を見ると、もちろん印象派の名にふさわしく、「世界の見え方」についての既成の枠組みを取り払って自然や事物の立ち現れる様を描いているのだが、同時にそこには世界そのもの、あるいは個々の事物や事象のもつずっしりとした質感、あるいは実在感といったようなものが、いうならばうつろいゆく瞬間瞬間の現象を越えて、しっかりとこちらに伝わってくる、というような印象がある。（中略）

ところが、少しずつ時代が下って、例えば七〇年代後半に描かれた「サン・ラザール駅」（一八七七年）といった作品になってくると、まさに瞬間瞬間の光や色の移りゆきを正確に描く、ということそれ自体が目的になりつつある、という印象が強くなってくる（この絵の場合は駅での大気や煙、その色の様子など）。（中略）

改めて言うまでもなく、近代という時代は、個人が独立すると同時に、後にも整理していくように、「認識」が優位となり、世界から余分な意味や、生身の存在としての自己との関わりをとり払って、それをできる限り客観的に、あるいは中立的なかたちで把握する、ということが前面に出て行われるようになった時代である。そこでは個人や認識ということが重要となり、そうした中で、「時間」というものは、いわば「瞬間」という最小の単位から構成される、つまりそうした「瞬間」が数珠つなぎのように連鎖した、一本の線として理解されるようになる。だから、

それでは、語句が指定されている記述問題を解く手順を三つに分けて説明しましょう。

ポイント **語句が指定されている記述問題を解く手順**

① 指定された語句が本文のどこで使われているかを確認する

指定された語句が本文で使われている箇所は、そのまま解答の要素になるので、しっかりチェックします。

② 指定された語句をもとに説明をまとめる

指定された語句が見つかったあとは、**その語句を使って解答の要素をまとめます。**指定された語句が複数ある場合には、一つの要素を長くしすぎないように注意して、二十～三十字程度でまとめましょう。

③ 自然な日本語になるように文章構成を考える

解答の要素が作れたら、あとは**解答を作成する**だけです。複数の要素がある場合には、どのような順序で組み合わせたらよいかを考えていきます。語句が指定されている順番に並べればよいことが多いのですが、順番を入れ替えるケースもありますので、因果関係などに注意しましょう。

塾技解説

語句が指定されている記述問題は、「正解に必要な要素」が示されているので解きやすい。指定された語句が本文で使われている箇所をチェックして、確実に得点につなげよう！

世界をありのままに把握するとは、ちょうど映画がひとつひとつのフィルムから構成されるように、そうしたフィルムの断片にあたるもの、つまり瞬間のスナップ・ショットを正確に得ることである、という考え方となる。

しかしこの見方は実は転倒した見方である。つまり、いま時間について「瞬間の数珠つなぎ」とか「映画のフィルムの連鎖」といった比喩を用いたが、この場合、まず個々の瞬間やフィルムの一枚一枚があって、その連鎖として時間の流れがあるのではなく、逆に一定の幅をもった時間、あるいは意味のまとまりというものがあり、その中で初めて「瞬間」や「フィルムの一枚」は〝意味を担う〟のである。言い換えると、「瞬間」は時間性のなかで把握されなければならないし、「認識」はもともと主体と世界との関わり、つまり行為や価値に根拠をもっている。

したがって、話をモネに戻すと、もしも世界を「認識」の眼のみをもって凝視する、という方向をとったとするならば、逆説的にもそれはかえって自らを世界からますます遠ざけることになってしまい、同時に事物や事象の存在感が希薄化していってしまう、ということは避けられないのであり、それはいま述べたようなことからすれば、ある意味で必然的な帰結とも言える。そして、おそらく「連作」はそうした瞬間の断片性を克服する意味をもって登場したと思われるが、連作に取り組み始めた「九〇年代のモネ」にはそうした面――世界からの離脱化、リアリティの希薄化――がなお残っていたように私には感じられるのである。

（広井良典『死生観を問いなおす』より）

問題 ――線部「逆説的にも」とありますが、どのような点が「逆説的」なのですか。「認識」「客観」「リアリティ」の語句をすべて用いて七十字以内で答えなさい。

ジュク ワザ
塾技 91

自由記述の問題

重要度 ★☆☆

記述問題

91 自由記述の問題は、本文の内容や設問の指示をふまえてわかりやすい解答を書く!

中学入試の国語では自由記述の問題が出題されることがあります。「あなたの考えを述べなさい」「あなたの体験を書きなさい」「筆者の考えに賛成ですか。それとも反対ですか」「具体的な例を自分で考えて答えなさい」という類いのものです。

中学入試の国語で出題される自由記述の問題は、みなさんが今まで書いてきた作文とはねらいが違います。小学校の作文であれば、多少表現が間違っていても、その内容がよければ高い評価がつくかもしれません。

ところが、中学入試の国語の自由記述の問題の場合には、独創性やアイデアは（ほとんど）得点の対象になりません。そういったものはあくまで主観的で、評価の基準があいまいだからです。中学入試の国語では、客観的に評価できる部分が重視されます。

以下に、自由記述の問題の客観的な評価ポイントとして重視される点を挙げておきます。

ポイント　自由記述の問題の客観的な評価ポイント

① **本文の内容をふまえて書けているかどうか**

自由記述の問題の多くは、「本文で述べられている○○に対して、

入試問題にチャレンジ!

次の文章を読んで、あとの問いに答えなさい。

»解答は、別冊50ページ

（フェリス女学院中）

自分が音楽にどう反応しているかをきちんと聴き取ってあげる――実はこれはそんなに簡単なことではない。（中略）私自身が音楽を聴くときの目安にしているのは何かといえば、それは最終的にただ一つ、「音楽を細切れにすることへのためらいの気持ちが働くか否か」ということである。細切れとはつまり、演奏会の途中で席を外したり、CDなら勝手に中断したりすることだ。何かしら立ち去りがたいような感覚と言えばいいだろうか。音楽という不可逆にして不可分の一つの時間を、音楽とともに最後まで共体験しようという気持ちになれるかどうか。自分にとってそれが意味／意義のある音楽体験であったかどうかを測るサインは、最終的にこれ以外ないと思うのである。

これは「分かる」とか「よかった」とか「ぐっと来る」とか、そういうこととは必ずしも関係ない。すぐにはピンと来ないかもしれない。だが、たとえ一般的な意味で「よかった!」という感想を持つわけではなかったとしても、「これは最後まで聴いてあげなくてはいけないものだ」という感情がどこかにわいてきたとすれば、それこそが「縁」というものだ。それは音楽を通して一つの時間を自分とともに体験する隣人――音楽の作者や演奏者もふくむ――への敬いの気持ちであり、音楽を何かしら命あるものとして感じている証なのだと思う。（中略）

西村朗および小沼純一との※鼎談で三輪眞弘は、次のようなことを言っている（雑誌『洪水』第三号、二〇〇八年）。

「たとえば着メロとか、僕はそうとうたえがたいんです。なぜかとい

あなたの意見を述べなさい」というように、本文の内容をふまえて答えるものです。ですから、**本文の内容を理解していることを示したうえで、自分の考えを述べていく**ようにします。どんなによいことを書いていても、本文を無視しているものには、高評価はつきません。

② 設問の指示を守って書けているかどうか

たとえば、設問に「筆者の意見に対するあなたの考えを、自身の経験をふまえて具体的に書きなさい」という指示があったとしましょう。このときに、「自身の経験」を「具体的」に書けていないと、評価が低くなってしまいます。**指示された条件をすべて守って書く**ようにしましょう。

③ わかりやすい構成で書けているかどうか

思いついたままに文を書き連ねると、まとまりがなく読みづらい解答になってしまいます。「主張→理由」「主張→具体例→まとめ」などの**構成をあらかじめ考え、それに沿ってまとめていきましょう。**

④ 正しい日本語で書けているかどうか

主語・述語のねじれや、「てにをは（助詞）」の間違い、誤字脱字などは減点の対象になるので、自分の書いた文章を読み返して、**ミスがないかどうかを必ずチェックします。**

塾技解説

自由記述の問題の解答は、問われていることと関係のないことを書いてしまうと大きく減点される。面白い内容を考えるよりも、設問の意図を正しくつかんでわかりやすく書くことを重視しよう！

うと、曲が始まって、途中で切らなければならないわけです。もし音楽が好きだという人がいたら、そんなことがどうしてできるんだろうとまずは思うわけです。つまり好きなグループの作品を着メロにしたとする。好きなグループなのにどうして途中でばっさり切れるのという、そういう感覚を僕は持っているんです。そういう意味で、多分その人にとっての着メロは僕が考えている音楽とはちがうものなんだろうと。たぶんなんらかの情緒を喚起するものであるだろうけど、シグナルみたいなもの、※パブロフの犬みたいなものであって、僕が考えている音楽とはかけはなれているものだと思います」。（中略）

確かに音楽は生理的な次元に大きく左右される。だが音楽体験のすべてが単なる刺激／反応に還元されてしまったら、それはもはや音楽ではない。別の言い方をすれば、もし何らかの演奏会やCDを中座／中断しても何の痛痒も感じなかったとすれば、その人にとってそれは音楽＝生命ではなく、ただのシグナル＝モノだったということだ。

（岡田暁生『音楽の聴き方』より）

※鼎談＝三人が向かい合って話すこと。
※パブロフの犬＝旧ソ連の大脳生理学者パブロフが、イヌに一定の波長の音を聞かせたときに食物を与え続けると、後にはこの音を聞かせただけでも唾液が出ることに気づいた。

問題 テレビ・ラジオのコマーシャルソングや電車の発車メロディーのような、一部分だけを用いた音楽について、よい点と悪い点の両方を挙げながらあなたの考えを二〇〇字以内で書きなさい。

図表やグラフの問題

重要度 ★★☆

新傾向問題

92 図表やグラフを含む読解問題は、本文との対応関係を考える！

国語の読解問題というと、文字だけが並んでいる形式がイメージされますが、文部科学省の教育改革の影響により、近年では、大学入試をはじめ、高校入試、そして中学入試でも、これまでになかったような形式の問題が出題されるようになってきています。

図表やグラフを含む問題、イラストや写真をもとに考える問題、会話形式の問題、まとめのノートの問題などの、いわゆる新傾向問題です。

今回は、そのような新傾向問題の中でも、特に、図表やグラフを含む問題の解き方を説明していきます。図表やグラフだからといって特殊な読み方をするわけではないのですが、問題の形式に慣れておくことで対処しやすくなります。

ポイント 図表やグラフの問題を解くときの注意点

① **図表やグラフと本文の対応関係をとらえる**

文章の内容をわかりやすく整理した図表やグラフが示されている問題では、図表やグラフだけを見るのではなく、必ず**本文との対応関係**をとらえるようにします。

入試問題にチャレンジ！

≫解答は、別冊51ページ

次の文章を読んで、あとの問いに答えなさい。（開成中）

北海商事株式会社は、北海道の名産物を、各地に紹介し、販売する会社です。大手百貨店の安田デパートから、「月末の休日に、新宿支店と池袋支店で北海道物産展を行うので、カニ弁当を仕入れてほしい」と依頼されました。

北海商事では、新宿支店の仕入れ販売を大西社員が担当し、新宿支店よりやや規模の小さい池袋支店の仕入れ販売は小池社員が担当することになりました。

両支店での販売を終え、翌月の月例報告会では、販売部長が下記のグラフを示しながら、両支店での成果を社長に報告しました。

「大西社員は、販売用に500個のカ

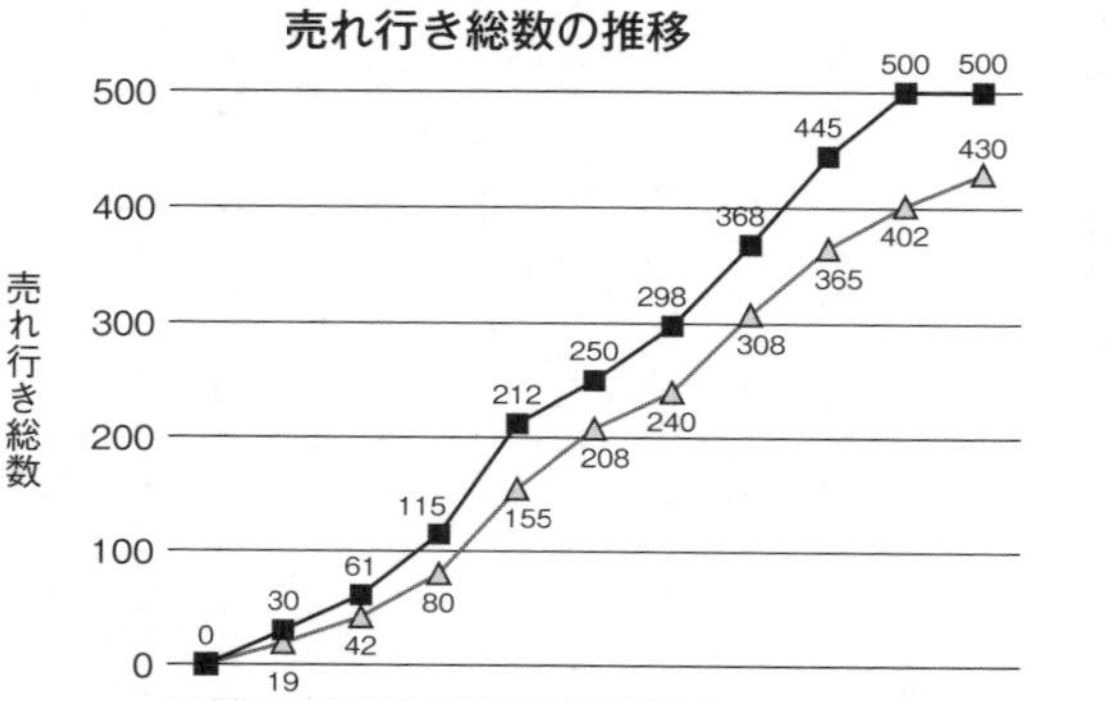

売れ行き総数の推移

（縦軸：売れ行き総数）

	9時	10時	11時	12時	13時	14時	15時	16時	17時	18時	19時
■ 大西（新宿支店担当：500個発注）	0	30	61	115	212	250	298	368	445	500	500
△ 小池（池袋支店担当：450個発注）	0	19	42	80	155	208	240	308	365	402	430

② 設問を読んで、どこを見るべきなのかを確認する

図表やグラフには数値がたくさん含まれているので、図表だけを見てしまうと、大事なポイントがわからず、時間を使いすぎてしまうことがあります。**設問**を読み、図表やグラフのどこを重点的に見るべきなのかを確認したうえで、図表やグラフを見ていくようにしましょう。

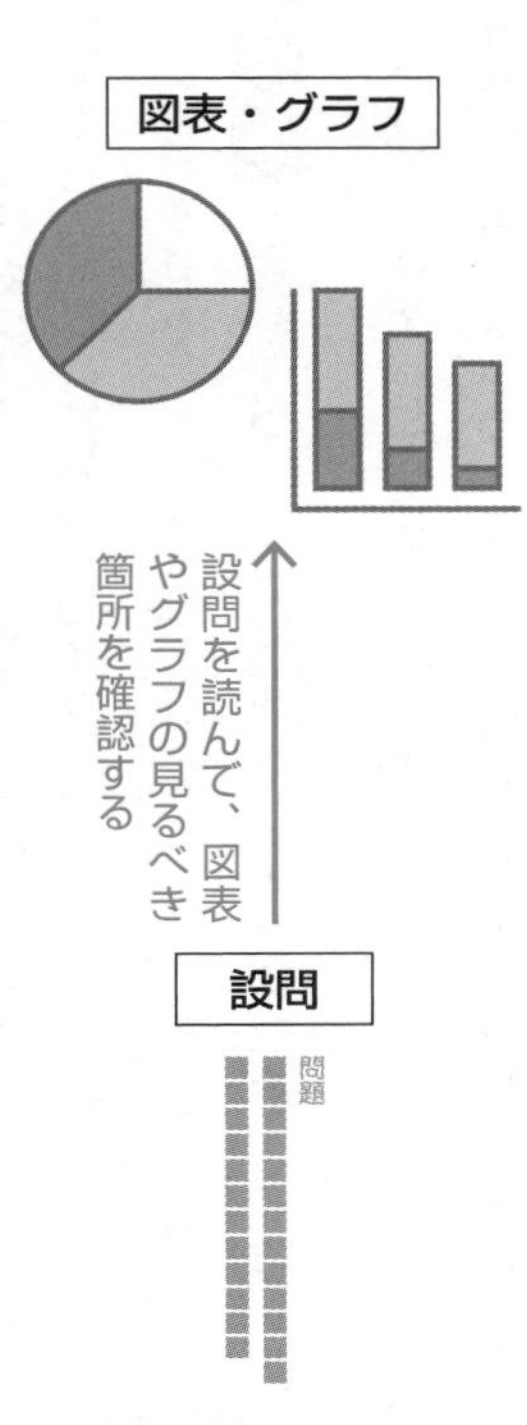

③ 図表やグラフを選ぶ問題では、本文としっかり照合する

文章の内容に合う図表やグラフを選ぶ問題も、よく出題されます。**本文**と**図表やグラフ**を根気よく照らし合わせて正解を選びます。選択肢に示されている図表やグラフを見る際には、記号や矢印の向きなどに注目して、それぞれの違いをつかんでいきましょう。

図表やグラフは、数値などの情報が多いので、落ち着いて、見るべき箇所をしぼるようにしていきましょう。

塾技解説

図表やグラフの問題では、本文をしっかり読んで、本文と図表やグラフがどのように結びついているかを考えよう!

ニ弁当を発注し、小池社員は、４５０個のカニ弁当を発注しました。最終的に、新宿支店では、見事にカニ弁当は完売となりました。池袋支店では、20個の売れ残りが生じてしまいました。グラフは、九時の開店から十九時閉店までの、カニ弁当の売れ行き総数を示したものです。二人の社員の評価について、社長はいかがお考えになりますか」

この報告を聞いて、社長は、

「部長の報告は客観性に欠ける。君はすでに大西社員を高く評価しようとしているではないか」

と伝えたうえで、

「私は、小池社員の方を高く評価する」

と答えました。部長が、

「新宿支店よりやや小さめの池袋支店でも、小池社員が、高い成果を上げたということがポイントでしょうか」

と尋ねたところ、社長は、

「支店規模の問題ではない」

と告げ、自分の考えを示しました。

問題1 社長は、部長の報告のどの表現に、客観性に欠けたものを感じたのでしょうか。二つ探し出し、なるべく短い字数で書きぬきなさい。

問題2 大西社員より小池社員の方を高く評価する社長の考えとは、どのようなものと考えられるでしょうか。「たしかに」「しかし」「一方」「したがって」の四つの言葉を、この順に、文の先頭に使って、四文で説明しなさい。

塾技 93

写真やイラストの問題

93 写真やイラストを使った問題は、読解力だけでなく、「観察力」も試される！

今回は、文章に写真やイラストがつけられている問題の解き方を学習していきます。もともと素材文についていた写真やイラストが出題されることもあれば、本文の内容をもとにしたイラストが選択肢に示されているというパターンもあります。

写真やイラストの問題は、図表やグラフの問題以上に、どこに注目するかという「観察力」が求められます。本文の内容をふまえて、写真やイラストをしっかりと確認しましょう。

ポイント 写真やイラストの問題を解くときの注意点

① 写真やイラストと本文の対応関係をとらえる

写真や**イラスト**がついている問題は、文章の内容をわかりやすく整理したイラストが示されるものや、ある一枚の写真をテーマにした文章が展開されるものなど、さまざまなパターンが考えられます。写真やイラストが単独で出題されることはまれなので、まずは、文章の内容をしっかりとつかみます。そのうえで、写真やイラストがどのような役割を果たしているのかを考え、**本文との対応関係**をとらえていきましょう。

重要度 ★★☆ 新傾向問題

入試問題にチャレンジ！

≫解答は、別冊51ページ

次の文章は、絵をほめるときにつかう「上手」という言葉について考察したものである。これを読んで、あとの問いに答えなさい。（市川中）

「上手」といわれるのは、見た物の形を写し取った写実的な絵のことが多い。子どもの絵でも、やはり物の形をとらえた絵の方がほめられやすいし、子どもらしいのびのびとした絵であるとなお「上手」とされる。そうすると、上手に描けないから絵が苦手、という子が出てきてしまう。おとなになると、上手な絵を描くには、特別な才能や絵心なるものが必要で、自分にはそれがないから描けないと思い込んでいる人も少なくない。

でも、写実的に描くのがむずかしいのはしかたがない。人間ならではの認知的な特性が、そしてじつは表象を描くために必要な認知的な特性が、写実的に描くときには邪魔になるのだと考えている。

小さな子どもが描くのは、丸だけで顔を描くような記号的な絵だ。「顔には、輪郭があって、目が二つあって、口がある」という、頭のなかにある表象スキーマ、つまり「認知」された「知っている物」を描いている。

いっぽうで見た物を描く写実的な絵では、※網膜に写る光の配列、つまり物を「なにか」として「認知」する前の「知覚」を描こうとする。ところが言葉をもった人間は、目に入る視覚情報を「知覚」すると、つねに「なにか」として言葉に置き換えて、※概念的に「認知」してしまう癖がある。そこで、見えているつもりなのに描けないという※ジレンマが生まれるわけだ。

② 文章の内容を図式化して考える

文章の内容に合ったイラストを選ぶタイプの問題では、まずは自分自身で問われている内容を**図式化**してみるようにしましょう。まったくイメージを作らずに選択肢を見てしまうと、どれも正解に思えてしまうので、本文の内容をもとにして**大まかなイメージ**を作っておきましょう。

③ 複数の写真やイラストの違いをチェックする

複数の写真やイラストが示されている問題では、写真やイラストを見比べて、それらの特徴をつかみます。ここで「**観察力**」が試されるのですね。それぞれの違いをつかんだうえで、本文の内容と照らし合わせて正解を選んでいきましょう。

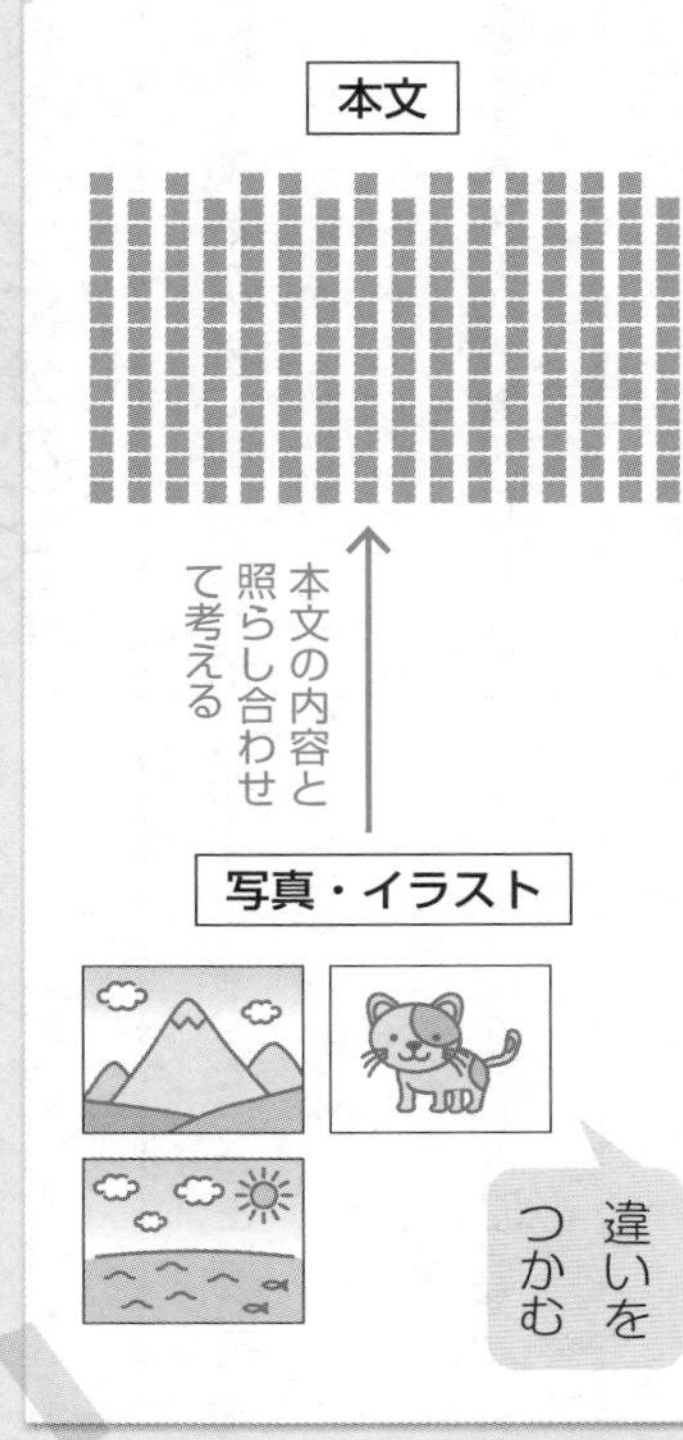

塾技解説

写真やイラストを使った読解問題は、本文の内容をふまえてイラストや写真を注意深く観察して、その特徴をつかんでいこう！

小学校の高学年のころ、写生で木を描くのに悩んだ記憶がある。木の枝一本一本が目ではちゃんと見えているのに、描こうとするとうまくいかない。見れば見るほど、たくさんの情報があふれていて、すべてを描き写すのはとうてい不可能に思えた。結局、左右に適当な枝分かれをつくってごまかしてしまった。記号的な表現に逃げたのだ。

（齋藤亜矢「上手い、おもしろい」より）

※網膜＝眼球の中にある、光を感じる膜。
※概念＝言葉が表している大まかな意味やイメージ。
※ジレンマ＝二つのことに板挟みになっている状態。

問題 小学校六年生の市川さんは、学校の課題で身近な動物を「写生」することになり、自宅で飼っているネコの眠っている姿【A】を描くことにした。市川さんはネコを「上手」に描こうとし、できあがったのが【B】の絵である。【B】の絵では、ネコの描き方にどのようなことが起きていると考えられるか。本文の内容にしたがって七十字以内で説明しなさい。ただし、絵の中から具体的な例を一つ挙げること。

【A】

【B】

塾技 94

会話形式の問題

重要度 ★★☆

新傾向問題

94 会話形式の問題は、空欄補充タイプと内容一致タイプに分かれる！

今回は、本文の内容について複数の人物が話し合っているという設定の、会話形式の問題の解き方を説明していきます。

国語の会話形式の問題には、次のような設問のタイプがあります。

ポイント 会話形式の問題のタイプ

① 会話文の中の空欄にふさわしい表現を入れる問題

会話文の中に設けられた空欄にふさわしい表現を入れる問題は、**会話文整序問題**と同じ考え方で解くことができます。話題を確認したうえで、会話の**「キャッチボール」**が成立するように、空欄に入る表現を考えていきましょう。

② 会話の内容の正誤を判定する問題

これは、「本文の内容について話し合ったAさん～Fさんの発言のうち、明らかに間違っているものを一つ選びなさい」などの問い方で、**内容一致問題**のような位置づけとして出題されるものです。本文と照らし合わせながら、会話の内容が正しいかどうかを

入試問題にチャレンジ！

≫解答は、別冊52ページ

次の文章を読んで、あとの問いに答えなさい。（青山学院横浜英和中）

かつては日本のほとんどの世帯が新聞を取っていて、毎日の事件や出来事、社会の動きの情報を共有していました。

刻一刻移り変わる社会の情報をみなが共有することで、人々の会話が成り立ち、日本の政治、経済を下支えしていたのです。

各家庭にはもちろんのこと、大学や会社にも新聞はあるわけで、行く先々にも新聞があるのは当たり前でしたから、家で読めなければ、そこで読んだり、通勤時に読むのも日常の光景でした。

ちなみに私が東京に出てきた頃は、電車の中で新聞を読む人がたくさんいました。今はみんなスマホをいじっていますが、当時はかなりの人が新聞を読んでいたのです。

しかも満員電車の中で、新聞を縦に四つ折りにして、周りの人に迷惑をかけないよう読む名人芸の人もたくさんいました。当時の人たちは満員電車の中でさえ、新聞を読みたいと思っていたんですね。

いい意味で活字中毒だったわけです。なぜそこまで中毒になってしまったのかというと、新聞はニュースペーパーというくらいですから、つねに新しい情報があふれていたからです。

そういった新鮮な情報にふれるのが心地よかったのです。ここが本との決定的な違いです。本は何百年も前に書かれたものもあるくらいで、時間的には昨日、今日の情報が載っているわけではありません。もう少し長いタイムスパンになります。

たとえば『論語』は2500年くらい前に書かれたものですから、普

チェックしましょう。

①は、会話のつながりを重視して解くタイプの問題です。本文の内容を正しく理解したうえで、それをもとに展開されている会話の流れをつかんでいきましょう。

逆に、②の場合には、会話としてのつながりはあまり考えなくてかまいません。選択肢が会話の形になっているだけで、その内容は、普通の内容一致問題と変わりありません。一つひとつの選択肢に書かれている内容を本文に照らし合わせて、正誤を判定していけばよいのです。

一つ補足します。実は、この会話の内容の正誤を判定するタイプの問題では、「間違っているもの」や「正しくないもの」を選ばせるパターンが多いのです。本文の内容についてみんなで話し合っている中に正しい発言が一つしかなく他がすべて間違っていたら、とんでもない状態になってしまい、会話が成立しないからですね……。設問をしっかり読んで、ミスをしないように注意しましょう。

いずれにしても、これまでに学んできたことを使えば十分に対応できるようになっているので、会話という「形式」に振り回されずに落ち着いて考えていきましょう。

塾技解説

会話形式の問題は、会話調になっていることを除けば普通の問題と変わらない。本文と照らし合わせながら確実に正解を選ぼう！

遍的な内容ではありますが、最近のことを知るには適していません。一方、新聞には日々のことが書かれているので、情報の新陳代謝が盛んです。

日々更新される新しい情報を知りたいという欲求や、その情報にふれている満足感が、活字中毒を招いたといえます。

かつての日本には毎日そうやって新聞の情報を入手しないと気が済まない活字中毒の人たちが9割はいました。すごい社会だったんですね。

しかし私たちはそれをごく当たり前のことと思っていたので、日本がひじょうに知的レベルの高い社会であることに気づきませんでした。

そして今、新聞を読まない人たちが圧倒的に増えてしまい、日常会話として政治、経済の深い話ができなくなってしまったのです。

（齋藤孝『新聞力』より）

問題 ——線部「活字中毒」についての二人の生徒の会話文を読んで、［　　］に入る言葉を本文中から十～十五字で探し、ぬき出しなさい。

生徒A 「活字中毒」ってどういう意味だろう。「中毒」ってちょっとこわい言葉だよね。

生徒B うん。そう思って調べてみたら、どうやら「～中毒」は「それなしにはいられない状態」だそうだよ。

生徒A なるほど。じゃあ、「活字なしにはいられない状態」ってことだよね。あれ？　でも、「本」も活字じゃないのかな。筆者は「新聞」のことだけを指して述べていたように私は感じたけれど……。

生徒B そうだね、私もそう感じたよ。ということは、この場面の「活字中毒」というのは、「活字すべて」を指しているのではなく、「新聞の［　　］なしにはいられない状態」ということじゃないかな。

まとめのノートの問題

95 まとめのノートの問題では、本文の構造を正確につかむ力が試される！

まとめのノートの問題というのは、本文の内容をまとめたノートやメモを示して、ノートの内容の説明として正しいものを選ばせたり、ノート内に設けられた空欄に入る言葉を考えさせたりする問題です。

ノートは本文の内容のまとめになっているので、ノートだけが単独で示されることはありません。ノートに示された内容を本文中ですばやく探すことが、このタイプの問題を解くためのカギになります。

まとめのノートの問題を解くときの手順を、以下に示しておきます。

ポイント　まとめのノートの問題を解くときの手順

① まずは本文の内容をしっかりとつかむ

まとめのノートは、その名の通り、**本文の「まとめ」**ですから、本文の内容がわからない状態で見ても、それが何を意味しているのかを理解することができません。ですから、まずは普通の問題と同じように、本文の内容をしっかりとつかむことを心がけてください。

重要度 ★★☆　新傾向問題

入試問題にチャレンジ！

≫解答は、別冊52ページ

次の文章を読んで、あとの問いに答えなさい。（浦和実業学園中）

ヒトには寿命があり、いずれ死にます。そして、世代を経てゆっくりと変化していく——それをいつも主体的に繰り返してきましたし、これからもそうあることで、存在し続けていけるのです。※AIが、逆に人という存在を見つめ直すいい機会を与えてくれるかもしれません。生き物は全て有限な命を持っているからこそ、「生きる価値」を共有することができるのです。

同様にヒトに影響力があり、且つ存在し続けるものに、宗教があります。もともとその宗教を始めた開祖は死んでしまっていても、その教えは生き続ける場合があります。そういう意味では死にません。

ヒトは病気もしますし、歳を重ねると老化もします。ときには気弱になることもあります。そのようなときに死なない、しかも多くの人が信じている絶対的なものに頼ろうとするのは、ある意味理解できることです。AIも将来、宗教と同じようにヒトに大きな影響を与える存在になるのかもしれません。

宗教は、付き合い方を間違うと、戦争やテロにつながるのは歴史からご存じの通りです。ただ、宗教のいいところは、個人が自らの価値観で評価できることです。それを信じるかどうかの判断は、自分で決められます。それに対してAIは、ある意味ヒトよりも合理的な答えを出すようにプログラムされています。ただ、その結論に至った過程を理解することができないので、人がAIの答えを評価することが難しいのです。「AIが言っているのでそうしましょう」となってしまいかねません。

② まとめのノートの内容が書いてある箇所を本文中で探す

まとめのノートの問題を解くときには、ノートと本文を照らし合わせて内容を確認していくことになります。ですから、該当の箇所をすぐに見つけられるように、**どこに何が書いてあるのか**を把握しながら本文を読み進めていくようにしましょう。

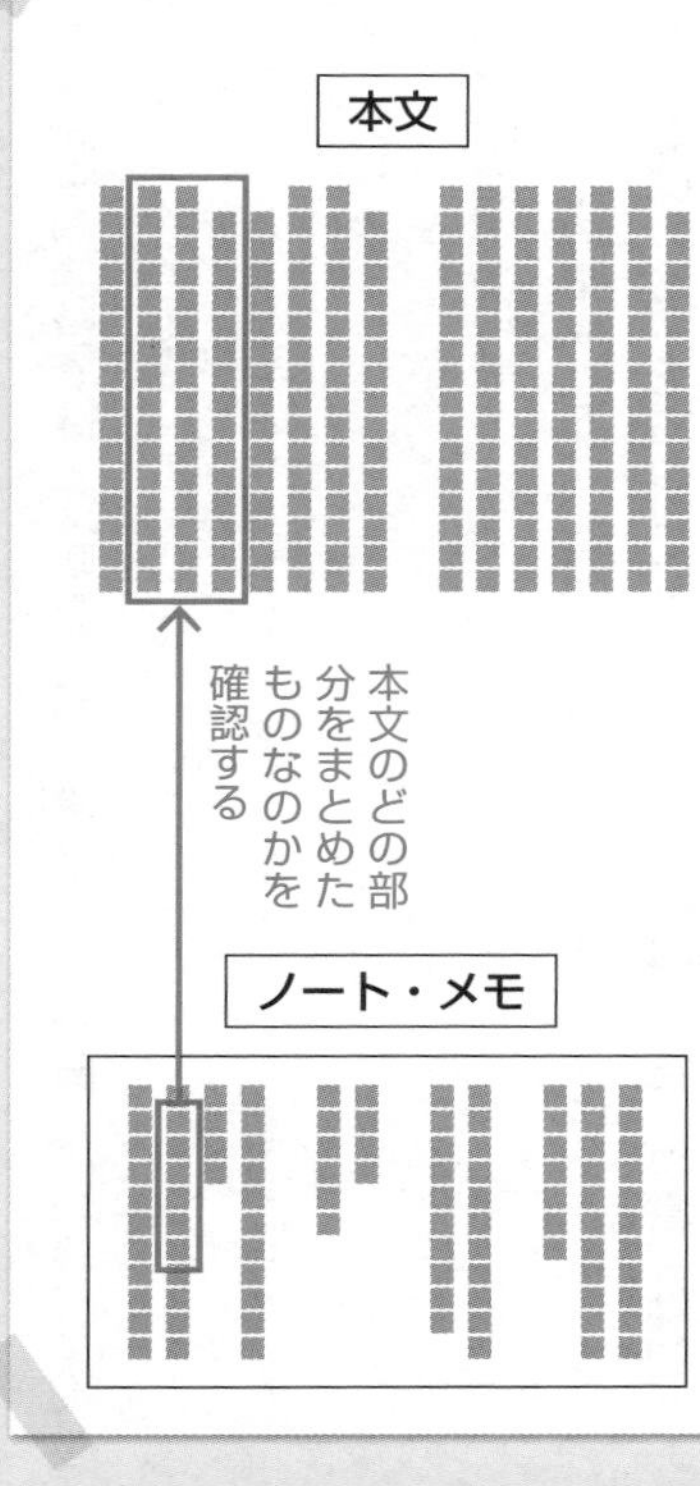

まとめのノートは、本文の構造を反映しています。たとえば、本文が対比の構造で書かれていたら、まとめのノートも対比の形になります。本文の構造をヒントにして内容をまとめていくとよいでしょう。また、本文では「主張→理由」の順番で書かれていたとしても、まとめのノートでは「理由→主張」の順番にまとめ直されていることもあります。

本文の構造を意識して大事なポイントをつかむようにしましょう。

塾技解説

まとめのノートは、本文の大事な内容をギュッと凝縮したもの。ノートの内容が本文のどこに書かれているのかを、すばやく探せるようにしよう！

何も考えずに、ただ服従してしまうかもしれないのです。

それではヒトがＡＩに頼りすぎずに、人らしく試行錯誤を繰り返して楽しく生きていくにはどうすればいいのでしょうか？

その答えは、私たち自身にあると思います。つまり私たち「人」とはどういう存在なのか、ヒトが人である理由をしっかりと理解することが、その解決策になるでしょう。

（小林武彦『生物はなぜ死ぬのか』より）

※ＡＩ＝人工知能。人間の知性をソフトウェアによって再現したもの。

問題 ――線部「宗教」とありますが、これと「進歩したＡＩ」との関係を整理するため、次のような【メモ】を作成しました。1・2の空欄に入る言葉を、――線部よりあとの本文中から探し、ぬき出しなさい。ただし、□一つを一字分とします。

【メモ】

〈1〉共通する要素
…ヒトに影響力があり、永遠性もある□□□[1]な存在になりうる

〈2〉異なる要素
…宗教＝最終的には□□□□□□[2]に照らして信じるかどうかを選べる
…進歩したＡＩ＝何も考えずに服従することになるおそれがある

96 二字・三字熟語は構成を意識して覚える。四字熟語は間違えやすいものをチェックしよう。

ここからは、知識事項の学習について説明していきます。

知識は暗記することが基本となりますが、やみくもに覚えるのは得策ではありません。よく出題されるものから優先的にインプットしていくようにしましょう。

また、漢字の学習では、意味も一緒に確認して、読解にいかせるように覚えていきましょう。

ポイント 熟語

① 二字熟語の構成

二字熟語の構成として、以下を覚えておきましょう。

- **似た意味の漢字を重ねたもの** 例 寒冷・豊富・増加
- **反対の意味の漢字を組み合わせたもの** 例 善悪・公私・往復
- **主語＋述語の関係になっているもの** 例 人造・地震・国立
- **上の漢字が下の漢字を修飾するもの** 例 親友・黒板・高名
- **下の漢字が上の漢字の目的語になるもの** 例 読書・登山・着席
- **接頭語・接尾語がつくもの** 例 無言・未定・知的

入試問題にチャレンジ！

≫解答は、別冊53ページ

1 次の1～4の意味を表す三字熟語を、あとの〔語群〕の中から三字を選び、組み合わせて答えなさい。ただし、同じ漢字は繰り返して使えません。（灘中）

1 顔の表情をいろいろに変えること。
2 美しい顔だちの男性。
3 この世とは思えないほどすばらしい場所。
4 季節の感じをよく表しているものごと。

〔語群〕 詩　二　相　地　天　枚　百　風　物　別　目　面

2 次の1～3の意味の四字熟語を答えなさい。意味が反対になる漢字ひと組（合わせて二字）が必ず含まれています。それ以外の二字は、同じ字を繰り返し使ってもかまいません。（灘中）

〈例〉 多くの人がみな同じことを言うこと。
答え　異口同音（「異」と「同」が反対の意味のひと組）

1 あっちへ行ったりこっちへ来たり、混乱すること。
2 今まで一度もなく、これからも起こらないようなまれな出来事。
3 ほとんど滅亡・敗北などしかかっているものを助けること。

・同じ漢字を重ねるもの　**例** 転々・堂々・人々

・長い熟語を省略するもの　**例** 特急・高校・入試

② 三字熟語の構成

三字熟語の構成は次の三種類です。

・一字＋二字（○＋○○）　**例** 無関心・急展開・大人気

・二字＋一字（○○＋○）　**例** 自由化・標準的・設計図

・一字＋一字＋一字（○＋○＋○）　**例** 衣食住・雪月花・松竹梅

③ 四字熟語

間違えやすい四字熟語を挙げておきます。

・付和雷同（×不和雷同）　・五里霧中（×五里夢中）

・異口同音（×異句同音）　・心機一転（×心気一転）

・絶体絶命（×絶対絶命）　・自画自賛（×自我自賛）

・単刀直入（×短刀直入）　・意味深長（×意味慎重）

・危機一髪（×危機一発）　・厚顔無恥（×厚顔無知）

・前代未聞（×前代未問）　・同工異曲（×同口異曲）

巻末付録に「覚えておきたい熟語」を掲載しているので、あわせて確認しておいてください。

塾技解説

熟語の習得は日頃からの積み重ねが大切！　知らなかった熟語の意味を調べてノートにまとめておくようにしよう。

3 次の□に漢字一字を入れると、左右または上下の漢字と合わせて二字の熟語になります。〈例〉にならって、①・②の□に入る漢字一字をそれぞれ答えなさい。（捜真女学校中学部）

〈例〉
家
↓
本 → 屋 → 上
↓
台

①
加
↓
増 → □ → 退
↓
少

②
質
↓
酸 → □ → 顔
↓
材

4 次のA～Jに入る漢字一字を、それぞれ答えなさい。（鎌倉学園中）

		音			他	力	A	願	
	半	I	半	F	枝	葉	B	節	
大	胆	J	敵	G	機	D	C		
		通		暗		期	倒		
		神	出	H	没	E	念	発	起
						会			

97 対義語と類義語は、書き取りの問題に対応できるようにしておこう!

熟語の学習をする際に、反対の意味のもの（＝対義語）や似た意味のもの（＝類義語）を意識すると、効率よく覚えることができます。

ポイント 対義語・類義語

① 対義語

よく出る対義語を挙げておきます。

原因↔結果	収入↔支出	主観↔客観
楽観↔悲観	理性↔感情	拡大↔縮小
許可↔禁止	生産↔消費	具体↔抽象
単純↔複雑	偶然↔必然	人工↔自然
戦争↔平和	直接↔間接	理想↔現実
過失↔故意	絶対↔相対	能動↔受動
単純↔複雑	延長↔短縮	肯定↔否定
権利↔義務	集合↔解散	目的↔手段
積極↔消極	道理↔無理	普遍↔特殊
利益↔損害	未来↔過去	形式↔内容
成功↔失敗	全体↔部分	勝利↔敗北

入試問題にチャレンジ!

≫解答は、別冊53ページ

1 次の①～③の語の対義語となる二字熟語を、あとの〔語群〕の中の漢字を組み合わせて答えなさい。ただし、同じ漢字を二度以上用いてはいけません。（逗子開成中）

① 浪費　② 未開　③ 現実

〔語群〕都　約　文　金　想　明　節　空　理

2 次の①・②は類義語、③・④は対義語の組み合わせです。□に入る漢字をそれぞれ答えなさい。（西南女学院中）

① 未来＝□来　② 永久＝永□

③ 正答↔□答　④ 有利↔□利

3 〈例〉にならって、次の①～③で意味の通る二字の熟語を完成させなさい。↔は対義語、＝は類義語を示します。（鎌倉女学院中）

〈例〉平易↔難[解]＋現実↔[理]想……（理解）

① 差別↔公□＋危険↔□全……（　　）

需要⇔供給　時間⇔空間　本音⇔建前
先天⇔後天　平凡⇔非凡　円満⇔不和
保守⇔革新　節約⇔浪費　原則⇔例外

② 類義語

よく出る類義語を挙げておきます。

天然≒自然　手段≒方法　去年≒昨年
立身≒出世　永遠≒永久　完全≒無欠
関心≒興味　理由≒原因　案外≒意外
外国≒異国　返事≒応答　向上≒進歩
未開≒原始　故郷≒郷里　故人≒死者
指示≒命令　公正≒公平　実質≒内容
改善≒改良　先祖≒祖先　終生≒一生
運命≒宿命　母国≒祖国　消息≒音信
知人≒知己　有名≒著名　不平≒不満
進退≒去就　平易≒簡易　気質≒気性
短所≒欠点　長所≒美点　賛成≒同意
欠乏≒不足　重宝≒便利　突然≒不意

類義語・対義語は、選択問題だけでなく、漢字を書かせる形式での出題が多いので、しっかりと書けるようにしておきましょう。

塾技解説

対義語と類義語の問題で問われる言葉は、だいたい決まっている。そこで失点しているようでは、合格点は取れないと心得よう！

② 苦痛⇔□楽 ＋ 未開⇔文□ ……（　　）
③ 基礎＝基□ ＋ 方法＝□段 ……（　　）

4 次のア〜オの中から意味の似ている言葉を二つ選び、記号で答えなさい。（桜美林中）

ア 親切　**イ** 大切　**ウ** 同意　**エ** 厚意　**オ** 同情

5 次の①〜④の言葉の対義語を、あとの〔語群〕の中から選び、漢字で書きなさい。（藤嶺学園藤沢中）

① 往復　② 禁止　③ 用心　④ 公開

〔語群〕
ユダン　カイテン　ヒミツ　カタミチ　イジョウ　キョカ

6 次の①・②の熟語について、（　）の指示にあてはまる言葉を、あとの〔語群〕の中から選び、漢字で書きなさい。（本庄東高附属中）

① 後方（類義語）　② 減退（対義語）

〔語群〕
ぞうしん　ぜんぽう　ぞうか　はいご　はってん　こうしん

ことわざ・慣用句

重要度 ★★★

漢字・語句

98 ことわざ・慣用句を覚えるコツは、反対の意味・似た意味・グループ分け！

ことわざや慣用句は、中学入試頻出の知識事項です。反対の意味のものや似た意味のものをまとめて覚えたり、グループ分けをしたりすると定着しやすくなります。

ポイント ことわざ・慣用句

① ことわざ

教訓などを含んだ言葉で、昔から使われているものが多くあります。反対の意味のものと似た意味のものをまとめて覚えるとよいでしょう。

例 青菜に塩↔蛙の面に水

例 あばたもえくぼ↔坊主憎けりゃ袈裟まで憎い
まかぬ種は生えぬ↔果報は寝て待て
三人寄れば文殊の知恵↔船頭多くして船山に上る
鳶が鷹を生む↔蛙の子は蛙
渡る世間に鬼はなし↔人を見たら泥棒と思え

例 猿も木から落ちる≒弘法にも筆の誤り≒河童の川流れ
のれんに腕押し≒豆腐にかすがい≒糠に釘

入試問題にチャレンジ！

»解答は、別冊54ページ

1 次のア～オのことわざと似た意味のことわざを作る言葉を、あとの1～5から一つずつ選びなさい。ただし、同じ番号は入らないものとします。（慶應義塾中等部）

ア 瓜の蔓に茄子はならぬ
イ 河童の川流れ
ウ 猫に小判
エ 虻蜂取らず
オ 五十歩百歩

1 どんぐり　2 蛙　3 兎　4 猿　5 豚

2 次の①～④の（　）に入る言葉として最もふさわしいものをあとの〔語群〕の中から一つずつ選びなさい。（大阪女学院中）

① あんな人たちとは（　　）ことをすすめる。
② 久しぶりに会った友人との昔話に（　　）。
③ 毎日仕事に追われて（　　）。
④ りっぱな息子を持って（　　）。

猫に小判≒豚に真珠≒馬の耳に念仏
果報は寝て待て≒待てば海路の日和あり
二兎を追う者は一兎をも得ず≒虻蜂取らず
雀百まで踊り忘れず≒三つ子の魂百まで

② 慣用句

いくつかの言葉が結びついて、ある決まった意味を表します。グループ分けをすると覚えやすくなります。

例
顔から火が出る　顔をつぶす　顔が広い　顔に泥を塗る
目が利く　目が肥える　目が高い　目がない
耳が痛い　耳が早い　耳にたこができる　耳を貸す
口が重い　口が軽い　口をはさむ　口を割る
手に余る　手を借りる　手を切る　手を焼く
腹が黒い　腹が立つ　腹を探る　腹を割る
足が出る　足が棒になる　足がつく　足を洗う

例
青写真を描く　青二才　青筋を立てる
白を切る　白羽の矢が立つ　白紙に戻す
赤の他人　赤恥をかく　赤子の手をひねる

巻末付録の「覚えておきたい ことわざ・慣用句」も参考にしてください。

塾技解説
ことわざ・慣用句を覚えるときには、例文や実際の使い方も一緒に確認しておくようにしよう！

〔語群〕
ア 花が咲く　イ 目が回る　ウ 目につく　エ 手を焼く
オ 手を切る　カ 鼻につく　キ 鼻が高い

3 次の①～⑤の□にそれぞれ共通して入る体の一部を表す漢字一字を答えなさい。（岡山中）

① 揚げ□を取る　□止めを食う　□並みがそろう
② □が高い　□につく　□で笑う
③ □に負えない　□がかかる　□をぬく
④ □が利く　□が肥える　□を配る
⑤ □が上がらない　□を抱える　□を冷やす

4 次の1～5のことわざに近い意味を持つ言葉を、あとのア～オの中から一つずつ選びなさい。（大阪星光学院中）

1 石の上にも三年
2 目からうろこが落ちる
3 二の舞を演じる
4 馬子にも衣裳
5 棚からぼた餅

ア 幸運　イ 我慢　ウ 失敗　エ 外見　オ 発見

文の組み立てと品詞の種類

99 読解にいかせるように、文の組み立てと品詞の種類を理解しよう!

中学入試の国語では、文の組み立てや品詞の種類などの文法が単独で出題されることはそれほど多くありませんが、文章を読むための知識として、文法をしっかり身につけておく必要があります。また、読解問題の中で文法事項が問われることもあります。

ポイント 文法

① **文節・単語**

- **文節(意味の通じる最も小さい区切り)**
- **単語(文節をさらに細かく分けた、意味の最小単位)**

文節は、「ネ・サ・ヨ」などを入れて自然な切れ目になるところで分けます。単語は、文節をさらに細かく分けていきます。

例 私は/今日/祖母の/家に/行く。(文節…五　単語…八)

② **文の成分**

- **主語(「何が(は)」「誰が(は)」にあたる文節)**
- **述語(「どんなだ」「どうする」「なんだ」などにあたる文節)**

入試問題にチャレンジ!

≫解答は、別冊55ページ

1 次の1・2の——線部の言葉はどの言葉を修飾していますか。ア〜カの中から一つずつ選びなさい。(栄東中)

1 日ごとに　ア 春の　イ 気配が　ウ 強く　エ 感じられる　オ 陽気が　カ 続いている。

2 もし　ア 第一志望の　イ 学校に　ウ 無事　エ 合格できたら　オ どんなに　カ うれしいだろう。

2 次の①〜⑤の——線部の言葉に注意して、[　]に入る言葉をあとのア〜キの中から一つずつ選びなさい。ただし、同じ記号は二回使えません。(大妻嵐山中)

① [　] 明日は晴れるだろう。

② [　] 彼が負けることなどあるまい。

③ 国語では[　]花子さんにはかなわない。

④ 怒っている彼の顔は[　]赤鬼のようだ。

⑤ 長旅で[　]お疲れでしょう。

ア まるで　イ よもや　ウ 必ずしも　エ おそらく
オ さぞ　カ とうてい　キ もし

・修飾語（他の文節をくわしく説明したり、補ったりする文節）
・接続語（文や文節をつなぐはたらきをする文節）
・独立語（他の文節とは直接関係がない文節）

複数の文節が集まってできている場合には、「主部・述部・修飾部・接続部・独立部」といいます。

③ 品詞

品詞	はたらき	例
動詞	動作、存在などを表す	歩く　考える　読む
形容詞	状態、性質などを表す	美しい　寒い　赤い
形容動詞	状態、性質などを表す	確かだ　きれいだ
名詞	物事の名前などを表す	山　日本　一つ　私
連体詞	名詞（体言）を修飾する	大きな犬　あらゆる方法
副詞	主に動詞、形容詞、形容動詞などの用言を修飾する	きらきら光る　とても早い
接続詞	文や文章などをつなぐ	しかし　だから　さて
感動詞	感動、あいさつ、呼びかけなどを表す	まあ　おはよう　やあ
助動詞	動詞、形容詞、形容動詞や他の助動詞などのあとにつく	明日は雨が降るそうだ　夜桜がきれいだった
助詞	意味を添えたり、単語と単語・語句と語句をつないだりする	私の本　兄と姉　夕方になると薄暗くなる

塾技解説

主語と述語は文の骨格にあたるものなので、文章読解の際にも、意識して確認していくようにしよう！

3 次のA・Bの文の——部と言葉のはたらきが同じであるものを、あとの1～4の中から一つずつ選びなさい。（フェリス女学院中）

A 姉はおおらかな心の持ち主である

1 積極的な姿勢で行動することが大切だ
2 まだ二月なのに今日は春のように暖かい
3 引っこしの際に大きな家具を運び出した
4 宝石をちりばめたような星空をながめた

B 博士の考え出した理論は正しかった

1 父の古いうで時計をゆずり受けた
2 そこにかかっている黒いぼうしは兄のだ
3 妹はもうこの本を読まないのだろうか
4 母の作った手料理でおもてなしをした

4 次の1～4の中で、日本語として適切でないものを一つ選びなさい。（芝浦工業大附属中）

1 僕の将来の夢はパイロットになりたいと思っています。
2 問題が難しければ、難しいほど、やる気が出てくる。
3 夏休みに富士山に登ったが、美しい風景に感動した。
4 昨日は朝から雨もようだったので、折りたたみのかさを持っていた。

重要度 ★★☆　文法

100 敬語の種類を確認して、「尊敬語」と「謙譲語」を正しく使い分けられるようにしよう！

中学入試では、敬語の種類に関する問題と、間違った敬語を正しいものに直す問題がよく見られます。

ポイント 敬語の種類

① **尊敬語**

相手の動作を示す言葉や**相手に関係する言葉**に使って高めることで、相手に対する敬意を示す言葉です。「お（ご）〜になる」の形、「〜れる」「〜られる」を使った形、特別な動詞（敬語動詞）を使った形があります。

例 先生がお読みになる・先生がご出席になる

例 先生が話される・先生が来られる

例 先生がご覧になる・先生が召し上がる・先生がおっしゃる

② **謙譲語**

自分の動作を示す言葉や**自分に関係する言葉**に使ってへりくだることで、相手に対する敬意を示す言葉です。「お（ご）〜する」の形、特別な動詞（敬語動詞）を使った形があります。

入試問題にチャレンジ！

≫解答は、別冊55ページ

1 次の1〜5の——線部は敬語の使い方としておかしな所があります。それぞれふさわしい表現に改めなさい。（灘中）

1 先生は「敬語を使うようにしなさい。」と私におっしゃられました。

2 料理ができたので、あたたかいうちにいただいてください。

3 拝見した後は、元の位置におもどしください。

4 ただ今、父は外出なさっています。

5 明日お宅に行ってもよろしいですか。

2 次の手紙は、生徒から音楽の先生にあてて書かれたものです。以前、お世話になった先生に演奏会のお知らせを出しました。手紙を読んで《　》に入る文を、十二字以上十八字以内で書きなさい。ただし、句読点も一字と数えます。（慶應義塾中等部）

こんにちは

先生、お変わりなくお過ごしでしょうか。わたしもようやく中学入試が終わり、ひと安心しているところです。

さて、小学校生活もあとは卒業式を残すだけとなりましたが、六年○組では卒業式の前日に演奏会を催したいと考えて、これまで練習をしてきました。難しい曲ですが、なんとかみんなで力を合わせてしっかり演奏できるようになりました。これも先生が私たちに楽器を演奏する楽し

例 先生にお伝えする・先生をご案内する
例 先生に申し上げる・先生のところにうかがう

③ ていねい語

ていねいな書き方や話し方で相手に対する敬意を示す言葉です。助動詞などを使った形があります。

例 こちらが私の妹です・忘れ物はございませんか

ポイント 間違えやすい敬語表現

① 二重敬語

敬語を重ねて使ってしまう誤りです。

例 ×先生がおっしゃられる → ○先生がおっしゃる
例 ×先生がご覧になられる → ○先生がご覧になる

② 尊敬語・謙譲語の誤り

相手の行為に対して謙譲語を使ってしまったり、自分や自分の身内の行為に対して尊敬語を使ってしまったりする誤りです。

例 ×夕食をいただいてください → ○夕食を召し上がってください
例 ×私がご覧になります → ○私が拝見します
例 ×私の父がいらっしゃいます → ○私の父が参ります

塾技解説

敬語は、「誰の」動作につくのかによって、「尊敬語」を使うのか「謙譲語」を使うのかが決まる。敬語動詞もしっかり覚えておこう！

さを教えて下さったからだと思っています。

ついては、先生に、私たちの演奏をぜひ聞いてもらいたいと思いまして、お招きすることになりました。これはクラス全員の願いでもあります。

そのときには先生が得意にしているオーボエの演奏も聞かせて下さい。みんなも久しぶりに先生に会えるのを楽しみにしています。

それでは《　　　　　　　》

さようなら
六年○組一同より

3 次の1～3の文の――線部の敬語の使い方は間違っています。（　）内の字数で正しい表現に直して、それぞれひらがなで答えなさい。（大阪女学院中）

1 先生、どこに参りますか。
→先生、どちらに（ **6字** ）ますか。

2 私のお父さんがおっしゃっていました。
→私の父が（ **4字** ）おりました。

3 お客様、何かデザートをいただきますか。
→お客様、何かデザートを（ **5字** ）ますか。

≫解答は、別冊56ページ

次の文章を読んで、あとの問いに答えなさい。

（渋谷教育学園渋谷中）

資本主義の歴史を振り返れば、国家や大企業が十分な規模の気候変動対策を打ち出す見込みは薄い。解決策の代わりに資本主義が提供してきたのは、収奪と負荷の外部化・※転嫁ばかりなのだ。矛盾をどこか遠いところへと転嫁し、問題解決の先送りを繰り返してきたのである。

実は、この転嫁による外部性の創出とその問題点を、早くも一九世紀半ばに分析していたのが、あの※カール・マルクスであった。

マルクスはこう強調していた。(1)資本主義は自らの矛盾を別のところへ転嫁し、不可視化する。だが、その転嫁によって、さらに矛盾が深まっていく泥沼化の惨状が必然的に起きるであろうと。

資本による転嫁の試みは最終的には破綻する。このことが、資本にとっては克服不可能な限界になると、マルクスは考えていたのである。

そうした資本主義の限界の所在を突き止めるべく、マルクスを参照しながら、技術的、空間的、時間的という三種類の転嫁について整理しておこう。

第一の転嫁方法は、環境危機を技術発展によって乗り越えようとする方法である。

マルクスが扱っているのは農業による土壌疲弊の問題である。その際、彼が参照したのは、同時代の化学者ユストゥス・フォン・リービッヒの「掠奪農業」批判であった。

リービッヒによれば、土壌の養分、とりわけリンやカリウムのような無機物は、岩石の風化作用によって、植物が利用できる形になる。ただし、風化の速度は非常にゆっくりであるため、植物が利用可能な状態の土壌養分は限られている。それゆえ、地力を保つためには、穀物が吸収した分の無機物を土壌にしっかりと戻すことが不可欠だという。

リービッヒは、これを「充足律」と呼んだ。要するに、持続可能な農業のためには、土壌養分がしっかりと循環しなくてはならないというわけだ。

ところが、資本主義が発展して、都市と農村のあいだで分業が進むと、農村で収穫された穀物は、都市の労働者向けに販売されるようになっていく。そうすると、都市で消費される穀物に吸収された土壌養分は、もはや元の土壌に戻ってくることがない。都市の労働者たちが摂取し、消化した後は水洗トイレで河川に流されてしまうからだ。

資本主義下での農業経営にも問題は潜む。短期的な視点しかもてない農場経営者は、地力を回復させるための休耕より、儲けのために連作を好む。土地を潤す灌漑設備への投資なども最低限にとどめる。資本主義では、短期的な利潤が最優先されるのである。こうして土壌の養分循環に「亀裂」が生じ、土壌に養分が還元されることなく、一方的に失われ、土壌は疲弊していく。

短期的な利潤のために、持続可能性を犠牲にする不合理な農場経営を、リービッヒは「掠奪農業」と呼んで批判し、ヨーロッパ文明崩壊の危機として警鐘を鳴らしたのだった。

ところが、歴史的に見れば、リービッヒが警告したような土壌疲弊による文明の危機は生じなかった。なぜだろうか？　二〇世紀初頭に開発された「ハーバー・ボッシュ法」というアンモニアの工業的製法によって、※廉価な化学肥料の大量生産が可能になったからである。

ただし、この発明によって、循環の「亀裂」が修復されたわけではない。「転嫁」されたにすぎないというのがポイントだ。

ハーバー・ボッシュ法によるアンモニア（※NH_3）の製造は、大気中の窒素（※N）だけでなく、化石燃料（主に天然ガス）由来の水素（※H）を利用する。当然、世界中の農地の分をまかなうためには膨大な量の化石燃料が必要となる。

実際、アンモニアの製造に使われる天然ガスは、産出量の三〜五％を占めるのだ。要するに、現代農業は、本来の土壌養分の代わりに、別の限りある資源を浪費しているだけなのである。当然、製造過程では、大量の二酸化炭素も発生する。これが、技術的転嫁の本質的な矛盾である。

そのうえ、大量の化学肥料の使用による農業の発展は、窒素化合物の環境流出によって、地下水の硝酸汚染や富栄養化による赤潮などの問題を引き起こす。飲み水や漁業に影響を与えるようになっていくのである。こうして技術による転嫁はいよいよ、ひとつの土地の疲弊には収まらない大規模な環境問題を引き起こすようになっていくのだ。

だが、話はこれで終わりではない。土壌生態系が化学肥料の大量使用によって※攪乱され、土壌の保水力が落ちたり、野菜や動物が疫病などにかかりやすくなったりするのだ。そうはいっても、市場は虫食いがなく、大きさも均一で、廉価な野菜を求めている。こうして、現代農業には、ますます多くの化学肥料、農薬、抗生物質が必要不可欠になっていく。もちろん、これらの化学物質も環境へと流出し、生態系を攪乱する。

ところが、その原因を作った企業は、被害が出ても因果関係が証明されないと言い張って補償をしない。もちろん、補償をしたところで、環境問題の場合は、元通りにならないことも多い。

(2)技術的転嫁は問題を解決しないのだ。むしろ、技術の濫用によって、矛盾は深まっていくばかりなのである。

技術的転嫁に続く、第二の方法が、(3)空間的転嫁である。この点についても、マルクスは、土壌疲弊との関係で考察している。

まだハーバー・ボッシュ法が開発されていなかったマルクスの時代に注目された代替肥料は、グアノであった。南米のペルー沖にはたくさん海鳥がいて、その海鳥の糞の堆積物が化石化したものがグアノである。それが島のように積み重なっていたのだ。

このグアノは乾燥した鳥の糞なので、植物の生育にとって必要な多くの無機物が含まれており、取り扱いも容易であった。実際、現地の住民は伝統的にグアノを肥料として用いていたという。このグアノの効用に気がついたヨーロッパ人が、一九世紀初頭に南米を調査旅行していたアレクサンダー・フォン・フンボルトであった。

その後、グアノは、土壌疲弊に対する救世主として一躍有名になり、大量に南米から欧米へ輸出されるようになっていく。グアノのおかげで、イギリスやアメリカの地力は維持され、都市の労働者たちの食料が供給されたのだ。

ところが、ここでも「亀裂」は修復されていない。大勢の労働者が①ドウインされて、グアノが一方的に、奪い去られていったのだ。その結果は、原住民の暴力的な抑圧と九万人にも及ぶ中国人※クーリーの搾取、ならびに海鳥の激減を伴うグアノ資源の急速な枯渇であった。さらには、枯渇する資源をめぐって、グアノ戦争（一八六四〜六六年）や硝石戦争（一八七九〜八四年）が勃発することになる。

この事例からもわかるように、矛盾を中核部にとってのみ有利な形で解消する転嫁の試みは、「生態学的帝国主義」（ecological imperialism）という形を取る。生態学的帝国主義は周辺部からの掠奪に依存し、同時に矛盾を周辺部へと移転するが、まさにその行為によって、原住民の暮らしや、生態系に大きな打撃を与えつつ、矛盾を深めていく。

最後の第三の転嫁方法は、時間的なものである。マルクスが扱っているのは森林の過剰伐採だが、現代において時間的転嫁が最もはっきりと現れているのが、気候変動である。

化石燃料の大量消費が気候変動を引き起こしているのは間違いない。とはいえ、その影響のすべてが即時に現れるわけではない。ここには、しばしば何十年にも及ぶ、タイムラグが存在するのだ。そして資本はこのタイムラグを利用して、すでに投下した採掘機やパイプラインからできるだけ多くの収益を上げようとするのである。

こうして、資本主義は現在の株主や経営者の意見を②ハンエイさせるが、今はまだ存在しない将来の世代の声を無視することで、負担を未来へと転嫁し、外部性を作り出す。将来を犠牲にすることで、現在の世代は繁栄できる。

だが、その代償として、将来世代は自らが排出していない二酸化炭素の影響に苦しむことになる。こうした資本家の態度をマルクスは、「大洪水よ、［1］」と皮肉ったのだ。

④ここで、時間的な転嫁は必ずしも否定的なものではない、むしろ、危機に対処するための技術開発のための時間を稼いでくれるではないか、と考える人もいるかもしれない。実際、※本章の冒頭で触れたノードハウスのように、二酸化炭素排出量削減をやりすぎて経済に悪影響が出るよりは、経済成長を続けて豊かになり、技術開発を推進する方が、賢い判断だと考える学者もいる。

ところが、仮にいつか新技術が開発されたとしても、その技術が社会全体に普及するのには、長い時間がかかる。そのせいで、貴重な時間を失ってしまうのだ。その間に、危機をさらに加速・悪化させる作用（「※正のフィードバック効果」）が強まり、環境危機はさらに深刻化するかもしれない。となれば、その新技術では対応しきれないことだってありうる。技術がすべてを解決するという望みは裏切られることになるのだ。「正のフィードバック効果」が大きければ、当然、経済活動にも甚大な負の影響が出る。環境悪化の速度に新技術がおいつかなければ、もはや人類になす術はなく、未来の世代はお手上げだ。当然、経済活動にも負の影響が出る。つまり、将来世代は、極めて過酷な環境で生きることを余儀なくされるだけでなく、経済的にも苦しい状況に陥る。

これこそ最悪の結果であろう。技術任せの対症療法ではなく、根本原因を探って、そこから気候変動を止めなくてはならない理由がここにある。

以上、マルクスにならって、三種類の転嫁を見てきた。このように、資本はさまざまな手段を使って、今後も、否定的帰結を絶えず周辺部へと転嫁していくに違いない。

その結果、周辺部は二重の負担に直面することになる。つまり、生態学的帝国主義の掠奪に苦しんだ後に、さらに、転嫁がもたらす破壊的作用を不平等な形で押しつけられるのである。

例えば、南米チリでは、欧米人の「ヘルシーな食生活」のため、つまり帝国的生活様式のために、輸出向けのアボカドを栽培してきた。「森のバター」とも呼ばれるアボカドの栽培には多量の水が必要となる。また、土壌の養分を食いつくすため、一度アボカドを生産すると、ほかの種類の果物などの栽培は困難になってしまう。チリは自分たちの生活用水や食糧生産を犠牲にしてきたのである。

そのチリを大干ばつが襲い、深刻な水不足を招いている。これには気候変動が影響しているといわれている。先に見たように、気候変動は転嫁の帰結だ。そこに、新型コロナウイルスによるパンデミックが追い打ちをかけた。ところが、大干ばつでますます③キショウとなった水は、コロナ対策として手洗いに使われるのではなく、輸出用のアボカド栽培に使われている。⑤水道が民営化されているせいである。

このように、欧米人の消費主義的ライフスタイルがもたらす気候変動やパンデミックによる被害に、真っ先に晒されるのは周辺部なのである。

つまり、リスクやチャンスは極めて不平等な形で分配されている。中核が勝ち続けるためには、周辺が負け続けなくてはならないのだ。

もちろん、中核も自然条件悪化の影響を完全に免れることはできない。だが、転嫁のおかげで、資本主義が崩壊するほどの致命傷を今すぐに負うことはない。裏を返せば、先進国の人々が大きな問題に直面するころには、この惑星の少なからぬ部分が生態学的には手遅れの状態になっているだろう。⑹資本主義が崩壊するよりも前に、地球が人類の住めない場所になっているというわけだ。

だから、アメリカを代表する環境活動家ビル・マッキベンは次のように述べている。

「利用可能な化石燃料が減少していることだけが、私たちの直面している限界ではない。実際、それは最重要問題ですらない。石油がなくなる前に、地球がなくなってしまうのだから」

この発言のなかの石油を資本主義と言い換えることもできるだろう。もちろん、地球がダメになれば、人類全体がゲーム・オーバーとなる。地球の※プランBは存在しない。

（斎藤幸平『人新世の「資本論」』より）

※転嫁＝過ちや責任を他のものになすりつけること。
※カール・マルクス＝一九世紀の経済学者・哲学者。
※廉価＝値段が安いこと。
※NH_3・N・H＝NH_3は、記号を用いてアンモニアの構成をあらわしたもの。N、Hはそれぞれ窒素、水素をあらわす記号。
※攪乱＝かき乱すこと。
※クーリー＝重労働に従事する中国やインドの労働者。当時、奴隷にかわる労働力として売買された。
※本章の冒頭で触れたノードハウス＝これより前の本文に、経済学者のウィリアム・ノードハウスについて触れた部分がある。
※正のフィードバック＝ある変化が起こったときに、その変化を強める作用が働くこと。
※プランB＝これまで続けてきた計画が行きづまった際に用いられる代わりのプラン。

問題1　＝線①〜③のカタカナを漢字に直しなさい。漢字は一画ずつていねいに書くこと。

①［　　］　②［　　］　③［　　］

問題2　――線部⑴「資本主義は自らの矛盾を別のところへ転嫁し、不可視化する」とありますが、ここでいう「矛盾」は、〰〰線部「農業による土壌疲弊の問題」においてはどのようなことですか。五十一字以上六十字以内で説明しなさい。

問題3 ——線部(2)「技術的転嫁は問題を解決しないのだ」とありますが、ここでいう「技術的転嫁」の結果として起こっていることの説明として、最もふさわしいものを次の中から一つ選びなさい。

ア 化学肥料によってその土地の土壌養分の消費を抑えたとしても、化学肥料を生産するために他の資源が失われていることには変わりがなく、さらに大量に使用された化学肥料によって地球規模の環境破壊までも引き起こされているということ。

イ 化学肥料によって土壌の疲弊という問題が解決されたように見えても、都市から農村へと養分が還元されていないことには変わりがなく、養分の循環という農場が抱える問題の根本的な部分は解決されていないままだということ。

ウ 化学肥料によって都市から農村へと養分が還元されるようになったが、流出した余分な化学物質が水質汚染や疫病といった新しい問題を引き起こすようになり、農場の問題を自然や他の産業に押しつけているだけだということ。

エ 化学肥料によって土壌養分の不足を補うことはできたが、大量に使用された化学肥料によって生態系の破壊という新しい問題が農地には起きており、短期的な利潤を求める農場経営が農地に強いる犠牲の大きさは変わっていないということ。

オ 化学肥料によって農業の持続可能性は維持されているが、市場の要求に応え続けるためにより多くの化学肥料、農薬、抗生物質が必要となっており、農地から消費者の健康へと問題の所在が移り変わったに過ぎないということ。

［　　］

問題4 ——線部(3)「空間的転嫁」とありますが、筆者はその問題点をどのようなことだと考えていますか。最もふさわしいものを次の中から一つ選びなさい。

ア 先進国が抱える問題を途上国に押しつけて解決を先延ばしにし、新しい技術を開発するための時間を稼ごうとするもので、先進国が問題に正面から向き合おうとしない無責任な態度をとっていること。

イ 先進国が抱える問題を途上国と共有することで解決を先延ばしにし、環境にかかる負荷を世界で平均化しようとするもので、もともと環境負荷の小さい途上国にとっては不利益が大きいこと。

ウ　先進国が抱える問題を途上国に眠る資源の利用によって解決することを目指し、その資源は途上国から不適正な価格で入手しようとするもので、弱い立場にある途上国に対して先進国が不誠実であること。

エ　先進国が抱える問題を途上国から資源を掠奪し続けることで解決することを目指し、軍事力を背景に先進国が途上国から資源を搾取し続けようとするもので、先進国が資源の枯渇を問題視していないこと。

オ　先進国が抱える問題を途上国から資源を奪い取ることによって解決することを目指し、環境への負荷を途上国に押しつけようとするもので、先進国にばかり都合が良く途上国には不平等であること。

［　　］

問題5　[1] に入る言葉として最もふさわしいものを次の中から一つ選びなさい。

ア　我の生まれる前に来たれ！

イ　我が亡き後に来たれ！

ウ　我がもとに来たれ！

エ　我のあずかり知らぬ地へ去れ！

オ　我が敵のもとへ去れ！

［　　］

問題6　――線部(4)「ここで、時間的な転嫁は必ずしも否定的なものではない、むしろ、危機に対処するための技術開発のための時間を稼いでくれるではないか、と考える人もいるかもしれない」とありますが、筆者はこの考えに反対する立場です。そうした立場をとるのは、筆者にどのような考えがあるからですか。六十一字以上七十字以内で説明しなさい。

問題7　――線部(5)「水道が民営化されているせい」とありますが、本文で述べられている筆者の考えに従えば、ここでの「水道」の「民営化」はどのような問題点を含んでいると考えられますか。次の**ア**〜**オ**で述べられている、「水道」の「民営化」によって引き起こされる事態の中から、最もふさわしいものを次の中から一つ選びなさい。

ア　先進国からの出資によって経営されている民間企業は、自国に暮らす人々の生活の安全性よりも、先進国の豊かな生活の維持を優先せざるを得ないということ。

イ　経営の持続可能性を重要視する民間企業は、安定した経営を将来にわたって維持していくために、目の前の利用者の要望にそぐわない選択をせざるを得ないということ。

ウ　商品の生産にかかる費用の大きさによって事業の整理を行うことがある民間企業は、採算が取れない過疎地域に暮らす人々への給水を切り捨てかねないということ。

エ　利益を上げることが経営の前提である民間企業は、国民の生活を維持することで長期的な経営を目指すよりも、水の売買によって得られる目先の利益を優先しかねないということ。

オ　短期的な利潤をあげることを何よりも優先する民間企業は、収益のあがらない設備投資を後回しにして日常生活に利用できないほどの水質低下を招きかねないということ。

［　　］

問題8　――線部(6)「資本主義が崩壊するよりも前に、地球が人類の住めない場所になっている」とありますが、そのように言えるのはなぜですか。最もふさわしいものを次の中から一つ選びなさい。

ア　資本主義は環境の悪化を未来の世代に先送りし続けることで成り立っているので、その起点である現在の先進国に環境危機が迫るときには、未来の技術でも対応しきれないほどに環境問題が悪化していると考えられるから。

イ　資本主義は中核が周辺部に環境への負担を肩代わりさせることで成り立っているので、その中心である先進国に環境危機が迫るときには、すでに地球規模で環境が壊滅的な被害を受けていると考えられるから。

ウ　資本主義は地球上の資源を次々に消費して経済活動を行うことで成り立っているので、その中心である先進国に環境危機が迫るときには、すでに経済活動が行えないほどに地球から資源が失われていると考えられるから。

エ　資本主義は強大な資本力を持つ国家が先進的な立場にあり続けることで成り立っているので、その中心である先進国に経済的な危機が迫るときには、すでに資本力に劣る途上国が経済的に破綻していると考えられるから。

オ　資本主義は周辺部の富を先進国に集め続けることで成り立っているので、その中心である先進国に経済的な危機が迫るときには、すでに世界経済のシステムが崩壊していると考えられるから。

［　　］

入試実戦演習② 論説文

目安時間 20分

解答は、別冊59ページ

次の文章を読んで、あとの問いに答えなさい。

（吉祥女子中）

私ははじめに、哲学とはものごとについて「自分で考える方法」だと言いました。そしてまた、とくに「自己自身について考える方法」だとも言いました。というのは、近代哲学では、とくにこの「自己」自身について考えるためのすぐれた原理が、積み上げられてきたからです（ただし、十分に理解されているとは言えません）。

近代以後の哲学は大きく二つの課題をもっている。一つは人間関係や社会をうまく調整するために必要な智恵を蓄えること。もう一つは、個々人がよく生きるための考えを成熟させることです。そして、［A］ので、やはり基本は「自己了解」の智恵という点にある。

※カントによると、各人が、自己の「道徳」のルール（よし悪しのルール）を、自分の※理性の力で内的に打ち立てる点に、近代人の「道徳」の本質がある。たしかにその通りですが、私はこれにつけくわえて、そのためには、人は、青年期のうちに、それまで形成されてきた「自己ルール」の形をはっきり了解しなおす必要がある、と言いたいと思います。

では、どうしたら自分の「自己ルール」を了解しなおすことができるか。いくつかポイントがあります。まず重要なのは、①言葉が“たまる”ことです。

われわれは教育で、少しずつごく日常で使う言葉以外のいろんな言葉を覚えていくのだけど、自分を理解するのに必要な言葉がたまってくるのは、ふつうは高校から大学にかけてです。象徴的に言えば、それは「批評する言葉」としてたまってくる。

中学、高校くらいになると、誰でも、まず親に対して批判的になって、批判の言葉をもちます。お母さんはいつも口うるさいけど、自分はきまぐれだとか、お父さんはいつも威張っているけどほんとは気が小さい、とか考えるようになる。

子供は、自分はまだ親に養われていて一人前ではないのだけど、周りのいろんなことを批判する言葉をもちはじめる。これがいわば人間の心の「自由」の開始点です。哲学ではこれを「自己意識の自由」と言います。「自己意識」の内側では自分のまわりのどんなことも批判できる。でも、まだ言葉が十分に成熟しないあいだは、子供の「批判」は、単なる不平不満、つまりこれこれは「気にくわない」、です。

中学生や高校生どうしでは、趣味があうことが大事で、趣味があうと友だちになれる。「私、椎名林檎、好き」「うそ、私も大好き！やったー！」。「あの映画見た？ めっちゃよかったよね？」「うんすごーく、よかったー！」。「でも、私、あれは嫌い、ダサーい！」「そう、私も。超ダサーい！」。これが中学、高校生の趣味的「批判」ごっこです。好き嫌いがあるだけの批判です。

しかし、大学生くらいになると、「批判」はすこしずつ「批評」になってゆく。「私、あの音楽大好き、なぜって、ここのフレーズとこの歌詞がぴったりあってるんだ」「あー、わかる、だけど、ちょっとイントロはゆるくない？」

「批評」は、単なる「好き嫌いの批判」ではなく、好きときらいの〝理由〟が入っています。好き嫌いの理由がちゃんと言えるようになると、趣味は「批評」に近づく。で友だちづきあいも、単に好きな者どうしではなく、趣味の違いが許容できるつきあいになる。つまり、趣味自体よりも、美意識をちゃんともっているかどうかが問題になります。ともあれ、このことがとても大事だが、「批評」ができるには「言葉」がたまらないといけない。

友だちどうしで「批評」がしあえる、というのは、じつは、互いに「自己ルール」を交換しあっているということです。「自己ルール」とは、その人がいつの間にか身につけている「よい―悪い」のルール、また「※美醜」のルールです。「美醜のルール」は簡単に言うと、各人が身につけた美的センス、美意識です。自己※ロマンの強い人は、美醜のルールが強く形成される傾向がある。

ともあれ、高校くらいまでに、人間は、自分の「よい―わるい」と「美醜」のルールを形成していく。で、「自己意識」が強くなるにしたがって、それでいろんなものを「批判」（趣味判断）するようになる。でも、大事なのは、いろんなものを「批評」しあうことで、友だちと自分の「自己ルール」を交換しあい、確かめあい、そしてそのことでそれを調整しあっていくということです。

これはちょうど、「哲学のテーブル」で、いろんな人が自分のよいアイディア（原理＝キーワード）を出しあってあれこれ言いあい、そのことでその「原理＝キーワード」をだんだん鍛えてゆくのと、同じ原理なのです。

じつは、X友だちとのこういった「批評」しあう関係によってしか、人は、自分の「自己ルール」を理解することはできません。よく、「②他人こそは自分をうつす鏡だ」と言います。人間は他人を通してしか自分を理解することはできない、と。その通りですが、その意味を、哲学的に言うとこんな具合になります。

われわれは誰でも、自分だけの善悪・美醜の「自己ルール」を、いわば③感受性のメガネとしてかけている。そしてそれは長い時間をかけて形成されたものなので、誰もこのメガネを外すことはできない。もし青いメガネをかけていたら、すべてが青っぽく見える。メガネのレンズが少しゆがんでいたら、すべてが歪んでみえる。でも、われわれがこのメガネを外せないなら、それがわれわれにとっては④〝正常な〟世界です。

つまりふつうは、自分のメガネが歪んでいるのか、色がついているのか、誰にも決して分からない。このことに気がつくのは、他人がみているものと、自分が見ているものとの違い偏りに気づくときだけです。これを「視線の偏差」とか「視差」と言います。

もしわれわれが、自分の好き嫌い、つまり趣味判断だけで生きていれば、「自己ルール」の形がどうなっているのか、理解することはできない。「批評」しあうことではじめて、人は自分の「良し悪し・美醜」のルールが他人と違うことに気づき、またそれを交換することができるのです。

★もちろん、他の人もみな自分の「自己ルール」を自分のメガネとしてかけている。だから、例えば相手の感受性や美意識が「正しい」とはかぎらない。厳密に言うと、すべての人が自分なりの「メガネ」をかけているので、絶対に正しい「メガネ」というものはないのです。

しかし、われわれは相互の批評を通して、さまざまな人の「自己ルール」と自分の「自己ルール」との偏差を少しずつ理解し、そのことではじめて自分の「自己ルール」の大きな傾向性や問題性を了解することができるわけです。

じつは、ここに「人間関係」の基本の構図があります。人間関係の基本原理は、「承認ゲーム」だということです（権力関係は承認ゲームの一形式にすぎません）。

親子関係では、親がルールを与えたり、配慮や愛情を与え、子供は何らかの仕方でそれに応える。友人関係では、いわば※親和性（エロス）を与えあう関係です。社会に出たら、利害関係や権力関係という要素が強くなる。それぞれの関係でその内実が少しずつ違うけれど、どれにも共通しているのはそれが「承認のゲーム」だということです。権力（支配）関係は、一方が他方を上位者として〝承認〟している関係です。

※ヘーゲルによると、人間の欲望は自己価値欲望です。自己価値は、結局のところ、⑤他者による承認を必要とする。それは評価、賞賛、尊敬、配慮、そして愛情などの形をとるが、ちょうど動物の身体が「栄養」なしに生きられないように、また人間の心が、ロマンや情緒を必要とするように、人間の精神は「承認」を必要とするのです。

これは人間の生に必須のもので、例外はありません。人間は本来「孤独」な存在であり、それが人間の本質である、と強く主張する人にとってさえ、この考えを誰かから承認されたいという動機なしには、この主張自体が意味をもちません。★

（中略）

すでに見たように、人間にとって他者の存在は、生きることの根本要素です。他者は、一方で、自分に「承認」を与えてくれる唯一の源泉だけれど、また反対に、承認、つまり自己価値を奪いうる唯一の存在でもある。動物なら、自分が承認されているかどうか気にかけないが、人間はそうではない。

この観点からは、誰にとっても他者は、最も極端な両極の意味をもっている。つまり他者は、ある場合には、承認の正反対で、自分を完全に否定する、つまり殺しうる脅威ある存在でありうるし、しかし一方では、自分にとって、生きる上でどうしてもほかの人と取り替えられない、**B** のない存在になる可能性ももっています。

ともあれ、そんな具合で、人間はいろんな他者と関係を作りながら、承認ゲームを生きていく。できるだけ気持ちのよい他者との承認ゲームを作るべく人は生きるのですが、どんなゲームが自分にとってよいかは、人によって違うし、また個々人が事前にそれを知っているわけではない。人間の生はそういう試行錯誤で進んでゆくのです。

重要なのは、このとき、さまざまな他者と関係を作る土台になるのが、それぞれの「自己ルール」だということです。

それぞれが自分なりの「自己ルール」を、とくに親子関係の中で作り上げている。それがその人の感受性、美意識、そして※倫理感です。そして、人が他人とつきあうとは、それぞれの「自己ルール」が交わりあい、大なり小なり互いにそれを調整しあいながらやっていく、ということです。だから、ある人の「自己ルール」が具合が悪いと、相手の「自己ルール」とうまく調整できません。

たとえば、わがままに育てられた人は、独善的な「自己ルール」

をもち、人にそれを押しつける態度をとり、無意識に他人はそれを認めて当然だと考えてしまう。逆に、親からしっかり愛情と承認を与えられなかった人は、自信がなく、防衛的になり、互いに自然な配慮や親和感を交換することができない。自己ルールが分裂している人は、つねに※自己欺瞞、虚偽の意識や無力感をもつことになる。

このような各人の「自己ルール」の形をもっと大きく言えば、その人の生への欲望と呼ぶことができます。

そもそも欲望というものは奇妙なもので、欲望があるからわれわれは生きていける。ときどき心の病気で欲望がなくなってしまう人がいます。そういうとき、人はどんなものに対しても希望や可能性をもてない。つまり、何が「よく」て何が「ステキ」（きれい）かのルールが存在せず、生きてゆく理由がなくなる。たいてい不安だけがあるので、とても苦しいのです。

なんらかの欲望をもつとは、根本的に、われわれの生きる理由が現われることです。憧れ、期待、希望、可能性といった「欲望」こそは、われわれの生の土台です。ところが、われわれは欲望を意識的にコントロールすることはできない。欲望はいつでも必ず〝向こうからやってくる〟、これが欲望の第一の本質です（欲望の「到来性」）。

たとえば、恋の欲望は、われわれにその対象を〝告げ知らせる〟のであって、われわれが自分でそれを決めて始まるのではない。

※マクベスは、魔女の言葉で、自分の欲望の対象（王様になれる可

能性）を、〃告げ知らされる〃。恋の欲望であれ、権力への欲望であれ、それが告げ知らされると、生きることの新しいしかも強力な理由が、突如心のうちに出現します。生はわくわくする魅力に満ちたものとなり、人は生きる上での明瞭な目標と、そこへ近づこうとする強い意欲を与えられるのです。

恋の欲望も野心への欲望も、いったん動き出したら、強力な指令となって目標の遂行をわれわれに命じます。しかし、この目標はいつも達成可能とは限らない。もしこの目標が高すぎるハードルであるとき、生きることは苦悩に変わる。そして、しばしばそれは、※挫折と絶望をわれわれに与えるのです。

⑥こうして欲望は、□に似ていることが分かる。それはわれわれの一切の生の希望の源泉であり、また一切の絶望の源泉でもあるのです。欲望だけが、生の幸福の源泉だが、また、われわれは、自分の欲望をコントロールすることはできない。その意味で人間は、自分の欲望の奴隷でもあると言えます。

今見たように、われわれは自分の欲望がいつどこからどういう形で現われてくるかを知らないし、あらかじめ予測することもできない。それはあくまで〃向こうから〃やってきてわれわれをつかむだけです。しかし、一方で、われわれは欲望というものの、一般構造については知ることができる。欲望はどこから現われてくるのか。それはわれわれの「よし悪し」「美醜」の内的なルールから出てくるのです。

（竹田青嗣『中学生からの哲学「超」入門』より）

※カント＝ドイツの哲学者。
※理性＝筋道を立てて物事を考える能力。
※美醜＝美しいことと醜いこと。
※ロマン＝感情的、理想的に物事をとらえること。
※親和性（エロス）＝親しみ結びつきやすい性質。エロスは愛。
※ヘーゲル＝ドイツの哲学者。
※倫理感＝行動の基準となる善悪および道徳的な考え方。本来の表記は「倫理観」。
※自己欺瞞＝自分で自分の心をあざむくこと。
※マクベス＝シェイクスピアの作品『マクベス』の主人公の将軍マクベスのこと。
※挫折＝仕事や計画が中途で失敗しだめになり、気力や意欲をなくすこと。

問題1 A にあてはまる言葉として最もふさわしいものを次の中から一つ選びなさい。

1 前者は、後者の考えと一致する
2 前者は、後者の考えには及ばない
3 前者は、後者の考えとは相いれない
4 前者は、後者の考えから取り出される

［　　］

問題2 ――線部①「言葉が〝たまる〟」とはどういうことですか。「〝たまる〟」という時間的な経過をふまえて説明した次の文の Ⅰ ・ Ⅱ にあてはまるように、 Ⅰ は二十字以上二十五字以内で、 Ⅱ は三十五字以上四十字以内で書きなさい。

Ⅰ が Ⅱ になること。

Ⅰ

Ⅱ

問題3 ――線部②「他人こそは自分をうつす鏡だ」とありますが、どうすることをたとえたものですか。文中の★～★の部分から、それが書かれた一文を探し、はじめの五字を書きなさい。

問題4 ――線部③「感受性のメガネ」について四人の中学生が話をしています。筆者の考えに最も近い考えを述べている生徒は誰ですか。次の中から一つ選び、番号で答えなさい。

1 **生徒A** 「自己ルール」が「感受性のメガネ」といっているから、目で見たり耳で聞いたりして得られる情報から自分が正しいと思ったものを自信を持って取捨選択していくことが大切ね。

2 **生徒B** でも、私たちって知らず知らずのうちに、何かを頭から決めつけてしまっていることが多いと思う。女子は理数系が苦手だとか、男子は不器用だとか。誰に教わったわけでもないのに、ある考えにとらわれてものを見ていると思うとこわいよね。

3 **生徒C** 考えにとらわれるというなら、インターネットから受け取る情報もこわいよ。一方的に配信して、受け取る側の気持ちなどにはお構いなしなんだもの。傷つけられても、それを訴える機会がないのは問題だよ。

4 **生徒D** 私もインターネットで動画を観るんだけど、自分が好きな番組とか、関心があるものしか調べたり観なくなりがちじゃない？　これは「感受性のメガネ」がくもっているせいだからだと思う。

［　　］

問題5 ——線部④「〝正常な〟世界」とありますが、なぜ「正常」といえるのですか。最もふさわしいものを次の中から一つ選びなさい。

1 歪んだレンズで見る世界は本来異常なはずだが、その異常さを指摘されたり自分がそれに気づかない以上は「異常ではない」すなわち「正常」としかいえないから。

2 歪んだレンズのメガネは外すことができないので、歪みのないレンズで見る世界とは比べられない点において「正常」か「異常」かの比較は意味をなさないから。

3 たとえ歪んだレンズのメガネであっても、長い間かけていることによってその歪みは知らず知らずのうちに正しい方へと矯正されて、結果として「正常」になるから。

4 他の人がどのような見方をしているかは自分のレンズの歪みに気づいた人にしかわからないので、たいていは他の人のレンズが「正常ではない」ことを指摘できないから。

［　　　］

問題6 ——線部⑤「他者による承認」に**あてはまらないもの**を次の中から一つ選びなさい。

1 赤ちゃんが笑ったり何かを言ったりすると、母親や周りの人はそれに応じて笑ったり赤ちゃんの言葉をまねしたりする。

2 幼稚園の時に祖母の家の大掃除を手伝ったことがあるが、祖母は何年たっても親類の集まる席でそのことを話題にする。

3 スーパーの会計で、ポイントがたまっていたので買い物に使えるか聞いたところ、使えますという返事をもらった。

4 自分が足をけがした時、学校で教室へ行くまでの階段ではいつも誰かが自分の荷物を持ってくれた。

5 通学路でいつも見守りをしてくれるおじさんにあいさつをしたところ、「今日は声がかれてるね。風邪気味なの？」と聞かれた。

［　　　］

問題7 [B]にあてはまる最もふさわしい言葉を考えて、ひらがな四字で書きなさい。

[　　　　]

問題8 ——線部⑥「こうして欲望は、[　]に似ていることが分かる」の[　]にあてはまる言葉として最もふさわしいものを次の中から一つ選び、番号で答えなさい。

1 環境（かんきょう）　2 苦悩（くのう）　3 人生　4 他者

[　　]

問題9 ——線部X「友だちとのこういった『批評』しあう関係によってしか、人は、自分の『自己ルール』を理解することはできません」とありますが、あなたの周りでこの言葉にあてはまる具体例をさがし、どのような「自己ルール」を理解したのか一〇〇字以上一二〇字以内で説明しなさい。ただし、本文に書かれている例以外を用い、相手は友だちでなくてもかまいません。

100

120

目安時間 25分

≫解答は、別冊61ページ

次の文章を読んで、あとの問いに答えなさい。

（聖光学院中）

滝田徹は副業として、毎週金〜日曜日の三日間、着ぐるみの「チョッキー」に入るアルバイトをしている。ある日、兵頭健太と水谷佳菜から突然「チョッキー」に入りたいと言われ、戸惑っているうちに三人で一日ずつ交代で入ることになってしまった。問題文は、その後の初めての金曜日、本業の職場で同僚の松島豊と話をしている場面である。

チョッキーにたどり着いてから半年余り、金曜日を心待ちにして、毎日仕事に励んでいたと言っていい。それなのに今日は、家に帰ってもチョッキーはいない。専用ハンガーと専用台座だけが、一人暮らしの部屋に寂しく残されている。

「つまり、帰りたくないという意味か?」

「ああ」

半ば投げやりに、滝田徹は頷いた。

そう、チョッキーがいないあの部屋になど、帰りたくはない。家でのメンテナンスを申し出てからは、チラシ配りのない平日も、チョッキーはずっとあの部屋にいたのだ。定刻通りに戻ると、毎日変わらず、丸い目を向けてくれた。仕事の疲れなど、瞬時に吹き飛んだのだ。

でも昨日、本来の持ち主である映画館の主に、チョッキーを届けなければならなかった。せめて、メンテナンスはこれまで通り続けさせて欲しい。そう申し出るのが精いっぱいだった。

「じゃあ、金曜が健太君ということで」

白髪を切りそろえた※「時計」店主の、にこやかな顔が思い浮かんだ。

カウンター席に並んであれやこれやと議論が続いたあと、結局は、一日ずつ順番に、チョッキーに入るという結論になってしまったのだ。今頃は兵頭健太が、チョッキーの頭部を手に取っているに違いない。いや、もうとっくに中に収まって、チラシ配りを始めているかもしれない。

①<u>マウスを握る滝田徹の手に、つい力がこもる。</u>

チョッキーがどれ程かけがえのない存在か、どれ程強いつながりを感じているか、ちゃんと説明して、頼むから他を当たってくれと言うべきだったのだ。でも滝田徹は途中から、カウンター席で続く議論に、口をはさむことすら出来なくなってしまっていた。口数の少なさが、肝心なところで災いした格好だ。

いや、本当にそれだけか。

滝田徹は自問した。

何か、もっと違う感覚が、兵頭健太や水谷佳菜の話を聞いているうちに、自分の中に生じてはいなかったか。

逃げてばかりの人生だったが、いったんチョッキーの中に入れば、逃げずに済むはずだと兵頭健太は言った。普段なら怖くて出来ないことも、チョッキーの中にいる間は出来るかもしれないと、水谷佳菜は言った。それが、二人がチョッキーの中に入りたいと考えた理由だ。

そして滝田徹は、話を聞くうちにだんだんと、落ち着かない気持ちになっていったのだ。

「家が嫌なら仕事って、それ以外の選択肢はないのかよ。……まあ、お前らしいっちゃあ、お前らしいけどな」

苦笑交じりに言いながら、自分のモニターに目を戻すと、松島豊はまたキーボードをたたき始めた。

「……松島」

「うん?」

「※アヒルは、まだ続けているのか?」

②先ほどから聞きたくて仕方のなかったことを、ようやく滝田徹は口にした。

「ああ、まあな」

モニターから目を離さず、たいして気のない様子で松島豊は答えた。

その顔に、滝田徹はあらためて目を向けた。南の島帰りのせいで、照明に不具合があるかのように、そこだけトーンが暗い。

「何故、アヒルを始めたんだ?」

一度は代役を引き受けたが、松島豊がアルバイトをしている理由に、興味を持ったことはなかった。その後も続けているのかどうかを、知りたいと思ったこともなかったのだ。しかし今日、松島豊の顔を見た途端、滝田徹は無性にそれが知りたくなった。

家に帰ってもチョッキーはいない。金曜日だというのに、チョッキーに入ることが出来ない。そして今後はもしかしたら、チョッキーとの関係に、大きな違いが生じてくるかもしれない。この現状がおそらく、滝田徹の中に、松島豊への関心を引き起こしているのだろう。松島豊がアヒルであるがゆえに、引き起こされる関心だ。

南の島へバカンスなどと、アヒルとそこまで距離を置いて、松島豊は何も感じていないのだろうか。

「何故って……なんでだったかな」

モニターを見たまま、松島豊は首を傾げている。

「いつからやっているんだ?」

「ああと、結構前だな。学生の頃からだから、ここで働き始めるよりも前か」

「え」

Aこともなげに語られたその言葉に、滝田徹は動きを止めた。

「それがどうかしたのか？」

「い、いや……」

つまりもう十年以上、下手をすると十五年近くも、松島豊はアヒルだったというのか。動揺を何とか押し込めつつ、滝田徹は、松島豊の顔を見つめ続けた。

松島豊は、あまり背が高くない。ほぼ平均的な身長の滝田徹を、八掛けにしたくらいだ。よって足の長さも、ほぼ八掛けと言っていいだろう。つまりアヒルとしては、滝田徹よりもよほど、見栄えがするということだ。

「一日とか二日とか、最初はそんな約束だったんだけど、なんやかんや言って、ずっと続いてるなあ。あの手のバイトってさ、成り手が少ない分、結構時給がいいだろう。大した仕事でもないのにさ。学生の頃は、そういうのが狙い目だったからな」

「就職しても続けているのは、どうしてなんだ？」

決して高給取りではないが、副業が必要なほど、低給というわけでもない。③松島豊がアヒルでいるのには、何か他に、理由があるはずだと思った。

「そうあらためて訊かれると困るけどさあ」


キーボードを打つ手を止めて、松島豊はめずらしく、いくらか戸惑ったような表情を見せた。

「俺さあ、そこそこしゃべるだろ？」

「……」

そこそこの意味を取り違えていないかと思ったが、滝田徹は黙っていた。

「性分なんだよなあ。誰もしゃべってないとさ、俺が求められてるような気がしてしょうがないんだ。追い立てられるって言うかさ」

腕組みをしながら、苦笑を浮かべて頷いている。

「お前がつくづくうらやましいよ。下手すりゃ、一日中だって黙っていられるだろう。一種の特技だよな。俺から見りゃ、特殊技能の部類だ」

嫌味を口にしている気配は、松島豊からは全く感じられない。

「けどさ、あの中に入ると、黙ってられるんだよな。たいして努力もいらない。だいたい、アヒルにしゃべりを期待してる人間なんて、誰もいないからな。気楽なもんだ」

「それが、続けている理由か？」

「ま、一種の息抜きだな。とは言え、一生アヒルと一緒ってわけにも、いかないんだけどな」

滝田徹は目を見開いて、平素より茶色がかった松島豊を見つめた。

何か、もっと違う感覚。

兵頭健太と水谷佳菜の話を聞きながら、少しずつ生じていた感覚だ。

そしてそれこそが、チョッキーを守り切れなかった本当の理由ではないかと、滝田徹の中には今、疑念が生じ始めている。そのせいで、肝心なことは何も言えないまま、金曜は兵頭健太、土曜は水谷佳菜、そして日曜にようやく滝田徹という、店主の采配に従ってしまったのではないのかと。

何か、もっと違う感覚。

自分自身の感覚でありながら、もうあと少し、手が届かないもの。なかなか正体を見極められない、もどかしい距離感が、今日一日、滝田徹から集中力を削ぎ、苛立ちをあおり続けていた。

それなのに、松島豊はたった今、その正体をあっさり口にしなかったか。

もどかしい距離感を、一気に引き寄せてはくれなかったか。

柴犬のような薄茶色で、三角に垂れた耳と左目の周り、野球ボールほどの丸い尻尾が焦げ茶色。そして赤い首輪。

チョッキーを思い浮かべるだけで、心の中に愛おしさがこみ上げてくる。

チョッキーの中に収まり、チョッキーという存在に包まれることで、滝田徹はいつも守られていた。同時に、この上もない解放感に満たされていたのだ。巨大アヒルの中で初めて知った、B比類のない解放感だ。

でもそれは、いったい何からの解放感だったのか。

誰が見てもチョッキーでしかないということは、滝田徹はそこに、存在しないということだ。その状態で、この上もない解放感を味わっていた。つまり、滝田徹であるということから、滝田徹は解放されていたと、そういうことではないのか。チョッキーの中にいる限り、滝田徹として行動することはもちろん、滝田徹として物事を考える必要もない。それこそが、滝田徹の心をこれまでないほどに、軽やかにしてくれていたのではないのか。

しかし、滝田徹は気づき始めてしまった。

逃げ場所を求めている兵頭健太にとってはもちろん、水谷佳菜にとってもまた、チョッキーは、一種の逃げ場所として機能しようとしている。二人の言い分を聞きながら、そんなことにチョッキーを利用してくれるなと、いったんは腹を立てたのだ。

それでも、じわじわと落ち着かない気持ちは湧き起こり始めた。

自分にとってはどうなのか。

自分にとってもチョッキーは、逃げ場所として機能しているのではないのか。

そして松島豊はたった今、こう口にした。

一生アヒルと一緒ってわけにも、いかないんだけどな。

平日は仕事をして、週末はチョッキーの中に入る。それをお前は、このまま一生涯続けていく気なのか。

その問いかけこそが、「何か、もっと違う感覚」の正体だ。チョッキーと距離を置かざるを得ない状況に追い込まれて、初めて生じた感覚だ。

初めて、自分の内側から生じてきた問いかけだ。

ふいに、チョッキーの体温を肌に感じた気がして、滝田徹は泣きたくなる思いだった。

「おい滝田、お前、大丈夫か？」

松島豊が、手を止めて、いぶかしむような表情を向けている。

「あ、ああ……」

頷きつつも④滝田徹の動揺は収まらない。チョッキーと共に過ごした日々の記憶が、次から次へとよみがえってくる。古めかしい商店街で過ごした時間は、滝田徹にとってはまさに、心躍るひとときだったのだ。

「何があったか知らないけどさ、あんまり無理すんなよ」

「無理？」

「口数が多いだろうが、どう考えても。いるはずのない時間にたまたまいるからって、気を遣って、俺に調子を合わせなくてもいいんだぜ。黙りこくってそこにいたところで、一向に気にしないんだからさ、こっちは。俺は俺で、しゃべりたくなったらしゃべる。いつも通り、気楽にやろうぜ」

「いや、別に……」

「いいって、いいって」

言いかけた滝田徹を、すぐさま松島豊がさえぎる。

「それ以上、多くを語るな。体に悪いぞ。ただでさえ、やったこ

ともない時間外労働に従事してんだ。あげく協調性まで見せろなんて、俺はそこまで、わがままな男じゃないつもりだ。いつも通りの滝田徹でいてくれ。そのほうが、こっちもはるかに気が楽だ」

べらべらと、バカンスの疲れも取れた様子で、すっかり本来の調子を取り戻している。

「だから別に……」

お前に合わせているつもりはない。

そう言いかけて、滝田徹は口をつぐんだ。松島豊の言葉に甘えようと思ったわけではない。再び、何かが心に引っかかったのだ。

わがまま。

声には出さずに、口の中でその言葉を繰り返した。

耳にするたびいつも、心の中に鈍い痛みが走る。四年前に去って行った彼女が、最後に口にした言葉だからだ。

「自分がものすごくわがままな人間になった気がするの」

あの日以来、わがままという言葉の意味も、よくわからなくなってしまった。どうして彼女は、そんな考え違いをしてしまったのだろう。

今にも泣き出しそうだった彼女の顔が、頭の底にずっとこびりついている。

「……松島」

「なんだ？」

キーボードをカシャカシャと言わせながら、松島豊は、鼻歌でも

歌うような口調だ。

「もう一つだけ、質問をさせてくれ」

「おう、いいぞ」

「お前が僕と、すでに二年間交際をしているとして」

「ゲホッ」

途端に、松島豊がむせた。そのまま、続けざまに咳込んでいる。

「どういう原理が働くと、自分はわがままだと感じるんだ?」

かまわずに、滝田徹は続けた。

「何を言い出すかと思ったら……ゲホ……」

「お前の考察を、是非とも聞かせてくれないか」

「そりゃ……」

涙目になった松島豊は、さらに何度か咳込みながら、あえぐように息を吸い込んだ。

「そりゃ、何でもかんでも俺の言い分が通れば、さすがにそう思うかもしれないな……ゲホッ……二年だろ、普通ならお互い、我が見えてもおかしくないだろうしな」

「それは、悪いことか?」

「悪いっつうか……落ち着かないだろうが。つまりは、お前の本音が、見えないってことだからなあ。適当にあしらってるだけじゃないかとか、陰で馬鹿扱いしてんじゃないかとか、何つうの、疑心暗鬼ってやつか?」

「いや、断じて馬鹿扱いはしていない」

彼女のことを、そんなふうに思ったことはただの一度もない。

「お前のほうはそうでも、疑心暗鬼ってやつは、そういうもんなんだって。いっぺん思い始めると、止まらないんだ」

「……いったい、どうすればよかったんだ?」

呆然とつぶやく滝田徹の脳裏には、あの日の光景がCありありとよみがえっていた。待ち合わせた店の、料理の匂いまでもが漂ってくる。

「知るかよ」

ようやく咳が収まったのか、松島豊が息をつく。

「俺はお前と、交際なんかしてないからな」

肩をすくめる松島豊を、滝田徹は呆然と見つめた。もちろん、松島豊を通して、※沈痛な面持ちで向かいの席に座っていた、あの日の彼女を見つめていたのだ。

滝田徹はあの日、ごめんと口にすることしか出来なかった。自分に非があるのなら、それ以外の言葉を、口にしてはいけないと思ったからだ。でも彼女はその瞬間、今にも泣き出しそうな顔になった。⑤どうしてそんな顔をするのか、滝田徹には全くわからなかったのだ。別れたいと言い出したのは彼女なのに、何故先に泣き出すのか。泣き出したいのはこっちだという思いを、滝田徹は必死で押さえつけていた。

「……交際、してないよな?」

滝田徹の視線を受けて、松島豊の目にはいくぶん、怯えたような色が浮かんでいた。

しかし滝田徹の目に映っているのは、泣きそうになりながら、それでも泣かずに去って行った、彼女の後ろ姿だった。

もしかしたら、あの日口にするべきだったのは、謝罪の言葉ではなくて、松島豊が言うところの「本音」だったのだろうか。

滝田徹の頭の中には、たった今気づいたそんな思いが、色濃く広がり始めていた。

「ずっと一緒にいたいと、言ったほうがよかったのか?」

滝田徹のつぶやきに、椅子を後ろに撥ねのけるようにして、松島豊が立ち上がった。

「や、やっぱり帰れ。帰りたくなくても帰れ。お前には、※修験僧のような生活が一番似合ってるんだ。時計を見ろ。もう七時を過ぎたぞ。体中の細胞が今、軋んでるんだ。その音を聞け。な、滝田、耳を澄ませ」

「それこそ、わがままじゃないのか……?」

「そんなことはない。それはお前の思い違いだ。いいか、滝田、時報代わりにもなりそうなお前の仕事ぶりを、会社中の人間が知ってるんだ。これがどれ程大変なことか、わかるか? 十年働いていてもめったに顔を合わせない人間がいるって、こんな業務形態の会社の中で、お前の存在だけは誰もが知ってるんだ。知らない人間はいない。滝田徹という男は十年以上、九時から五時半という勤務時間を完璧に守り通している。もはや定説だ。これは言い換えれば、

お前が長い時間をかけて築き上げてきた、信用でもあるんだ。だからな、⑥滝田、自信を持て」

立ったままの松島豊が何かを力説していたが、滝田徹の耳にはほとんど届いていなかった。最後の言葉以外は。

「……自信?」

「ああ。絶対にわがままなんかじゃない。自信を持って、帰れ」

そうだ。ずっと、彼女の気持ちを一番大切に思ってきたのだ。その自分の考え方に、どうして自信が持てなかったのだろう。大切だからこそ悲しませたくないのだと、その気持ちに偽りはないのだと、何故言えなかったのだろう。

「どっちもいい子だから、上手くいかないってこともあるんだよね。相手の気持ち考えて、自分の気持ち、考えないからね」

独り言ともつかない店主の言葉が、もう一度聞こえたようだった。

もしかしたら彼女も、さっきの松島豊のように、無理をさせているのではないかと、そんなことまで考えてしまっていたのだろうか。

長いため息が、滝田徹の口をついた。

結局は、自分の至らなさが招いた結末だったということなのだ。最後の最後に彼女を、深く悲しませてしまったに違いない。悲しませたくないと思うあまり、結局は悲しませてしまう。これこそ、本末転倒と言わずして何と言うのか。

「お、おい、滝田、滝田、大丈夫か?」

「ありがとう、松島。前回といい、今日といい、お前は僕にとっ

てまさしく『インフォメーションセンター』だ」

「……?」

どこに向かうべきか。どうやって向かうべきか。

客に対してそれを提示するのが、水谷佳菜の仕事だという。兵頭健太はそこで、自身が向かうべき場所を、水谷佳菜に指し示してもらったのだ。

そして今日、滝田徹は初めて、松島豊の意見を参考にしようと考えた。

⑦松島豊の言葉がなかったら、自分の馬鹿さ加減に、一生気づかずにいたかもしれない。今さら気づいても、どうなるものでもないだろうが。

「帰る」

力なくつぶやくと滝田徹は、パソコンの電源を切り、机の上を整頓して、カバンを手に取った。

「……お疲れ」

松島豊がようやくそう口にしたとき、滝田徹はすでに、フロアの出口に差し掛かっていた。

（村木美涼『商店街のジャンクション』より）

※「時計」店主＝商店街にある喫茶店「時計」の店主。「映画館の主」の友人。
※アヒル＝松島豊が学生時代からのアルバイトで時折入っている着ぐるみ。
※沈痛な面持ち＝深い悲しみに沈んでいるような表情。
※修験僧のような生活＝ここでは、時間に正確に行動する生活のこと。

問題1 ～～線部**A**「こともなげに」、**B**「比類のない」、**C**「ありありと」について、これらの言葉を本文中と同じ意味で使っている文として最もふさわしいものを、次の**ア**～**オ**の中から一つずつ選びなさい。

A「こともなげに」

ア 買ったばかりのアイスクリームを落とした女の子が、こともなげに泣きじゃくっていた。

イ こともなげに故郷に戻れずにいる彼は、望郷の念を抱いている。

ウ 段差につまずいて転んだ男の子は、こともなげに立ち上がって元気に走り去っていった。

エ ありえない光景を目にした彼は、こともなげに立ち尽くしている。

オ 金メダルのかかった二人の戦いは、こともなげによって決着がついた。

B「比類のない」

ア どうか遠慮せずに、比類のない意見をお聞かせください。

イ 生物学上、比類のない生物はこの世に存在しないと言われている。

ウ 一切の財産を失った彼は、比類のないものを食べて生活している。

エ　彼は、比類のない才能をいかんなく発揮して、数々の名作を世に送り出した。

オ　宿題を忘れて怒られた彼は、比類のない表情を浮かべた。

C「ありありと」

ア　このキャラクターは、全世界のありありとある人の心を魅了し続けている。

イ　この小説では、近未来の都市の様子がありありと描かれている。

ウ　もっとありありとした鮮やかな色づかいにした方が、見栄えがよくなるに違いない。

エ　クリスマスにもらったぬいぐるみを、ありありとかわいがっている。

オ　昨日は風邪で欠席していた彼も、今日はありありと登校していた。

A［　　］　B［　　］　C［　　］

問題2　――線部①「マウスを握る滝田徹の手に、つい力がこもる」とありますが、このときの滝田徹の心情について説明した文として最もふさわしいものを、次の中から一つ選びなさい。

ア　自分が毎日メンテナンスをして清潔を保っているチョッキーに他人が入ることで、自分の努力が徒労に帰すことへの怒りを感じている。

イ　いつも口数の少ない自分自身の性格のせいで、何よりも大切なチョッキーを守りきることができず、チョッキーに対する罪悪感でふさぎこんでいる。

ウ　自分以外の人間がチョッキーの中に入ることを思い浮かべて、チョッキーを渡したくないと強く言えなかったことをよりいっそう悔やんでいる。

エ　誰よりもチョッキーのことを思っている自分がその中に入れないばかりか、今までの経緯を知らない兵頭健太が入っていることを思い、喪失感に包まれている。

オ　日々の疲れを癒やしてくれたチョッキーを失ったことで、自分にとってかけがえのない存在であったチョッキーへの思いをかえって強く認識している。

［　　］

問題3 ――線部②「先ほどから聞きたくて仕方のなかったこと」とありますが、滝田徹はどうして聞きたかったのですか。その説明として最もふさわしいものを、次の中から一つ選びなさい。

ア いつも一緒にいたチョッキーが今どうなっているかを想像するとやりきれず、その気持ちをぶつけられるのは目の前の松島豊くらいしかいないと思ったから。

イ チョッキーとの付き合い方を見つめ直すにあたって、学生の頃から十年以上もアヒルと関わってきた松島豊がアヒルとどのように付き合ってきたのかを聞いて、参考にしようと思ったから。

ウ 慣れ親しんだチョッキーとの別れがつらく、自分と同じようにアヒルを心の支えにしてきた松島豊に助言を求めることで、そのつらさを乗り越えて少しでも前向きになろうと思ったから。

エ チョッキーと同じような着ぐるみのアヒルに入っていた松島豊なら、他人からはなかなか理解されない自分の話を聞いて共感してくれるのではないかと思ったから。

オ チョッキーのことを考えると居ても立ってもいられず、松島豊とアヒルとの関係性を知ることで、今後のチョッキーとの関わり方が見えてくるかもしれないと思ったから。

［　　］

問題4 ――線部③「松島豊がアヒルでいるのには、何か他に、理由があるはずだと思った」とありますが、松島豊がアヒルに入り続けているのはどうしてですか。その説明として最もふさわしいものを、次の中から一つ選びなさい。

ア アヒルに入っている時間は、いつもとは違う自分を演じることのできる貴重なものであり、松島豊にとってはかけがえのないものだから。

イ 常に話すことを期待されていると感じてしまう松島豊は、密かにアヒルに入り続けることで、沈黙に耐えられる滝田徹のような人になりたいと内心思っていたから。

ウ 沈黙に耐えることができないことを性分だと自認している松島豊にとって、アヒルに入ることは、自分の苦手な沈黙に慣れる貴重な機会となっているから。

エ 松島豊は普段、沈黙が続くと周囲を慮って何かを話さなければならないとつい考えてしまうが、アヒルに入っている間は無理に話さなくてすむから。

オ 滝田徹がチョッキーに入っている生き生きとした姿を見て、松島豊はアヒルに入っているときの解放感を図らずも再認識したから。

［　　］

問題5 ——線部④「滝田徹の動揺は収まらない」とありますが、ここで滝田徹はどうして動揺しているのですか。六十字以内で説明しなさい。

問題6 ——線部⑤「どうしてそんな顔をするのか、全くわからなかったのだ」とありますが、滝田徹には「彼女」が「そんな顔」をしたのはどうしてだと考えていますか。滝田徹は今になって、それを説明した次の文の［　　］にあてはまる内容を、十字以内で答えなさい。

滝田徹は今になって、「彼女は、自分（滝田徹）が［　　］から、『そんな顔』をしたのだろう」と考えている。

問題7 ――線部⑥「滝田、自信を持て」とありますが、このとき松島豊はどのように思っていますか。その説明として最もふさわしいものを、次の中から一つ選びなさい。

ア 彼女に対してわがままにならないように自分を律していた滝田徹に対して、素直に思いを伝えてよいのだということに気づいてほしいと思っている。

イ 今までは空気のような存在だった滝田徹が、急にリアルな存在感を持ち始めたことをいぶかしく感じ、どうにかして早く帰らせてしまおうと思っている。

ウ いつもと違って次々と質問をしてくる滝田徹に戸惑いつつも、そうした本質的な疑問は他人に頼らず自分ひとりで考えるべきであり、そのためには早く帰った方がよいと思っている。

エ 時間外労働をしている上、口数を多くして気遣いを見せる滝田徹に対して、お互いのためにも、いつもと同じように速やかに帰ってもらいたいと思っている。

オ 自分のペースをかき乱してくる滝田徹の言動に面食らいつつも、このままでは気がすまないので、一言皮肉を言ってやろうと思っている。

[　　]

問題8 ――線部⑦「松島豊の言葉がなかったら、自分の馬鹿さ加減に、一生気づかずにいたかもしれない」とありますが、滝田徹はどういうことに気づいたのですか。文章全体をふまえて、八十字以内で説明しなさい。

80

覚えておきたい 同音異義語・同訓異字

同音異義語

カンシン

- □歴史にカンシンがある。 興味があること。 **関心**
- □真面目(まじめ)な仕事ぶりにカンシンする。 立派だと思う。 **感心**
- □昨今の犯罪はカンシンにたえない。 おそろしくてぞっとする。 **寒心**
- □先生のカンシンを買おうと必死だ。 喜ぶ気持ち。 **歓心**

タイショウ

- □小学生をタイショウとした参考書。 目標となるもの。目当て。 **対象**
- □兄とはタイショウ的な性格だ。 違(ちが)いがはっきりしていること。 **対照**
- □点タイショウの図形。 二つのものが向き合う位置にあること。 **対称**

セイサン

- □駅で乗りこした運賃をセイサンする。 計算し直すこと。 **精算**
- □今までの人間関係をセイサンする。 きれいにすること。 **清算**
- □新規事業にはセイサンがある。 成功する見込(みこ)み。 **成算**

カイシン

- □カイシンして真面目に働こう。 心を入れかえること。 **改心**
- □カイシンの笑(え)みを浮(う)かべた。 満足すること。 **会心**

キカン

- □呼吸キカンに異常が見つかる。 体の一部。臓器。 **器官**
- □キカン支炎(しえん)で苦しむ。 呼吸するときに空気が通る管。 **気管**
- □鉄鋼業は日本のキカン産業だった。 中心となるもの。 **基幹**
- □一定のキカンの行動を記録する。 ある期日からある期日までの間。 **期間**
- □私の父は教育キカンに勤めている。 組織や団体。 **機関**

タイセイ

- □資本主義タイセイを維持(いじ)する。 社会や集団のしくみ。 **体制**
- □旅行客の受け入れタイセイが整う。 物事に対する身構えや態度。 **態勢**
- □後ろから押(お)されてタイセイを崩(くず)した。 体のかまえ。 **体勢**
- □追加点で試合のタイセイは決まった。 全体のなりゆき。 **大勢**

イギ

- □納得(なっとく)できずにイギを唱えた。 不服や反対の意見。 **異議**
- □勉強することのイギを考える。 物事が持つ価値や重要性。 **意義**
- □同音イギ語の使い分けを学ぶ。 違った意味。 **異義**

ホショウ

- □一年間の品質ホショウがついている。 大丈夫(だいじょうぶ)であるとうけあうこと。 **保証**
- □旅人の安全をホショウする。 安全な状態を保護すること。 **保障**
- □被害(ひがい)に対するホショウを検討する。 補ってつぐなうこと。 **補償**

コウセイ

- □裁判官はコウセイな判断が求められる。　**公正**　かたよらず正しいこと。
- □文章のコウセイを入念に行う。　**校正**　文字の誤りを直すこと。
- □文章のコウセイを考える。　**構成**　全体の組み立て。
- □母はコウセイ労働省に勤めている。　**厚生**　生活を健康で豊かなものにすること。
- □コウセイに語り継（つ）がれる名作。　**後世**　のちの時代。

シジ

- □彼（かれ）の政策は若者からシジされている。　**支持**　考えなどに賛成すること。
- □先生のシジに従って行動する。　**指示**　指図すること。
- □高名な先生にシジする。　**師事**　決まった人に教えを受けること。

カテイ

- □結果だけでなくカテイも大事である。　**過程**　途中（とちゅう）の段階。道すじ。
- □高校の教育カテイを終える。　**課程**　仕事や学業の範囲（はんい）や順序。

同訓異字

ととのえる

- □部屋の中をととのえる。　**整える**　乱れがないようにきちんとする。
- □料理の味をととのえる。　**調える**　物事がうまくいくように準備する。

あつい

- □鉄はあついうちに打て。　**熱い**　温度が非常に高い様子。
- □真夏のあつい日が続く。　**暑い**　温度が高すぎて快くない様子。
- □あつい専門書を読む。　**厚い**　物の一方の面から他方の面までの距離（きょり）が大きい様子。

おさめる

- □見事に成功をおさめる。　**収める**　自分のものとする。手に入れる。
- □けんかをまるくおさめる。　**治める**　物事をしずめて落ち着かせる。
- □学問をおさめる。　**修める**　身につける、行いを正しくする。
- □品物をおさめる。　**納める**　そうすべきところに入れる。

きく

- □人づてに話をきく。　**聞く**　音や声を耳で感じ取る。
- □薬がきく。　**効く**　ものの働きの結果、よい状態になる。
- □気がきく。　**利く**　本来の機能を十分に発揮する。

つとめる

- □学級委員をつとめる。　**務める**　役目をする。
- □市役所につとめる。　**勤める**　会社などで働く。
- □早起きしようとつとめる。　**努める**　一生懸命（けんめい）がんばる。努力する。

はかる

- □時間をはかる。　**計る**　物の数や時間などを数える。
- □荷物の重さをはかる。　**量る**　重さや容積を調べる。
- □距離（きょり）をはかる。　**測る**　長さや面積などを調べる。
- □問題の解決をはかる。　**図る**　うまくいくようにする。くわだてる。

巻末付録2

覚えておきたい熟語

二字熟語

- □悲願（ひがん）　どうしても達成したいという願望。
- □博愛（はくあい）　すべての人を広く平等に愛すること。
- □横行（おうこう）　悪事がはびこること。
- □閉口（へいこう）　どうしようもなくて、困り果てること。
- □軽率（けいそつ）　よく考えずに行うこと。軽はずみなこと。
- □旧交（きゅうこう）　昔からの交際。例 旧交を温める。
- □健気（けなげ）　弱い立場の者が困難に立ち向かう様子。
- □固執（こしゅう）　自分の意見などを守って譲らないこと。
- □体裁（ていさい）　他人から見られたときの自分の様子。
- □偏見（へんけん）　かたよっていて一方的な見方。
- □未練（みれん）　あきらめきれないこと。
- □圧巻（あっかん）　全体の中で最もすぐれた部分。
- □感傷（かんしょう）　心をいためること。例 感傷にひたる。
- □異存（いぞん）　反対の意見。異なる考え。
- □職責（しょくせき）　職務上の責任。
- □大局（たいきょく）　全体の状況。成り行き。
- □果断（かだん）　決断力があること。例 果断な対応。
- □相好（そうごう）　顔かたち。表情。例 相好を崩す。
- □固辞（こじ）　固く辞退すること。
- □脳裏（のうり）　頭の中や心の中。
- □重宝（ちょうほう）　便利で役に立つこと。
- □収束（しゅうそく）　おさまりがつくこと。決着がつくこと。
- □矜持（きょうじ）　自信や誇りを持つこと。プライド。
- □気骨（きこつ）　信念を曲げない強い気持ち。
- □次善（じぜん）　最善に次ぐこと。例 次善の策を講じる。
- □通底（つうてい）　基本的な部分が共通していること。
- □予断（よだん）　前もって判断すること。予測。
- □余念（よねん）　他の考え。余計な考え。
- □反目（はんもく）　仲が悪く、対立すること。にらみあい。
- □席巻（せっけん）　激しい勢いで勢力の範囲を広げること。
- □柔和（にゅうわ）　ものごしがやわらかく穏やかなこと。
- □無類（むるい）　並ぶものがないほどすぐれていること。
- □逆境（ぎゃっきょう）　物事がうまくいかない境遇。↔順境
- □無難（ぶなん）　欠点もないがすぐれてもいないこと。
- □善処（ぜんしょ）　事態に応じて適切に対処すること。
- □留意（りゅうい）　心にとどめて、気をつけること。
- □不遜（ふそん）　思い上がっていること。例 不遜な態度。
- □安住（あんじゅう）　現在の境遇に満足していること。
- □綿密（めんみつ）　細かい点までよく考えること。
- □雄弁（ゆうべん）　言葉がたくみで力強いこと。
- □露呈（ろてい）　隠れていたものが表に出ること。

三字熟語

- □青写真（あおじゃしん）　未来の構想。完成の予想図。
- □風物詩（ふうぶつし）　季節の感じをよく表している物事。
- □有頂天（うちょうてん）　非常に喜んで、夢中になる様子。
- □絵空事（えそらごと）　現実にはありそうもない作りごと。
- □正念場（しょうねんば）　実力を発揮させるべき大事な場面。
- □下馬評（げばひょう）　関係のない人たちがするうわさ。
- □金輪際（こんりんざい）　どんなことがあっても。決して。
- □百面相（ひゃくめんそう）　顔の表情をさまざまに変えること。
- □別天地（べってんち）　この世とは思えぬほどの理想の地。
- □仏頂面（ぶっちょうづら）　愛想のない顔。不機嫌な顔つき。
- □先入観（せんにゅうかん）　最初からの思いこみ。
- □野放図（のほうず）　勝手に振る舞う態度。
- □無造作（むぞうさ）　意識せずに気軽にする様子。
- □試金石（しきんせき）　物事の価値を判断する基準や手段。
- □登竜門（とうりゅうもん）　成功や出世のために通るべき試練。
- □門外漢（もんがいかん）　その分野の知識や経験がない人。
- □醍醐味（だいごみ）　物事の最も面白いところ。
- □天邪鬼（あまのじゃく）　人に逆らうひねくれ者のこと。
- □生半可（なまはんか）　中途半端でいいかげんなこと。
- □真骨頂（しんこっちょう）　真の実力や素晴らしさ。
- □日和見（ひよりみ）　情勢によって態度を変えようとすること。
- □色眼鏡（いろめがね）　かたよった物の見方をすること。

- □断末魔（だんまつま）　死に際の悲鳴や苦しみ。
- □破天荒（はてんこう）　前例がないことを初めてすること。
- □好事家（こうずか）　変わった物事に興味を持つ人。
- □居丈高（いたけだか）　相手を威圧するような態度。
- □泥仕合（どろじあい）　互いに悪口や中傷を言い合うこと。
- □無尽蔵（むじんぞう）　尽きることがないこと。
- □善後策（ぜんごさく）　問題や事故のうまい後始末の方法。
- □太鼓判（たいこばん）　確実であると保証すること。
- □荒療治（あらりょうじ）　強引で乱暴な治療や処置。
- □紙一重（かみひとえ）　非常にわずかな差や程度のこと。
- □役不足（やくぶそく）　実力に対して役目が軽すぎること。
- □集大成（しゅうたいせい）　多くのものを集めて完成させること。
- □往生際（おうじょうぎわ）　死に際や敗北の時の様子。
- □目論見（もくろみ）　成し遂げるための計画や見込み。
- □千里眼（せんりがん）　遠くのものや未来が見える能力。
- □一筋縄（ひとすじなわ）　普通の方法や手段。
- □急先鋒（きゅうせんぽう）　戦闘や行動の先頭に立つ人。
- □老婆心（ろうばしん）　過度に心配する気持ち。
- □茶飯事（さはんじ）　よくあることや簡単なこと。
- □金字塔（きんじとう）　後世に永く残る立派な業績。偉業。
- □千秋楽（せんしゅうらく）　芸能などの最終公演。
- □付焼刃（つけやきば）　にわかじこみで身につけた技術や知識。
- □不文律（ふぶんりつ）　非公式で慣習的な法則・規則のこと。
- □未曾有（みぞう）　過去に例のない大変な出来事や状況。

四字熟語

- □異口同音（いくどうおん）　多くの人が同じことを言うこと。
- □一期一会（いちごいちえ）　一生に一度の出会い。
- □一日千秋（いちじつせんしゅう）　待ち遠しくてたまらないこと。
- □一進一退（いっしんいったい）　前進と後退を繰り返すこと。
- □右往左往（うおうさおう）　うろたえてあちこち動くこと。
- □起死回生（きしかいせい）　絶望的な状況から立ち直らせること。
- □空前絶後（くうぜんぜつご）　前例も後例もないほど珍しいこと。
- □五里霧中（ごりむちゅう）　手がかりがなくて迷っていること。
- □言語道断（ごんごどうだん）　言葉にならないほどひどいこと。
- □自画自賛（じがじさん）　自分で自分をほめること。
- □付和雷同（ふわらいどう）　自分で考えず他人に同調すること。
- □晴耕雨読（せいこううどく）　悠々自適な生活を送ること。
- □暗中模索（あんちゅうもさく）　暗闇の中で手探りして探すこと。
- □厚顔無恥（こうがんむち）　あつかましく恥知らずなこと。
- □以心伝心（いしんでんしん）　言葉を使わなくてもわかること。
- □前代未聞（ぜんだいみもん）　聞いたことがないほどの出来事。
- □我田引水（がでんいんすい）　自分の都合のよいようにすること。
- □理路整然（りろせいぜん）　話などの筋道が整っているさま。
- □竜頭蛇尾（りゅうとうだび）　はじめはよいが後半は失速すること。
- □疑心暗鬼（ぎしんあんき）　疑いの気持ちから不信感を持つこと。
- □自暴自棄（じぼうじき）　自分を見限り、やけになること。
- □言行一致（げんこういっち）　言葉と行動が一致していること。
- □因果応報（いんがおうほう）　自らの行いに応じた報いがあること。
- □虎視眈々（こしたんたん）　機会をじっと狙っている様子。
- □粉骨砕身（ふんこつさいしん）　力の限り精一杯努力すること。
- □山紫水明（さんしすいめい）　自然の風景が美しいこと。
- □縦横無尽（じゅうおうむじん）　思い切り自由に動けること。
- □公明正大（こうめいせいだい）　正直で公正であること。
- □金科玉条（きんかぎょくじょう）　一番大切な決まりや法律。
- □本末転倒（ほんまつてんとう）　物事の優先順位を取り違えること。
- □表裏一体（ひょうりいったい）　見かけは違うが、本質は同じこと。
- □抱腹絶倒（ほうふくぜっとう）　腹を抱えてひっくり返るほど笑うこと。
- □平身低頭（へいしんていとう）　ひたすら謝ること。
- □用意周到（よういしゅうとう）　万全な準備がととのっていること。
- □針小棒大（しんしょうぼうだい）　小さなことで大騒ぎすること。
- □利害得失（りがいとくしつ）　利益と損失のこと。
- □首尾一貫（しゅびいっかん）　終始、一貫性があること。
- □臨機応変（りんきおうへん）　状況に応じて適切に対処すること。
- □岡目八目（おかめはちもく）　第三者のほうがよくわかること。
- □傍若無人（ぼうじゃくぶじん）　他人を無視し勝手に振る舞うこと。
- □品行方正（ひんこうほうせい）　道徳的で正しい行動を取ること。
- □和魂洋才（わこんようさい）　日本の心と西洋の知識の融合。
- □枝葉末節（しようまっせつ）　本質ではない、細かいこと。
- □温故知新（おんこちしん）　過去から学び新しく発見すること。
- □有名無実（ゆうめいむじつ）　名ばかりで実質が伴わないこと。
- □清廉潔白（せいれんけっぱく）　心が清らかで私欲がないこと。

巻末付録3

覚えておきたい ことわざ・慣用句

ことわざ

□後は野となれ山となれ
後はどうなってもかまわないという気持ち。

□瓜の蔓に茄子はならぬ
平凡な親からは平凡な子しか生まれない。

□枯れ木も山のにぎわい
つまらぬものもないよりはましだということ。

□青菜に塩
急に元気がなくなること。

□棚からぼたもち
思いがけない幸運をつかむこと。

□角を矯めて牛を殺す
欠点を直そうとして全体をだめにすること。

□木に縁りて魚を求む
方法を間違えると成功することはない。

□医者の不養生
人に言いながら、自分は実行しないこと。

□賽は投げられた
一度始めた以上はやるしかないこと。

□腹も身の内
度をこえた飲み食いはつつしんだほうがいい。

□針の穴から天をのぞく
少ない知識大きな事柄について勝手な推測をする。

□貧すれば鈍する
貧しくて苦労すると才知が鈍ってしまう。

□下手の考え休むに似たり
よい知恵がなく考えても時間の無駄である。

□李下に冠を正さず
他人から疑われるような行為は避けるべきだ。

□年寄りの冷や水
老人に不相応な危険なことのたとえ。

□門前の小僧習わぬ経を読む
普段から見聞きしていれば自然に身につく。

□人事を尽くして天命を待つ
自分のできることをやって結果は運命に任せる。

□袖振り合うも他生（多生）の縁
偶然出会った人にも深い縁がある。

□大山鳴動してねずみ一匹
大げさに騒いだのに実際の結果が小さいこと。

□鹿を追う者は山を見ず
目的に夢中になると周りが見えなくなる。

□栴檀は双葉より芳し
才能や美徳は幼い頃から現れるということ。

□火中の栗を拾う
他人の利益のために危険を冒すこと。

□義を見てせざるは勇無きなり
正しいことを知りながら行動しないのは臆病だ。

□鶏口となるも牛後となるなかれ
小さな団体の中でもトップになるほうがよい。

□清水の舞台から飛び降りる
思い切った決断をする。

□昔取った杵柄
昔身につけて自信のある技術。

□壁に耳あり障子に目あり
秘密の話は他人に知られるかもしれない。

□住めば都
どんなところでも慣れれば快適に暮らせる。

□朱に交われば赤くなる
仲間の影響を受けやすいこと。

□一寸の虫にも五分の魂
どんなに小さなものにでも意地がある。

□天高く馬肥ゆる秋
秋の快適な気候のこと。

□情けは人のためならず
人に情けをかければいつか自分に返ってくる。

慣用句

□後ろ髪を引かれる
あとのことが気がかりだ。

□足が早い
食べ物などがくさりやすい。

□腕によりをかける
能力を発揮しようとしてはりきる。

□顔に泥をぬる
恥をかかせる。

□肩を持つ
争いをしている一方の味方をする。

□肝を冷やす
驚いてひやっとする。

□口を割る
隠していたことを白状する。

□水に流す
過去のことをなかったことにする。

□木で鼻を括る
冷淡な態度や不愛想な様子。

□頭が下がる
相手に尊敬の気持ちをいだくこと。

□色を失う
驚きや恐れで顔色が青くなる。

□機先を制する
先手を打って人より有利な立場に立つ。

□水泡に帰する
努力したが、無駄に終わる。

□すねに傷を持つ
人に隠したいやましいことがある。

□てこでも動かない
どんな手段を用いても動かない。

□天に唾する
人に害を与えようとして自分が被害を受ける。

□流れにさおさす
時流に乗るように物事がうまく進むこと。

□生き馬の目を抜く
他人を出しぬいて素早く利を得るさま。

□鵜の目鷹の目
鋭いまなざしでものをさがし出そうとする。

□頭角を現す
すぐれた才能や能力を見せる。

□眉に唾をつける
だまされないように用心することのたとえ。

□固唾をのむ
物事の経過や成り行きを緊張して見守る。

□まんじりともしない
少しも眠らない。

□食指が動く
何かに興味や欲望を感じる。

□下駄を預ける
その事柄に関する一切を相手に任せる。

□敷居が高い
不義理があって相手の家を訪問しづらい。

□大風呂敷を広げる
実現不可能な大それた計画を立てる。

□手前味噌
自分で自分のことをほめること。

□なしのつぶて
連絡をしても返事のないこと。

□二の舞を演じる
前の人の失敗を繰り返すこと。

□角が立つ
理屈っぽい言動によって人との関係性が穏やかでなくなる。

□勿怪（物怪）の幸い
思いがけない幸運。

□抜き差しならない
動きがとれずどうにもならない状態にある。

□袂を分かつ
行動を共にした人と別れること。

□路頭に迷う
生活の道をなくしてひどく困る。

巻末付録4

覚えておきたい 心情語

プラスの気持ち

□うれしい・喜ぶ・満足する・満ち足りる
□感動する・感激する
□すがすがしい・晴れ晴れする
□感謝する・ありがたく思う
□安心する・ほっとする・安堵する
□あこがれる・尊敬する
□待ち望む・待ち遠しく思う
□決意する・決心する・はりきる・意気込む
□はげます・応援する
□ほほえましく思う・いじらしく思う
□いとおしく思う・愛らしく思う
□慕わしく思う・好ましく思う・好意を抱く
□共感する・親しみを感じる・親近感を抱く
□誇らしく思う・自尊心を抱く・自慢に思う・優越感を抱く
□達成感を抱く・充実感を抱く
□懐かしい

マイナスの気持ち

□悲しい・せつない
□落ち込む・がっかりする・落胆する
□不満に思う・不服に思う・反発する・怒る・腹を立てる・憤る
□不安に思う・心配する・心もとなく思う
□恐ろしく思う・恐怖を感じる
□緊張する・張りつめる
□後ろめたい・申し訳なく思う・反省する・やましい・罪悪感を抱く・罪の意識を感じる
□悔やむ・後悔する・無念に思う
□負い目を感じる・心苦しく思う・自責の念を抱く・自己嫌悪におちいる
□劣等感を抱く・引け目を感じる・気後れする
□恥ずかしい・羞恥心を抱く
□ふがいない・無力感を抱く
□つらい・いたたまれない
□もどかしい・はがゆい・じれったい
□憂鬱になる・屈託する
□わだかまりを感じる
□ためらう・躊躇する・迷う・悩む・しりごみする
□あせる・焦燥感を抱く
□愕然とする・呆然とする
□心残りに思う・未練を感じる
□気まずい・気づまりに思う
□妬む・うらやむ・嫉妬する
□うぬぼれる・思い上がる
□見くびる・あなどる
□見下す・さげすむ・軽蔑する
□疑う・いぶかしむ・怪訝に思う・違和感を抱く
□動揺する・混乱する・困惑する・戸惑う
□憐れむ・気の毒に思う
□疎ましく思う・嫌悪感を抱く
□敵意を抱く
□あきれる・見限る・あきらめる
□さびしい・孤独を感じる・疎外感を抱く
□失望する・絶望する
□喪失感を抱く
□悼む・冥福を祈る

プラス・マイナスどちらもある気持ち

□驚く・衝撃を受ける
□興奮する
□同情する

巻末付録5

覚えておきたい カタカナ語

□リテラシー
読み書きの能力。ある分野に関する知識や能力。

□アイデンティティー
自分らしさ。独自性。

□ストイック
欲望をおさえて、目標に向けて努力するさま。

□マイノリティー
少数派。↕マジョリティー

□ボーダーレス
境界や国境がないこと。

□カテゴリー
部門。範囲(はんい)。考え方の枠組(わくぐ)み。

□ネガティブ
否定的。消極的。↕ポジティブ

□グローバル
世界的規模であるさま。

□バイアス
考え方のかたより。偏見(へんけん)。意図的な極論。

□パラダイム
時代や地域においての支配的なものの見方。

□フィクション
作り話。創作されたもの。↕ノンフィクション

□プリミティブ
原始的な。素朴(そぼく)な。

□マクロ
全体的で広い見方。↕ミクロ

□モラトリアム
社会的な責任や義務を猶予(ゆうよ)される期間。

□プロセス
仕事や作業を進める方法。過程。手順。

□リスク
危険の生じる可能性。危険度。

□ジレンマ
二つの選択肢(せんたくし)の間で苦しむこと。

□インフラ(インフラストラクチャー)
社会の基盤(きばん)となる設備や制度。

□エビデンス
事実や根拠(こんきょ)を示すもの。

□オーソドックス
正統的とされる考え方や方法。

□コンセンサス
意見や判断が一致(いっち)すること。

□ジェンダー
社会的・文化的に形成される男女の差異。

□センチメンタル
感傷的な気分や感情のこと。

□ターニングポイント
物事が変わる決定的な時点。

□バロメーター
物事の状態を推測する目安となるもの。

□ステレオタイプ
一般化(いっぱんか)された固定観念やイメージ。

□ノスタルジー
過去のよい思い出に浸(ひた)る感情。

□ブラックボックス
内部の仕組みが不明な装置やシステム。

□メカニズム
物事の仕組みや動き方。

□レッテル
人や物に与(あた)えられる分類や評価。

□コミュニティー
共通の目的や関心を持つ集団。共同体。

□コンセプト
ベースとなる考え方や構想。概念(がいねん)。発想。

□ニュアンス
表現や色彩(しきさい)などの微妙(びみょう)な意味合いや色合い。

著者紹介

井上　秀和（いのうえ　ひでかず）

1973年福岡県生まれ。

大学在学中に塾講師や家庭教師を経験し、「小学生や中学生に教えることの面白さや奥深さ」に目覚める。大学卒業後、いくつかの進学塾を経て、現在は主に家庭教師やオンライン授業（1：1形式）で、御三家志望者から国語が苦手な受験生まで幅広く指導している。YouTubeチャンネル「プロ家庭教師・井上秀和の『ここだけの話』」では、解説動画や国語の勉強法動画などを配信し、受験生やその保護者のみならず、教育関係者からも注目を集めている。

理想とする国語の指導スタイルは、「曖昧さを徹底的に排除した、算数や英語のような『論理的説明』による授業」。

主な著書に『中学受験国語 文章読解の鉄則 増補改訂版』『中学受験国語の必須語彙2800』『中学受験国語の必須語彙ドリルA（基礎レベル）』『中学受験国語の必須語彙ドリルB・C（標準・ハイレベル）』（以上、エール出版社）などがある。

- X（旧Twitter）アカウント：@inouekokugolabo
- YouTube プロ家庭教師・井上秀和の「ここだけの話」：@inoue-kokugo-lab
- Ameba ブログ 国語講師 井上のここだけの話！：https://ameblo.jp/hidekun-111/

□ 本文デザイン・DTP　㈱ムサシプロセス
□ 編集協力　大木富紀子　平松佳子
□ 校正　㈱鷗来堂

シグマベスト
塾講師が公開！
中学入試 国語 塾技100

著　者　井上秀和
発行者　益井英郎
印刷所　株式会社天理時報社
発行所　株式会社文英堂
〒601-8121　京都市南区上鳥羽大物町28
〒162-0832　東京都新宿区岩戸町17
(代表)03-3269-4231

●落丁・乱丁はおとりかえします。

「キーワード」の発見

解答 エ

解説

本文で何度も繰り返される「親ガチャ」という言葉が「キーワード」であることに気づきましたか。本文では、はじめに「親ガチャ」という言葉に出会ったときのことが書かれています。そして、そのあとの部分では「ガチャ」という言葉の元々の意味を挙げ、そこからどのように「親ガチャ」という言葉が生まれたのかをくわしく述べています。

問題 ここでは「親ガチャ」がどのようにして生まれた言葉であるかが問われているので、本文中で「ガチャ」という言葉が「親ガチャ」に転じていく過程を説明している部分を確認します。「ガチャ」とは、元々は硬貨を入れてレバーを回すことでカプセル入りのおもちゃが出てくる装置に由来する言葉であること、そこから転じて、「親ガチャ」という言葉で、子がどんな両親のもとに生まれるかという運を表現するようになったと述べられています。それとほぼ同じ内容が書かれている**エ**が正しいとわかります。

アは、「人生の様々な場面において金銭がものをいうことを指す言葉として広がり」という部分が本文には書かれていないため誤りです。**イ**は、冒頭が「『運や道徳』に関する大学の授業の中で学生の中に広まり、それがスマホなどのソーシャルゲームに取り入れられ」となっていますが、筆者が学生のコメントの中に「親ガチャ」という言葉を見た時点ですでに「親ガチャ」という言葉は若者の間に広がっているので、誤りです。**ウ**は、「元々は自らが貧しい家庭に生まれついたりした不運をなげく言葉であった『ガチャ』が」とありますが、「ガチャ」という言葉には「プラス」「マイナス」両方の可能性があり、「自らが貧しい家庭に生まれついたりした不運をなげく」という意味はありません。

塾技 2

「筆者の主張」の発見

解答 例 世の中で起きていることについて自分なりに考えられるようになるために必要な情報を、ニュースのプロが無駄なく効率的に選んでいる点。

解説

本文は、新聞とウェブにおける情報の違いについて述べています。どちらも情報を扱っている点では共通しますが、新聞はあらかじめプロが情報を選別してくれています。一方、ウェブはネット上に膨大な情報があふれているため、自分で必要な情報を選ぶ必要があります。そういった意味では、新聞のほうが初心者に向いているメディアと言えるのです。

問題 筆者はなぜ新聞が「初心者向け」のメディアだと主張しているのでしょうか。まずは新聞について説明されている箇所を本文中から探してみましょう。「〜が必要です」「〜なのです」「つまり〜」などに着目できたでしょうか。これらが、本文から解答の要素を探すヒントになります。

①世の中で起きていることについて、自分なりに考えることができるようになるには、世の中の動きに関する基本的な知識が必要です

②いま何が起き……ニュースのプロが無駄なくざっくり選んでくれるのが新聞なのです

③つまり、新聞は新聞社がニュースのソムリエになって、読者のみなさんに世の中で起きている出来事を、責任をもって伝える媒体なのです

これらの部分をもとに、文中にある語句をうまく使ってまとめればよいでしょう。

塾技3 内容の「かたまり」と文章構造

解答 イ

解説

本文では「読む」という行為に関する「筆者の主張」が展開されています。それぞれの段落で話題の中心になっていることがらをつかんでいきましょう。段落の内容に対して、小見出しはつけられましたか?

問題 1段落では、「『読む』ということを考えると、読み方には二通りある」と述べられています。小見出しは「読み方には二通りある」でよいでしょう。2~4段落では、「あらかじめ知っていること」を読むときについて書かれています。こういった読み方を「アルファ読み」といい、これがそのまま小見出しになります。続いて、5・6段落は、「知らないこと」を読むときの説明がされています。この読み方を「ベータ読み」といい、これが小見出しになります。残るは7~9段落ですが、7段落はアルファ読みの欠点（限界）について述べられています。一方、8・9段落では、ベータ読みの利点が説明されています。ここから、7段落と8・9段落を分けてもよいのですが、選択肢の中に、1─[2・3・4]─[5・6]─7─[8・9]という分け方はありません。したがって、7~9段落には、これまでの「まとめ」が書かれていると考えるのが妥当です。したがって、イが正しいとわかります。

このように、段落分けの問題は、問題を解く側が自由に段落分けをする形式では出題されません。与えられた条件（ここでは選択肢）から、無理のない分け方を考えて解答を導くようにしましょう。

塾技4 「問いかけ」と「答え」

問題1 例 疑って問いを発し、仮説を立て検証すること（を繰り返すこと。）［20字］

解説

本文のように、科学とは何かを考えたり、科学のあり方を論じたりする文章は、中学入試では頻出です。文章中で述べられているテーマに関する知識があると読みやすくなりますので、今回の内容などは覚えておきたいところですね。

一般的に、科学は「一〇〇パーセント正しい」と思われがちですが、本文では、科学の法則や理論は「絶対的な真理ではない」とし、科学とは「限られた認識の手段を使って、少しずつ真理に近づいていこうとする営み」であると述べられています。

問題 設問文には、科学が真理に近づくためには「三つの段階」があると書かれています。これは、「答えの誘導」にあたります。三つの段階について短くまとめられている箇所を本文から探して、指定された字数で解答を作成しましょう。

まずは、18行目に「その第一歩は、『疑うこと』から始まります」とあり、22~23行目に「本当かどうかと疑い」「問いを発します」とあります。これが科学の初期の段階です。次に、24行目に「解答（回答）のための仮説を立てます」と書かれています。科学においては、仮説を立てるということが重要なポイントです。そして三段階目で、仮説がきちんと裏づけられるかどうか、実験などを通じて「検証」（27行目）していきます。検証した結果、仮説通りの結果が出ない場合は、仮説を修正する必要があります。

以上のことを三つにまとめると、次のようになります。

①まわりの意見を鵜呑みにせず、本当かどうかと疑い、問いを発する
②問いに対して、解答の仮説を立てる
③仮説が裏づけられるまで修正しながら検証する

これらの中からキーワードを抽出して二十字以内におさめる必要があります。字数がなかなか厳しいですね。「疑う」「問う」「仮説」「検証」という四つのキーワードを使ってコンパクトにまとめていきましょう。

塾技5 「一般論」と「筆者の主張」の対立

解答 エ

解説

本文は、災害時における日本人の態度と行動について述べられています。日本人は周りの人と協力して助け合うことができる（＝協調性がある）のですが、その反面で、欧米からは個性がないと批判されてきた歴史があります。近年の中学入試では、本文のように日本人のよい特性を取り上げた文章が多く見られます。しっかりと内容を理解しておきましょう。

問題 大災害にあった人たちがインタビューを受けたときに、泣きわめくことなく、ときには笑顔を見せる理由を問うています。

まずは、――線部より後ろの部分に着目しましょう。今回の**塾技5**のポイントである「もちろん…しかし～」のカタチに気づいたでしょうか。被災した人々は、「もちろん」悲しいし、大声をあげて泣きたいでしょう。「しかし」それでは相手が悲しい気持ちになってしまうので、じっと耐えて、あえて笑顔を見せるのです。相手の心に同調できるのは日本人のよさだといえます。

選択肢を見てみると、**エ**に「日本人は相手の心に同調する」「見ている人まで悲しませてしまう」とあるので、これが正解だとわかります。

アは、「個人的な感情を表せばそれを見た人から批判される」が本文には書かれていないので誤りです。**イ**は、「自分が被災した悲しみを押し殺すことにも慣れているから」が誤りです。被災したことが悲しいのには違いないのです。**ウ**は、「自分が笑顔を見せることでそれを見た日本中の人を笑顔にしようとする」という部分が極端な内容で誤りです。**オ**は、「笑顔でいた方がそれを見た人に心の中の悲しみが伝わる」が誤りです。日本人は相手のことを思いやり、悲しませたくないと考えるのです。

塾技6 定義のカタチ「AとはB」

解答 イ・キ〔順不同〕

解説

私たちは日常生活において「会話」と「対話」を区別して使うことはあまりないかもしれません。本文は「対話」とは何かについて説明しています。

今回の**塾技6**では、「AとはB」という定義のカタチを学習しましたね。「対話」の定義について書かれている箇所は、8行目の「対話とは」から始まる形式段落です。その内容を簡単にまとめると、次のようになります。

・対話とは真理を求める会話であり、何かの問いに答えたり、自分の考えが正しいのかを知ろうとしたりして、だれかと話し合い、真理を探究する会話である

ここでのポイントは、ただの情報交換や検索ではなく、きちんと検討しなければ得られない真理を得たいときに対話をするということです。

問題 それぞれの選択肢の内容をしっかりと確認していきましょう。**ア**は、「旅行にどんな服を持っていくか」ということで、ただの意見交換にすぎないので「会話」です。**イ**は、感染症根絶という重大な社会問題に対して、それぞれの意見をぶつけあって最善の策を考えているので「対話」といえます。**ウ**と**エ**は少し迷いますが、「地域の清掃の順番決め」や「新商品の並べ方」は「真理を探究する」のとは違うので誤りです。**オ**は、目的地に早く着くために駅員に相談しているだけで、対話ではありません。**カ**は、八百屋との値段交渉ですので「真理を探究する」こととは違います。**キ**は、「より良いクラスを作る」ためにはどうしたらよいのか、おたがいに意見を出し合って検討しているので「対話」といえます。**ク**の「食事場所の打ち合わせ」は、日常的な「会話」にすぎません。

塾技7 強調のカタチ「AこそB」

解答 エ

解説 近年の中学入試では、歴史学に関する文章も、たびたび出題されています。

本文では「歴史は『あとから』語られるものだ」と述べられています。これは、「いま」の視点と「いま」の考え方で過去をとらえているということです。たしかに、私たちは「いま」の時代に生きていて、そこから過去を考察せざるをえません。ですから、「いま」の感覚を完全に排除して歴史を見ることはできないのですね。ということは、「いま」が変化することによって、歴史のとらえ方も変わってくるということです。そのため、筆者は、自分たちが生きている「いま」をどう考えるかという視点で、過去を「いま」に結びつけて考えることが重要なのだと考えているのです。

問題 今回の塾技7では、「こそ」という強調表現に注目して筆者の主張を発見することを学習しました。本文では、26行目に「でも、このことこそが歴史というものなんです」と書かれていて、筆者が「このことが歴史だ！」と強く主張していることがわかります。

では、「このこと」とは、どのようなことでしょうか。直前の段落に注目すると、「評価が、『いま』の変化によって、二転三転していく」「そのときどきの『いま』というものによって、振り回されてい」ると書かれています。これが、「このこと」の内容です。でも、そのことを筆者は決して否定的にとらえてはいません。30行目から始まる最後の段落で、筆者は自分たちが生きている「いま」をどう考えるか、という視線が過去に向かい、過去を「いま」と結びつけて考えることこそが「歴史」であると述べています。本文の最後の一文にも「こそ」という強調表現が使われていることに注意しましょう。この筆者の考えと同じ内容になっている選択肢は**エ**ですね。

アには、歴史を特定の視点から語るのはさけるべきであると書かれていますが、本文では、「いま」から語られることからは逃げられないと説明されていたので、これは誤りです。**イ**には、「今後のあるべき姿を考える」とありますが、本文にはそのような内容は書かれていないので誤りです。**ウ**には、「どれが妥当な歴史なのかを見極める姿勢が大切」とありますが、どの立場から語られた歴史が妥当かを見極めるべきだということは本文で述べられていないため、誤りです。

「こそ」という強調表現に注意して筆者の主張をつかめば正解できる問題でした。

塾技8 比較のカタチ「AではなくB」「AだけではなくB」

解答 ウ

解説 本文では、「人里」と「人里もどき」についての説明がされていました。「～もどき」とは、「似ているけれどもまったく違うもの」という意味です。

まずは、「人里」がどのようなものなのかを確認していきましょう。「人里」とは、人間が意図的に自然に変化を加えているが、自然の側も自然の論理にもとづいて押し戻してくる、そのような人間の論理と自然の論理の押し合いがなされている場所を指しています。

一方の「人里もどき」は、自然の論理が押し戻してくるのを一切認めない場所のことを指します。そこでは自然の論理は徹底的に排除され、人間の論理のみがはたらいています。16～17行目に「このようにして生じるものは人里ではなく、たんに擬似人里、人里もどきにすぎない」

とあることから、筆者がこのような場所を批判的にとらえていることがわかります。

問題 あちこちでつくられている「自然の森」や「水と緑の公園」のほとんどすべてが「人里もどき」であると言える理由を選ぶ問題です。まずは――線部とその周辺をていねいに確認していきましょう。――線部の直前には、「一見、自然のように見えても、そこに自然はない」「徹底的に人間の論理で貫かれている」と書かれています。

選択肢を見ていきましょう。**ア**は、筆者が批判している「人里もどき」を肯定した内容になっているので誤りです。**イ**には、「人間が生活する場所ではないから」とありますが、人間が生活する場所であるかどうかはここでのポイントではありません。**ウ**は、先ほど述べた「人里」と「人里もどき」の違いに言及し、「人里もどき」を否定しているので、正解です。**エ**は、「人里」を「人間の論理を排除して」いる場所だとしている点が誤りです。「人里」は、人間の論理と自然の論理の押し合いがなされている場所でしたね。**オ**は、「人間の論理は不徹底で」が間違いです。「人里もどき」は人間の論理が「徹底」している場所なのです。

塾技 9 「対比」の発見

解答 エ

解説

今回は中学入試で頻出の、文化人類学者・松村圭一郎氏の文章が出典になっています。文化人類学とは、その名の通り、人類の社会的・文化的な側面を研究する学問です。ここでは、エチオピアと日本の文化が比較されています。このように、二つ以上のものが比べられるのが、今回の塾技⑨で学んだ「対比」にあたります。エチオピアには、精神を病んだ人がいても、きちんと関わりながら日常のこととして受け入れる風土があります。一方、日本では、精神に「異常」をきたした人は、家族や病院、施設に隔離され、私たちの日常生活からも排除されて関わらないようになります。私たちはそのような状態を「ふつう」の世界ととらえてしまっていますが、筆者はそのような状態が「ふつう」になってしまっていることに疑問を投げかけているのです。

問題 ――線部「『ふつう』の世界は、じつは傍らにいる他者によって、つねにその足もとを揺さぶられている」を説明した文が設問につけられていて、その中にある（　）に適切な言葉を補う問題です。――線部と（　）の含まれた文を並べて見てみましょう。

- 「ふつう」の世界は、じつは傍らにいる他者によって、つねにその足もとを揺さぶられている
- 「ふつう」と信じられている世界は、周りにいながら見なかったことにしている、異質な他者の存在を通じて、（　）

ここから、（　）には、――線部の「つねにその足もとを揺さぶられている」を言い換えた内容が入ることがわかります。では、「足もとを揺さぶられている」とはどういうことでしょうか。ここでは、私たちが「ふつう」だと信じて疑わないことがそうではなくなるということを意味します。先ほども確認したように、日本では、精神に「異常」をきたした人を日常生活から排除して関わらないことが「ふつう」になっています。しかし、異質な他者の存在によって、それが本当に「ふつう」なのかを考えなくてはいけなくなるのです。これに近い内容のものは、**エ**ですね。

アには、「すべての人が平等にあつかわれる公平な社会が築けるかどうかを、試され続けている」とありますが、これは本文に書かれていないので、間違いです。**イ**は、「一部の人を無視するような姿勢が許されるのかどうか」という部分が誤りです。近くにいる存在を「無視」しているのではなく、隔離し関わろうとしない

のです。また、「許されるのかどうか」ではなく、正しくは「それが本当に『ふつう』なのかどうか」です。なんとなく読むとひっかかってしまいそうな、きわどい選択肢ですね。**ウ**には、「『ふつう』とそうでない物事を区別することの無意味さ」とありますが、本文にはこのような内容は書かれていないので、誤りです。

塾技10 「類比」の発見

解答

問題1 例 時間をかけずに行うと、単にそのことをしたという事実が残るだけで、様々な魅力を見落としてしまう点。

問題2 例 本の中の様々な仕掛けや意味深い一節、絶妙な表現を味わえる。

問題3 A ウ　B カ［順不同］

解説

本文は「スロー・リーディング」という本の読み方を説明したものです。スロー・リーディングとは、一冊の本にできるだけ時間をかけ、ゆっくりと読むことです。筆者は、この「スロー・リーディング」のよさを説明するために、「海外旅行」と「読書」の共通点を挙げています。これが、今回の**塾技⑩**で学習した「類比」ですね。それぞれの特徴をもとに、共通点を確認していきましょう。

①旅行…時間をかけずに短時間でザッと見て回ると、その土地に行ったという事実が残るだけで、その土地の魅力を堪能できない

②読書…時間をかけずに読むと、単に読んだという事実が残るだけで、本の様々な魅力を見落としてしまう

ここから、時間をかけずに行うとその魅力を十分に味わえないので、時間をかけてじっくり行うべきだという筆者の主張が読み取れますね。

問題1 ここでは、「読書」と「旅行」のどのような点が同じなのかが問われています。先ほど確認した「旅行」と「読書」の共通点をもとに考えていけばよいでしょう。「時間をかけずに行うと」「したという事実が残るだけ」「様々な魅力を見落としてしまう」というように、両者に共通して言える形でまとめましょう。

問題2 「得をする読書」という部分に——線が引かれていて、「どのような得をするのですか」と問われています。「得」とは、利益を得ることですので、本文でプラスの内容が具体的に述べられている部分（19〜20行目）を使って、解答をまとめましょう。

問題3 「スロー・リーディング」とは、ゆっくりと鑑賞の手間を惜しまずに本を読むことでしたから、これに近い意味の**ウ**の「熟読」と**カ**の「精読」を選べばよいでしょう。

ちなみに、**ア**の「通読」とは、はじめから終わりまで読み通すことです。**イ**の「素読」とは、意味内容を考えることなく、文字だけを音読することです。**キ**の「乱読」とは、いろいろな本を手当たり次第に読むことです。

塾技11 「対比」と「類比」

解答

ア

解説

本文では、「文明」と「文化」について説明されています。この二つは違うものですが、はっきりと分類できないものもあると筆者は主張しています。

「文明」と「文化」の特徴をまとめると、以下のようになります。

①文明…人々の苦しみや危険性などを減らす活動。不便さをなくそうとするもの。生活になくてはならないもの

②文化…人々に喜びをもたらす活動。命の維持を超えた価値を作り出し、人間らしい生活を提供するもの

ただし、文化は「生活になくてもよいもの」というわけではありません。東日本大震災の約三カ月後に筆者が被災地を訪れた際に、多くの人が文化としての楽しみを得ようとして書物を探していました。人間は根源的に文化を必要としているのですね。

問題 「文化と文明の両面を持っている」ものの例を選ぶ問題です。本文では、具体例として「スポーツ」と「家屋」が挙げられていたので、それも参考にしましょう。「スポーツ」には、健康のためという「文明」的な側面と、やって楽しいという「文化」的な側面があります。また、「家屋」にも、休息と睡眠のための場所という「文明」的な側面と、外見や調度の美しさが心のゆとりを与えるという「文化」的な側面があります。

アの「電話」は、「必要な情報をすぐに届けられる」という「文明」的側面と、「おしゃべりを楽しむ」という「文化」的側面の両方があるので、これが正解です。

イの「衣服」の説明については、「着こなしやおしゃれ」は「文化」であり、「外気や衝撃から身を守る価値を作り出す」のは「文明」です。「文化」と「文明」の役割が逆になっているので、誤りです。**ウ**の「裁判」は、「勝つことに喜びをもたらす」ものではありません。**エ**の「映画」は、「苦しい現実を忘れさせてくれる」のも「鑑賞して楽しむことができる」のも、「文化」的な活動と言えます。「文明」的な側面は含まれていないので、誤りです。

塾技12 指示語の活用

解答 例 所有できないはずのものに、自分のものだという意識が働く例。[29字]

解説 本文は、「所有」についての考えが述べられたものです。やや抽象的なテーマなので、難しく感じた人もいるかもしれませんね。ていねいに読み進めていきましょう。私たちが、あるものを「所有」していると言う場合、自分の好きなようにしてよいと考えがちです。ところが、本文のような例（ゴッホの絵や町の景観など）では、たとえそれを「所有」していなくても、それについて発言したり、権利を行使したり、利用したりすることが行われます。ここには「所有」を超えた見方があると、筆者は述べているのです。

問題 指示語が指し示している内容を探す際には、「直後をヒントにして前を見る」のでしたね。——線部は「こうした例」となっていて、「こうした」という指示語の直後に「例」という言葉がありますので、「例」にあたるものを探していきます。前を見てみると、25行目から始まる段落で「ある町の景観問題の例」が挙げられています。この段落の内容を簡単にまとめると、ある町に鉄塔が建つことになったときに、町の景観を気に入っている住民たちは、自分たちの体の一部が壊されるような感覚をもち、反対運動に立ち上がったというものです。この例では、以下の二点がポイントになります。

①景観を所有することはできない
②景観は自分たちのものという意識がある

なお、今回の問題では、「どのようなことの例ですか」と問われているので、「具体例そのもの」を答えてはいけません。「景観」という言葉を使わずに、他のものにも広くあてはまる表現でまとめていくようにしましょう。

塾技13 接続語の活用

解答 ア

解説 今回の文章では、「個人的なことは、政治的である」という考え方に対する筆者の主張が述べられています。一見すると、「個人的なこと」は「政治的なこと」とは結びつかないように思えます。「個人」にとっての問題は、あくまで私的なものだと感じられるからですね。しかし、本文にあるように、差別や抑圧は、社会全体の構造や国家体制、人々が一般的に持ってしまっている意識などによって起こっています。差別や抑圧によって生きづらさを感じるのは私的な空間においてですが、その原因は社会全体にあるということです。

問題 「この『夫』はなぜ『何もしない』のですか」と問われているので、「夫」が「何もしない」原因や理由を答える問題であることがわかります。「家に帰れば、何もしない夫」が生まれる背景にはどういったものがあるのでしょうか。――線部の前後をていねいに確認していきましょう。

この「夫」は「俺は外で働いているのだから、家事や子育て、教育、親の面倒など家のことはすべてお前（＝妻）の責任だ」と考えています。このような考えによって夫が妻を非難して責め立てるというような問題は私的な空間で起こります。しかし、24行目にある「でも」という接続語に注目すると、この問題は個人で解決できるようなものではなく、冒頭で述べられているように、政治的、社会的なことにつながっていく問題なのだということがわかります。「家に帰れば、何もしない夫」が生まれる背景には、このような社会的な問題が存在しているのです。

選択肢を見てみましょう。アは、「家事は女性の仕事である」という、日本の社会で常識とされてきた考え方に「夫」がとらわれているということですから、本文の内容と一致しますね。

これが正解です。

イには、「男性が外で働くのと同じ分だけ女性は家事で補うべき」とありますが、これは本文には書かれていませんし、「合理的な考え」とも言えないので、誤りです。**ウ**には、「女性が家事をすべきだという考え方が国際的に時代遅れだということに気づいていない」とありますが、本文ではこのように説明されてはおらず、また、個人的な気づきの問題でもないため、間違いです。**エ**は、「家事の経験がなく、家事は何もできない」という部分が誤りです。「家に帰れば、何もしない夫」は、家事が「できない」ということではなく、家事をやるのは男性ではなく女性であるという日本の古い常識にとらわれているということです。

塾技14 助詞「〜は」「〜も」「〜や」

解答 ア

解説 哺乳類の子は親に守られながら生きていますが、とりわけ「人」は、長い養育期間が必要となります。つまり、子供のうちはだれかを当てにして生きる必要があるということですね。ただし、昔と今とでは、その状況が違っています。昔の日本では、家庭に子供が沢山いることが多く、一人一人にかまっていられないこともあったでしょう。また、親に何かしてもらうためには、子供であっても親に気に入られるための努力をしなければならなかったのです。一方、現在では、子供の数も昔に比べて少なくなり、ちやほやされて育てられるようになりました。

また、学問（勉強）についても、昔は、労働の妨げにならない範囲でしか許されていませんでしたが、現在の子供は、勉強をしてさえいれば文句は言われず、その環境も整っています。「昔」と「今」を対比して、子供が置かれている状況がどのように変化したのかを読み取りましょう。

問題 まずは、今回の塾技14で学習した「は」に着目してみましょう。――線部には「現在は、事情は全く変わってしまった」とありますので、「現在」を「昔」と区別して強調していることがわかります。「昔」のことは、5行目の「昔は」から始まる段落に書かれています。一方、「現在」のことは、――線部を含む段落に書かれています。ポイントを簡単にまとめると、以下のようになります。

①昔…兄弟姉妹が沢山いたので、親に何かをしてもらうのは当たり前ではない
②現在…少子化で子供が少ないので、子供の多くはちやほやされて育てられる

以上の内容に近い**ア**が正解になります。

イには、「現在は子供の個性を引き出すためにあらゆる教育の機会が設けられるようになった」とありますが、筆者は〝個性を引き出す教育〟を「訳のわからないスローガン」や「ウソ」と批判しています。つまり、筆者は子供の個性を引き出す教育など行われていないと考えているので、この選択肢は誤りです。**ウ**は、「子供のきげんをとるために」という部分が言いすぎの内容になっているため、誤りです。**エ**も、「一人一人を大切にする必要はなかった」「大事に育てなければならなくなった」という部分が言いすぎの内容なので、誤りです。

塾技15 数を示す言葉

解答

(1) 例 ネットの普及によって「知」が手軽に手に入る状況になったことで、「知への尊敬」の念がほとんど湧かなくなってしまうこと。

(2) いま一つの

解説

現代の生活は、インターネットの存在なくしては考えられなくなりました。一通りのことはネットで調べることができます。とはいえ、ネットにはよくない点もあります。中学入試の国語の問題は、「ネットのよくない点」について論じた文章がよく出題されます。特に、「ネット」と「読書」を比較するものが多く見られるので、今回の文章のテーマを覚えておくとよいでしょう。

問題(1) 「第一に」というような数を示す言葉があったら、いくつかの主張が並べられるという展開を想定しながら読み進めることが大事です。ここでは、ネットが普及したことで筆者が危惧している（＝心配している）一つ目のことを確認していきましょう。その内容は、——線部を含む段落とその次の段落に書かれています。本文中で端的にまとめられた箇所を探しましょう。

① 「知」があまりにも手軽に手に入る状況になった

② 「知への尊敬」の念がほとんど湧いてこない

これらに、その原因である「ネットの普及」という要素を加えてまとめていきましょう。

問題(2) ネットに対して筆者が危惧している二つ目の内容がどこから始まるかが問われています。「第一に」に続く「いま一つ」という数を示す言葉に気づけたでしょうか。

ネットの検索では、知りたい情報に直接アクセスできるのですが、一方で、「偶然の出会い」という形での「知」への遭遇がないため、「なんのおもしろみもない」と筆者は述べています。

塾技16 「具体例」と「まとめ」

解答

エ

解説

今回の塾技⑯では、「具体例」が出てきたら、その前後の「まとめ」を意識することを学びました。本文では「医者」への「信頼」というテーマについて、筆者が「具体例」を挙げてくわしく説明しています。「具体例」と「まとめ」の内容を簡単に整理すると、以下のようになります。

①具体例

・診療をもとに処方された薬を飲み熱が下がると、「医者」への「信頼」は、ほぼ修正がないまま、確認される

・一度で熱が下がらず、再度診療してもらい、別の薬を処方され、熱が下がった場合、怒って「医者」への「信頼」が揺らぐことがあるが、「医者」に対する「信頼」をそのまま維持することもある

②まとめ

・「医者」への「信頼」のありようは、確固として説明できるものではなく、あいまい、か

つ恣意的で、多様な形で維持される

問題　一つひとつの選択肢がとても長いので、内容をしっかりと確認する必要があります。どの選択肢にも「このように」から始まる「まとめ」の部分がありますので、まずはここを確認するとよいでしょう。

そうすると、**ア**の「医者への信頼は不安定で維持されるのは難しい」や、**ウ**の「医者への信頼は変わることなく持続されるものである」という説明は、本文の内容とは違っていることがわかります。残るは**イ**と**エ**です。「このように」のあとは同じですので、「具体例」を確認していく必要があります。**イ**は、「診療の内容によって」という部分が誤りです。本文では「もうあんなヤブのところには行かない」と怒って信頼が揺らぐこともあると書かれていますので、**エ**が正解となります。

塾技17 「原因・理由」と「結果」

解答

問題1　例　自分の言葉が十分に確立されていなかったので、自分の気持ちがわからなかったから。［39字］

問題2　イ

解説

本文のテーマは、「言語を通してものごとを考えること」です。本文の最後に「語彙力」があれば自分が「どんな気持ちか伝えられる」とあるように、使える言葉が多いと、自分の気持ちがわかり、それを人に伝えることもできるようになります。反対に、使える言葉が限られていると、自分の気持ちや考えをうまく言い表すことができないのです。

今回の塾技⑰で学習した「原因」と「結果」の関係（因果関係）を意識しながら読み進めましょう。

問題1　――線部の理由を説明する問題です。まずは、「目に見えない気持ちや考えを言語化する力がなかった」とほぼ同じことが書かれている「自分のことなのに言葉にできない」（9行目）の部分に着目しましょう。その直後に「自分の気持ちがわからないからです」という原因・理由にあたる説明がありますので、これが「答えの中心」になります。ただし、今回は三十字以上四十字以内で説明する問題なので、もう少し解答の要素を加える必要があります。

では、なぜ「自分の気持ちがわからない」のでしょうか。これは、26行目にある「自分の言葉が確立されていないと、心もぼやけてしまう」という部分をうまく使うとよいでしょう。

「自分の言葉が確立されていない」→「自分の気持ちがわからない」という流れでまとめていきます。

問題2　［A］の直前にある「これ」という指示語は、直前の母語の習得が不十分だと、ものごとを深く考え抜いたり、抽象的で難解な問題を思考したりできなくなる場合があるという部分を指し示しています。これをまとめると、言語の力がないと、思考が深まらないとなります。逆に言うと、言語の力があれば思考を深められるということですね。これと同じ内容になっている選択肢は**イ**です。他の選択肢は、内容がずれているので誤りです。

塾技18 序論・本論・結論

解答

ア・イ［順不同］

解説

現代人にとってスマートフォン（以下、スマホ）は欠かせないものとなりました。街を見渡してもスマホを見つめている人だらけなのがわかります。本文の筆者は、そんな状況に危機感を覚えています。筆者は、スマホの何がいけないと主張しているのでしょうか。本文の23行目以降を確認していきましょう。筆者が心配しているのは、次のような点です。

①スマホがすぐに結論を提示してしまうので、

人々の想像（創造）する時間が奪われること

②世界中の人々がみんなすぐに結論を求めるようになると、伝統的な教養主義に支えられてきた日本は、まっさきに脱落し、堕落してしまうこと

塾技⑮では、「数を示す言葉」を学びましたね。32行目にある「そしてもうひとつ」という言葉に注目して、筆者の主張（＝結論）をとらえましょう。

問題 本文の内容と合っているものを「すべて」選ぶ問題です。あいまいな記憶で解かずに、本文の内容と選択肢を照らし合わせましょう。

アの「掌の中のロボット」とは、スマホのことを指しています。スマホはSF小説などに出てくるような恐ろしいロボットとは違い、「鋼鉄の手足を持たず、強力な兵器も備えてはいない善人ヅラのロボット」ですが、このスマホに「地球を乗っ取られてしまったのではあるまいか」と筆者は述べています。これは「悪影響をおよぼしている」ということなので、**ア**は本文の内容と合っています。続いて、**イ**を見ていきましょう。「歩きスマホ」が好ましくないのは、「一般的に言われる安全上の問題」以外の「別の理由」も存在すると書かれています。ここでいう「別の理由」とは、先ほど確認した二つの心配を指します。このため、**イ**も本文の内容と合っていることがわかります。**ウ**は、「ロボットをさらに進化させ、一緒に考える時間を大切にしていかなければならない」という内容が、本文とは逆であるため誤りです。**エ**は、疑問に思ったことがらをすぐにスマホで調べて答えを知ることについて、筆者は「むろん便利にちがいない」（29～30行目）と述べているので、「合理的」といえます。したがって、**エ**は本文の内容と合いません。

塾技19 「皮肉」と「逆説」

解答 エ

解説 日本は天然資源が豊富とは言いがたい国ですね。たとえば、石油や鉄鉱石といったものは、ほとんど採れません。その代わりに、先人たちは工業製品を生み出すための高度な技術を磨いてきました。

また、それだけでなく、天然資源が豊富でないからこそ、「環境や省エネルギーに対する意識」が高まったのだと筆者は述べています。

本文中で説明されている日本の特徴をしっかりと読み取ることがポイントです。

問題 今回の**塾技⑲**では、「皮肉」と「逆説」を勉強しましたね。この問題では、日本に「天然資源がない」というマイナスの状況を、なぜ「幸い」と言えるのかが問われています。資源が乏しいことがメリットとなるのは、どうしてでしょうか。それは、先ほど確認したように、天然資源が乏しいからこそ、工業製品を生み出す高度な技術力を持ったり、環境や省エネルギーに対する高い意識を持ったりすることができたからですね。このうちの、後者の内容が説明されている**エ**が正解になります。

アは、「多くの企業が海外への進出を進めるようになった」という部分が本文には書かれていない内容なので、誤りです。**イ**には、「中国やアメリカよりも裕福な国になることができた」とありますが、本文にそのようなことは書かれていないので誤りです。**ウ**には、「それ（＝天然資源）を買うお金を稼ぐために国民全員が努力してきた」とあります。たしかに日本は多くの天然資源を他国から買っていますが、筆者はそのための国民の努力を「幸い」だとは述べていません。

塾技20 「　」のはたらき

解答 ウ

解説 「共生」は、自然科学系の説明文や論説文でよく取り上げられるテーマです。

「共生」という言葉の文字通りの意味は、「ともに生きていくこと」です。「これからの時代、人と自然は共生していくべきだ」などと使われることが多いですね。

異なる種の生き物同士の「共生」についても、私たちは「互いに思い合い愛し合う、仲良しこよしの関係」をイメージしがちですが、筆者は、そうではないと述べています。アブラムシとアリの関係を説明した具体例をもとに、生き物の「共生」がどのようなものであるかをつかみましょう。

問題 「世間で『共生』と呼ばれているのは寄生以上に悪辣で冷酷極まる緊張関係である」と筆者は説明していますが、「共生」に「」(カギカッコ)がついているのは、生き物の「共生」が世間一般で思われているイメージとは異なるものであることを示すためです。ですから、実際の「共生」について書かれている部分を見ていくようにしましょう。まず、3〜6行目に「互いに相対する生き物の生き死になど、実際はどうとも思っていない。……相手を利用し倒そうとし合い、しかし結果として両者の搾取の程度がたまたま拮抗している状態が、傍からは仲良く『共生』しているように見えているにすぎない」と書かれています。また、アブラムシとアリの具体例を述べた直後の24〜25行目の部分には、「すべてが、互いに自分の事だけ考えて行動している結果」とも書かれています。これらの内容をふまえて選択肢を見てみると、ウの「互いに相手のことを思いやらず、利己的に相手を利用し合おうとする」が正しいとわかります。

アは、「相手を利用する下心を隠して」「互いに相手を手なずけようとする」という部分が本文の説明と異なるので誤りです。**イ**の「どんな時にも気が抜けない」は、先に挙げた「共生」の説明と違います。**エ**は、ややまぎらわしい選択肢ですが、本文中に「互いにだまし合う」という説明はありません。自分の利益のことだけを考えて、相手を利用するのが「共生」です。

塾技21 人物の気持ち① 気持ちを表す言葉

解答 エ

解説 今回の物語文の人物設定は以下の通りです。

- **茅野しおり…本好きの小学五年生。美弥子にあこがれている**
- **美弥子…しおりのいとこで図書館の司書。図書館の本が盗難されて心を痛めている**

図書館で働く美弥子が「不明本」に悩まされていることを知ったしおりは、本が盗まれないように友達と見張りをすることにしました。これに対して、美弥子は、図書館を利用してくれる人を疑ったり、見張ったりするようなことはしてほしくないと考えています。

問題 普段は優しい美弥子から注意を受けたことで、しおりは悲しくなり、ひどく落ち込んでしまいます。「涙をこらえるのが精一杯だった」「黙ってうなずくことしかできなかった」という部分がしおりの気持ちを表していますね。この直後には、しおりがどのようなことを悲しいと思ったのかが書かれています。

- **美弥子さんに注意されたこと**
- **図書館の本を盗んでいく人がいること**
- **そういう人たちをつかまえられなかったこと**
- **そのために自分のとった行動が、ほかの人たちに嫌な思いをさせていたかもしれないこと**

これらの内容をふまえると、しおりの気持ちの説明として正しいものは、**エ**だとわかります。

アには、「挽回するための方策を考えようとしている」とありますが、これは本文からは読み取れません。**イ**は、「『わたし』にまで気遣ってくれていることに感激している」という部分が最終段落の内容とずれているので誤りです。**ウ**には、「衝動にかられて」「これから事態がどう変化するのか不安に感じている」とありますが、本文にはそのようなことは書かれていないので間違いです。

塾技22 人物の気持ち② 原因・理由と気持ち

解答 エ

解説

この物語文に出てくる「少年」は、長期入院している母親のお見舞いのためにバスを使って病院に通っています。本文の2行目に「回数券を使わなければ、家に帰れない」とあります。バスの回数券を使わなければならないことがわかって少年は「泣きだしそうに」なってしまいますが、なぜ持っている回数券を使いたくないのでしょうか。その理由は本文中でだんだんと明らかになっていきます。これは物語文によくある展開なので、はじめの部分でよくわからないことがあったらその部分をチェックしておき、その理由や意味がわかる部分を見つけたときに、それらをつなぎ合わせて理解するようにしましょう。

問題 まずは――線部を含む一文をよく読みましょう。河野さんにぶっきらぼうではない言い方をされたのは初めてだったから、少年は涙が止まらなくなってしまったのだとわかります。普段は愛想がよくない河野さんから、「なんで泣いてるの?」という言葉をかけられたことで、それまでつのっていた悲しさが一気にあふれ出てしまったのです。

では、なぜ少年は悲しかったのでしょうか。その答えは、「新しい回数券を買うと、そのぶん、母の退院の日が遠ざかってしまう」(23〜24行目)という部分にあります。これはもう少しくわしく説明すると、「新しい回数券を買うと、その回数券を使い切るまで母が退院できる日が来ないような気がしてしまう」ということです。母の退院を待ち望んでいる少年は、新しい回数券を買いたくなかったので、最後の回数券を使わないようにしていたのです。

それでは、選択肢を見ていきましょう。**ア**は、「混乱し」「自分でもくやしかった」という部分が間違いです。**イ**には、「河野さんに悩みを打ち明けようと思った」とありますが、少年が泣いてしまったのは、河野さんに初めてぶっきらぼうでない言い方をされたからなので、理由の説明として誤りです。**ウ**には、「不愛想な人だと誤解していたことを恥ずかしく思った」とありますが、これも涙が止まらなくなった理由ではないので、誤りです。**エ**は、先ほど述べた少年の涙の理由と合致するので、正解です。

塾技23 本心とは違う言動

解答 ウ

解説

今回の文章は、中学入試の国語でよく出題される「転校」がテーマになっています。

水沢さんはこれまでに何度か転校を経験していて、前の学校の友達との関係が次第に薄れていってしまうことを悲しく思っています。こうしたことから、「友達はいらない」と思うようになっていました。でも、「友達はいらない」というのは、水沢さんの本心ではありません。本当は、「友達になってみたい」「誰かと話してみたい」という気持ちをずっと「我慢」していたのです。水沢さんの正直な気持ちを打ち明けられたジュンペイは「遠くに住んでてもさ、ずっと友達で……」と言います。

問題 ――線部の「あんた、ってホント、バカね」という部分で、水沢さんはジュンペイをバカにしているわけではありません。口では「バカね」と言いながらも、ジュンペイがずっと友達だと言ってくれたことがうれしいのです。とはいえ、絶対に忘れないと言っていても、いつかは忘れてしまうことを痛いほど理解している水沢さんは、ジュンペイの言葉を素直に信じることもできないでいます。このような水沢さんの気持ちを説明している**ウ**が正解です。

アは、「ジュンペイに怒りを感じている」という部分が誤りです。――線部のセリフを「笑いながら静かに」言っていることにも注目しましょう。**イ**は、「心底バカな子だと思っている」が間違いです。先ほども確認したように、水沢さんはジュンペイをばかにしているのではありません。また、遠く離れても絶対に忘れないことなど無理なことなのだということを「筋道立てて説いて」はいないので、この部分も誤りです。**エ**は、「気持ちをまったく理解しようとせず」が言いすぎの内容で誤りです。水沢さんの話をきちんと理解しているからこそ、ジュンペイはその考え方を変えたいと思っているのです。もちろん、「ジュンペイにあきれている」の部分も、水沢さんの本当の気持ちとは違います。

塾技24 人物の気持ちの変化

解答 イ

解説 中学入試の読解問題では、マイナスからプラスへの典型的な気持ちの変化を描いたものが多く出題されます。今回の問題の文章もそのケースです。

「僕」は刺繍が好きですが、周囲からは理解されないだろうと思いこんでいます。そして、「僕」は興味のない話題に無理をして合わせることに嫌気がさし、クラスメイトと少し距離を置きました。その後、勇気を出して宮多に刺繍が趣味であることを伝え、自分の作品の画像を送りました。宮多が自分の趣味をばかにせずにきちんと認めてくれたことで、「僕」の気持ちは変化します。

問題 まずは――線部の「そのメッセージ」の内容を確認しましょう。これは宮多が「めっちゃうまいやん。松岡くん（＝『僕』）すごいな」とほめてくれたメッセージです。そして、――線部のあとには「わかってもらえるわけがない。どうして勝手にそう思いこんでいたのだろう」「じんわりと涙が滲む」と書いてあるので、ここから「僕」が自分の趣味を理解してもらえたことに喜びを感じていることがわかります。これを「変化前」→「きっかけ」→「変化後」の形にまとめると、「はじめは理解してもらえるはずがないと思いこんでいた」→「宮多が認めてくれた」→「趣味を理解してもらえてうれしい」となります。この気持ちの変化が説明できているのは、**イ**ですね。

ロは、「刺繍の知識を持っていたこと」というのが誤りです。本文には、宮多が刺繍の知識を持っていたとは書かれていません。**ハ**は、「自分にお世辞を言っているだけなのではないかと疑っている」が間違いです。宮多がお世辞を言っていると思ったならば、「僕」はうれしい気持ちにはなりません。**ニ**は、「理解されない」「自分の作った刺繍をわざとらしくほめられた」のいずれも、本文と合わず間違いです。

塾技25 人物の成長

解答 イ

解説 本文に登場する千穂は、絵描きになりたいという夢を持っていますが、どうせ母に反対されるだろうと考え、自分の思いを母に伝えることができません。

ある日、小さい頃によく遊んでいた公園の大きな樹の下にやってきた千穂は、大きな樹に話しかけられるような不思議な体験をします。そして、幼い頃に母が樹から落ちた自分のことを心配し、抱きしめてくれたことを思い出します。これをきっかけに、千穂は、自分の思いをきちんと母に伝えようと決意するとともに、自分の意志で未来を決めようと思えるようになりました。大きな樹の声は、千穂の内面の思いを表しているとも考えられます。

問題 ──線部「千穂はもう一度、深くその香りを吸い込んでみた」の直前の部分では、千穂が母にこれから自分がどう生きていきたいのかをきちんと話そうと決心しています。時間の流れに沿ってまとめ直すと、「どうせ母に反対されるだろうと考えて、自分の夢を母に伝えることができなかった」→「母が自分を大切に思ってくれていることを思い出した」→「母に自分の思いをきちんと伝え、自分の意志で未来を決めようと思えるようになった」となります。この内容が正しく説明できているイが正解です。

アは、「自分の将来についてあまり考えず、母の思い描く理想に疑問を抱くこともなかった」という「変化前」の部分と、「自分のことをわかろうとしてくれない母のことを思い返し」という「きっかけ」の部分が誤りです。ウは、「今まで真剣に向き合わず」という部分が、本文の「ちゃんと伝えられる自信がなくて、ぶつかるのが怖くて」の内容とずれています。また、「母はきっと味方になってくれる」という部分も言いすぎの内容なので誤りです。エは、「自分の将来は自分で決めるものだと勝手に考えて」という部分が間違いです。千穂は母の決めた通りに生きなければいけないと思って悩んでいたのです。

塾技26 気持ちの葛藤

解答 イ

解説 まずは冒頭のリード文(これまでのあらすじ)をしっかり読んで、物語の設定を確認しましょう。新は兄の朔が失明したことに対して、自分のわがままが原因だと考えて責任を感じています。その後、朔のブラインドマラソン(視覚障がい者のための長距離離走)の伴走者をしていたときに、朔を誤って転倒させてしまい、そのことを気に病み、先輩の境野に代わりの伴走者を探してほしいと頼みます。

続いて、本文中から新の気持ちの「葛藤」を読み取りましょう。4〜7行目を見ると、次のような気持ちが読み取れます。

・代わりの伴走者を見つけてほしいという気持ちはうそではない
・自分自身は伴走者に向いていないと思っている
・これから伴走者を続ける自信もない
・いざとなると胸がざわついた

ここからわかることは、「伴走者として自信が持てない」という思いと「自分が伴走者を務めるべきだ」という思いがぶつかり合って葛藤しているということです。

ちなみに、このあとの新と朔の会話がかみ合っていないのは、実は、境野からのメールが伴走者の代役を勧める内容ではなく、二人に大会への出場を勧める内容だったからです。まだメールを読んでいない新は、朔が伴走者を代えたいのならそうすればよいと思っていますが、すでにメールの内容を知っている朔は、新と一緒に大会に出たいと考えています。

問題 先ほど確認した新の葛藤をふまえると、正解はイだとわかります。「心残り」とは「心配や未練が残って、すっきり思い切れない」という意味です。

アは、「境野への依頼は本心ではなかった」という部分が間違いです。境野に代わりの伴走者を見つけてほしいと頼んだときは「本気」だったのですね。ウは、「朔と走ることに嫌気がさしており」という部分が誤りです。新はブラインドマラソンで朔の伴走者を続ける自信をなくして悩んでいたのです。エは、「これまで頑張ってきたかいがなかったとむなしくなった」が間違いです。伴走者をやめると言い出したのは新自身であり、朔は伴走者を代えたほうがよいとは考えていません。

塾技27 場面分け

解答 木（曜日）

解説

物語文の場面分けをする際には、「時間」「場所」「人物」「気持ち」に注目します。特に「時間」が重要になりますので、「時間」に注意しながら今回の文章の内容を整理していきましょう。

①日曜日の午後…リサはショッピングモールで同じクラスの明日香に声をかけられる。そこで、明日香がリサの幼なじみであるサトルに好意を抱いていることを知り、明日香からサトルに誕生日プレゼントを渡してほしいと頼まれる（サトルの誕生日は金曜日）。リサは明日香の申し出をいったんは断るが、プレゼントが無理なら手紙を書いてくるので渡してほしいとお願いされる

②月曜日…この日は学校で明日香から手紙を渡されることはなかった

③火曜日…終礼のあと、明日香から手紙らしき茶封筒を一方的に渡される

④明日香から手紙を渡されたあと、二日間、誰にも相談できないまま、どうしたらよいか悩む

⑤木曜日の夜…さんざん迷った末に、サトルの家まで行き、明日香の手紙を本人に手渡しするのではなく、新聞受けに入れようと考え、実行した。このときにサトル本人に会ってしまった

問題 リサが明日香から渡された手紙をサトルの家の新聞受けに入れたのは、手紙を渡された日から二日後と考えられます。サトルの誕生日は金曜日ですので、その前日の木曜日の夜に、とにかく手紙を届けることはできたのです。

塾技28 回想シーン

解答 イ

解説

物語文を読むときには、「現在」と「過去」を区別することが大切です。登場人物や周りの様子などをしっかりと確認して、情報を整理しましょう。

今回の文章では、

①「放課後・帰り道」（現在）

②「昼休み・学校」（過去）

の二つの場面の境目を見極めることがポイントになります。

最初の場面は、「放課後の」とあるので、現在の場面ですね。「ぼく」と周也が一緒に下校しています。続いて読んでいくと、17行目に「今日の昼休み」とあるので、ここからが過去の場面だとわかります。これが今回の塾技28で学習した「回想シーン」です。そして、再び現在の場面に戻るのは、26行目の「先のとがったするどいものが」から始まる部分です。27行目に「歩いても、歩いても」という表現があることから「ぼく」たちが歩いていることがわかり、帰り道だということが読み取れます。以降、本文の最後まで現在の場面が続きます。

問題 今回の問題は、二つの選択肢から答えを選ぶというシンプルなものです。――線部のあとに「大通りの歩道橋をわたるころには」とあるので、これは放課後・帰り道のことで、「ぼく」が周也に対して「返事」をしていないのだということがわかります。答えは、イの「帰り道」ですね。昼休みに周也が発した問いに対して「ぼく」が返事をしていないという描写ではないので、誤読しないように注意しましょう。

塾技29 比喩表現

解答

問題1 オ

問題2 イ

解説

今回の文章には、「いじめ」や「居場所」といった、中学入試の物語文によく見られるキーワードがあります。

クラスで仲間外れにされて教室内で居場所を失ってしまった三崎さんは、昼休みを図書室で過ごすようになっていたのです。

問題1 ――線部①に比喩表現が含まれているので、まずはそこを手がかりに考えましょう。「息を殺す」とは「呼吸をおさえて音を立てないようにしている」という意味なので、三崎さんが図書室の中でとても静かにしていることがわかります。それでは、三崎さんはなぜ図書室で静かに過ごさなくてはいけないのでしょうか。その理由は、15行目の「きっと三崎さんは」から始まる段落の中に書かれています。「教室での居場所を失った」とあることから、三崎さんは教室で過ごすのがつらくて図書室に来ているのだと考えられます。昼休みの時間をなんとかやり過ごすために、図書室で静かにしているしかないのですね。正解は、オです。

アには、「本来ここにいるべきではないことを自覚して」とありますが、三崎さんが図書室にいてはいけないという内容は本文に書かれていないので誤りです。**イ**には、「しおり先生がいない時は安心して過ごせない」とありますが、「しおり先生」がいないと「安心して過ごせない」ということは本文から読み取れないので誤りです。**ウ**は、「あたし」と友達になりたがっているかどうかは、この場面からはわかりませんし、――線部①の表現とも合わないので誤りです。**エ**は、一人で本を読むために図書室に来ているわけではないため間違いです。

問題2 ――線部②の「戦争」も、もちろん比喩表現です。――線部②のあとを見ると、「その諍いが、なにを発端として起こったものなのかはわからないけれど」とあります。ここから、何らかの理由によりクラス内で揉め事が起こったことがわかります。さらに、「戦力差は圧倒的なものだったに違いない」という表現から、三崎さん以外が団結していて多勢に無勢であることが読み取れます。さらに18行目に「悪意という弾丸の雨にさらされない場所を求めて」とあることから、教室内では悪意にさらされている（＝意地悪をされている）ということがわかります。「弾丸の雨」という表現から、その意地悪が強烈であることも読み取れます。これらをふまえて考えましょう。正解はイです。

アは、「他クラスとの対立」という部分が、**ウ**は、「リーダー争い」という部分が、**エ**は、「先生に反抗した」という部分が、**オ**は、「立候補した図書委員になれず」という部分が、それぞれ本文の内容と違うため、誤りです。

塾技30 情景描写

解答 ウ

解説

最近の中学入試では、今回の物語文の設定のように、家庭環境が多様で複雑なものが取り上げられることがあります。そのような文章を読む際には、登場人物の設定をしっかりとつかむことが大切です。ジュリアは、日系ブラジル人で日本語を勉強しています。ジュリアの母親は、そのことをよく思っていませんでした。しかし、ジュリアが自作の詩を朗読したことで、ジュリアの気持ちがわかり、ジュリアに日本語を教えている聡美（「私」）に対する態度も変化してくるという場面です。

問題 まずは――線部の「夜だというのに、私の視界は明るく輝いていた」の部分をよく読みます。（暗いはずの）夜なのに明るいというのは、矛盾しているようにも思える描写です。つまり、住宅街の灯の明るさは、「私」の気持ちが明るくなっていることを表しています。人物の目から見た世界を描くことで、そのときの気持ちを表現するというのは、今回の**塾技30**で学習した「情景描写」のパターンですね。

ジュリアの家からの帰り道で、「私」は自分の母親に電話をしようと思い立っています。このことから、ジュリアとその母親の姿を見て、「私」の気持ちにも変化が生じたと考えられます。

「私」は、日本語を話せるようになってもジュリアがブラジルのことを忘れることはないと、ジュリアの母親に伝えました。ジュリアの母親がそれをどうとらえたのかはわかりませんが、帰りがけに「気をつけて」と声をかけてくれたことから、「私」に対して悪意を持っているようには思えません。簡単には解決できないかもしれませんが、少しずつわかり合うことはできます。それは、「私」と「私」の母親についても同じことが言えるでしょう。「私」は、自分の母親の気持ちを少し理解することができたことをうれしく思っているのです。正解は、ウです。

アには、「すっかり心が通じあえた」とありますが、そこまでの関係にはなっていないので、これは言いすぎであることがわかります。また、「同じく子を持つ母親として」とありますが、本文にはそのような描写はありません。**イ**には、「ジュリアがずっと日本にいることがわかって」とありますが、今回の話し合いは、ジュリアが日本語を学ぶことについてのものでした。「ずっと日本にいる」かどうかを話し合ったわけではないので、誤りです。**エ**には、「言葉ではうまく伝わらないものだけれど、詩を通じてなら伝えられる」とありますが、「私」は母親に電話をして自分の言葉（＝詩）を聞いてもらおうとしているので、この解釈は誤りです。

塾技31 象徴・暗示

解答 例 孤児院を出て、祖母の家で暮らすことができるかもしれないという希望。

解説

今回の問題の出典である「あくる朝の蟬」は、麻布中の他にも武蔵中や早稲田中などでも出題されたことがあり、いずれも「象徴・暗示」の読み取りが問われています。本文の内容をふまえて、「蛍」が持つ意味を考えていきましょう。

問題 まずは、――線部①の場面の「ぼく」の気持ちを確認しましょう。「気が軽くなって、ひとりで笑い出したくなった」「ひょっとしたらぼくと弟が長い間寝起きすることになるかもしれない部屋をぐるりとながめまわした」とあることから、「ぼく」が祖母の家で暮らせるかもしれないことを喜んでいるのがわかります。

続いて、――線部②の場面を見てみましょう。「ぼく」たちを引き取りたいという祖母の話を聞いた叔父は、ものすごい剣幕で怒っています。この様子を聞いていた「ぼく」と弟は、「孤児院にもどった方がいい」と思い、祖母の家で暮らすことをあきらめます。

これらをふまえると、「蛍」は、孤児院を出て、祖母の家で暮らすことができるかもしれないという希望を表していると考えることができます。祖母の家で暮らせると思ったときには蚊帳の上にとまっていた蛍が、祖母の家で暮らすことをあきらめたときにはどこかに逃げ出して見えなくなってしまいました。これは、祖母の家で暮らすという希望が消えてしまったことを意味しているのですね。

塾技32 登場人物の性格（人柄）

解答 イ

解説

物語の舞台は、一九五〇年代の富山県のある町です。「律」の家は兼業農家（農業以外からも収入を得ている農家）を営んでいます。家族が支え合って生活している様子が描かれていますね。

問題 母のハルの人柄がわかる箇所を本文から抽出してみましょう。

①わがやは、ハルかあちゃんでまわっている（9～10行目）

②母はじっさい、よく働き、たくましく、力持ちでもある（11行目）

③そんな母でも、むすめ時代は歌を歌うことが大好きで、音楽の先生になりたいという夢があったのだと、律たちは何度もきかされている（13～14行目）

④見るからに、いなかのおっかさんという感じの母（18～19行目）

⑤「音楽の先生」という言葉を出すときは、つんと気どったポーズをとる（21～22行目）

子どもたちを笑わせるために、母はわざとおどけているのです。

⑥（律は、反抗的なことをいいつつも、母のことを）心の底では、ちょっとかっこいいとも思っている（26～28行目）

⑦母は、律には「女の子らしくしろ」といつもいうが、母こそ、男まさりで、そのことに自分で気づいていない（28～30行目）

これらをふまえて、選択肢を見ていきます。**ア**は、⑤・⑥からわかるように、正しい内容になっていますね。**イ**の「自らは台所仕事が苦手」は、本文には書かれていません。台所仕事は力仕事ではないため、ヨシばあちゃんが担当しているのです。**ウ**は、⑥・⑦から正しいことがわかります。**エ**は、③から正しい内容であることがわかります。ふさわしくないものを選ぶ問題であることにも注意しましょう。

このように、登場人物の性格（人柄）が選択問題の形式で問われている際には、選択肢の説明と本文の内容をていねいに照らし合わせて答えを出すようにしましょう。

塾技33 表現の工夫

解答

父さん 例 息子に欲望を我慢する強い心を身につけさせることができ、また自分の教育方針の正しさを妻に見せることができて、得意に思う気持ち。

ぼく 例 父親の発した言葉の意味がわからずとも、納得したふりをして機嫌をとることで、マーゴリスの命を救おうという必死な気持ち。

解説

今回の文章は外国文学なので、少し読みづらいと感じた人もいるかもしれません。外国文学特有の言い回しや設定にも注意しながら読み進めていきましょう。

本文の大まかな流れは、以下の通りです。

①「ぼく」はバート・シンプソン人形を欲しがっていたが、父に反対されていた

②大嫌いなココアを飲み、そのご褒美としてのお金を貯めて人形を買うことを父に提案され、ブタの貯金箱（マーゴリス）を渡される

③その後、「ぼく」はブタの貯金箱（マーゴリス）を大切な友だちだと思いはじめ、人形を買うことはどうでもよくなる

④十分にお金が貯まったので、父は「ぼく」にブタの貯金箱（マーゴリス）を割ってお金を取り出せと言う

⑤ためらっている「ぼく」の代わりにブタの貯金箱（マーゴリス）を割ろうとする父を止めるために、「ぼく」は、あしたの朝まで待ってほしいとお願いする

問題 今回の問題は、**塾技33**「表現の工夫」の「あえてひらがなやカタカナで表記する」というパターンに該当します。

「ぼく」は、父の言う「克己心（＝自分の欲望に打ち勝つ心）」の意味がわかっていません。だから、「こっき心」とひらがなで表記されているのです。一方、父は「ぼく」の母、つまり自分の妻に対して、自分の教育方針が正しかったのだと言わんばかりに得意げに語っています。そういう父に対して、「ぼく」は「うん、そう、こっき心だよ」と言って同意し、自分にとって大切な友だちであるマーゴリスを父に割られないように必死になっているのです。

塾技34 時代背景の知識

解答

(1) 3

(2) 例 仙蔵の悲しみやチヨの罪悪感を軽くして、二人に安心してもらいたいと願う気持ち。[38字]

解説

戦前や戦中のできごとを描いた物語文を読むときには、時代背景を知っておくと、文章の内容が理解しやすくなります。

今回の文章は、登場人物の千田仙蔵が子供だった頃を回想したものです。当時は戦争中でした。仙蔵の母は、お腹に子供がいたチヨの代わりに病院船に乗り戦地に向かいます。一人息子の仙蔵を置いて、帰ってこられるかどうかもわからない危険な戦地に向かうのですから、うれしいはずがありません。にもかかわらず、努めて明るくふるまい、周りの人に心配をかけまいとする仙蔵の母の気持ちを読み取りましょう。

問題(1) 先ほど説明したように、仙蔵の母は、本心では息子を残して戦地に向かうことをつらく思っているのです。でも、そんな自分の思いを仙蔵やチヨに知られないために必死に笑顔を作っていると考えられます。正解は3です。

1は、「引きつるような笑顔」が誤りですね。

2は、「自信に満ちあふれた」が間違いです。仙蔵の母は、妊婦を戦地に送るわけにはいかないと考え、チヨの代わりを買って出たのです。

4は、「気はずかしさ」「はにかむ」が――線部の内容と合いません。

問題(2) この場面で、仙蔵は、大切な母を失うかもしれないと考えて悲しんでいて、チヨは、自分のせいで仙蔵の母が戦地に行くことになったことに罪悪感を抱いています。仙蔵の母は、仙蔵とチヨのつらい気持ちを十分に理解したうえで、笑顔を無理やりしぼり出しているのです。これらのことから、二人を心配させまいとする仙蔵の母の気づかいや優しさを読み取ることができます。

塾技35 恋愛感情が描かれた物語文

解答

ア

解説

「僕」は、体育祭で応援団長を務めていましたが、チームが最下位になった罰ゲームとして、逆立ちでトラックを一周しています。そのことをめぐって、クラスメイトの美鈴と英子が口論をします。英子は、「僕」を強制的に応援しなければいけないことに異論を唱えますが、美鈴は、クラスのために頑張っている「僕」をかばっています。

問題 今回の問題のテーマは、ズバリ「恋愛感情」です。本文に「応援団長を決めたじゃんけんの日以来、朝、起きたときはまず美鈴の顔を思い浮かべて、寝る前に電気を消した後も、美鈴の顔を思い浮かべるようになっていた」とあることから、「僕」が美鈴のことを恋愛対象として意識していることがわかります。ただし、「告白すること」は、僕にとってとても恥ずかしいことなので、美鈴に恋心を打ち明ける勇気はありません。――線部の場面で、美鈴は「僕」のことを「町平」と呼んでいます。クラスのみんなは「ヒラマチ」と呼びますが、美鈴は「僕」の名前を正しく呼んでくれました。自分の名前を美鈴がきちんと覚えていてくれたことで、自分のことを認めてくれているように感じられ、「僕」はうれしくて「ドキッと」したのです。正解はアですね。

イには、「実は彼女も『僕』に好意を持ってくれていると感じた」とありますが、これは言いすぎの内容で間違いです。**ウ**は、「クラスで無視されていた」ということは本文に書かれていないため、間違いです。**エ**は、「本名で呼んでほしいという『僕』の気持ち」が本文からは読み取れないため、誤りです。

塾技36 大人の視点で描かれた物語文

解答 例 今は昔と違い、子供が友達を作るには、お金を払って出来合いの団体に入らなければならないということ。

解説

今回の物語文の語り手（主人公）は、二児の父です。完全に大人の視点で描かれていますので、読みにくいと感じた人もいるかもしれません。語り手の設定は以下の通りです。

①以前は中学校の教師をしていたが、やりがいを見いだせず、体調を崩して退職し、今は大学の先輩の紹介で小さな会社に勤め、翻訳の仕事をしている

②収入は教師時代よりも少なく、妻と共稼ぎを続けなければ、東京郊外での平均的な生活を維持できない

つまり、語り手である「父」は、うだつの上がらない、さえないサラリーマンなのです。

問題 ――線部の直前をよく読んで、――線部の意味を考えていきましょう。「子供達をスイミングスクールに通わせたり、少年サッカーチームに入れたりする支出は削りたくない」とあります。昔なら、子供達は、空き地や河川敷などで勝手に友達を作って遊んでいたでしょう。ところが、現代では、友達を作るのにも、スイミングスクールやサッカーチームなどのつながりが必要であり、お金がかかる時代になりました。

この問題は、「どういうことですか」と問われており、――線部をわかりやすく言い換えることが求められているので、――線部の表現をパーツに分けて、それぞれ言い換えていきましょう。

- **缶蹴りに加わる→友達を作る**
- **金が要る→お金を払って、出来合いの団体に入らなければいけない**

また、「今は昔と違い」という要素を加えるとさらにわかりやすくなります。

塾技37 SF・ファンタジー

解答 例 食べ物を探しにいった人里で人間に見つかってにげる途中に、アニキが人間の運転する車にひかれて殺されたこと。

解説

動物や乗り物などが人間のように話すという設定（これを「擬人化」といいます）の物語文も、ときどき出題されます。今回の文章の主人公は、野生のシカです。人間が主人公の物語文と同じように、それぞれの動物が置かれている立場や気持ちを、文章中からていねいに読み取りましょう。

野生のシカである「おれ」たちは、冬になって食べ物がなくなったので、人里に食べ物を探しにいきます。そこで人間に追われて、仲間の「アニキ」が命を落としてしまいます。そのため、「おれ」は人間に敵意を抱いているのですが、ロバの「ウサウマ」から、シカと人間がうまくやっている場所があると聞かされます。

問題 「おれ」は、命からがら人間からにげている途中に、たまたま出会ったロバの「ウサウマ」から、シカが自由に生活でき、食べ物にも困らず、人間とうまくやっている場所があると聞かされます。このことは厳しい自然の中で生きてきた野生のシカである「おれ」にとっては、にわかには信じがたいことでした。「おれ」が今までどういう経験をしたかについては、冒頭のリード文（これまでのあらすじ）の部分に書かれていますので、これをうまく使いましょう。

このように、あらすじの部分は、文章を読んだり問題を解いたりする際の重要なヒントになりますので、ていねいに内容を確認していくようにしましょう。

塾技38 寓話的な物語文

解答 ア・ウ・オ〔順不同〕

解説 中学入試で出題される物語文には、道徳的な「教訓」を含んだものが多いようです。ただし、「道徳」とはいっても「本文をもとにして考える」という国語の基本路線を外れてはいけません。

今回の文章では、ニワトリが人間に家畜として飼われるようになった経緯が教訓的に描かれています。単に「ニワトリが人間の言葉にだまされて家畜になった」ということだけを描いているのでなく、人間の社会でも同じようなことは起こりうる（あるいはすでに起こっている）のだということを示しています。

問題 「間違っているもの」を「すべて」選ぶ問題です。選択肢の一つひとつを本文の内容と照らし合わせて判断していきましょう。

アには、「特に意見のない者はその（＝良識派の）言動・主張に従うのがよい」とありますが、本文では、「良識派」に「　」（カギカッコ）がついていることや、「良識派」に従ったことでニワトリが家畜になってしまったという結末が描かれていることから、必ずしも良識派の意見に従うのがよいわけではないとわかります。そのため、この選択肢は間違いです。**イ**は、**ア**の内容とは逆で、もっともらしい意見でも「厳しくその内容を検証する必要がある」という内容は正しいですね。**ウ**は、本文でニワトリが人間の提案を何度も疑っている点に着目しましょう。「誰もが当然のこととして疑いなく受け入れる」わけではないので、間違いです。**エ**は、25〜26行目に「人間があれほどいうのだから、一応は受入れてみよう」とあり、人間の愚かさを暗示していると考えられるため、正しい内容です。**オ**は、「一概に良識派が発信する情報というのは有害なものであり」となっていますが、「一概に」というのは「一様に」「全体的に」というような意味です。すべてが有害というのは言いすぎなので、この選択肢は間違いです。

塾技39 外国文学

解答 エ

解説 ドイツ生まれの文豪ヘルマン・ヘッセの『車輪の下で』からの出題です。舞台になっている「ドイツの厳格な神学校」の様子はなかなか想像しづらいと思います。「神学校」とは、キリスト教を学び、聖職者を育成する学校のことです。そういった厳粛な学園で、ハイルナーが引き起こした暴力事件は学校を揺るがすほどの大事件だったわけです。ハイルナーはルツィウスがヴァイオリンの練習室を独占していてゆずろうとしなかったことに腹を立て、譜面台を蹴飛ばします。ルツィウスはこれを校長に報告しようとしますが、ハイルナーはルツィウスを追い回し、校長室の前で蹴りを入れたところ、校長室のドアが開き、校長室の中に飛び込んでいってしまいました。

問題 まずは――線部をていねいに確認していきましょう。「感じ入る」とは「すっかり感心する」という意味で、「したり顔」とは「得意な顔」という意味です。校長先生がハイルナーの「前代未聞（＝これまで一度も聞いたことがないこと）」のひどい行いを取り上げ、「若者の退廃」について話したので、ルツィウスはしてやったりと思ったのです。

また、選択肢の一つひとつが長いので、パーツに分解しながら正誤を判定していきましょう。**ア**は、「許可無く校長室に侵入したこと」という部分が誤りです。校長室に入るのに許可がいるとは書かれていません。**イ**の「入室が禁じられている」も、同様に誤りです。**ウ**には、「やり場のない怒りをルツィウスにぶつけて脅してきた」とありますが、これは本文の内容とずれています。また、「大人びた様子」というのも読み取れません。**エ**は、「見過ごせない出来事」として校長先生が「ハイルナーの問題行動を非難する」演説をしたのを、ルツィウスは感心している風に得意げな顔で聞いていたので、これが正解です。

塾技40 随筆文の読解

解答 イ

解説 随筆文では、筆者がどのような経験をして、どのような考えや思いを持つようになったのかをとらえましょう。

今回の文章では、筆者の祖母が孫たち（この中に筆者が含まれています）をお雛祭りに招待したときに撮影された一枚の「写真」にまつわるエピソードが描かれています。お雛祭りの日なので、他の子がよそいきの服を着ている中で、当時一歳になったばかりの筆者だけは、普段着で写真に写っています。筆者の母は、幼い娘（＝筆者）がじっとしていられずにお祝いの席を台無しにしてしまうのではないかと考え、筆者を（お手伝いさんに任せて）留守番させることにしました。しかし、祖母は「（幼い子が）まわりに大騒ぎをさせるのも、親孝行のうちのひとつではないか」と言い、筆者の母に娘を連れてくるように言ったのでした。

年月を経て、自分自身も子供を育てる立場になった筆者は、小さな子供がいたずらをすることや、親の言うことを聞かないことがあったとしても、それは親孝行の一つだと、寛大に考えられるようになりました。

問題 祖母の言葉は、母を通して筆者に伝えられ、子育ての方針として、しっかりと受け継がれています。正解は**イ**ですね。

アには、「祖母が直接筆者に話しかけてくれているかのように感じている」とありますが、これは、――線部の「母の声音とともに……思い出す」と合わないので、誤りです。**ウ**には、「祖母の声と母の声がとても似ている」とありますが、本文にそのようなことは書かれていないので、誤りです。**エ**は、祖母のことに触れられていませんし、「母の口調を参考にして」ということは本文に書かれていないので、誤りです。

塾技41 「エピソード」と「主張」の読み分け

解答

問題1 例 柱にぶつかることで柱の位置を知るように、失敗を通じて新しい発見ができるというよい面もあるから。

問題2 例 カタカナ英語の「ゼロ」という発音が、現地の人たちにはまったく通じなかったこと。

解説 本文ではまず、「目の見えない知人」が柱にぶつかることを「悪いこと」だととらえていないというエピソードが描かれています。失敗から学べれば、それは成功になるということですね。

次に、アメリカのボストンに移住した筆者の「失敗談（筆者は『失敗』とは思っていません）」が二つほど挙げられます。一つは、数字の「0」の発音を「ゼロ」と発音して現地の人には通じなかったこと。もう一つは、ビールをスーパーで買い求めたが見つからなかったことです。両者に共通するのは、日本の感覚はアメリカでは通じないということですが、恥ずかしい思いをすることがなかったため、次のチャレンジをする勇気を持つことができたのです。

問題1　この問題では、目の見えない知人が柱にぶつかることがなぜ「せいこう」だと言えるのかが問われています。——線部①には「別の観点からすれば」とあるので、柱にぶつかることのよい面を説明しましょう。柱にぶつかることで、柱の位置を知ることができるので、それは新しい発見になります。

問題2　この問題では、筆者のボストンでの一つ目の失敗談について、どのようなことを「柱」と表しているのかが問われています。問題1でも確認したように、「柱」とは「成功につながる失敗」です。ここでは、「0」の発音に関する「失敗談」をまとめていきましょう。

塾技42 筆者のオリジナル表現

解答

問題1　甘くささやかな幸福のイメージ

問題2　例　ケーキに関する、具体的な好き嫌い。［17字］

問題3　オ

解説

本文は、「ケーキ」に対する筆者の思いが述べられた文章です。「ケーキ」が好きな筆者は、「ケーキ」という言葉に、「実物のケーキ以上の何か」があると感じています。この文章では、さまざまな具体例を挙げながら、その「何か」について説明しています。

問題1　——線部①を含む一文に注目しましょう。「ケーキ、という言葉には、実物のケーキ以上の何かがある」と書かれているので、筆者は、「ケーキ」という言葉に、実際のケーキを超えるものを思い描いているのだということがわかります。「ケーキ」という言葉によって筆者が何を感じているのかを考えていきましょう。また、この問題では、「何か」を具体的に言い換えている部分を十四字でぬき出すことが求められているので、具体的な表現であり、さらに名詞で終わっている部分を本文から探していきます。

5行目には「湧きあがる喜び」という言葉がありますが、これだと字数が足りません。23行目にある「ケーキ、という言葉の喚起する」という表現をヒントにして、その直後の「甘くささやかな幸福のイメージ」をぬき出しましょう。

問題2　「そんなこと」という指示語が指し示している内容をまとめる問題です。「そんなこと」が指し示しているのは、11～14行目の「ケーキが好きな場合でも……説明すべきことが当然いろいろある」の部分です。二十字以内という条件なので、具体例をそのまま書くのではなく、短くまとめていきましょう。「好き」「苦手」「嫌い」「いやだ」などの言葉が並んでいるので、要するに、ケーキの好き嫌いのことだとわかります。

問題3　——線部③には「その」という指示語が含まれているので、この問題でも、指示語が指し示している内容をチェックします。聞いた人に筆者の嫌いな「木いちごのソースのかかったチョコレートケーキ」や「ゼラチンくさいレアチーズケーキ」を思い浮かべられてしまうリスク（＝おそれ）があるということなので、これを短くまとめたオが正解です。

塾技43 詩の分類と表現技法

解答

問題1　3

問題2　例　葉が落ち［4字］

問題3　1

問題4　4

問題5　4

解説

一般的に「冬」というと、「厳しくつらい季節」というイメージがあります。詩のテーマとしても、それは例外ではありません。ところが、今回の詩では、みんなから忌み嫌われる冬を、あえて自分の力にしようという作者の強い気持ちが表現されています。

問題1　詩の分類と表現技法の問題は、よく出題されるので、確実に得点したいところです。

「口語」は「現在の言葉」で、「文語」は「昔の言葉」です。今回の詩は、現在の言葉で書かれているので「口語詩」です。また、「きりきりともみ込むような冬」「刃物のような冬」という部分には「直喩」が、「公孫樹の木も箒になった」という部分には「隠喩」が使われています。したがって、3が正解です。

問題2　冬になると、公孫樹の木はどのような状態になるでしょうか。ここでは、葉が落ちてしまった木を「箒」にたとえているのです。

問題3　作者は、「冬よ／僕に来い、僕に来い」と、挑むかのように呼びかけています。また、「僕は冬の力」と書かれていることから、冬の力強さを自分の中に取り込もうとしている作者の姿が読み取れます。これらをふまえると、「冬は僕の餌食だ」とするのが適切ですね。

問題4　先ほども説明したように、冬はみんなに嫌われる季節なのですが、作者はつらくて厳しい冬を自分の力で克服しようとしています。そこから、作者にとっての冬とは、人生における「越えるべき試練」なのだということがわかります。

問題5　この設問では、作者である高村光太郎が「彫刻家としても有名な人物」であることが説明されています。芸術家として今よりも一層高い境地を目指すためにも、冬の厳しさを力強く乗り越えていこうとしているのでしょう。

塾技44 詩の読解① 映像化

解答

問題1　ア

問題2　ウ

問題3　イ

解説

詩の読解では、描かれている世界を映像化することが大切です。今回の詩は、春の琵琶湖が舞台になっています。山々にはまだ雪が残っていますが、少しずつとけて湖に流れ出していきます。湖の水は大昔からずっとそこにあって、昔の生物の化石も現在生きている魚も包み込んでいるのです。

この詩は全部で五連から成りますが、最後の連では、春が来た喜びを表現しています。

問題1　――線部①の「しんこきゅうする」という部分では、人間以外のものを人間のように表現する「擬人法」が用いられています。ここでは「湖」を人間にたとえているのですね。

第一連をよく読むと、「やまやまのゆき」がとけて湖に流れ出ていることがわかります。また、「ふかいそこの　うちがわをふるわせ」というのは、湖の底にある水をはきだしている動きを表しています。筆者は湖の水が新しく入れかわっている様子を、「しんこきゅう」と表現しているのですね。

問題2　湖のおかげで「あおい藻」や「わたしのからだ」も、「いまにいのちをたたえる」ことができているのです。「むかし　いきたぞうの化石」と「いま　いきる進化のさかな」という表現から、それが長い年月にわたって行われてきたことがわかります。つまり、自然の営みによって生命が受けつがれているということですね。

問題3　第四連の中にある□にあてはまる言葉を答える問題です。第四連と第五連のつながりを考えましょう。第四連では、だんだんと冬から春になっていく様子が描かれています。そして、第五連には、「はるのよあけだ」という表現があります。ここから、□には、夜明けの前の状態を表す言葉である「やみ」が入ると考えられます。

塾技45 詩の読解② 主題

解答

問題1 例 人生につかれた「わたし」は、陸へあがりたがっている海に対して、人間の世界はそんなにいいものではないと、嫌味(いやみ)を言いたくなっている。

問題2 例 海に嫌味を言ったことで気持ちが軽くなるとともに、自分も海と同じように何かを求めて生きていることに気づき、共感の気持ちが生まれたから。

解説

詩は、散文（＝普通(ふつう)の文章）に比べて情報量が少ないため、背景や心情を補いながら読んでいく必要があります。

今回の詩は、秋の砂浜(すなはま)が舞台(ぶたい)になっています。「わたし」はどういう状況(じょうきょう)でここにいるのでしょうか？ 「波のさき」を砂浜にひっかけて陸にあがりたそうにしている「海」に対して、「そんなに／いいことはないよ」と言っています。これは、こちら（＝人間）の世界はそんなにいいものではないということなので、「わたし」はつらいことがあって人生につかれているのではないかと推測できます。このように、無理のない範囲(はんい)で情報を補いながら、設定を考えていくことがポイントです。

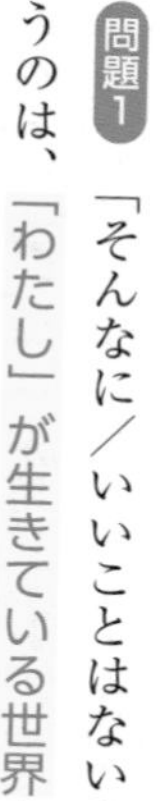

問題1 「そんなに／いいことはないよ」というのは、「わたし」が生きている世界のことを指しています。「わたし」には、打ち寄せる波が人間の世界に来たがっているように見えたのでしょう。第五連に「海に嫌味を言ったあとの」という言葉があるので、こちらも解答の要素に含(ふく)めるとよいでしょう。

①現在の「わたし」の状況
②「そんなに／いいことはないよ」の説明
③海に嫌味を言っている

この三点をまとめていきます。

問題2 「足あとを／波のさきにのこした」ときの「わたし」の気持ちを考えるために、第五連を見てみましょう。「わたし」は海に嫌味を言ったあとに「苦笑(くしょう)」をしています。さらに、「すこし軽くなった」とあることから、気持ちが楽になったのだということがわかります。

続いて、第四連を見ていきましょう。「足あとを／波のさきにのこした」という行動は、何を意味しているのでしょうか。波のさきに自分の「足あと」を残すということは、自分も同じように人間の世界のほうに向かおうとしているということです。必死に人間の世界に来たがっているかのような海の様子を見たことで、「わたし」は、自分も同じように、何かをつかむために必死に生きてきたのだということに気づいたのではないでしょうか。つまり、「わたし」は、海と自分自身を重ね合わせ、海に対して共感の気持ちを抱(いだ)いているのです。

塾技46 詩＋解説文

解答 ア

解説

この詩では、お祝いの席で「私」が花束をもらった場面が描(えが)かれています。「独り占(じ)めする欲の深さ」や「気持が花より赤くなり」という表現から、「私」のひかえめな性格が読み取れます。そして「私」より年若い女性詩人に「どうぞ二、三本／ここから（花を）抜(ぬ)き取って下さい」と差し出すと、「みんなとっておきなさいよ／こんどもらうのは白い花だよ」と言われます。ここでいう「白い花」とは、葬儀(そうぎ)の際に供えられる菊(きく)や百合(ゆり)などの花を指していると考えられますね。受け取り方によっては失礼な言葉ですが、この詩の解説文を参考にすると、これは「私」に対するやさしさだったと解釈(かいしゃく)できます。これが、詩のタイトルである「やさしい言葉」につながっていくわけです。

問題 ――線部の「心おきなく（＝遠慮(えんりょ)なく）」という表現に着目しましょう。「私」はひとかかえの花束をもらったことをうれしく思いながらも、それを自分だけが独り占めすることに気後れを感じていました。そんなときに、女性詩人から、少し失礼とも思えそうな言葉とともに「みんなとっておきなさいよ」と言ってもらえたことで、ようやく花束をすなおに受け取れるようになったので、アが正解です。

イは、「女性詩人の言葉に傷つき」が間違いですね。むしろ、女性詩人の言葉に背中を押されたのです。ウには、「赤い花束を自分と重ね合わせて」とありますが、詩と解説文からは、そのような内容は読み取れません。エは、「自分の気持ちにふたをして」という部分が「心おきなく」と合わないため、誤りです。オも、先ほど説明したように「まだ遠慮が残るが」という部分が「心おきなく」と合わないので、誤りです。

塾技47 短歌の知識と読解

解答

問題1 A イ　B エ
問題2 ウ
問題3 ア
問題4 ②

解説

①の短歌は、「おもらし」と「うなだれる父」の結びつきを理解しづらかったでしょうか。しかし、問題1の【説明文】を読むと、年老いて排泄行為がうまくできなくなった「父」の姿が描かれていることがわかります。

②の短歌は、少年時代のなつかしい情景を描いています。みなさんは「探偵ごっこ」をやったことはありますか？　ここでは、「ゆうぐれ」まで電柱に隠れて遊んでいる少年の様子が描かれています。

③の短歌では、「少女」が「飛行機」を投げていることから、「紙飛行機」を飛ばしている場面だとわかります。「コスモス」は漢字で書くと「秋桜」です。秋の日に、コスモスが咲いている様子も思い浮かぶとよいですね。

問題1　かつては威厳のあった親でも、いずれは年老いて、体が不自由になるのは避けられないことかもしれません。①の短歌は、人の「老い」がテーマになっています。

【説明文】の中の A は、直後の「が思いのままにならない」という言葉をヒントにして、イの「身体」を選びます。また B には、おもらしのあとに「黙禱」をしているように見えた父の姿を言い換えた言葉が入るので、エの「祈り」が適切です。

問題2　②の短歌の説明として「ふさわしくないもの」を選ぶ問題であることに注意しましょう。先ほども説明したように「探偵ごっこ」をして遊ぶ少年の姿は、なつかしい情景を思い起こさせるものです。ウのように「普通では考えられない力」を描いたものとは言えないので、これが答えになります。

問題3　③の短歌では、少女が脚をあげて投げた紙飛行機がコスモスの花畑に着地している情景を描いています。少女の動きと紙飛行機の着地がうまく対比されていますので、アが正解です。

問題4　「倒置法」は、語順をひっくり返して強調する表現技法です。②の短歌は、本来であれば「ベレー帽の少年探偵裏に隠して」→「ゆうぐれの電柱太し」となるところを、あえて語順を入れ替えて印象を強めているのです。

塾技48 俳句の知識と読解

解答

問題1 い 2　ろ 3　は 3　に 4　ほ 1
問題2 1
問題3 2
問題4 3

解説

初めて見る俳句は、読み解くのが難しく感じられるかもしれませんが、何とか手がかりを見つけましょう。今回の問題は、俳句の中に描かれている季節を考えるのがポイントです。問題のはじめに書かれている「季節の移ろいがわかるように順に並べられたものです」という説明を読み飛ばさないように注意しましょう。

問題1 まずは**ア～キ**の俳句の季節を特定しましょう。

ア…「落葉」→冬

[1]

イ…「師走」→十二月

ウ…「菜の花」→春

[2]

エ…「花の雲」※桜の花が咲き連なる様子→春

オ…「若葉」→夏（初夏）

[3]

カ…「立秋」→秋（初秋）

[4]

キ…「夕紅葉」→秋

以上のことから、[1]は冬、[2]は春、[3]は夏、[4]は秋だとわかります。

続いて、**い～ほ**の俳句の季節を考えます。

い…「土筆」→春

ろ…「田の一枚植て」※田植え→夏

は…「蛍」→夏

に…「名月」→秋

ほ…「木がらし」→冬

これらの季節をもとに解答していきましょう。

問題2 **ウ**は、与謝蕪村の有名な句ですので、知っている人も多いでしょう。菜の花畑を描いた絵画的な俳句です。夕方に月が出るのは満月の頃で、「三日月」は朝に見えるので、**1**が間違っているものだとわかります。

問題3 俳句では、単に「花」とあれば、桜の花を指すことが一般的です。

問題4 「山彦」は、動物のことではなく、山や谷などに響く声や音です。山に向かって「やっほー」と叫んだことがある人もいるでしょう。よって、**3**が間違いです。

塾技49 設問文の理解

解答 2・4［順不同］

解説 本文では、日本文化と西洋文化が「対比」されています。こういう論じ方のことを、「二項対立」や「二元論」などとも呼びます。

日本文化では空間をシンボル的にとらえることがあります。たしかに、西洋の家では、各部屋が頑丈な壁などで隔てられていますが、日本の伝統的な家屋は、ふすまや障子で仕切られているだけの場合も多いですね。日本では、簡単な仕切りを置いているだけでも、「心理的」に閉ざされた空間をつくり出すことができるのです。「物理的」に閉ざされた空間を重視する西洋の考え方とは、対照的であると言えます。

問題 ――線部にあるように、日本では、たとえ「一枚の紙、一本のひも」であっても、「象徴的」に「閉ざされた空間」をつくることが可能です。それは、西洋のように「物理的」に閉ざされた空間ではありません。

1の「工事現場に置かれた立ち入り禁止のコーン」は、それ自体は簡単にどかすことができ、侵入しようと思えばたやすいのです。しかしそれをしないのですから、「心理的」な空間です。**2**の「アクリル板」は、感染予防のために設置されているということなので、「物理的」な仕切りです。**3**の「自習室の机に設置された仕切り」は、それがあることで使用者のスペースを区切っているので、「心理的」な空間をつくっています。**4**の「防音対策が施された応接室」は、音を遮断する効果があるので「物理的」な空間です。**5**の「病院の大部屋のベッドにつるされたカーテン」は、簡単に開けることができますが、守られるべき個人の領域ということで「心理的」な空間をつくっています。

この問題は、「心理的」な空間や仕切りとして「ふさわしくない」ものを二つ選ぶ問題なので、「物理的」な空間や仕切りにあたるものを選ぶ必要があります。

塾技50 本文と選択肢の照合

解答 ウ

解説 今回の問題は、「羽矢拓人」に関する内容と「一致しないもの」を選ぶ問題です。本文の中には、拓人にまつわる話がいくつか出てきました。選択肢の説明と本文の内容をしっかりと照らし合わせながら解いていきましょう。

ちなみに、実際の入試問題では、今回掲載した部分よりも長い文章を読まなければいけないので、さらに難易度は上がります。

問題 **ア**は、拓人が「神隠し」に遭い、そのあと発見されたものの、真相はよくわからないという内容です。このことは、15～18行目の「子供は『神隠し』に遭い……との噂」という部分に書かれているので、正しいとわかります。**イ**は、拓人の母は未婚で、拓人は保育園や幼稚園に通っておらず、父親はわからないという内容です。これは、11～14行目の「幼稚園での親同士の……きたらしい」という部分に書かれています。**ウ**には、「母親は仕事で出かけていることが多く」とありますが、本文24～26行目の「若い母親はしょっちゅう出歩いていて家にいない、こないだその母親が年上の男と市中のレストランにいたのを誰々さんが見たようだ」という部分と照らし合わせると、正しくないとわかります。拓人の母親は仕事で外出しているのではなく、年上らしき男の人と出かけているのですね。選択肢の後半に書かれている「放置されている拓人が可哀想だと同情をよせられている」という内容は本文と一致します（本気で同情しているわけではありませんが）。**エ**の内容は、18～20行目の「呆れたことに若い母親は……覚えている」という部分から、正しいとわかります。**オ**の、拓人に関する噂話に悪意が入り混じっているという内容は、29～30行目の「そこに混じる悪意も敏感にかぎとっていた」という部分と一致します。

塾技51 言い換えの選択肢

解答 エ

解説 本文で述べられている「〇〇男子／女子」は、最近よく耳にするフレーズですね。わざわざ名称化するということは、何らかの意図があってのことですが、場合によっては悪意や偏見を含んだものになることもあるため、使用する際には慎重になるべきだと筆者は述べています。

問題 「スイーツ女子」という言葉を使う際に注意が必要な理由を答える問題です。「スイーツ女子」については、14～19行目の「『スイーツ女子』という……意図が読みとれるのです」という部分で、その意味がくわしく説明されています。また、――線部を含む一文の冒頭に「このように」というまとめの指示語があることにも着目しましょう。「からかいや冷笑の意味あい」や「皮肉ややゆ（＝からかい）の意図」があるのだと書かれていますね。

アは、「好意的な意味を含んでいる」という部分が誤りです。**イ**は、「性別を強く印象づける」という部分が誤りです。性別（ジェンダー・ステレオタイプ）の話は、――線部のあとの段落から始まり、「スイーツ女子」の話とは異なります。**ウ**は、「皮肉が直接伝わらない」という部分が誤りです。「スイーツ女子」という言葉を使う人は、相手に皮肉を伝えようとはしていません。**エ**の「不快な思いをさせてしまう」は、先ほど説明した「皮肉ややゆの意図」があることによって相手に不快な思いをさせてしまうということなので、これが正解です。本文の言葉を言い換えていることに気づくと解きやすくなります。

塾技52 選択肢の部分チェック

解答　ウ

解説

　私たちが暮らす現代社会では、昔と比べて個人の自由が保障されています。周りから何かを強制されることも少なくなってきたと言えるでしょう。その反面で、人間関係が希薄になってきたことも否定できません。たとえば、昔なら会社やクラスの懇親会、地域の自治会などは「全員参加」が原則でした。そうやって生活が維持されてきたわけですね。昔と今のどちらがよいとは一概には言えませんが、筆者は人とのつながりを維持するためにはどうすればよいのかを考察しています。

問題　この問題では、生活維持の必要性が弱まっている理由が問われています。**ア**〜**エ**の選択肢は、本文中にある言葉をうまく使って作られていますので、なんとなく選ぶと間違えてしまいます。かつて人間関係が今よりも強固だったのは、そうしないと生活が維持できなかったからです。ところが、現代社会では、お金を使って得られる商品やサービス、行政の社会保障によって生活を維持できるようになりました。そのため、人と人との結びつきによって生活を維持する必要性が弱まっているのです。

　ア〜**エ**の選択肢はすべて「生活の維持」で始まっていますので、そのあとの部分をパーツに分けて検討していきましょう。**ア**の「生活の維持のために必要だった社会の規範が緩くなり」という部分は、現代の社会の状況を説明していますが、これは生活維持の必要性が弱まった理由ではないので、誤りです。また、後半の内容も、人の結びつきの話ではありません。**イ**は、「生活の維持のために人々を結びつけていたサービスや社会保障」とありますが、「サービスや社会保障」が確立したのは現代のことなので、この部分が誤りです。**ウ**は、「生活の維持はお金を払って得られるサービスや行政の社会保障にゆだねられ」「身近な人と助け合う必要性が薄れてきた」というパーツが、それぞれ先ほど説明した内容に合うので、これが正解です。**エ**は、「生活の維持のために不可欠だった自治会への加入が強制されなく」なったのはたしかにそうなのですが、これも**ア**と同様に、生活維持の必要性が弱まった理由を説明したものではないので、誤りです。

塾技53 選択肢同士の比較

解答　ア

解説

　本文では、自分たちの想像の及ばないところで苦しんでいる人たちの問題について、「よそ者」であっても関わる意義はあるということが述べられています。たとえば、ハラスメントの問題などは、「だれでもハラスメントを生み出す空気をつくっている」とあるように、だれにでも加害者や被害者になる可能性があるわけです。多くの部外者がハラスメントの問題に関わることで、被害に遭った人たちが語りやすい空気ができるし、被害者や悩みを抱えた人を救うことにもなると、筆者は主張しています。

問題　「よそ者」もハラスメントの問題に積極的に関わるべきだと言える理由の説明として正しいものを選ぶ問題です。一見すると、どれも正しそうな選択肢が並んでいます。本文の内容をふまえたうえで、それぞれの選択肢の内容を見比べていきましょう。

　アは、「誰もが加害者や被害者になりえる」「直接関係がないと思っている人も……話し合い考える」「苦しむ人々を減らし支援することができる」という内容が、先ほど確認した内容に合いますね。**イ**は、「加害者の性格だけが原因にされやすい」「事件の根本的な原因を理解することができる」という内容が本文に書かれていないので、誤りです。**ウ**は、「被害者に対する真の反省を生み出すことができる」という内容が本文で述べられていないので、誤りです。**エ**には、「世論の流れを変えることができる」とありますが、これは本文で述べられている目的とは違うので、誤りです。

塾技54 消去法の活用

解答 エ

解説 一般的に「道具」というと、単なる「もの」と思われがちなので、「道具」がどこか軽んじられている傾向があると言ってもよいでしょう。しかし、筆者は、「道具」を「物と心が出会う場所」であると考えています。本文では、それを説明するために、「職人」と「道具」の関係が具体的な例として挙げられています。

問題 この問題は、筆者の体験談の部分をもとに考えていくものです。筆者は子どもの頃に、家に出入りしていた職人の大工道具を勝手に使ってしまったことがありました。それが職人に「すぐ見つかってしま」った理由を確認していきましょう。

職人の道具は、その機能を最もよく発揮できる状態になっているのですが、素人の「私」が勝手に使ったために、狂いが生じてしまいました。自分にとって手慣れた道具なので、職人はすぐにその狂いに気づくのです。

アは、「職人であれば誰でも知っている理屈である」という部分が本文の内容とずれています。職人は理屈ではなく、直感的にわかるのです。**イ**は、「素人の子供は、道具に狂いが生じたことを問題視しなかった」という部分が間違いです。筆者は狂いが生じたことに気づいていなかったのです。**ウ**は、「素人の子供に理解できることではないと、職人は分かっていた」という部分が本文には書かれていないので、誤りです。**エ**には、先ほど説明した内容が入っているので、これが正解なのですが、本文の言葉を言い換えているため、難易度が高くなっています。「職人の精神との関わりの中で機能的に動いている道具」というのは、4~5行目の「道具というものは物と心が出会う場所である」という意味になります。また、「関係のない他人」とは、筆者のことです。**オ**は、「職人の心が道具を支配できなくなってしまった」という部分が誤りです。本文には「最良の状態がこわされてしまった」と説明されていました。

塾技55 誤り選択肢のパターン① 言いすぎ・本文に書かれていない

解答 ウ

解説 秋の味覚の代名詞であり、高級食材としても知られる「松茸」ですが、スーパーマーケットなどで原産地の表記を見ると中国産が多いことに気づきます。松茸を栽培する難しさについては、12行目の「注目すべきは」から始まる段落でくわしく説明されています。松茸の生育についてわかっていることは、大まかにまとめると、

①ある程度貧しい土壌で育つ
②松茸の生育には、人間による持続的な森林への介入が必要である
③松茸の生育に必要な微妙なバランスは、人間の意図的なデザインによっては実現されていない

となります。

問題 一つひとつの選択肢が長く、しかも五択なので、部分チェックをていねいに行いましょう。

アは、「松茸の栽培は採算に合わず、商業化は困難と考えられている」という部分が本文に書かれていないので、誤りです。19~21行目に「松茸の採集が一大ビジネスとなり、日本の消

費者とのあらたなつながりを生んでいる」とあります。**イ**は、「計画的に自然をコントロールしなければ」という部分が本文に書かれていないので、間違いです。松茸の生育では「人間による意図的なデザイン」はうまくいっていないのでした。**ウ**は、先ほど説明した内容になっていますね。本文に書かれていることに合致するので、これが正解です。**エ**は、「人間のコントロールなど到底及ばない」という部分が言いすぎなので、誤りです。松茸は「人間の持続的な森林への介入」によって生育するのでした。**オ**は、「人間との関わりが失われた森林において」という部分が間違いです。松茸が育つのは、人間が手を加えた「ある程度貧しい土壌」です。

塾技56 誤り選択肢のパターン② 内容不足・因果関係のねじれ

解答 ア

解説

日本は、戦後急速に経済発展をとげました。しかし、その裏では多くの自然破壊もありました。本文では、1951年生まれである筆者が、自身の愛した荒川の風景が変貌していくことに対して抱いた不条理な違和感がつづられています。

問題 ここでは、——線部について「どういうことですか」と問われているので、——線部をわかりやすく説明した選択肢を選んでいきます。——線部をパーツに分けて言い換えていきましょう。

・**「わたしが愛した荒川の風景は」**
→豊かな自然が残されていた荒川の風景は
・**「この時代に」**
→高度経済成長期に
・**「変貌してしまった」**
→自然破壊が進んですっかり人工的なものになってしまった

これらの内容を含んでいる**ア**が正解になります。

イは、説明が「泳ぐこと」だけに限定されていて、内容が部分的すぎるため、誤りです。**ウ**は、「自然豊かな風景に価値を見いだせなくなってしまった」というのが筆者の考えとは正反対なので、間違いです。**エ**は、**イ**と同様に、川で泳ぐことからプールで泳ぐことに変わったという内容にしか触れていないので、——線部の言い換えとしては内容不足です。

塾技57 誤り選択肢のパターン③ 問題にきちんと答えていない

解答
問題1 エ
問題2 イ

解説

現在では、それぞれの個性が尊重され、自分の好きな職業に就くことができるという考え方が一般的になっていますが、本文ではその考えを真っ向から否定しています。

問題1 まずは、——線部①とその前後をていねいに読みましょう。近代の産業社会では、「誰でも、何にでもなれる」という考えが、社会に広く共有されています。これは、個々人の「持ち味」が尊重されているかのように思えますが、筆者はそうではないのだと述べています。では、実際にはどうなのかというと、「仕事のやり方を標準化する」もので、個々人の「持ち味」などは重視されていないのです。これに近い内容の選択肢は、**エ**ですね。

アは、本文に書かれている内容ですが、——線部①は「個々人の『持ち味』を大切にしているように見える」ことに対して「まったく逆です」と言っています。この選択肢は、——線部①の言い換えをするという問題の要求に対応していないため、誤りなのです。**イ**には、「人間の仕事は少なく」とありますが、本文にはそのようなことは書かれていないので、誤りです。**ウ**は、「仕事の標準化によって個性を大事にする」という部分が本文と合いません。仕事の標準化は、個性を尊重しないことにつながるので、因果関係が間違っていることがわかります。

問題2 ――線部②で述べられている社会は、江戸時代などに代表される「昔」の社会です。「区別」があるというのは、「各々が果たすべき役割」が明確にあるということです。また、「調和がとれた」とは、「人それぞれの役割があって、それを組み合わせることで社会は動いて」いたということですね。以上のことから、イが正解だとわかります。

アには、「気は進まないながらも」とありますが、本文にはそのような説明はないので、誤りです。**ウ**は、「祭礼などといった伝統を現在にいたるまで大事に受け継いできた」という内容が本文にないので、誤りです。**エ**は、「その区別さえ守れば誰もが好きなことをやる自由があり」という部分が間違いです。昔は各々がやるべきことをしっかりとこなすことが求められていたので、個々人が自由に好きなことをやっていたわけではありません。

塾技58 本文の内容を問う問題

解答 オ

解説

現代に暮らす私たちは、機械の普及によって、かつてとは比べものにならないほど「速い時間」の中で生きるようになりました。筆者は、効率よく合理的に物事を進めることのよさも認めつつ、「じっくり楽しむには、ゆるやかな時間が必要なのではないでしょうか」と述べています。

問題 内容一致問題は、必ず本文内容と照らし合わせながら解いていきます。また、問題作成者が誤りの選択肢を作る際には、「本文にまったく書かれていないこと」を入れることはほとんどありません。それだと間違える人がいなくて、差がつかないからです。選択肢に含まれる言葉が使われている箇所を本文中で確認していきましょう。

アは、「ゆったりとした時間の流れの中でしか経験できないものを味わうことこそが」というのは22～25行目の部分に書かれていることですが、本文ではそれを「人生の中のただ一つの目的である」とは述べていないので、誤りです。本文では、「質の違う時間」を作り出すことを肯定していました。**イ**は、ゾウとナマコの時間の流れの説明は正しいのですが、本文では「その分楽しむ世界は広がる」とは述べられていないので、間違いです。**ウ**は、「人生に深みが生まれてくる」とありますが、本文では「(ゆったりしている時間では、)その前にやったことを反芻して楽しみをより深く味わい……さらに楽しいものになる」と説明されているので、誤りです。**エ**は、「速い時間」と「ゆっくりの時間」については、16～19行目で説明されていますが、「速い時間」と「ゆっくりの時間」の「どちらを選ぶのか」ということは書かれていないので、誤りです。本文では、それらをうまく使い分けていくことが大事だと説明されていました。**オ**は、26行目から始まる最後の段落の内容と一致するので、これが正解です。時間を速めて便利になることだけが幸せとは限らないのですね。

塾技59 表現の特色を問う問題

解答 エ

解説

本文は、光陵中学校の弓道部に所属している早弥・実良・春が、九州大会の決勝戦に臨む場面が描かれています。

中学受験の物語文では、スポーツがテーマになっている文章が出題されることがありますが、そのスポーツのルールを知らないと問題が解けないということはありません（ただし、野球やサッカーなどの一般的なスポーツは、ある程度ルールを知っておいたほうが読解に有利な場合もあります）。本文をよく読んで、**場面の状況を把握する**ようにしましょう。

問題 本文の表現の説明として、正しいものを選ぶ問題です。こういったタイプの問題は、**選択肢の内容と本文を照らし合わせて、確実に間違っているものから消去していく方法**で解くのがよいでしょう。

アの「入場します」という掛け声は、それぞれの選手が種目を行う前に言う決まり文句のようなものです。「同じ動作を繰り返し行う競技」であることを暗示しているわけではないので、誤りです。**イ**の「きゃん」「ぱん」というのは、本文では「弦音」と表記されています。弓を射るときに出る音だと考えられますが、「登場人物が激しく動き回る」様子は読み取れないので、間違いですね。**ウ**の「少しずつ」「ゆっくりと」という言葉は、早弥が弓を構える際に用いられている表現です。早弥が集中力を高め、一つひとつの動作を慎重に行っている様子を表しています。「早弥の弓道の上達が遅かったこと」を表現するものではありません。**エ**の「空気は四隅をぴんと引っ張ったようだ」「密封された静寂」という**比喩表現**は、**決勝戦での緊迫した空気を的確に表現している**と考えられるので、これが正解です。

塾技60 タイトル・小見出しをつける問題

解答 エ

解説 本文に出てくる「ひとりうなずき」という言葉は、あまり聞きなれないものですが、自分で話をしながら「うん、うん」とうなずくことを指しています。筆者は、「ひとりうなずき」をする語り手と話すと気が滅入ると述べています。そのうえで、筆者は「**誤解の余地**」が残されているコミュニケーションについて説明しています。「誤解」をするような余地があるからこそ、聴く側の人間を「不確かで曖昧な位置」にとどめておくことができ、それによってコミュニケーションが成立するのです。

問題 この文章のタイトルを選ぶ問題です。今回の**塾技60**でも説明したように、タイトルをつけるコツは、「**広すぎず・狭すぎず**」です。筆者の言いたいことを最もよく表しているものを選びましょう。

アの「若者のコミュニケーション」は、本文中で具体例として挙げられていますが、筆者が述べたいテーマとは合いません。**イ**の「聴き手のいないことば」と、**ウ**の「『ひとりうなずき』の語り手」は、本文の冒頭に書かれている内容ですが、これらは、よくないコミュニケーションの一例として挙げられたものにすぎないので、**狭すぎてタイトルにふさわしくありません**。筆者が主張したかったのは、適度な「**誤解の幅」がコミュニケーションには必要だ**ということなので、**エ**の「誤解のコミュニケーション」が正解です。

塾技61 答えを探す前の準備

解答
問題1 物のない時
問題2 相変わらず

解説 今回の文章では、物への執着を捨て、不要な物を減らそうとする「断捨離」に対する筆者の思いが書かれています。断捨離は一時期ブームになりましたし、昨今では、「ミニマリスト」として余計な物を持たないシンプルな暮らしを実践する人もいます。とはいえ、高齢者にとって物を捨てるというのは容易なことではないようです。物が極端に不足していた戦中・戦後の時代を生きてきたので、物を簡単に捨てることに抵抗があるのです。今と昔の状況を対比させながら読み進め、筆者の思いを読み取りましょう。

問題1 ぬき出し問題では、答えを探す前の条件整理が非常に重要です。ここでは、

- **後期高齢者の背景にある事情を述べた**
- **段落（形式段落）**
- **はじめの五字**

という条件がつけられています。

後期高齢者が「もったいない」という考え方を美徳とするのはなぜでしょうか。先ほども触れたように、戦争中は、物が不足し、人々は自由に物を手に入れることができませんでした。25行目の「物のない時代に生きてきた」から始まる段落でそのことが述べられているので、この「はじめの五字」をぬき出しましょう。

問題2 筆者は残された者が後で困らないように、先手を打つ（＝親が生きている間に物を処分する）ことに異を唱えています。この問題では、

- **（筆者の）父親に対するどういう思いがきっかけになっているか**
- **——線部②よりあとの本文から**
- **連続する二文**
- **はじめの五字**

という条件がつけられています。父親に対する筆者の思いが書かれている部分を探しましょう。22〜24行目に「片付かない本に埋もれて本人が暮らしたいなら、人生の終わり方として、それはそれでいいのではないかと思う」という一文があります。連続する二文を探すという条件なので、この前の「相変わらず父の本は増え続けているが……」の一文も加え、この二文のはじめの五字である「相変わらず」をぬき出します。

ちなみに、「連続する」とある場合には、同じ形式段落の中にあるものを答えます。段落をまたいでいるものは「連続する」といえないので、注意しましょう。

塾技62 答えを探す範囲をしぼり込む

解答 いかにも

解説 夏目漱石の門下でもあった鈴木三重吉が創刊した『赤い鳥』という雑誌に、万亀の綴方（＝作文）が入選したことを、担任の古屋先生から知らされる場面です。万亀は、クラスのみんなの前で自分の綴方を朗読することを恥ずかしく思いつつも、今までに味わったことのない喜びや誇らしさも感じました。

問題 ぬき出し問題は、字数だけを頼りにしてやみくもに本文から探すのではなく、答えを探す範囲をできるだけしぼり込んでから探すようにします。そのためには、——線部とその前後の部分や設問文からヒントを見つけることが大切です。

今回は、——線部を含む一文が「鈴木三重吉先生がうんと感心して、いいことを書いてるぞ」となっているので、鈴木三重吉先生が万亀の綴方について、よいことを書いている部分に答えがあることがわかりますね。——線部のあとを読み進めると、32行目から始まる古屋先生のセリフの中に「えーと、小川（＝万亀）の綴方は、鈴木三重吉先生が大変誉めておられる。いかにも実感があって、しみじみと物哀れだと書いている」とあります。二十字という条件に合うのは「いかにも実感があって、しみじみと物哀れだ」という部分なので、はじめの四字の「いかにも」が正解です。

塾技63 答えの形式をそろえる

解答 免疫力が低下すること［10字］

解説 今回の文章では、海に流される「海洋プラスチック」の有害性が述べられています。海洋プラスチックは、それ自体が海洋生物の内臓などにダメージを与えるだけではなく、残留性有機汚染物質（ＰＯＰｓ）と呼ばれるものが吸着して、濃縮することによって、より深刻な問題を引き起こしています。ＰＯＰｓは食物連鎖を介して、小さな生物から大きな生物へと移行し、どんどん濃縮されます。ＰＯＰｓが高濃度に蓄積されると、免疫力が低下し、感染症にかかりやすくなるなど、死亡するリスクが増えると、筆者は述べています。

問題 この問題では、設問文に答えの誘導があり、「生態系や人の健康に影響を及ぼす」ことについて、具体的に生物の「何」が「どうなること」につながってしまうのかが問われています。答えは、「何」が「どうなること」という形になるのではないかと推測できますね。科学物質が土壌に蓄積することによる生態系や人の健康への影響については、——線部のあとの部分でくわしく説明されています。この部分を読んでいく中で、21～22行目の「ＰＯＰｓが体内に高濃度に蓄積されると、免疫力が低下することがわかっている」という箇所に注目できればよいでしょう。十字以内で探すという条件なので、具体的なキーワード（ここでは「免疫力」）を含むものを探すのもポイントです。

塾技64 同内容のぬき出し問題① ——線部をパーツに分ける

解答 科学に対して距離を感じている［14字］

解説 中学入試の国語の読解問題では、「科学」に関する文章が多く出題されています。本文では、「わたしたち」は科学技術を使う「主人公」でありながら、科学的理論と実用化のレベルが複雑で高度なために、それが一握りの人たちにしかわからないむずかしいものになってしまっていると述べられています。そして筆者は、「科学的背景やしくみを少しでも知った上で、生活の中に取り入れるか、取り入れないのかを判断することが必要です」と主張しています。科学者だけに任せるのではなく、わたしたちも、科学をどのように使うのかを考えていかなければならないのですね。

問題 今回は、「同内容のぬき出し問題」です。——線部をパーツに分けて、解答の要素が対応しているかどうかをしっかりと確認しましょう。——線部は次のようになっています。

①「科学はむずかしいから」と決めつけて
②苦手だと思っている

「思っている」という終わり方になっているので、解答も、「～いる」のような形になるのではないかと推測できます。わたしたちが科学に対して否定的な印象を持っているという内容になっている箇所を、十五字以内で探しましょう。そうすると、「読者である『一般の人たち』も、発信する側である『編集者』も、科学に対して距離を感じている」という部分が見つかるでしょう。

先ほどのパーツごとに確認していくと、

①「科学はむずかしいから」と決めつけて
＝科学に対して
②苦手だと思っている
＝距離を感じている

という対応を見つけることができます。ちなみに、6行目の「『科学』と聞いただけで引いてしまう」も同内容ですが、十五字以上なので答えとして不適切です。

同内容のぬき出し問題は、このような確認作業をすることによって、格段に正答率が上がります。今回の塾技64で学んだことをマスターして得点源にしましょう。

塾技65 同内容のぬき出し問題②
——線部を含む一文に注目する

解答 世界を見る視点

解説

人の考え方や見方（視点）は、どのようにして確立されていくのでしょうか。本文では、「他者の視点に触れる経験をすることで、僕たちはその他者の視点を取り入れていく」と述べられています。そうすることで、「ものごとをより多角的に見られるようになる」のですね。人はこのようにして「自己物語」を形成していくのですが、それによって見方が安定して固定化してくると、そこから脱したいという動きも生まれます。このように、「自己物語の書き換え」がなされるのです。

問題 ——線部「自己物語」と同じ内容の部分をぬき出す問題です。同内容のぬき出し問題では、**塾技64**で学んだ「——線部をパーツに分ける」という技も有効ですが、今回は——線部が短すぎるので、——線部を含む一文に着目していきましょう。

・（そうした）身近に接する他者の視点を取り込むような形で自己物語が形成されていく

ここで、「身近に接する他者の視点を取り込む」→「自己物語が形成されていく」という流れに注目します。これらを手がかりに本文を見ていくと、10～12行目の「身近に接する人たちのもつ視点を取り入れることで、世界を見る視点をもつようになっていくのだ」という部分が、「身近に接する人たちのもつ視点を取り入れる」→「世界を見る視点をもつようになっていく」となっていて、因果関係も含めて——線部を含む一文に近い内容になっていることがわかります。「自己物語」は、名詞の形なので、「世界を見る視点」と名詞止めでぬき出すことも意識しましょう。

塾技66 字数指定のあるぬき出し問題

解答 じっと耳を

解説

音楽家である筆者が、どのように音楽をつくるのかを、具体的な例を用いながら説明した文章です。音階やハーモニー、リズムや倍音などの音楽の「知識」は、音楽をつくるのにはそれほど役には立たないと、筆者は述べています。——線部のあとには例え話が続くので、そのあとのまとめの部分に着目すると、全体の流れがつかみやすくなります。

問題 ——線部の直後の段落では、「川の音」にも「ざあああ」「ちょろろろ」「さらさら」「てらてら」「そよそよ」などいろいろ表現の仕方があると説明されています。また、純粋な川の音以外にも「どごん、どごん」などさまざまな音が複雑にまじりあっていることにも気づきます。川の音はこういう音だという限定的な聴き方ではないということですね。

続く19行目から始まる段落の冒頭には、「こういう風に音を『聴く』ことができる時、曲が生まれる」と書かれているのですが、このあたりは「二十五字以内」という条件には合いそうにありません。さらに先を読み進めていくと、「『どうやったら音楽がつくれるようになるか』を探すよりも、じっと耳を澄ましたい音が既にある場所に身をおくといいのではと思う」という箇所が見つかります。「AよりもB」という文章構造にも着目したいですね。筆者は、音楽的な知識や理論よりも、自然の音に耳を澄ますことを大事にしているのですね。「じっと耳を澄ましたい音が既にある場所に身をおく」という内容は、先ほど見た例え話の内容とも合うので、これが正解です。はじめの五字をぬき出して解答しましょう。

塾技67 接続語の空欄補充問題① 空欄の前後に注目する

解答

A イ　B エ
C ア　D ウ

解説

筆者が、中央アメリカにあるコスタリカの新熱帯の森林を訪れたときに抱いた印象を述べた文章です。

アフリカには熱帯雨林らしきものはなかったのですが、東南アジアには、植物と動物で満ちた本物の熱帯雨林がありました。それに対して、コスタリカの新熱帯は、「一回、人間がかなり優位になったことのある場所」だということです。人間が足を踏み入れたために、人間の影響を強く受けているということですね。

問題 接続語の空欄補充問題は、次のような手順で解いていきましょう。

①空欄の前後に書かれていることを確認する
②空欄に合う接続語を考える

A の前には、「中央に活発な火山帯があり」とあり、あとには、「カリブ海と太平洋というふたつの海からの影響を受けて」とあります。これらの条件が合わさって「多様な気候と生態系」を生み出しているのですから、イの「さらに」が入ります。

B の前には、「東南アジア」の「熱帯雨林」に感激したことが書かれています。あとには、「コスタリカ」の「新熱帯」の森林はずいぶん違っている（つまり、感激するものではなかったという意味です）と書かれています。ここから、エの「しかし」が入ることがわかります。

C の前には、「人間が一度自然に手を入れてしまうと完全にはもとに戻らない」とあり、あとには、「アフリカに行ったとき」の例が述べられています。そのため、アの「たとえば」が入るとわかります。

D は、塾技5で学んだ「一般論」と「筆者の主張」の対立のカタチに気づけるかどうかがポイントです。はじめに一般的な意見を挙げ、「が（逆接）」のあとで筆者の主張を展開するのでしたね。ここには、ウの「むろん」が入ります。

塾技68 接続語の空欄補充問題② 解きやすいものから処理する

解答

1 ア　2 ウ
3 オ　4 イ

解説

本文で述べられているような「文明論」は、中学入試でもたびたび取り上げられるものですので、内容を頭に入れておくとよいでしょう。

この文章で筆者は「文明」を「花」にたとえています。「切り花」は、すでに開花したものですので、新しい流行や表面的なものといった意味で用いられています。一方、「球根」は、育てていくことで開花するものなので、ライフワークや本質的なものといった意味になります。対比（二項対立・二元論）を意識することで、本文内容を整理できます。

問題 空欄補充問題は、順番に解く必要はありません。今回の問題では、2→4→1→3の順番に考えると解きやすくなると思います。

2 の前には、「勤めをもつ人」のあいだで知的な関心が高まり、自由時間に精神的なものを求めようという志向が強くなったのは進歩であるということが書かれていて、知的なものを求める傾向をいったんは認めています。あとには、その関心の半分以上は新しい流行の切り花を追うのに費やされているというように、否定的な意見が述べられています。ここから、ウの「しかし」が入るとわかります。

4 の前には、「自由時間は、小学校に入るまでと定年などで仕事の第一線から退いた後の時代」と書かれていて、あとには、「人生の初めと終わりに自由時間があり」と書かれています。ほぼ同じ内容を言い換えているので、イの「つまり」が適当です。

［1］の前には、今の人は花屋に通い、花の美しさは知っているが、花は切りとられているもので、根がないものと思っているということが書かれていて、あとには、花屋を知らなかった昔の人のほうが、球根を買って育てることができたということが書かれています。あとの方がどちらかといえばよいという内容になるので、アの「むしろ」が入ります。

［3］の前には、どうしたら自力で花を咲かせられるかということが書かれていて、あとでは、〝切り花から球根へ〟という「発想の切り換え」を提案しているので、オの「そこで」が入ります。

塾技69 副詞の空欄補充問題

解答　1 イ　2 カ　3 ウ

解説　父親の仕事の都合で東京から星原村に引っ越してきた小学五年生の世夏は、同じ年で恐竜好きの「ムッチ」や「陸くん」たちと友達になり、一緒に化石を探しています。世夏だけが化石を見つけられずにいて、やっと見つけた黒いものは、ただの石でした。その後、おじさんに怒られて逃走し、みんなは残念な気持ちで林道をもどっていきます。

問題　副詞の空欄補充問題も、接続語の問題と同様に、空欄の前後のつながりをしっかりと確認することが大切です。また、副詞はあとにくる言葉を修飾する（＝くわしく説明する）はたらきをする言葉なので、空欄のあとの部分に特に注意するようにしましょう。

［1］の前には、せっかく見つけたものが化石ではなくただの石ころだったことが書かれています。「うなだれた（＝頭を低くたれた）」につながるのは、世夏の残念そうな様子を表すイの「がっくり」です。［1］の直後の「と」という言葉にもきちんとつながりますね。

［2］の前では、おじさんに怒られて、みんなで走って逃げる様子が描かれています。なぜおじさんに怒られているのかわからずに逃げている世夏はこわくてしかたがないので、足がふるえている様子を表すカの「ガクガク」が合いますね。

［3］の前では、怒っていたおじさんが追いかけてこなかったことを確認しています。しかし、結局、化石を見つけることはできなかったので、みんなは元気のない様子で林道をもどったと考えられます。よって、ウの「とぼとぼ」があてはまります。

塾技70 キーワードの空欄補充問題

解答　直観力

解説　自然界には生き物たちのルールがあるので、人間が自分のペースで侵入してしまうと、動物たちの自然な動きを見ることはできないのだと、霊長類学者である筆者は述べています。動物たちの動きに合わせるには、言葉ではなく五感を用いた直観力が必要で、その体験は人間世界でも役に立つと書かれています。これを使って自分で最終的な判断を下すことによって、自分に対する自信と自己決定力がつくのです。

問題　［　］にあてはまる言葉をぬき出す問題です。三字ちょうどという条件なので、「キーワード」のぬき出しだとわかります。キーワードは、本文で何度か繰り返されている言葉である可能性が高いと考えられますね。

まずは［　］の前後の文章を見ていきましょう。

・**最終的には自分で状況を見極めて決断することが重要なのだ。それは、五感を駆使した［　］に頼るしかない。**

自分で状況を見極めて決断するには、五感を駆使した「あるもの」に頼るしかないという内容なので、これと似たようなことが書かれている部分を探します。すると、本文の16〜18行目に、

・多くの動物の動きが交差するところに、その世界のルールがある。それを感じるには、言葉ではなく五感を用いた直観力が必要だ

という説明があることがわかります。「五感を駆使した」と「五感を用いた」は、ほぼ同じ内容ですね。よって、そのあとに続く「直観力」が正解です。

塾技71 複数の空欄補充問題

解答 A 現代　B 未来

解説 今回の文章は、典型的な「文明批判」の論説文です。

現代社会では、「スピード化」「効率化」「合理化」がもてはやされ、無駄をなくすことを追求する傾向にあります。映画監督である筆者は、映画の編集作業が「かつて」と「今」で大きく変わったことを挙げて、効率化の意味を考えています。かつては、フィルムを編集する作業は、手作業で時間がかかるものでした。しかし、今では、コンピュータによって、以前の三分の一の編集時間しかかからなくなりました。では、それによって浮いた時間を豊かな時間に使っているかというと、どうも疑わしいようです。天才芸術家であるレオナルド・ダ・ヴィンチは、ゆとりのない未来の世界のありようを予測して、警鐘を鳴らしていたのではないかと、筆者は考えています。

ちなみに、この文章は今から二十年以上前に書かれたものなので、現在の社会の「スピード」は、ここに書かれている以上のものになっていると言えますね。

問題 空欄補充問題で、複数の空欄に関係性がある場合、いちばん多いのは「対比」の関係ですが、それ以外にも、「並立」や「類比」、「因果」の関係などが考えられます。

空欄補充問題は解きやすいものから考えていけばよいので、わかりやすい［B］から攻めましょう。

［B］の前後を確認すると、「ダ・ヴィンチは彼にとっての遥かな［B］である今のこの時代を思いやっていたのではないか」と書かれています。過去に生きていたダ・ヴィンチにとっての「今のこの時代」を漢字二字で表すと、「未来」（35行目）だとわかります。

続いて、［A］です。ダ・ヴィンチの言葉は、彼が生きていた「過去」ではなく、むしろ［A］にこそ意味を持つのだと述べられています。「僕は今思う」とあるので、ここには「現代」（16行目）が入ります。

［B］の答えを考えたあとに、［A］にも時間を表す言葉が入るのではないかと予測することができれば、答えを探しやすくなりますね。

塾技72 候補のある脱文挿入問題

解答 （オ）

解説 筆者は、「個性」という言葉が人の外見に関して使われていることや、特殊なスキルを持つことが個性的であることの条件であるかのように思われていることに対して、違和感を抱いています。

本文では、「この世に生まれた人間は一人残らず全員、それぞれの個性を持っています」と述べられています。同じ個性を持つ人は誰一人としていないのですから、他人の様子を気にしたり、真似をする必要もありません。自分が本当に好きなものや興味のあることに気持ちが向かっていけば、それが本当の意味での「個性を磨く」ことになるのだと、筆者は主張しています。

問題 脱文挿入問題の基本は、「指示語」「接続語」「キーワード」に着目することでしたね。今回の脱文をチェックしてみましょう。

・そういうネガティブなサイクルに入らないよう、気をつけてください。

「そういう」という指示語が含まれています。また、「ネガティブ（＝否定的）」や「サイクル（＝あることが繰り返し行われる様子）」というキーワードも意識しましょう。この脱文の直前には、否定的なことが繰り返し行われている様子が説明されていることがわかります。

　これをふまえて考えるときに、まず候補から外さないといけないのは、**（ア）（イ）（ウ）**です。

（ア）の前には、「『個性＝人より目立つこと』と、多くの人が錯覚している」とありますが、これは「ネガティブなサイクル」ではありません。

（イ）の前には、「真似しようとしても真似できないのが、個性というものなのです」とあり、こちらも「ネガティブなサイクル」の内容とは違います。**（ウ）**の前には「本当の意味で『個性を磨く』ということです」と書かれていて、これは「ネガティブ」な内容とは逆のものです。

　続いて、**（エ）**の前を見てみましょう。「『個性を磨かなきゃいけない』と無理をすることです」とあります。これは「ネガティブ」な内容ですが、「サイクル」にあたる内容がありません。

（オ）の前には、「自分の軸足をどこに置いていいかわからなくなり」→「自分力が失われ」→「自分の個性をつぶしてしまう」という「ネガティブなサイクル」が書かれているので、（オ）が正解となります。

塾技73 候補のない脱文挿入問題

解答 宇宙の中心

解説 現在の天文学では、「地動説」が正しいということが立証されています。ところが、コペルニクスの時代（十六世紀）には、千年以上にわたって「天動説」が支持されていました。「天動説」は数学的にも矛盾したところがあったのですが、人々は「天動説が常識的に正しい」と納得して信じていたのですね。しかし、コペルニクスは、「本来宇宙とは、もっとシンプルな法則に従って動いているはずだ」と考えました。そして、地道な天体観測を続け、さまざまな検討を重ねた結果、宇宙の中心にあるのは、地球ではなく、光り輝く太陽だという結論にたどりついたのです。

問題 今回の脱文挿入問題は、「候補のない（選択肢のない）タイプ」のものです。脱文をしっかりと分析して、本文のどのあたりに戻すべきかを、より慎重に考えなくてはいけません。

まずは脱文の内容を確認していきましょう。

・これは宇宙だって同じである。

脱文に「これ」という指示語が含まれています。「宇宙だって同じ」とあることから、この文が入る前の部分には、宇宙以外のことで宇宙と共通することが述べられているのではないかと推測できます。そして、この脱文にはもう一つポイントがあります。本文は主に敬体（「です」「ます」調）で書かれているのですが、この脱文は常体（「だ」「である」調）になっています。本文の中にも、一部だけ常体になっているところがありますね。それは、コペルニクスが考察を重ねている部分です。

　これらをふまえて考えると、コペルニクスの考察が書かれている

①17〜20行目の段落「本来宇宙とは……」
②23〜26行目の段落「暗くて広い……」
③27〜28行目の段落「宇宙の中心に……」

が候補になります。

　この中で、宇宙以外のことが述べられているのは**②の段落**ですね。このあとの③の段落では、再び宇宙の話に戻っていますので、②の段落の最後に脱文を入れると、段落同士がうまくつながります。

　「入れた場所の直後の五字」という条件を見落とさないように注意しましょう。

塾技74 文を正しく並べ替える問題

解答 イ

解説

植物は受粉をすることで子孫を増やしていきます。花粉をどのように運ぶかというのは、植物にとって最も重要なことなのです。大昔は花粉を風に乗せて運ぶ「風媒花」しかありませんでしたが、偶然、虫を利用して花粉を運ぶ「虫媒花」が生まれます。

問題 文整序問題は、「指示語」「接続語」「キーワード」に注目してペアを作るのがポイントでした。さらに、並べ替える文の前後の部分とのつながりもしっかりと確認しましょう。

まずは、乱文の直前の部分を確認しましょう。5〜6行目には「風媒花は花粉を大量に作らなければならないのです。おそらくは、恐竜時代の終わりのころのことです」とあります。風媒花が花粉を大量に作るという内容ですね。**B**には「その大量の花粉」という言葉があるので、「乱文の前の部分→**B**」のペアができることがわかります。

Bでは、「昆虫が花にやってきました」とあるので、「昆虫」「花」という言葉をつないで、「**B**→**F**」というつながりを作ります。**F**の「昆虫は花から花へと、花粉を食べあさっていきます」というのは、花粉を食べる昆虫の様子の説明です。

次にペアを作りやすいのは、**E**です。「これは、風で花粉を運ぶ方法に比べると、ずっと効率的です」という文の冒頭に「これ」という指示語があるので、この直前には、昆虫が花粉を運ぶことが書かれた文がくるはずです。昆虫が花粉を運ぶ様子が書かれているのは、**C**の文ですね。これで、「**C**→**E**」のつながりができました。

残るは、**A**と**D**です。指示語と接続語が使われている**A**の文に注目してみましょう。「そして、この偶然をきっかけにして、植物は昆虫に花粉を運ばせるようになったのです」とあるので、この直前では「偶然」のできごとが説明されているとわかります。「偶然」のできごとというのは、先ほど確認した「**C**→**E**」の、昆虫による受粉が行われたことを指します。ですから、「**C**→**E**→**A**」のつながりができることがわかります。

Dの「植物の花粉を運ぶ役割を最初に担ったのは、コガネムシの仲間だったと考えられています」という文のあとには、その後、昆虫以外の生き物も花粉を運ぶようになったという内容が来るはずなので、「**D**→乱文のあとの部分」というつながりになります。

以上をふまえると、「(乱文の前の部分→)**B**→**F**→**C**→**E**→**A**→**D**(→乱文のあとの部分)」という流れができるので、正解は**イ**だとわかります。

塾技75 会話文を並べ替える問題

解答 **A** カ　**B** エ　**C** ア　**D** オ　**E** ウ　**F** イ

解説

岬中学校二年一組では、クラスで一番性格のいい人を決める「いい人ランキング」が行われて、木佐貫桃が第一位に選ばれました。ところが、桃は雑用を押しつけられたりいじわるをされたりするようになってしまったので、このことを思い悩んで尾島圭機に相談します。圭機は頭の回転が速く、人の気持ちを読むのが得意です。たいていの人は「いい人ランキング」で選ばれた人に対してイラッとするのだと、圭機は考えています。

問題 会話文を並べ替える問題を解く際には、「誰の発言なのか」「対話として成立しているか」を考えていきます。この問題では、「桃と主機の言葉が交互に入ります」と説明されているので、これもヒントにしていきましょう。

まず、**A** の直前のセリフは、「『いい人』

に選ばれた時点で、おれも鞠っぺもそれぞれ手を打った」です。「おれ」というのは主機のことなので、それに対して、桃が「尾島くんも？」と反応します。

次の **B** には、主機の言葉がきますね。「おれは、笑いを取りに行った。選んでいただいたお礼に、新作のモノマネやりますってね」と、実際にみんなの前で何をやったかを桃に説明しています。

続く **C** には、桃の言葉が入ります。直前の主機の話を聞いて、「モノマネ」という言葉を繰り返しています。

D には、主機の言葉が入ります。「そうやってバカをやるのはおれの武器なんだ。……そうするとみんなをイラッとさせない」と、なぜみんなの前でモノマネをやったのかを、桃に説明しています。

そのあとの **E** には、「すごい理論……」という桃の言葉が入ります。桃は、主機の考えを聞いて驚いているのです。

最後の **F** には、主機の言葉が入ります。直後で桃が「少し聞いた。本人から」と、ここにはいない人物の話をしているので、「鞠っぺは……泣き落としだよ」という、鞠についての話が入ります。

塾技76 原因・理由の説明

解答 例 好きな絵を描くためなら迷いをふり切り、自分の意志で人気のない美術部への入部も決められるしおりが、疎遠になった自分には歩み寄ろうとしなかったことに気づいたから。

解説 最近の中学入試の物語文では、学校での立ち位置（ポジション）が登場人物同士の関係性を決める重要な設定になっていることがあります。たとえば、今回の文章では、葉子としおりは小学校のころ「日陰（＝地味なグループ）」でしたが、中学校に入ると葉子は「日向（＝目立つグループ）」の朱里たちと仲良くなります。でも、葉子は、もともとは地味なグループにいたため、日向のグループにとけ込もうと無理をしているところもあるのですね。冒頭のリード文（あらすじ）や葉子の気持ちが書かれた箇所に注目しながら読み進めることがポイントです。

問題 ——線部の「もう、戻れないのかもしれない」とは、葉子としおりとの関係が昔のようには戻れないということです。葉子がこのように思った理由について、本文を根拠に考えていきましょう。

・しおりは、「日向」に飛び込んでいった私には、手を伸ばそうとしなかった

…しおりは、目立つグループに入って疎遠になった私には、近づこうとしなかった

これだけだと文字数が足りないので、しおりの性格を「肉付け」して説明します。

・しおりは、怖くても、好きなものには手を伸ばせるのだ

…好きな絵を描くためなら、運動部に比べて人気のない地味な美術部に入ることも迷わない、意志の強さがしおりにはある

以上の内容をまとめればよいでしょう。

塾技77 ——線部の説明

解答 問題1 例 蜘蛛のエサになりそうなカナブンにあと少し生き延びる時間を（あげたくなってしまったということ。）

問題2 例 自分自身が死にそうなカナブンの立場となって、瞬間的に自分の死や生を感覚的にとらえられるということ。

解説 生きているものでもそうでないものでも、す

べてのものに命があるように感じる筆者は、道端にある石ころや、ベランダに入る蜘蛛やカナブンにも**感情移入**してしまいます（本文ではこれを「アニミズム」に近い感覚だと説明しています）。筆者の優しい人柄があらわれた随筆文ですね。

問題1 「どういうことですか」と問われているので、――線部をパーツに分けて言い換えることを意識しましょう。

① **「この子に」→カナブンに**

② **「時間をあげたくなってしまった」→あと少し生き延びる時間をあげたくなってしまった**

さらに、「カナブン」について少し「肉付け」をしてあげるとよいでしょう。「蜘蛛のエサになりそうな」「死にそうになっている」などが考えられますね。

問題2 これも「どういうことですか」と問われているので、**問題1**と手順は同じです。ただし、先ほどよりは言い換えにくい問題になっています。

① **「向こう側」→死にそうなカナブンの側**

② **「こちら側の視点」→自分自身の立場**

③ **「一瞬ふっと」→瞬間的に**

④ **「入れ替わる」→自分の死や生を感覚的にとらえられる**

この中では、④の言い換えが難しいですね。無理せずに本文中の言葉を使うとよいでしょう。「自分が『カナブンの目』になって、自分の死を見ている。自分の生きていることを見ているのです」という箇所から、「自分の死や生を感覚的にとらえられる」などとまとめましょう。

塾技78 人物の気持ちの説明

解答 例 自分だけ病院に残されることを考えて怖くなっていたが、一緒に遊べなくてさみしいのは同じだと壮太に言われ、残された壮太との時間を楽しもうと前向きになった。［75字］

解説 人物の気持ちを説明する問題では、登場人物の置かれている**状況**や**言動**に着目し、「**原因・理由＋気持ち**」の型を意識しながら解答を作成しましょう。

- **「ぼく（瑛太）」…重い病気で長期入院をしている。自分だけ病院に残されることをさみしいと感じている**
- **壮太…検査入院で、間もなく退院する。退院して瑛太と一緒に遊べなくなるのを残念に思っている**

問題 壮太の「お別れは同じ。一緒にいられる時間も同じ」という言葉を聞いて、「ぼく（瑛太）」はどのような気持ちになったのかを説明する問題です。物語文の記述問題でも、**「本文に書かれていること」**を**根拠**に**解答の要素を考える**ということを徹底しましょう。本文の表記で使えるところがあれば、そちらを優先させます。

- **「壮太が帰った後のことを考えて怖くなる」**

ここはそのまま解答要素として使えますね。

- **「二人で遊べないの、一緒だろ?」**

一緒に遊べないのは自分も同じだと壮太に言われます。

- **「一秒でももらさないよう楽しまないと」**

これは「ぼく」の心の中のセリフです。残された時間を楽しもうと前向きになっていることが読み取れますね。

これらを結合させれば完成です。

塾技79 人物の気持ちの変化の説明

解答 例 「わたし」は長谷川さんのそばにいると卑屈になってしまうため、友だちになったことを後悔していたが、長谷川さんが傷を見せてくれたことで、わだかまりが解けて、再び友情を深めたいと思った。［90字］

解説 物語文の記述問題では、今回の**塾技79**で取り上げた「人物の気持ちの変化」を説明させるものが多く出題されます。「人物の気持ちの変化」の記述問題は、「変化前」「きっかけ」「変化後」の三つのパーツで、わかりやすくまとめることがポイントです。本文中から、解答の要素を取り出しましょう。

問題「人物の気持ちの変化の説明」の手順に従って本文中から解答の要素を取り出して整理すると、以下のようになります。

①変化前

「学校で話題の美人である長谷川さんと同じクラスになり、友だちになるが、長谷川さんと自分を比べて卑屈になってしまうのが嫌で、長谷川さんと距離を置くようになった」

あらすじの部分を「変化前」の説明として使います。「卑屈」「嫌で→後悔して」など心情語をきちんとそろえましょう。

②きっかけ

「事故に遭って、手術した跡。たぶん一生残ると思う」

長谷川さんが、知られたくない傷（弱い部分）を「わたし」だけにさらけ出してくれたのです。

③変化後

「こんなにひどい傷を見て、また長谷川さんと友だちになりたいと思ってるなんて！」

長谷川さんに対する卑屈な気持ちやわだかまりがなくなって、また友人関係を築きたいと思ったのです。

この三つを字数内でまとめます。

塾技80 「対比」の記述

解答 例 観光旅行は、あらかじめ知り得ていた情報の範囲内で、よく知られた場所を訪れるものにすぎない。一方、旅に出るというのは、知っている範囲を超えて、勇気を持って未知の場所に向かうことである。

解説 一般的に「冒険」というと、「多くの人が行かないような場所」に行くことや、「体験しえないような行為」をすることというイメージがありますが、必ずしもそうではないのだと、筆者は述べています。

筆者が定義する「冒険」とは、「知っている範囲を超えて、勇気を持って新しい場所へ向かうこと」なので、私たちが日常生活で新しいことに挑戦しようとする行為は、すべて「冒険」と呼ぶことができるのですね。

問題 今回の**塾技80**では、「対比」の記述を学習しました。「対比」の記述で重要なのは、解答要素を対にしてそろえるということでしたね。「観光旅行」と「旅」の違いを、本文中の言葉を使って整理してみましょう。

①観光旅行

- **「ガイドブックに紹介された場所や多くの人が何度も見聞きした場所を訪ねること」**
- **「あらかじめ知り得ていた情報を大きく逸脱することはありません」**

②旅

- **「未知の場所に足を踏み入れること」**
- **「知っている範囲を超えて、勇気を持って新しい場所へ向かうこと」**

これらの材料を整理しながらまとめましょう。解答の要素は多めにそろえておき、文字数や解答欄の大きさに合わせて、省略したり言い換えたりしましょう。

塾技81 「類比（共通点）」の記述

解答 例 AIの学習データに偏りがあり、差別的で偏った評価をした点。［29字］

解説 AIは、膨大なデータを学習して、自動的に判断を下します。ですから、学習するデータに偏りがあれば、当然、判断にも偏りが生じるわけですね。筆者は、アメリカの企業の人材採用を例に挙げて、その危険性を説明しています。偏見や差別をなくすためには、さまざまな人間がいることをＡＩに知ってもらうことが必要ですが、筆者は、人間を「有限個の特徴の束」によって分類すること自体に異を唱えています。

問題 「米アマゾン社」と「複数の米大手企業」の「採用試験」にどのような問題点があったのかを三十字以内でまとめる問題です。文字数がそれほど多くありませんので、具体例を抽象化する（＝短くまとめる）必要があります。

まずは、それぞれの問題点を整理してみましょう。

①米アマゾン社

「女子大学」「女子チェスクラブ部長」など「女性」を表す言葉が入っている履歴書を低く評価した

…女性を差別する採用システム

②複数の米大手企業

ビデオを用いた採用面接で、しゃべり方や声のトーン、表情の変化などから、ＡＩが面接通過者をリコメンドした

…障害を持つ人を排除する採用システム

この二つの具体例から共通して言えることは、どういうことでしょうか。

①ＡＩの学習したデータが偏っていた（原因）

②差別的で偏った評価を下した（結果）

これらを制限字数内でまとめましょう。

塾技82 「皮肉」と「逆説」の記述

解答 例 オオカミを撲滅したことで、生態系全体がくずれてしまい、オオカミを復帰させざるをえなくなった点。

解説 自然に対する考え方は、国や地域によって異なります。欧米ではキリスト教的自然観が主流で、自然よりも人間のほうが重要視されました（人間中心主義）。また、小麦を栽培し、ヒツジを飼育することが農業の土台だったため、ヒツジを襲うオオカミは忌み嫌われたのです。そこで、北アメリカでは西洋からの移住者たちによって、人間中心主義にもとづくオオカミの駆除が徹底して行われました。

問題 今回の問題は、難関校での出題が多い「皮肉」の記述です。この場合の「皮肉」とは、「期待や予想とは違う、悪い結果になること」です。

では、具体的にはどのようなことが起こったのでしょうか。本文の内容を整理してみましょう。

①期待したこと

オオカミを敵とみなし、見つけ次第、射殺し、毒殺を行うことで、徹底的に撲滅を図ること

②悪い結果

・オオカミがいることで頭数が抑制されていた大型のシカ（草食動物）が増えて、森林が破壊された

・その結果、ビーバーや小鳥がいなくなるなど、生態系全体が病んだようになってしまった

・研究者は「オオカミ復帰」の必要性を認識し、最終的にオオカミを復帰させた

これらをふまえて、「期待したこと」と「悪い結果」を簡潔にまとめましょう。「期待したこと」は「オオカミを撲滅させること」で、「悪い結果」は「生態系が破壊されたこと」と「駆除したオオカミを復帰させることになったこと」です。

塾技83 記述の注意点① 指示語・代名詞の扱い

解答 例 世襲によって職業が決められている人は、職業を自由に選べなくてかわいそうだ（という理屈。）［36字］

解説 みなさんはこれまでに「世襲」という言葉を聞いたことはありますか。本文にもあるように、「世襲」とは「親から財産や地位、仕事などを受け継ぐ」ことですね。この「世襲」にはいろいろな考え方がありますが、「自分で職業を選べない」という意味では不自由な点もあります。だからといって、自分の「才能」だけで望んだ職業に就ける人は少数派ですので、「世襲」には自由がないと嘆いたり、そういう人に同情したりするのはおかしいのではないかと、筆者は述べているのです。

問題 ——線部「そういう理屈」が指す内容をまとめる問題です。——線部の前の「そういう人に対して親に人生を決められてかわいそうだ」という部分が「そういう理屈」の内容です。ただし、ここにもまだ「そういう人」という指示語があるので、この指示語の内容を明らかにしましょう。「そういう人」とは、「跡取りになることが決められている人」のことですね。これらをふまえてまとめます。「世襲」という言葉を用いるという条件も読み飛ばさないようにしましょう。

塾技84 記述の注意点② セリフの扱い

解答 例 葉造は、息子の俊介を高校に進学させたいと考えている。一方、永伍は、俊介の希望通りに中学卒業後、キョーリンで働かせてもよいと考えている。

解説 物語文の記述問題では、登場人物のセリフによって気持ちや状況が説明されることも少なくありません。今回の問題でも、葉造と永伍の考えが、俊介たちの会話の中で説明されていました。しっかりと解答の要素を拾い集めましょう。

問題 葉造と永伍の考えを、俊介たちの会話をもとにしてまとめてみましょう。

①葉造（俊介の父）
…俊介を高校へ行かせたい
②永伍（一平の父）
…本人の希望を優先すべきだと考えている

これだけだと説明不足ですので、「肉付け」しましょう。俊介の「希望」とは、中学を卒業したらキョーリンで働くことです。

今回の文章のセリフの中には、方言も出てきますので、適切に言い換えてまとめましょう。

塾技85 記述の注意点③ 間接的な表現の扱い

解答 例 無理をしたり緊張したりすることなく、普段通りに自分の力を発揮できること。

解説 「趣味」に関する筆者の思いをつづった随筆文です。「趣味」というと、気楽に好きなことを楽しむというイメージがありますが、筆者の場合は、幼少期のバイオリンのレッスンがきっかけとなり、趣味を持つことに臆病になってしまったのです。

問題 「どういうことですか」と問われているので、——線部をわかりやすく言い換えましょう。——線部には、比喩表現が使われています。「自然に呼吸している」という部分をくわしく説明していきましょう。

——線部の直前の「その世界で」というのは、「習い事で」などと考えればよいでしょう。そこで「自然に呼吸している」とはどういうことでしょうか？「自然に」というのは、特に気負うことがない状態であることを意味します。「私」と違って、他の子は無理をしたり緊張したりすることなく、普段通りに自分の力を発揮しています。

これらをふまえてまとめましょう。

塾技86 記述の注意点④ 無駄な言葉を省く

解答 例 どの抜け殻も、かつて殻の中に生きていた生物の形を克明に留めるほど精巧であり、綻びがないという発見。［49字］

解説

初老の男と言葉を発しない少女の心の交流を描いた物語です。二人を結びつける接点は「ひよこを満載したトラック」と「抜け殻」という変わった設定ですが、記述問題は正攻法で解くことができます。本文から適切な解答要素をうまく集めることがポイントです。

問題 ――線部の「自分と同じような発見」について、設問では、男は少女と発見を「共有」していると考えていると書かれています。男が発見したことが書かれている13～23行目の部分を見ていきましょう。

①まず驚いたのは

・「脱皮した殻が実に精巧な作りをしていることだった」

・「かつて殻の中に生きていた生物の形を、克明に留めていた」

②更には

「精巧でありながら、綻びがないのだった」

具体例がたくさん挙げられていましたが、このような「まとめ」の部分を見つけられれば、指定された字数でまとめることができます。

塾技87 字数指定のある記述問題

解答 例 日常的な疑問にも答えられない力不足を悔しく感じながらも、知らないことについて考えるのを楽しんでいる。［50字］

解説

筆者が何気なく朝の散歩をしていると、「なぜ僕は花を綺麗だと思うのだろう」という疑問がわきました。それに対して、「葉っぱが全部緑色で単調すぎるから」という答えを出したものの、では「なぜ、すべての葉っぱは緑なのか」など、次々に疑問がわいてきます。このような発想をするのは、筆者が科学者であることと関係が深いようです。もちろん、科学者だからといって、すべての物事を解明できるわけではありません。筆者は物理学者なので、科学全般においては、知らない領域のほうが多いのですが、それは悔しいことでもあり、またワクワクすることでもあるのです。

問題 ――線部のときの筆者の気持ちを説明する問題です。解答の要素を「短く・多めに」そろえることが大事なのでしたね。

・「くっそう」

→悔しがる気持ち

・「僕は科学者なのに」

→科学についての知識はあるはずなのに

・「こんな毎日の問いにも答えられないボンクラなのか」

→日常的な（素朴な）疑問にも答えられないほど、力不足（知識不足）である

ただし、この問題は、ここで説明を終えてはいけません。40～41行目に「でも実は楽しい。なぜなら、知らないということは、一番ワクワクすることだからだ」とあります。ここから、筆者が自分のことを「本当につまらない人だ」と嘆いているわけではないことがわかりますね。「楽しんでいる」という気持ちも合わせて説明しましょう。

塾技88 字数の多い記述問題

解答 例 事前に勉強して身につけていた子供兵の知識とは異なった事態に出くわすことがあるように、現実はその時の状況によって姿を変える多面的なものであることを受け入れ、自分なりの新たな視点を持つということ。［96字］

解説

勉強とは、「先行する人が作り上げたものをきっちりと学ぶ」ことではありますが、それだけでは「社会で成功することはありません」と、筆者は述べています。ノンフィクションライターである筆者が、海外の子供兵を取材したときの体験をもとに、「勉強」した後にやるべき「作業」を説明した文章です。

問題 「どのようなことですか」と問われている問題では、——線部をパーツに分けて言い換えればよいということは、すでに学習しましたね。今回も、まずはその手順で「解答のコア（＝核）」を考えていきましょう。

・「勉強で学んだものを」

これは、勉強によって得た知識ということですね。

・「打ち壊し」

身につけた正しいはずの知識が現場に行った途端に崩壊してしまうことからも、勉強で身につけた知識がそのまま使えるわけではないということがわかります。

・「自分なりの形に構成し直す」

これは、「自分なりの新たな視点を持つ」などと言い換えればよいでしょう。

また、設問には、「筆者が『子供兵』を取材した体験をふまえて」という条件がつけられているので、11～19行目などに書かれている「子供兵」の例も盛り込みます。

さらに、本文には「現実というのはかならず多面的なものであり」（27～28行目）と書かれています。ですから、現実は「多面的」であるという要素を「肉付け」して一〇〇字以内でまとめましょう。

塾技89 字数の少ない記述問題

解答 例 多数派の論理で少数派を不幸だと決めつけ、一方的な価値観から多数派になることを強要するところ。

解説 本文は、「人工内耳」の事例を挙げて、「文化人類学」の観点で「幸せ」というものを考えています。「文化人類学」は、中学入試の国語でよく出題されるテーマなので、予備知識として知っておくと本文が読みやすくなります。簡単にポイントをまとめると、文化人類学では、

①文化に優劣はないと考え、それぞれの文化を尊重する
②自文化を中心に考えないようにする
③経験を通して文化を知る

という三点を重視します。

問題 本文の前半では「人工内耳」という医療技術について述べています。聞こえない人に人工内耳という特別な機器を取りつけることで部分的な聴力が獲得できる「ことがある」という技術です。ただし「人工内耳」を一方的に押しつけることは、「手話だけだと不便だろう」という聴者（＝聞こえる人）の誤解にもとづくものだと筆者は述べています。また、——線部の直前には、多くの人が「テレパシー」を使う国で、少数派である音声話者が新しい手術を強いられるというたとえ話が書かれています。この話を通して、筆者は、多数派の考えが当たり前だという思い込みは、少数派を不幸な人たちだと決めつけ、偏見を抱くことにつながるということを伝えようとしているのです。本文の最後に「自文化中心主義」とありますが、まさにこのような考え方こそが文化人類学が否定する「自文化中心主義」であると言えます。

今回は、少ない字数で書く問題なので、キーワードを決めるとよいでしょう。

・多数派＝当たり前
・少数派＝不幸
・多数派になることを強要する

これらのポイントを、具体例は使わずにまとめていきます。

塾技90 語句が指定されている記述問題

解答 例 世界をありのままに把握するためにできる限り客観的に物事を認識しようとしたことが、かえって世界のリアリティを薄くさせてしまったという点。［67字］

解説

本文は、いわゆる「芸術論」がテーマになっています。モネの絵の描き方がどのように変化したのかを、対比的にとらえましょう。初期のころは、世界そのものや個々の事物の質感や実在感を、瞬間の現象を越えて描いていると説明されています。簡単に言うなら、特定のものや瞬間を切り取り正確に描写するというよりも、一定の幅を持たせて全体像を描いたわけです。その結果、個々の事物の質感や実在感がしっかりと伝わってくるものになっていたのですね。ところが、その後のモネの作品は、瞬間瞬間の光や色の移りゆきを正確に描き、事物を客観的に認識しようとするあまり、事物や事象の存在感がかえって希薄化してしまったと、筆者は説明しています。

問題 「逆説」の記述問題は、塾技82で学習しましたね。ここでは、「AであることがかえってBになってしまう」という型でまとめるとわかりやすい答案となります。

まずは——線部を含む一文の内容を確認しましょう。

・「世界を『認識』の眼のみをもって凝視する」
→世界をありのままに把握しようとしてよく見る

・「事物や事象の存在感が希薄化していってしまう」
→世界の存在感が薄くなる

今回は使用する語句の指定があるので、それらが本文で使われている箇所をチェックします。「できる限り客観的に、あるいは中立的なかたちで把握する」（16〜17行目）や「世界を『認識』の眼のみをもって凝視する」（34〜35行目）、「リアリティの希薄化」（41〜42行目）あたりを確認し、先ほどの骨組みに加えて解答をまとめましょう。

塾技91 自由記述の問題

解答例 一部分だけを用いた音楽は、聴く人の記憶に残りやすいメロディが使われていることが多いため、商業利用などには適していると思う。また、それをきっかけに、曲の全体にも興味を持たせられれば、作曲者にとってもよいことである。しかし、一部が切り取られたために、その曲の全体で表そうとした思いや意図がうまく伝わらないこともある。曲を使用する側の都合だけで、音楽を一部だけ切り取って用いることには慎重になるべきである。［200字］

解説

最近では、音楽や動画の一部分だけを切り取ったものを、好んで視聴する人も多いようです。筆者にとって、音楽を聴くときの目安は「音楽を細切れにすることへのためらいの気持ちが働くか否か」です。そして、「最後まで聴いてあげなくてはいけないものだ」という感情がわいてくることこそが「縁」であり、作曲者などに対する敬意であると述べています。

問題 この問題は、自由記述ですので、まずは答案の形式が条件を満たしていることが評価の基準となります。一部分だけを用いた音楽のよい点と悪い点を挙げて、自分の考えをまとめます。思いつきで答案を書くのではなく、あらかじめ方向性と構成を決めてから解答を作成することが大切です。

①よい点
…記憶に残りやすいので、商業利用には適しているし、曲の全体に興味を持ってもらえれば作曲者にとってもよいことである

②悪い点
…一部だけ切り取られると、作曲者の思いや意図がうまく伝わらない可能性がある

③自分の考え
…曲を使用する側の都合だけを考えずに、慎重になるべきだ

塾技92 図表やグラフの問題

解答

問題1 見事に・てしまい

問題2 例 たしかに大西社員は商品を完売して、会社に大きな利益をもたらした。しかし閉店前に品切れ状態を作り、より多くの商品を販売できる機会を逃してしまった。一方小池社員は閉店まで商品を販売し、商品販売の機会を無駄にしていない。したがって販売機会を最大限利用したという点で、小池社員の方が評価に値する。

例 たしかに大西社員は商品を完売して、会社に大きな利益をもたらした。しかし閉店前に品切れ状態を作り、閉店間際に来店したお客さんに商品を提供できなかった。一方小池社員は最後の一人のお客さんにまで商品を提供することができている。したがってすべてのお客さんにサービスを提供できたという点で、小池社員の方が評価に値する。

解説

グラフと本文から読み取れる主なことは、以下の通りです。

①大西社員
…新宿支店でカニ弁当を500個仕入れた。閉店一時間前には完売した

②小池社員
…池袋支店でカニ弁当を450個仕入れた。20個の売れ残りが生じた

両者を比べ、部長は、大西社員の方を評価しています。しかし、社長は、小池社員の方を評価しています。

問題1 部長は、大西社員の方が小池社員よりもよいという前提で、社長に報告をしています。そのことがわかる言葉を短くぬき出しましょう。

問題2 解答のポイントは、説明したい内容をどのように四文に割り振るかです。「たしかに」のあとには部長のような一般的な意見（＝大西社員のよい点）を持ってきます。「しかし」のあとには、それを否定する内容（＝大西社員の悪い点）を書きましょう。「一方」のあとには、大西社員と比べて小池社員のほうがよいとする根拠を、「したがって」のあとには、小池社員のほうがよいという結論を書きましょう。

塾技93 写真やイラストの問題

解答

例 知覚したものを「なにか」として言葉に置き換え、概念的に認知してしまったので、顔の一部ではなく全部が見えるネコの絵を描いてしまったということ。〔70字〕

解説

本文では、見た物の形を写し取った「写実的な絵」を描くことが難しい理由が述べられています。人間ならではの認知的な特性が、写実的な絵を描くときには邪魔になるのです。人間が物を「知覚」するときには、言葉に置き換えて概念的に認識してしまうのです。だから、実際に目に映るものとは違うものを描いてしまうというわけです。

問題 写真と絵を見比べ、具体的な違いを一つ挙げ、そのような違いが生まれた理由を、本文の内容をもとにまとめる記述問題です。このような問題では、一気に答えを書こうとするのではなく、解答の要素を分けて考えましょう。

①写真と絵の違い
…【A】はネコの顔の一部が枕でかくれている。
一方、【B】はネコの顔全体が見えている

「顔の一部ではなく全部が見えるネコの絵を描いてしまった」のようにまとめます。

②そのような違いが生まれた理由

…人間は、視覚情報を「知覚」すると、「なにか」として言葉に置き換えて、概念的に「認知」してしまう癖がある

ここは、無理をせずに本文中の言葉をうまく使って「知覚したものを『なにか』として言葉に置き換えて、概念的に認知してしまった」などとするとよいでしょう。「見えているつもりなのに描けない」理由が述べられています。

塾技94 会話形式の問題

解答 日々更新される新しい情報［12字］

解説 かつての日本では、ほとんどの世帯が新聞を購読していて、毎日の事件や出来事、社会の動きの情報を共有していました。つまり、新聞に書かれていることを共通の話題にしていたのですね。みなさんも、昔（昭和など）の映像などで、満員電車の中でも新聞を読んでいる人たちを見たことがあるかもしれません。本文で「活字中毒」と言っているのは、こういった新聞を読まずにいられない人のことを指していると考えられます。

問題 最近の国語の問題でよく出題されるようになってきている会話形式の問題です。会話形式とはいっても、普通の文章と同じように会話の内容をきちんとつかめばよいだけで、特別に構える必要はありません。

今回の問題では、**生徒A**と**生徒B**の会話が示されています。最後の**生徒B**の発言の中にある□に入る言葉を本文からぬき出す問題です。**生徒A**の二つ目の発言には、「筆者は『新聞』のことだけを指して述べていたように私は感じたけれど……」とあります。それに続く**生徒B**の発言には、「この場面の『活字中毒』というのは、『活字すべて』を指しているのではなく、『新聞の□なしにはいられない状態』ということじゃないかな」とあります。ここから、□には、新聞ならではの特徴を表す言葉が入るとわかります。

塾技95 まとめのノートの問題

解答 1 絶対的　2 自らの価値観

解説 人間を含むすべての生き物は、いずれ死にます。有限の命だからこそ、私たちは生きる価値を共有することができるのです。本文では、AI（人工知能）と同じようにヒトに影響力を持つものとして、「宗教」が挙げられています。ヒトはいつも強い存在でいられるわけではなく、精神的にも肉体的にも弱っているときがあります。ですから、ヒトが「絶対的」なものに頼ろうとすることは、ある意味では理解できることだと説明されています。ただし、宗教は、個人が自らの価値観で評価し、信じるかどうかを決められるものなので、その点がAIとは異なるのです。

問題 宗教とAIの「共通する要素」と「異なる要素」をまとめた【メモ】の空欄に入る語句を本文からぬき出す問題です。【メモ】は本文の内容をもとに書かれていますので、本文としっかり照らし合わせましょう。

1は、ヒトに対して影響力があり、永遠性もあるということから考えましょう。「絶対的」とは、何ものとも比較できない存在であるということです。

2は、AIと宗教の異なる点を考えます。「宗教のいいところは、個人が自らの価値観で評価できることです」とあります。指定された文字数から、「自らの価値観」が適切だとわかります。AIの説明の「何も考えずに」という部分と対比になっている点にも着目しましょう。

塾技96 熟語

解答

1 1 百面相 2 二枚目 3 別天地 4 風物詩

2 1 右往左往 2 空前絶後 3 起死回生

3 ① 減 ② 素

4 A 本 B 末 C 転 D 一 E 一 F 疑 G 心 H 鬼(き) I 信 J 不

解説

1 1の「百面相」とは、顔の表情をいろいろに変えることやその顔のことです。2の「二枚目」とは、美男の役者や美男子の意味です。3の「別天地」とは、現実からかけはなれた理想的な世界のことです。「桃源郷(とうげんきょう)」「理想郷」「ユートピア」などと意味が近いですね。4の「風物詩」とは、季節の感じをよく表している風習や事物のことです。

2 1の「右往左往」とは、うろたえてあちこち動き回ることです。2の「空前絶後」は今までもこれからも同じことはないと思われるめずらしいことです。3の「起死回生」とは、だめになりかかっているものや死にかかったものを、よい状態に戻(もど)すことです。意味が反対になる漢字が入っていないものは正解にならないので、注意しましょう。

3 ①は、「加減」と「増減」が、ともに反対の意味の漢字の組み合わせになっているので、わかりやすかったのではないでしょうか。②は、「酸素」を手がかりに考えるとよいでしょう。「素顔(すがお)」は、他の三つと読み方が違(ちが)うので注意しましょう。

4 まずは、一字だけ欠けている、Aの「他力本願」、Bの「枝葉末節」、Eの「一念発起(ほっき)」、Hの「神出鬼没(きぼつ)」、Jの「大胆不敵(だいたん)」から埋(う)めていくとよいでしょう。Eに「一」が入ったので、Dは「一期一会(いちご)」だとわかりますね。Jに「不」が入ったので、Iは「音信不通」だとわかります。そして、Fに「疑」を入れて「半信半疑」と「疑心暗鬼」を作り、G・Cを埋めて「心機一転」を作ります。最後に、A・B・Cが「本末転倒(てんとう)」になっていることを確かめます。

塾技97 対義語・類義語

解答

1 ① 節約 ② 文明 ③ 理想

2 ① 将 ② 遠 ③ 誤 ④ 不

3 ① 平安 ② 明快 ③ 手本

4 ア・エ［順不同］

5 ① 片道 ② 許可 ③ 油断 ④ 秘密

6 ① 背後 ② 増進

解説

1 ①の「浪費(ろうひ)」は、お金や物などを無駄(むだ)に使うことです。対義語の「節約」は、無駄に使わず切り詰(つ)めることですね。②の「未開」は、文明や文化が開けないことや、土地などが開拓(かいたく)されていないことです。対義語の「文明」は、文化が高くなり、人々の生活が豊かで便利になった状態を指します。③の「現実」は、実際にこうであるという様子のことです。対義語の「理想」は、人が考えることができる最も素晴らしい状態という意味です。

2 ①の「未来」と「将来」は、どちらもこれから来るときを意味しています。②の「永久」と「永遠」は、時間的に終わりがなくいつまでも続くことです。③の「正答」は正しい答えのことで、対義語の「誤答」は、間違った答えのことです。④の「有利」は、他と比べて条件や都合がよいことです。対義語の「不利」は、条件が悪く、うまくいく見込みの少ない様子を表します。

3 対義語と類義語を考えたうえで、二字の漢字を組み合わせて熟語を作る問題です。〈例〉をもとにして考えていきましょう。

4 **ア**の「親切」は、相手への思いやりがあり、ていねいでゆきとどいていることです。**イ**の「大切」は、なくてはならないほど重要なことです。**ウ**の「同意」は、意見や考えなどに対して賛成することです。**エ**の「厚意」は、人に対する深い思いやりです。**オ**の「同情」は、相手の悲しみや苦しみなどを自分のことのように思いやることです。ここから、**ア**と**エ**の意味が似ていることがわかりますね。

5 ①の「往復」は、行きと帰りという意味です。対義語の「片道」は、行きか帰りかどちらか一方のことです。②の「禁止」は、規則などによってしてはいけないと定めることです。対義語の「許可」は、願い出に対してそれを認めることです。③の「用心」は、悪いことが起こらないように気をつけることです。対義語の「油断」は、気を緩めて注意を怠ることです。④の「公開」は、広く一般に開放することです。対義語の「秘密」はは、他人に知られないようにかくすことです。

6 この問題は、間違えてしまいやすい言葉が〔語群〕の中に含まれています。①の「後方」とは、後ろの方という意味ですね。ここでは類義語を答えなくてはいけないので、「背後」が正解です。間違えて対義語の「前方」を選んではいけません。②の「減退」は、減って少なくなること、衰えることなので、対義語は「増進」です。「増加」は「減少」の対義語なので、注意しましょう。

塾技98 ことわざ・慣用句

解答

1 ア 2　イ 4　ウ 5　エ 3　オ 1

2 ① オ　② ア　③ イ　④ キ

3 ① 足　② 鼻　③ 手　④ 目　⑤ 頭

4 1 イ　2 オ　3 ウ　4 エ　5 ア

解説

1 1は「どんぐりの背比べ」、2は「蛙の子は蛙」、3は「二兎を追う者は一兎をも得ず」、4は「猿も木から落ちる」、5は「豚に真珠」です。2の「蛙」を使ったことわざには、他にも「蛙の面に水」「井の中の蛙大海を知らず」などがありますが、**ア**の「瓜の蔓に茄子はならぬ」をヒントにすれば、「蛙の子は蛙」だとわかりますね。

2 ①は、「あんな人たちとは」とあるので、関係をなくすという意味になる**オ**の「手を切る」が入ります。②は、「久しぶりに会った友人」と「昔話」でにぎやかに盛り上がるという意味なので、**ア**の「花が咲く」が入ります。③は、「毎日仕事に追われて」いて忙しいということなので、**イ**の「目が回る」が入ります。④は「りっぱな息子」を持った誇らしい気持ちを表すので、**キ**の「鼻が高い」が入ります。ちなみに、**ウ**の「目につく」は、目立って見える、はっきり見える、**エ**の「手を焼く」は、処置や対策に困る、**カ**の「鼻につく」は、うっとうしく感じる、不快になるという意味です。

3 ②は、「目」と「鼻」で迷いそうですが、「目で笑う」とは言わないので、「鼻」が入るとわかります。④は、「顔」か「目」で迷ったかもしれませんが、「目が肥える」という言葉から、「目」が入るとわかります。

4 1の「石の上にも三年」は、辛抱強く待てば成功するときがくるということなので、**イ**の「我慢」が近いですね。2の「目からうろこが落ちる」は、あることがきっかけになってそれまでわからなかったことが急にわかるようになるということなので、オの「発見」が正解です。3の「二の舞を演じる」は、他人の失敗と同じ失敗をもう一度繰り返すことなので、ウの「失敗」を選びます。4の「馬子にも衣裳」は、どんな人でも、よい着物（衣服）を着て身なりを整えれば立派に見えるということなので、それに近いエの「外見」を選びましょう。5の「棚からぼた餅」は、思いがけない幸運をつかむことなので、アの「幸運」が正解です。

塾技 99 文の組み立てと品詞の種類

解答

1 1 エ　2 エ

2 ① エ　② イ　③ カ　④ ア　⑤ オ

3 A 1　B 4

4 1

解説

1 修飾語・被修飾語の問題です。つなげて読んでみて意味の通じるものを選ぶとよいでしょう。1は、「日ごとに—感じられる」と自然につながります。2は、「もし—合格できたら」とつながります。

2 塾技69で学んだ呼応の副詞の問題です。それぞれの結びつきを覚えておきましょう。①は、「おそらく〜だろう」となります。②は、「よもや〜まい（ないだろう）」となります。③は、「とうてい〜ない」となります。④は、「まるで〜ようだ」となります。⑤は、「さぞ〜でしょう（だろう）」となります。

3 品詞の問題です。Aの「おおらかな」は、「おおらかだ（形容動詞）」の変化したもの（連体形）です。1の「積極的な」は、「積極的だ（形容動詞）」が変化したもの（連体形）です。2の「な」は、断定の助動詞「だ」の連体形です。3の「な」は「大きな（連体詞）」の一部です。4の「な」は、「ようだ（たとえを表す助動詞）」の連体形「ような」の一部です。Bの「博士の考え出した」の「の」は、「が」に置き換えられるものです（部分的な主語を示す働き）。4の「母の作った」の「の」も、「が」に置き換えられます。1の「父の古いうで時計」の「の」は、「うで時計（名詞）」にかかっていく「の（連体修飾）」です。2は、「もの・こと（体言の代わり）」に置き換えられます。3の「の」は、「のだろう」「のだ」などの形で推定や断定を表します。

4 1の文の主語は、「夢は」なので、それに結びつく適切な述語を考えます。「夢は—思っています」だと、夢が思っているということになり、意味が通じないので、「夢は—になることです」のように改める必要があります。

塾技 100 敬語

解答

1 1 おっしゃい（言われ）　2 召し上がって　3 ご覧になった　4 外出しております　5 うかがって（参って）

2 例 どうか○組の演奏会にお越しください。［18字］
例 ご来場をお待ちしております。［14字］

3 1 いらっしゃい　2 もうして　3 めしあがり

解説

1 1の「おっしゃられました」は、「おっしゃる」という尊敬語に「れる・られる」という尊敬を表す助動詞が重なった二重敬語になっているため誤りです。2の「いただく」は、「食べる」の謙譲語です。食べるのは相手ですので、「召し上がる」という尊敬語を変化させた「召し上がって」が正解です。3の「拝見した」は、「見た」の謙譲語です。この場合、見るのは相手ですので、尊敬語の「ご覧になった」を使いましょう。4の「なさる」は、「する」の尊敬語ですが、家族など身内の動作を表すときには、謙譲語もしくはていねい語を使います。今回はていねい語の「外出しております」でよいでしょう。**5**は、「行く」のは話し手ですので、謙譲語の「うかがって」「参って」が正解です。

2 手紙の文面を考える問題です。今回の場合は、差出人は生徒で、受取人はお世話になった先生ですので、「先生に演奏会に来てもらいたい」という内容を、敬語を用いて書けばよいでしょう。先生にお願いする形の「どうか〜ください」や、先生が来るのを心待ちにする気持ちを表す「お待ちしております」などを用います。

3 **1**は、相手の行為に対して用いるので、「行く」の尊敬語である「いらっしゃる」を使います。「〜ますか」につながるように「いらっしゃい」と変化させましょう。**2**は、「私の父」は身内ですので、謙譲語を使いましょう。「言う」の謙譲語は「もうす」で、「〜おりました」につながるように「もうして」と変化させます。**3**は、「お客様」に用いるので、尊敬語を使います。「食べる」の尊敬語は「めしあがる」ですので、「〜ますか」につながるように「めしあがり」と変化させます。

入試実戦演習① 論説文

解答

問題1 ① 動員　② 反映
③ 希少（稀少）

問題2 例 都市から得られる短期的な利潤が最優先されるため、土壌に養分が還元されることなく、農業の持続可能性が犠牲になること。［57字］

問題3 ア

問題4 オ

問題5 イ

問題6 例 新技術が普及するのは時間がかかるため、その間に環境や経済に悪影響を与え、将来世代の環境や経済を苦しい状況に陥らせる可能性があるという考え。［69字］

問題7 エ

問題8 イ

解説

中学入試では、大学入試レベルの難解な論説文が出題されることがあります。そういった文章にも対応できるように、普段から論説文のテーマを意識して勉強しておきましょう。今回の文章は、「資本主義の限界」について述べられています。資本主義国家は自らの問題を自分たち以外のところ（発展途上国）に押しつけて、問題解決の先送りをしてきました。本文では、そのことを「技術的転嫁」「空間的転嫁」「時間的転嫁」という三種類の転嫁に分けて、くわしく説明しています。

問題1 漢字の問題です。漢字の書き取りでは、「トメ・ハネ・ハライ」をていねいに書くように心がけましょう。①の「動員」は、ある目的のために必要な人や物を集めることです。②の「反映」は、ある物事の影響があらわれることです。③の「希少（稀少）」は、非常に少なくてまれなことです。小学校で習う漢字で答えられる「希少」で正解になります。

問題2 ——線部⑴「資本主義は自らの矛盾を別のところへ転嫁し、不可視化する」について、この場合の「矛盾」とは何かを説明する問題です。「矛盾」に関する問題は、記述問題、記号選択問題を問わず、中学入試でよく出題されます。「矛盾」とは、つじつまがあわないことです。〰〰線部「農業による土壌疲弊の問題」に特化して答える点に注意しましょう。

「農業による土壌疲弊の問題」に関しては、〰〰線部の次の段落からくわしく述べられています。本文から解答の要素として使える箇所を取り出しましょう。

①**持続可能な農業のためには、土壌養分がしっかりと循環しなくてはならない**

これが、本来あるべき農業の姿です。

②資本主義では、短期的な利潤が最優先される
これは、資本主義の考え方です。
③短期的な利潤のために、持続可能性を犠牲にする不合理な農場経営
これは、「掠奪農業」であり、悪い結果となります。

つまり、「②をするため、本来なされるべき①が行われず、③のような悪い結果になる」ことを、筆者は「矛盾」と言っているのです。本文が難解であっても、このように、本文中の言葉をうまく利用することで、小学生でも無理のない解答が作成できます。

問題3 持続可能な農業をするには、土壌養分が必要です。これを補うために、「ハーバー・ボッシュ法」という工業的製法によって、価格の安い化学肥料を大量生産することが可能になりました。ところが、これは問題の解決にはなりませんでした。なぜなら、この化学肥料は有限の資源である化石燃料を浪費しているだけだからです。製造過程で大量の二酸化炭素が発生し、窒素化合物の環境流出によって飲み水や漁業にも影響を与え、大規模な環境問題を引き起こします。また、土壌の保水力が落ちたり、野菜や動物が疫病にかかりやすくなったりすることで、生態系も攪乱されます。これらの内容をふまえている**ア**が正解となります。

イの、「都市から農村へと養分が還元されていない」という内容は、これより前で述べられていた「掠奪農業」の内容ですので、誤りです。**ウ**は、「化学肥料によって都市から農村へと養分が還元されるようになった」という部分が本文の内容とは異なり、間違いです。**エ**は「農地に強いる犠牲の大きさは変わっていない」という部分が誤りです。本文中には「ひとつの土地の疲弊には収まらない大規模な環境問題を引き起こすようになっていく」「技術の濫用によって、矛盾は深まっていくばかりなのである」とあり、むしろ被害は広範囲に拡大していることが読み取れます。**オ**の「化学肥料、農薬、抗生物質」による「消費者の健康」への問題については、本文に書かれていないので、誤りです。

このように、本文内容と異なる説明が含まれている選択肢もあるので、「本文と選択肢の照合」を徹底しましょう。

問題4 土壌養分が循環されない問題を解決するために注目された代替肥料は、南米でとれるグアノ（海鳥の糞の堆積物が化石化したもの）でした。これも南米（＝発展途上国）から欧米（＝先進国）へ大量に輸出されるようになり、欧米の地力は維持されて、都市労働者たちの食料も供給されました。ところが、南米の原住民の暮らしや生態系は大きな打撃を受けることになりました。このことを筆者は「空間的転嫁」と呼んでいます。この内容を最もよく表しているのは、**オ**です。

アは、「新しい技術を開発するための時間を稼ごうとする」という内容が本文には書かれていないので、誤りです。**イ**は、「先進国が抱える問題を途上国と共有する」「環境にかかる負荷を世界で平均化しようとする」という部分が間違いです。先進国は発展途上国に問題を転嫁しており、「共有」や「平均化」はしていません。**ウ**は、「途上国に眠る資源の利用によって」という部分が誤りです。発展途上国の原住民は、伝統的にグアノを肥料として用いていたのでした。**エ**は、「軍事力を背景に」という部分が、本文には書かれていないので、間違いです。

なんとなくよさそうな「正解っぽい言葉」や「本文で繰り返される印象的な言葉」などが含まれていたら、本文内容と照らし合わせて、正しいかどうかをきちんと確認しましょう。

問題5 [1] に入る言葉を選ぶ問題です。直前に「こうした資本家の態度」とあるので、指示語の内容を確実におさえましょう。「資本主義は現在の株主や経営者の意見を反映させるが、今はまだ存在しない将来の世代の声を無視することで、負担を未来へと転嫁し、外部性を作り出す。将来を犠牲にすることで、現在の世代は繁栄できる」という部分から、自分たちさえ困らなければ、あとの世代のことなどうでもよいという資本家の利己的な考えが読み取れます。よって、**イ**が正解です。

アの「我の生まれる前」と**ウ**の「我がもとに」は、どちらも自分たちにも関わる問題になるため、誤りです。**エ**の「我のあずかり知らぬ地」は、時間（現在・未来）を示す内容ではないので、間違いです。**オ**は本文に「敵のもと」という内容は書かれていないので、誤りです。

問題6 ——線部④では「～と考える人もいるかもしれない」と、一般論（＝想定される一般的な考え方）が示されています。筆者はこの考えに反対の立場なので、本文128行目の「ところが」から始まる段落の内容をしっかりと確認していきましょう。

①新技術が社会全体に普及するのには時間がかかる

②環境危機はさらに深刻化するかもしれない

③経済活動にも甚大な負の影響が出る

④将来世代は、極めて過酷な環境で生きることを余儀なくされるだけでなく、経済的にも苦しい状況に陥る

以上のポイントを、できるだけ意味が変わらないように、うまくつなげていくことが、記述解答を作成するコツです。

問題7 まずは、——線部⑤の「水道が民営化されている」がどういうことかを考えましょう。ここでいう「民営化」とは、民間企業が水道事業を運営しているため、利益を出さなければいけない状態であるということです。では、なぜ利益を出さなければいけない状態が問題視されるのでしょうか。欧米に輸出するアボカドを栽培するためには、多量の水が必要となります。もともと水不足だった南米チリでは、新型コロナウイルスによるパンデミックが起こった際に、貴重な水がコロナ対策としての手洗いに使われず、輸出用のアボカド栽培に使われました。水を提供する民間企業が目先の利益を優先することで、このようなことが起こるのです。これをふまえると、答えは**エ**になります。

アは、「先進国からの出資によって経営されている民間企業」とは本文に書かれていないため、間違いです。**イ**は、「安定した経営」という部分が誤りです。あくまでも「目先の利益を求める経営」であって、長期にわたる安定した経営ではないのです。**ウ**は、「採算が取れない過疎地域に暮らす人々への給水」とありますが、本文にはそのようなことは書かれていません。**オ**は、「水質低下」が誤りです。設備投資の不足による水質の低下については、本文では述べられていません。

一般的には正しい（もしくは正しそうな）内容であっても、本文から読み取れないことが書かれている選択肢は正解にはならないので、注意しましょう。

問題8 ——線部⑥「資本主義が崩壊するよりも前に、地球が人類の住めない場所になっている」と言える理由が問われています。

——線部⑥の直前に書かれている内容は以下の通りです。

①中核も自然条件悪化の影響を完全に免れることはできない

②発展途上国への転嫁のおかげで、資本主義が崩壊するほどの致命傷を今すぐに負うことはない

③先進国の人々が大きな問題に直面するころ（＝環境危機が迫るとき）には、地球の少なからぬ部分が生態学的には手遅れの状態になっている

これらの理由から、「資本主義が崩壊するよりも前に、地球が人類の住めない場所になっている」という結論が導けるのです。正解は**イ**です。

アは、——線部⑥の前までに述べられていた「時間的転嫁」の内容なので、誤りです。**ウ**は、「経済活動が行えないほどに地球から資源が失われている」という部分が誤りです。——線部⑥のあとに引用されている、環境活動家ビル・マッキベンの言葉には「石油（＝資源）がなくなる前に、地球がなくなってしまう」とあります。**エ**と**オ**は、「先進国に経済的な危機が迫るときには」という部分が、先ほど説明した内容と異なります。「経済的な危機」ではなく「環境的な危機」です。

複雑で難解に見える記号選択問題も、筆者の主張をしっかりとらえれば、誤った内容の選択肢を確実に消去することができます。

入試実戦演習② 論説文

解答

問題1 4

問題2 Ⅰ 例 好き嫌いや不平不満を表現するための「批判する言葉」［25字］

Ⅱ 例 言葉が成熟するにつれて、好き嫌いに理由をつけて述べられる「批評する言葉」［36字］

問題3 しかし、わ

問題4 2

問題5 1

問題6 3

問題7 かけがえ

問題8 4

問題9 例 合唱コンクールで私のクラスが入賞できなかったので、私はくやしくて指揮者の友人を責めてしまった。しかし友人は、ばらばらだったクラスが団結できたからよかったと言った。勝ち負けの結果だけで物事を判断していた自分の視野の狭さに気づくことができた。［119字］

解説

今回の文章のテーマは「哲学」です。前半では、それまでに形成してきた「自己ルール」を了解しなおすことについて説明されています。多くの言葉を習得すると、単なる好き嫌いの批判から、きちんと理由が入った批評ができるようになります。「批判」と「批評」の違いに着目するのがポイントですね。後半は、他者による承認と欲望の類似点について説明していて、欲望は私たちの内的なルールから出てくると結論づけられています。

問題1 まずは A の前をていねいに読みましょう。

①近代以後の哲学は二つの課題をもっている
②一つは人間関係や社会を調整するための智恵を蓄えること（＝前者）
③もう一つは、個々人がよく生きるための考えを成熟させること（＝後者）
④ A ので、基本は「自己了解」の智恵という点にある

④に書かれている「自己の了解の知恵」の内容が③に近いことに気づいたでしょうか。つまり、基本となる個々人の課題（③）があり、そこから人間関係や社会の課題（②）へとつながっていくということです。4が正解です。

1は「一致する」が、2は「及ばない」が、3は「相いれない」が、この内容とは大きく異なるので、いずれも誤りです。

問題2 ——線部①「言葉が〝たまる〟」を、時間的な経過をふまえて説明する問題です。

この場合の「言葉が〝たまる〟」とは、いろいろな言葉を覚えていくということです。具体的にどのように変化するのかを確認しましょう。

Ⅰ 子供から中学、高校生のころ
・周りのいろんなことを批判する言葉をもちはじめる
・言葉が十分に成熟しないあいだは、子供の「批判」は、単なる不平不満である
・好き嫌いがあるだけの批判である

Ⅱ 大学生のころ
・「批評する言葉」がたまってくる
・好きと嫌いの理由が入っている

これらの語句をうまくつなぎ合わせて解答を作成していきましょう。Ⅰは、「好き嫌い」「不平不満」「批判」あたりがキーワードです。それに対して、Ⅱは、「好きと嫌いの理由」「批評」がポイントです。あとは、Ⅰの「子供から中学、高校生のころ」で取り出した解答の要素を反転させて「言葉が成熟する」というキーワードをひねりだせるとよいですね。

このように、本文中の言葉を「そのまま」使うのではなく、少し「加工」して解答を作成することもあります。ハイレベルですが、身につけておきたい技です。

問題3 ——線部②には、「他人こそは自分をうつす鏡だ」とあります。ここでの「鏡」とは、——線部②の直後に書かれているように「他人」を通して自分を理解できるということです。

この内容をくわしく説明している一文を★〜★

の範囲から探します。93行目の「しかし、われわれは」から始まる一文には、「相互の批評を通して……自分の『自己ルール』の大きな傾向性や問題性を了解することができる」と述べられていて、先ほど説明した内容と大まかな構造が似ていることがわかります。

今回のように、「鏡」は自分のことを客観視するものとして登場することが多いです。物語文でもたびたび出てくるので、覚えておきましょう。

問題4 まずは「感受性のメガネ」とはどういうものかを、本文で確認しましょう。

①長い時間をかけて形成されたものなので、外すことができない

②ふつうは、自分のメガネが歪んでいるのか、色がついているのか、誰にもわからない

つまり、人は自分でも意識しないで、自分なりの考えを通じて物事を見てしまうということですね。これを一般的な言葉では「偏見」「先入観」「思いこみ」と言います。この内容にふれているのは**2**の生徒Bですね。

1は、「自分が正しいと思ったものを自信を持って取捨選択していく」という部分が筆者の主張とは違います。**3**は、インターネットの一方的な配信や誹謗中傷について語っています。「偏見」や「先入観」の話になっていないので誤りです。**4**は、「『感受性のメガネ』がくもっている」ことに筆者は言及していないので、誤りです。もし「感受性のメガネ」がくもっていたのなら、自分の好きな番組や自分の関心のあるものは観なくなりますね。

問題5 ――線部④の「正常な」に〃 〃がついている点に着目します。**塾技⑳**で学習した「 」のはたらきの考え方を使います。これは、本来の「正常な」状態ではないことを表しています。本当は「正常な」状態とはいえないのに、自分ではメガネを外せないため、自分のメガネが歪んでいて、色がついていたとしても、誰にも決してわからないのです。それに近い内容は**1**です。

2は、「『正常』か『異常』かの比較は意味をなさない」が、本文内容と異なります。**3**は「歪みは知らず知らずのうちに正しい方へと矯正されて、結果として『正常』になる」が本文には書かれておらず、誤りです。**4**は、「他の人がどのような見方をしているかは自分のレンズの歪みに気づいた人にしかわからない」が間違いです。他人が見ているものと自分が見ているものの違いに気づいたときに「自分のレンズの歪み」に気づくのです。

問題6 ――線部⑤「他者による承認」の直後の部分に、「それ（＝他者による承認）は評価、賞賛、尊敬、配慮、そして愛情などの形をとる」と書かれています。**1**・**2**・**4**・**5**は「愛情」「賞賛」「配慮」に該当します。**3**は、客の質問に対する事務的な返事なので、これがあてはまらないものだとわかります。「あてはまらないもの」を選ぶという指示を読み落とさないようにしましょう。

問題7 [**B**] にあてはまる言葉を考える問題です。前後の文脈から言葉をしぼり込みましょう。「自分にとって、生きる上でどうしてもほかの人と取り替えられない」存在とは、この直前の段落に出てきた「唯一の存在」のことです。「〜のない」につながるひらがな四字なので、「かけがえ（のない）」となります。

問題8 ――線部⑥の直後に着目します。「それ（＝欲望）はわれわれの一切の生の希望の源泉であり、また一切の絶望の源泉でもあるのです」と書かれています。こういうプラスとマイナスの要素を含んだ表現としては、118〜121行目に「人間にとって他者の存在は、生きることの根本要素です。他者は、一方で、自分に『承認』を与えてくれる唯一の源泉だけれど、また反対に、承認、つまり自己価値を奪いうる唯一の存在でもある」と書かれています。**4**の「他者」と「欲望」は、ともに人が生きるうえで必要不可欠なものとして似ているのです。この問題は、「類比」の読み方ができているかどうかを試すものです。

問題9 自由記述の問題です。本文の内容と問題の条件を整理したうえで、伝わりやすい文章を書くように心がけましょう。こういう問題では、必ずしも実体験をもとにしなくてもよいのですが、身のまわり（学校や塾、家庭など）のことが書きやすいでしょう。「他者の意見」を聞くことで「自己ルール（＝自分なりの考え）」を認識したという流れにします。

入試実戦演習③　物語文

解答

問題1　A ウ　B エ　C イ

問題2　ウ

問題3　オ

問題4　エ

問題5　例　チョッキーに入ることは解放感を得ると同時に自分から逃げていることでもあると気づき、ずっと続けてはいけないと思ったから。［59字］

問題6　例　本音を言わなかった［9字］

問題7　エ

問題8　例　本音で向きあわなかったことで彼女を悲しませただけでなく、彼女が悲しんでいた理由も自分のもとを去った理由もわからないまま、現実から逃げていた自分自身のおろかさ。［79字］

解説

今回の物語文は、大人の視点で描かれており、しかも変わった設定です。こういう「普通でない設定の物語文」をしっかりと読めてこそ、本当の読解力が身についたといえるのです。

登場人物の滝田徹は着ぐるみのチョッキーに入ることを副業としてきました。滝田はお金をかせぐためにこの仕事をやっているのではありませんが、自分でもよくわからないくらい執着しています。滝田は、同僚の松島豊とのやりとりを通して、その理由を知ることになるのです。

問題1　Aの「こともなげに」は、たいしたことでもないと平然としている様子です。ウの段差で転んだ男の子が何事もなかったかのように元気に走り去ったという内容と合います。Bの「比類のない」は、比べるものがないということです。「たぐいまれ」と近いですね。「数々の名作を世に送り出した」とあるエがふさわしいですね。Cの「ありありと」は、目の前にあるかのように心に浮かぶ様子です。近未来の都市の様子がはっきりと浮かぶように描かれているという、イが合います。

問題2　――線部①のときの滝田の心情が問われています。この直前には、滝田が兵頭健太と水谷佳菜からチョッキーに入りたいと言われ、一日ずつ交代で入ることになってしまったやりとりが描かれています。滝田は、兵頭がチョッキーに収まってチラシ配りを始めることを想像しただけで、居ても立ってもいられなくなっています。「頼むから他を当たってくれと言うべきだったのだ」という表現から、滝田が悔やんでいることがわかります。正解は、ウですね。

アの「清潔を保っているチョッキーに他人が入る」は、理由ではありません。イには、「チョッキーに対する罪悪感」とありますが、これは本文からは読み取れません。エとオは、「喪失感」と「失った」が間違いです。チョッキーには今後も交代で入ることになっています。

物語文の問題も、論説文と同じように客観的に正誤判断をしていきましょう。

問題3　滝田が――線部②の直前にあるように、「アヒルは、まだ続けているのか？」と聞いた理由は、そのあとを読み進めるとわかります。「南の島へバカンスなどと、アヒルとそこまで距離を置いて、松島豊は何も感じていないのだろうか」とあるように、滝田は、松島とアヒルの関係性を知ることで、自分が今後どうすればよいのかのヒントを得ようと考えているのです。オが正解ですね。

アには、「その気持ちをぶつけられるのは目の前の松島豊くらいしかいない」とありますが、滝田と松島はそれほど親密な関係とは言えません。イは、「学生の頃から十年以上もアヒルと関わってきた」が誤りです。この時点では、滝田はこの事実を知りません。ウは、「チョッキーとの別れ」が誤りです。交代で入ることになっただけなのでしたね。また、「アヒルを心の支えにしてきた松島豊」も誤りです。エは、「共感」

が間違いです。松島は滝田ほど着ぐるみに思い入れを持っていないので、松島と滝田は同じ考えではありません。

問題4 松島がアヒルに入り続けている理由については、松島自身が説明していましたね。「誰もしゃべってないとさ、俺が求められてるような気がしてしょうがないんだ」「けどさ、あの中に入ると、黙ってられるんだよな。……しゃべりを期待してる人間なんて、誰もいないからな。気楽なもんだ」とあるように、アヒルに入っていれば、普段はよくしゃべる松島が黙っていてもよいので、気楽でいられるとわかります。これらの内容をふまえた**エ**が正解です。

アは、「かけがえのないもの」という部分が言いすぎです。松島にとってアヒルに入るのは「一種の息抜き」なのです。**イ**は、「沈黙に耐えられる滝田徹のような人になりたい」という部分が本文の内容とは大きく異なります。**ウ**は、「自分の苦手な沈黙に慣れる貴重な機会」という部分が誤りです。松島はアヒルに入ることにそこまでの意義を感じていません。**オ**は、「滝田徹がチョッキーに入っている生き生きとした姿を見て」が間違いです。滝田がチョッキーに入る前から、松島はアヒルに入っていました。

今回のように、登場人物のセリフに着目すると解ける問題もよく出題されます。セリフもていねいに読みましょう。

問題5 滝田が動揺している理由を答える問題です。「一生アヒルと一緒ってわけにも、いかないんだけどな」という松島豊の言葉を聞いて、滝田は「平日は仕事をして、週末はチョッキーの中に入る。それをお前は、このまま一生涯続けていく気なのか」と自分自身に問いかけています。このとき、滝田が何に気づいて動揺しているのかを、本文の言葉をもとに考えていきます。

①チョッキーの中に収まり、チョッキーという存在に包まれることで、滝田徹はいつも守られていた。同時に、この上もない解放感に満たされていたのだ

自分自身から解放されていたということですね。

②チョッキーは、一種の逃げ場所として機能しようとしている

③それをお前は、一生涯続けていく気なのか

ここから、一生涯続けてはいけないと感じていることがわかります。

この三点を、制限字数内にまとめましょう。

記述問題で一つの要素をダラダラと引き延ばして書いても、一要素ぶんの得点にしかなりません。ある程度多めの字数で書く記述問題では、複数の解答要素を考えることが大切です。

問題6 滝田は以前交際していた彼女から「自分がものすごくわがままな人間になった気がする」と言われ、よくわからずに謝ったものの結局振られてしまいます。そのときのことを松島に相談すると「何でもかんでも俺の言い分が通れば、さすがにそう思うかもしれないな」「つまりは、お前の本音が、見えないってことだからなあ」と言われます。そのあと、「もしかしたら、あの日口にするべきだったのは、謝罪の言葉ではなくて、松島豊が言うところの『本音』だったのだろうか」と思うようになります。つまり、ずっと一緒にいたいという本音を言わなかったので、彼女は去っていったのだ。と結論づけたのです。本文にも何度か出てくる「本音」がキーワードです。繰り返し登場する言葉に印をつけながら読むと、問題を解きやすくなります。

問題7 滝田に「自信を持て」と言った時の松島の思いを考えます。松島は、いつもと違って時間外労働をしてよくしゃべる今日の滝田にどこか変な印象を抱き、気を遣っているのではないかと考えています。だから「やっぱり帰れ。帰りたくなくても帰れ」と言ったのです。よって、**エ**が正解です。

アは、松島には滝田の彼女の話は正確に伝わっていないので、誤りです。**イ**は、「リアルな存在感を持ち始めた」が間違いです。松島はいつもとは違う滝田の姿を感じているにすぎません。**ウ**は、「本質的な疑問は他人に頼らず自分ひとりで考えるべき」という部分が本文の内容からは読み取れません。**オ**は、「皮肉を言ってやろう」という部分が誤りです。松島は滝田に否定的な感情は持っておらず、皮肉を言うつもりはありません。

問題8　滝田が最終的にどのようなことに気づいたのかを答える問題です。ここでは——線部⑦の「自分の馬鹿さ加減」という部分を軸にして考えるとよいでしょう。滝田が考える、これまでの自分のマイナス面は、彼女と本音で向きあわなかったことで、彼女を傷つけ、悲しませてしまったということです。彼女が悲しそうな顔をした理由もわからないまま、チョッキーに入ることで現実から逃げていたのです。ちなみに、現実から逃げることを「現実逃避」といいます。

これらの要素を、制限字数以内にまとめましょう。